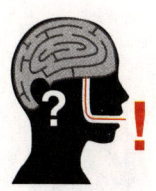

思维风暴

白虹　任中原　编著

中国华侨出版社

图书在版编目(CIP)数据

思维风暴/白虹，任中原编著.—北京：中国华侨出版社，2013.12
ISBN 978-7-5113-4315-4

I.①思… II.①白…②任… III.①智力游戏 IV.①G898.2

中国版本图书馆CIP数据核字（2013）第293941号

思维风暴

编　　著：	白　虹　任中原
出 版 人：	方　鸣
责任编辑：	雨　墨
封面设计：	凌　云
文字编辑：	李华凯
美术编辑：	李　蕊
经　　销：	新华书店
开　　本：	720mm×1020mm　1/16　印张：27.5　字数：700千字
印　　刷：	北京鑫海达印刷有限公司
版　　次：	2014年2月第1版　2017年10月第4次印刷
书　　号：	ISBN 978-7-5113-4315-4
定　　价：	29.80元

中国华侨出版社　北京市朝阳区静安里26号通成达大厦三层　邮编：100028
法律顾问：陈鹰律师事务所
发 行 部：（010）58815874　　　传　　真：（010）58815857
网　　址：www.oveaschin.com
E-mail：oveaschin@sina.com

如果发现印装质量问题，影响阅读，请与印刷厂联系调换。

前 言
PREFACE

　　伟大的发明家爱因斯坦曾说：人们解决世界的问题，靠的是大脑思维和智慧。思维创造一切，思考是进步的灵魂。解决问题和矛盾的有力武器是大脑，决胜的关键在于是否拥有先进的思维方式。只有具有良好的思维，才能升华生命的意义，收获理想的硕果。成功者无一不具有创造性思维，失败者总是困于僵化的思维之中。人的命运常常为思维方式所左右，转换思维就是打开命运之门的金钥匙。这是因为，不同的思维会产生不同的观念和态度，不同的观念和态度产生不同的行动，不同的行动产生不同的结果。所以说，思维控制了一个人的思想和行动，也决定了一个人的视野、事业和成就。

　　著名科学家霍金曾经说过，有一个聪明的大脑，你就会比别人更接近成功。人的大脑中蕴藏着无尽的宝藏，大多没有被充分利用。人类在漫长的征服自然、改造世界、提高自我的过程中，不断开发大脑，总结思维规律，逐渐形成了帮助人们解决问题、辨别真伪、开拓创新的思维知识体系。时至今日，这些知识为全球各个行业和各界人士所推崇并广泛实践，形成了一场席卷全球的思维风暴，包括世界500强在内的企业，都运用这些思维知识成功解决了经营发展中的困境，创造了巨大的经济效益，各界精英及不同层次的人们也都从中获得了深刻启示，解决了人生中的种种问题，走上了成功之路。

　　黄金思维，一种新的思维方式，它能使人在学习、工作、家庭生活和人际交往中，处于绝对的优势，可以说黄金思维决定成功。本书论述的10种黄金思维包括：水平思维、发散思维、形象思维、"六顶帽子"思维、倒转思维、转换思维、类比思维、图解思维、U形思维和灵感思维，每一种思维都向读者提供了一种思考问题的方式和角度、打开了一扇洞察世界的窗口，它不但能够帮助我们发掘个人潜能，而且能使人感到愉快，是开启智慧大门的金钥匙。

　　思维导图，如今已成为21世纪革命性思维工具，这一由世界大脑先生东尼·博赞首创的瑞士军刀般的思维工具，成功改变了全世界超过2.5亿人的思维习惯。思维导图又叫心智图，是表达发散型思维的图形思维工具，它运用图文并重的技巧，把各级主题的关系用相互隶属与相关的层级图表现出来，把主题关键词与图像、颜色等建立记忆链接，充分运用左右脑的机能，利用记忆、阅读、思维的规律，协助人们在科学与艺术、逻辑与想象之间平衡发展，从而开启人类大脑的无限潜能。人与人之间在能力上并没有多大的差别。之所以在学习、工作中分出伯仲，原因就在于思维方式和思考模式的不同。作为一种终极的思维工具和21世纪革命性的管理工具、学习工具，思维导图被广泛应用于学习、工作、生活的各个方面，它除了可以提供一种正确而快速的学习方法与工具外，运用在创意开发、项目企划、教育演讲、会议管理，甚至职场竞争、人际交往、自我分析、解决性格缺失等方面，也往往会产生令人惊喜的效果，在教育界和商界掀起了一场超强的大脑风暴。

　　思维游戏，是一种锻炼思维能力、提高智力水平的重要方法之一，本书精选了314个思维游戏，涉及算术类、几何类、组合类、推理类、创造类、观察类、想象类、文字类等形式，能帮助你迅速提高观察力、判断力、推理力、想象力、创造力、分析力、计算力、语言力、反应力、记忆力等各种思维能力。书中的每一类游戏都经过了精心的选择和设计，每一个游戏都具有代表性和独特性，内容丰富，难易有度，形式活泼，让你不但可以获得解题的快乐和满足，还可以通过完成挑战活跃思维，深入发掘大脑潜能。

　　当今世界的发展日新月异，我们面临着一次又一次的重要变革，挑战无处不在。越来越多的人意识到，思维训练不只是专家和高层管理人员的事情，它对于一个普通人的学习、生活和工作也起着至关重要的作用。一个人只有接受更多、更好的思维训练，才能有更高的思维效率和更强的思维能力，才能从现代社会中脱颖而出。本书适合不同年龄和不同阶层的人们阅读，既可作为思维提升的训练教程，也可作为大脑潜能的开发工具，使读者在解决实际问题的过程中，让思维更敏锐，让大脑更聪明。

目 录
CONTENTS

第一篇 思维影响人生：改变人生的10种黄金思维

第一章 发散思维 2
第一节 何谓发散思维 2
第二节 组合发散法 4
第三节 辐射发散法 6
第四节 因果发散法 10
第五节 关系发散法 13
第六节 头脑风暴法 15
第七节 特性发散法 18

第二章 "六顶帽子"思维 20
第一节 6种不同颜色的思考帽 ... 20
第二节 白色思考帽 23
第三节 红色思考帽 25
第四节 黑色思考帽 27
第五节 黄色思考帽 30
第六节 绿色思考帽 32
第七节 蓝色思考帽 35

第三章 水平思维 38
第一节 什么是水平思维 38
第二节 Po的含义 40
第三节 创造性停顿 42
第四节 简单的焦点 44
第五节 挑 战 47
第六节 其他的选择 49
第七节 概念扇 52
第八节 概 念 55
第九节 激发和移动 57
第十节 激发的出现 59
第十一节 摆脱型激发 61
第十二节 踏脚石激发 63
第十三节 随意输入 66
第十四节 移 动 68
第十五节 地 层 72
第十六节 细丝技巧 73

第四章 倒转思维 76
第一节 什么是倒转思维 76

第二节	图解的类型	113
第三节	为什么用图解	117
第四节	"读图时代"	120
第五节	如何绘制图解	122
第六节	好的图解，不好的图解	123
第七节	提升图解的说服力	126

第七章　灵感思维……128

第一节	灵感的特征	128
第二节	灵感的激发和运用	130
第三节	自发灵感	132
第四节	诱发灵感	133
第五节	触发灵感	134
第六节	逼发灵感	136

第八章　形象思维……139

第一节	形象思维的作用	139
第二节	想象的创造功能	141
第三节	组合想象	142
第四节	补白填充	144
第五节	删繁就简	146
第六节	取代想象	148
第七节	引导想象	150
第八节	妙用联想	152
第九节	相似联想	154
第十节	相关联想	155
第十一节	相对联想	157
第十二节	飞越联想	159

第九章　类比思维……162

第一节	类比法的运用	162
第二节	直接类比	164
第三节	间接类比	166
第四节	幻想类比	168
第五节	因果类比	169
第六节	仿生类比	171
第七节	综摄类比	173

第二节	倒转不需要条件	78
第三节	条件倒转	79
第四节	作用倒转	80
第五节	倒转人物	82
第六节	倒转情景	83
第七节	方式倒转	85
第八节	过程倒转	87
第九节	结果倒转	88
第十节	观点逆向	89
第十一节	属性对应	91
第十二节	因果逆向	92

第五章　转换思维……96

第一节	何谓转换思维	96
第二节	正面思考和负面思考	98
第三节	视角转换	101
第四节	价值转换	103
第五节	问题转换	104
第六节	原理转换	106
第七节	材料转换	108
第八节	目标转换	109

第六章　图解思维……111

第一节	什么是图解思维	111

第十章　U形思维.....175
第一节　以退为进的迂回法.....175
第二节　两点之间最短距离未必是直线.176
第三节　变通思维的奇妙作用.....177
第四节　此路不通绕个圈.....179
第五节　顺应变化才能驾驭变化.....181
第六节　别走进思维的死胡同.....183
第七节　放弃小利益，赢得大收获.....184
第八节　把自己的位置放低一点.....186
第九节　不要与强者正面交锋.....187
第十节　阳光比狂风更有效.....188
第十一节　一屈一伸的弹性智慧.....189

第二篇　思维导图：21世纪风靡全球的革命性思维工具

第一章　思维导图概述.....192
第一节　揭开思维导图的神秘面纱.....192
第二节　让2.5亿人受益一生的思维习惯.....194
第三节　怎样绘制思维导图.....194
第四节　教你绘制一幅自己的思维导图.....197

第二章　由思维导图引发的大脑海啸.....199
第一节　认识大脑从认识大脑潜力开始.....199
第二节　启动大脑的发散性思维.....201
第三节　思维导图让大脑更好地处理信息.....202
第四节　大脑是人体最重要的保护对象.....204
第五节　建立良好的生活方式.....205
第六节　及时供给正确的"大脑食物".....207

第三章　风靡全球的头脑风暴法.....210
第一节　何谓头脑风暴法.....210
第二节　激发头脑风暴法的机理.....212
第三节　头脑风暴法的操作程序.....213
第四节　头脑风暴法活动注意事项.....216

第四章　获取超级记忆.....218
第一节　不可回避的遗忘规律.....218
第二节　改变命运的记忆术.....220
第三节　记忆的前提：注意力训练.....222
第四节　记忆的魔法：想象力训练.....224
第五节　记忆的基石：观察力训练.....226
第六节　右脑的记忆力是左脑的100万倍.....227
第七节　思维导图里的词汇记忆法.....229
第八节　不想遗忘，就重复记忆.....230
第九节　思维是记忆的向导.....233

第五章　超级记忆的秘诀.....235
第一节　超右脑照相记忆法.....235
第二节　进入右脑思维模式.....237
第三节　给知识编码，加深记忆.....238
第四节　用夸张的手法强化印象.....240

第八节	如何在竞争中夺取胜利	282
第九节	如何与他人协作	284
第十节	如何协调工作与生活	286
第十一节	如何打造职场人脉	289

第八章　画出高效学习力 291

第一节	4种方法帮助我们启动思考	291
第二节	3招激活思维的灵活性	292
第三节	5步让我们克服骄傲的毛病	294
第四节	6步搞定英语听力	295
第五节	有效听课应注意的8个细节	297
第六节	做好作业有6项注意	298
第七节	11种方法正确进行课后复习	299
第八节	解决生活和学习中遇到的困惑	301

第九章　高分思维导图的细节....304

第一节	7招把注意力集中到位	304
第二节	11步制订完美的学习计划	305
第三节	7招强化抗挫折能力，实现高分	307
第四节	4种方法轻松管好你的时间	309
第五节	依靠发散性思维进行发散性的创造	311
第六节	做符号笔记的7大准则	312
第七节	培养观察力的5种方法	313

第五节	造就非凡记忆力	242
第六节	神奇比喻，降低理解难度	244
第七节	另类思维创造记忆天才	246
第八节	左右脑并用创造记忆的神奇效果	248
第九节	快速提升记忆的9大法则	249

第六章　引爆记忆潜能 252

第一节	你的记忆潜能开发了多少	252
第二节	明确记忆意图，增强记忆效果	254
第三节	记忆强弱直接决定成绩好坏	255
第四节	寻找记忆好坏的衡量标准	257
第五节	掌握记忆规律，突破制约瓶颈	258
第六节	改善思维习惯，打破思维定式	259
第七节	有自信，才有提升记忆的可能	261
第八节	培养兴趣是提升记忆的基石	262
第九节	观察力是强化记忆的前提	263
第十节	想象力是引爆记忆潜能的魔法	265

第七章　用思维导图化解工作难题...267

第一节	如何突破工作中的"瓶颈"	267
第二节	如何跨越职业停滞期	269
第三节	如何缓解心理压力	270
第四节	如何摆脱不良的工作情绪	273
第五节	如何保持最佳的工作状态	274
第六节	如何保持完美的职业形象	276
第七节	有效晋升的完美方略	279

第三篇　跟全世界聪明人一起思考：世界最顶级的314个思维游戏

第一章　语言力思维游戏 316

001 拼汉字 316
002 诗词填数 316
003 纵横交错 316
004 三国演义 317
005 疑惑的小书童 317
006 成语十字格 317
007 一笔变新字 317
008 一台彩电 318
009 几家欢喜几家愁 318
010 成语接龙 318
011 象棋成语 318
012 组合猜字 318
013 串门 318
014 乌龟信 319
015 长联句读 319
016 成语与算式 319
017 一封怪信 319
018 秀才贵姓 319
019 成语加减 320
020 "山东"唐诗 320
021 诗词影片名 320
022 趣味课程表 320
023 断肠谜 321
024 屏开雀选 321
025 环形情诗 321
026 组字透诗意 321
027 几读连环诗 321
028 文静的姑娘 321
029 孪生成语 322
030 水果汉字 322
031 字画藏唐诗 322
032 数字藏成语 322
033 心连心 322
034 人名变成语 322
035 "5"字中的成语 323
036 回文成语 323
037 剪读唐诗 323
038 省市组唐诗 323
039 钟表成语 323
040 迷宫成语 323
041 成语之最 324
042 巧拼省名 324
043 藏头成语 324
044 地名填字 324
045 棋盘成语 325
046 虎字成语 325
047 给我C！给我D！ 325

第二章　计算力思维游戏 326

001 九宫图 326
002 数字填空（1） 326
003 数字填空（2） 326
004 四阶魔方 326

005 杜勒幻方 327
006 排列法 327
007 完成等式 327
008 数字迷题 327
009 保龄球 327
010 按顺序排列的西瓜 328
011 下落的砖 328
012 贝克魔方 328
013 六阶魔方 328
014 八阶魔方 328
015 三阶反魔方 328
016 符号与数字 329
017 多米诺骨牌墙 329
018 博彩游戏 329
019 五星数字谜题 329
020 送货 330
021 魔轮（1）..............................330
022 魔轮（2）..............................330
023 完成等式 330
024 合力 331
025 魔数蜂巢（1）......................331
026 魔数蜂巢（2）......................331
027 五角星魔方 331
028 六角星魔方 331

029 七角星魔方 331
030 六角魔方 332
031 完成链形图 332
032 代数 332
033 路径 332
034 完成谜题 332
035 墨迹 333
036 房顶上的数 333
037 迷宫算式 333
038 数字完形（1）......................333
039 数字完形（2）......................334
040 小狗菲多 334
041 剩余面积 334
042 数字难题 334
043 数字圆盘 334
044 四边形面积 334
045 总值 335
046 求面积 335
047 正方形边长（1）..................335
048 正方形边长（2）..................335
049 金字塔上的问号 335
050 面积比值 335

第三章　判断力思维游戏 336

001 不同的图形（1）..................336
002 不同的图形（2）..................336
003 构成图案 336
004 缺失的字母 336
005 星星 337
006 拿掉谁 337
007 对应 337
008 关系判断 337
009 图形复位 338
010 多边形与线段 338
011 共线 338
012 三角形中的点 338
013 星形盾徽 339

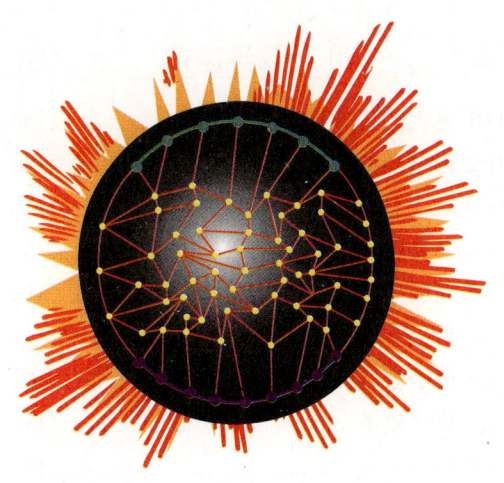

014 拆弹专家	339
015 圆心	339
016 "蜈蚣"	339
017 六边形的图案	340
018 圆圈上的弧线	340
019 麦比乌斯圈（1）	340
020 麦比乌斯圈（2）	340
021 错误的等式	340
022 拼图板	341
023 六边形游戏	341
024 不合规律	342
025 正确的图形（1）	342
026 正确的图形（2）	342
027 绳子和管道	342
028 贪吃蛇	342
029 最大周长	343
030 金鱼	343
031 判断角度	343
032 幽灵	344
033 垂直	344
034 封闭的环形线路	344
035 麦克马洪的彩色三角形	344
036 永远找不到	345
037 奶牛喝什么	345
038 彩色词	345
039 哪个人最矮	345

第四章 推理力思维游戏 ……… 346

001 数列对应	346
002 分蛋糕	346
003 沿铰链转动的双层魔方	346
004 杂技演员	346
005 猫鼠游戏	347
006 箭头的方向	347
007 发现规律	347
008 正确的选项	347
009 数独	348
010 字母九宫格（1）	348
011 字母九宫格（2）	348
012 字母九宫格（3）	348
013 折叠	349
014 扑克牌（1）	349
015 扑克牌（2）	349
016 逻辑图框	349
017 逻辑数值	349
018 组合瓷砖	350
019 帕斯卡定理	350
020 画符号	350
021 链条平衡	350
022 柜子里的秘密	350

第五章　分析力思维游戏 356

001 更大的正方形 356
002 符号继续 356
003 对应 356
004 另类图形 356
005 完成序列图 356
006 男孩女孩 357
007 色子家族 357
008 数字狭条 357
009 移动的数字 357
010 合适的长方形 357
011 数字板游戏 358
012 液体天平 358
013 精确的底片 358
014 阿基米德的镜子 358
015 篱笆周长 359
016 排列规律 359
017 落水的铅球 359
018 升旗与降旗 359
019 不一样的时间 360
020 火柴光 360
021 猜图 360
022 填图补白 360
023 地板 360
024 蛋卷冰激凌 361

023 连续八边形 351
024 洪水警告 351
025 字母游戏 351
026 下一幅 351
027 对号入座 351
028 取代 351
029 归位 352
030 彼此对应 352
031 填充空格 352
032 选择箭头 352
033 树形序列 353
034 下一个 353
035 铅笔游戏 353
036 外环上的数 353
037 恰当的数字（1） 353
038 恰当的数字（2） 354
039 密码 354
040 逻辑数字 354
041 恰当的符号 355
042 解开难题 355
043 最后的正方形 355
044 数字盘 355
045 图形推理 355
046 缺少的数字 355

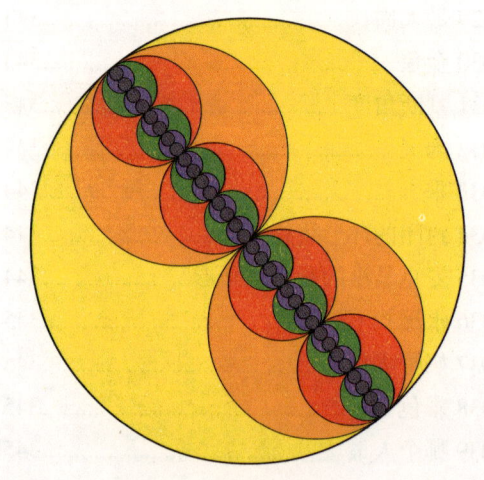

025 传音管 361	
026 图形转换 361	
027 对角线问题 362	
028 保持平衡 362	
029 圣诞节风铃 362	
030 半径与面积 362	
031 双色珠子串 363	
032 发射炮弹 363	
033 最近距离 363	
034 左撇子，右撇子 363	

第六章　观察力思维游戏 ………364

001 中心方块 364
002 灰色条纹 364
003 "十"字 364
004 倾斜的棋盘 364
005 双菱形 364
006 圆圈 365
007 赫尔曼栅格 365
008 改进的栅格 365
009 彩色闪烁栅格 365
010 闪烁的点 366
011 闪烁的栅格 366
012 神奇的圆圈 366
013 闪烁发光 366
014 蓝点 367
015 小圆圈 367
016 线条 367
017 螺旋 367
018 线条组成的圆 368
019 图像 368
020 小方块 368
021 线 368
022 红线 369
023 面孔 369
024 单词 369
025 鱼 369

026 萨拉与内德 370
027 猫和老鼠 370
028 圣乔治大战恶龙 370
029 坟墓前的拿破仑 370
030 紫罗兰 371
031 虚幻 371
032 彩色线条 371
033 高帽 371
034 红色方块 371

第七章　想象力思维游戏 ………372

001 分割空间 372
002 转角镜（1） 372
003 转角镜（2） 372
004 六边形游戏 372
005 完美六边形 373
006 不可能的剖面 373
007 补全多边形 373
008 立方体魔方 373
009 细胞自动机 374
010 重力降落 374
011 肥皂环 374
012 迷路的企鹅 375
013 有向图形 375
014 皮带传送 375
015 镜像射线（1） 376
016 镜像射线（2） 376

017 八色金属片 376
018 骑士通吃 376
019 彩色多米诺（1）......377
020 彩色多米诺（2）......377
021 彩色多米诺环 377
022 彩色积木 377
023 埃及绳 378
024 将洞移到中心 378
025 不相交的骑士巡游路线 378
026 相交的骑士巡游 379
027 折叠纸片 379
028 蛋糕片 379
029 轮子 379

第八章 创造力思维游戏 380

001 清理仓库 380
002 割据 380
003 3个小正方形网格 380
004 十字架 380
005 七巧板 381
006 七巧板数字 381
007 多边形七巧板 381
008 象形七巧板图形 381
009 三角形七巧板 382
010 心形七巧板 382
011 圆形七巧板 382
012 镜面七巧板 382
013 大小梯形 383
014 组合六角星 383
015 闭合多边形 383
016 分割正方形 383
017 给3个盒子称重 383
018 图案上色 384
019 4点连出正方形 384
020 分割L形 384
021 把正方形四等分 384
022 覆盖正方形 385
023 去电影院 385
024 守卫 385
025 填涂图案 385
026 建造桥梁 386
027 增加正方形 386
028 直线分符号 386
029 六彩星星 386
030 重组五角星 386
031 棋盘与多米诺骨牌 387
032 重组等边三角形 387
033 重组4个五角星 387
034 重组七边形 387
035 星形难题 387

答案 388

第一篇

思维影响人生：
改变人生的 10 种黄金思维

第一章

发散思维

第一节　何谓发散思维

有人曾做过这样的实验：在黑板上画一个圆圈，问大学生画的是什么？大学生回答很一致："这是一个圆。"同样的问题问幼儿园的小朋友，得到的答案却五花八门：有人说是"太阳"，有人说是"皮球"，有人说是"镜子"……大学生的答案当然正确，从抽象的角度看确实只是一个圆。但是，比起幼儿园的小朋友来，他们的答案是不是显得有些单调呆板呢？幼儿园的小朋友的那些丰富多彩的答案是不是更值得我们喝彩呢？

心理学家认为，人类在4岁之前的大脑是最具有开发潜能的。随着年龄的增长、知识的增加，人的思维逐渐被束缚住了。人们思考问题的时候局限在常见的、已知的圈子里，不能想到更多的解决问题的方法。一旦现有的条件不能满足常规的解决问题的途径，人们就束手无策了。这就需要我们用发散性思考来开发思维空间。

所谓发散思维，是指根据已有信息，从不同角度、不同方向进行思考，寻求多样性答案的一种思考方式。创新思维的学者托尼·巴赞指出发散思维有两方面的含义，一方面是来自或连接到一个中心点的联想过程，另一方面是指思维的爆发。这种思考方法不受传统规则和方法的限制，要求我们遇到问题的时候尽可能地拓展思路。发散思维的意义在于找出多种可能性。思路越广阔，想到的解决问题的方法就越多。我们可以从众多的可选项中找出最佳途径。

一个思想呆滞的人不可能在某个领域做出太大的成就，科学家的新发明、商人的新点子、艺术家

■达利的这幅超现实主义公寓绘画十分强调色彩的表意功能，它既可以被看作是屋子，也可以被看作是人头像。

的新创造大部分是通过发散性思考取得的。发散思维要求我们思考问题的时候从一个问题出发探求多种不同的答案。美国著名的心理学家吉尔福特在研究创新思维的过程中指出，与创造力最相关的思维方法就是发散思维。吉尔福特认为，经由发散性思维表现于外的行为即代表个人的创造力。也就是说，你的思维越灵活，说明你的创造力越强。

有人曾请教爱因斯坦："你和普通人的区别在哪里？"爱因斯坦把普通人的思考比做一只在篮球表面爬行的甲虫，他们看到的世界是扁平的；而他自己的思考则像一只飞在空中的蜜蜂，他看到的世界是全方位的、立体的。

缺乏发散性思维的人总是想到一个思路之后就不再思考了，得到一个说得通的解释就不再去探索其他的解释了，这样就养成了懒惰的思维习惯。要想养成发散性思维的习惯，可以从发散性思维的3个特性入手进行训练。

首先，发散性思维具有流畅性，可以让你在很短的时间内产生大量的思路。

如果你的思维的流畅性很好，你的思路就如行云流水，创意迭出。心理学家克劳福德建议我们用属性列举法来训练思维的流畅性。简单的训练方法如下：

1. 用你能想到的所有定语形容某一个名词。
2. 想出一个故事的多个结局。
3. 给一个故事拟定多个标题。
4. 用给定的字组成尽可能多的词，或用给定的词语组成尽可能多的句子。

其次，发散性思维具有变通性，非常灵活，可以让你自由驰骋。

变通性要求你重新解释信息，强调跨域转化，即用一种事物替换另一种事物，从一个类别跳转到另一个类别。转化的数目越多、速度越快，转化能力就越强。比如，针对"砖头有什么用途"这个问题，你回答"可以盖房子、可以垒一堵墙"，其实，这样的回答是把砖头限制在建筑材料这一个门类里了。如果回答说砖头可以用来做磨刀石，这就跳转到别的类别里了。

训练变通性可以提高人们触类旁通的能力。简单的训练方法如下：

1. 说出给定的定语能够描述的所有东西。
2. 对给定的一系列词按照一定的类别进行组合。比如蜜蜂、鹰、鱼、麻雀、船、飞机等，按照飞行的、游水的、凶猛的、活的等类别进行组合。

最后，发散性思维具有独特性，可以让你别出心裁地产生不同寻常的想法和见解。

独特性的意思是指这种思维方式是唯一的、非凡的、别人想不到的。独一无二的思维方式可以得到意想不到的结果。独特性建立在流畅性和变通性的基础之上，可以说流畅性和变通性是途径，独特性是结果。只有产生大量的、不同类别的思路，才能从中找到能够出奇制胜的创造性想法。

此外，发散性思维还要求我们敢于提出新观点和新理论。现成的、固定的答案是发散性思考的最大障碍，如果你敢于对现有的答案提出质疑，也许能够另辟蹊径找到更加便捷、更加有效的方法。例如，著名数学家华罗庚上中学的时候就曾经大胆地对权威理论提出质疑，

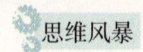

结果他证明了一位数学教授的公式推导有误。

发散性思维对于创新有非常重要的意义，由它可以派生出很多具体的方法和技巧。一些研究者提出可以用组合发散法、辐射发散法、因果发散法、关系发散法、头脑风暴法和特性发散法这6个方法进行发散性思考。这些方法对解决日常生活中的问题非常有效，可以帮我们找到一些小窍门。

注 意 事 项

1. 发散思维不能像逻辑思维一样帮我们做出判断，它只能帮我们找到解决问题的切入点。

2. 如果运用发散思维之后没有解决问题，说明你没有找到正确的切入点。这时不应该泄气，而应该对自己的思考进行反思，也许纠正错误之后就能找到解决问题的途径。

开动你的脑筋

尽可能多地写出砖头的用途。

_____

_____

_____

_____

第二节　组合发散法

你玩过拼图游戏吗？一张图被分割成很多小块儿，你需要把那些小块儿拼凑起来，组合成一张完整的画面。我们的大脑在思考一个问题的时候，也是通过逻辑思维将与思考问题相关的各种因素组合起来，运用综合我们可以进行发明创造，运用分析我们可以全面地、完整地考虑一件事。

组合发散法，顾名思义就是将不同的事物组合起来，从而创造出新的事物的一种思考方法。发散的方向应该是全方位的，包括正向、逆向、纵向、横向，必要时还要进行三维立体思维、多维空间思维。

组合发散法是发散思维的一种，虽然强调发散，但是并不是没有原则地漫天撒网。就像玩拼图游戏一样，如果忽略事物之间的逻辑关系，就不能组合成一张完整的图。我们想到的事物必须属于一个系统，可以构成一张"图"。因此在进行组合发散的时候要考虑事物的价值，对事物进行选择。

"组合"并不是把两个事物生搬硬套地放在一起,而是按照事物之间的内在联系,把它们有机地结合起来,就像玩拼图游戏的时候,那些小块儿必须环环相扣才能展现出一张完整的画面。我们需要对组合对象进行深入研究,把握各个部分之间的联系,从中总结出规律,然后把它们综合起来。

组合发散法有两方面的意义,一方面可以帮助我们创造新事物,另一方面可以帮助我们全面地了解一件事情。

很多发明创造都运用了这种思考方法,把两种或多种事物组合起来就产生了一种新的事物。

■经常玩拼图,可以很好地锻炼大脑的组合发散功能。

现在市面上有各种各样的铅笔,人们使用起来非常方便。然而在最初的时候,人们是使用光秃秃的石墨写字的。石墨容易断,而且写字的人总是弄得满手黑。后来,德国纽伦堡的一位木匠把石墨和木条组合起来,形成了现代铅笔的雏形。1662年,弗雷德里克·施泰德勒根据这个原理开办了第一家铅笔工厂,他将细石墨放入带槽的木条,然后用另一根涂了胶的木条把石墨笔芯夹在中间,再将笔杆加工成圆柱形或者八棱柱形。

1858年,美国费城有一位名叫海曼·利普曼的画家对铅笔进行了又一次改进——在铅笔顶端粘上一块小橡皮,再用金属片把小橡皮固定在铅笔上。这是对组合发散的简单运用,然而就是这样一个简单的组合,海曼·利普曼却为此申请了一项专利,后来以55万美元的价格卖给了一家铅笔公司。

许多事物都可以根据一定的原则组合起来:不同功能的事物组合起来就具有了多种功能,比如手机和数码相机组合起来就成了有拍照功能的手机;不同材料可以进行组合,从而获得新的材料,比如诺贝尔把容易爆炸的液体消化甘油和硅藻土组合起来发明了固体的易于运输的炸药;不同的颜色、声音、形状和味道可以进行组合,比如几种不同的酒混合在一起,形成口味独特的鸡尾酒;不同领域不同性能的事物之间的组合,比如台历和温度计的组合。

当我们考虑一个复杂问题的时候,常常有所遗漏,不可能面面俱到。运用组合发散法我们可以将问题拆分开,从各个角度详细分析之后再重新组合起来,这样我们就能得出一个客观的结论。

这种分析问题的方法适用于拥有多方意见的问题上。偏听偏信就会做出错误的结论——运用发散组合的思考方法,我们就能做出客观公正的评判。

注意事项

1. 运用组合发散法的时候要尽可能地扩展思路，不能局限于某一事物或事物的某一方面，而应该从多角度、多层面来寻找组合对象。

2. 进行组合发散法思考时要把握好组合对象之间的联系，只有把两个或多个事物巧妙地联系起来，才能发挥组合的作用，只有找到事物之间的联系，才能很好地把握问题的全貌。

3. 运用组合发散法分析问题的时候，每次只考虑一个角色的想法，并完全站在那个角度进行思考，摒除其他思考角度的干扰。

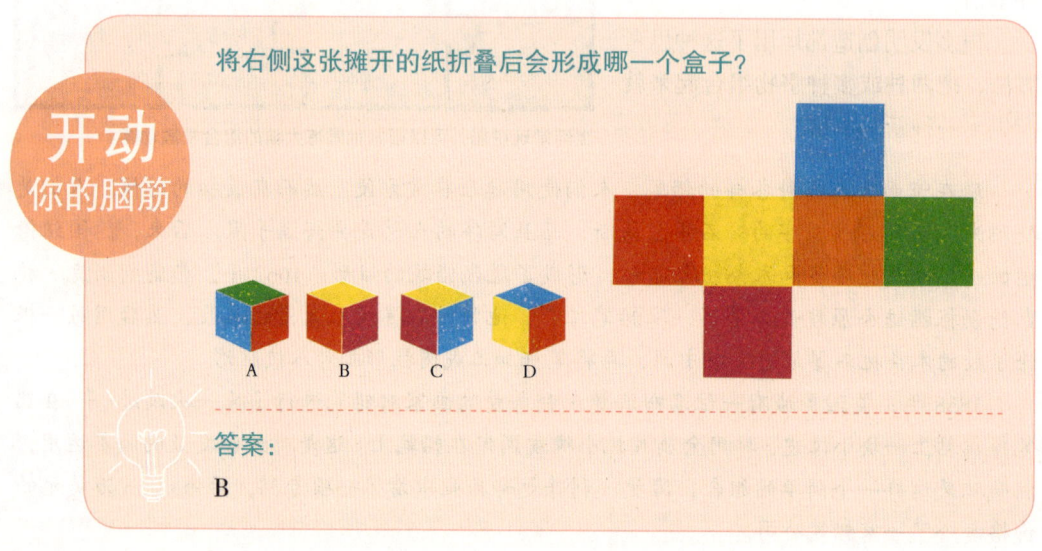

将右侧这张摊开的纸折叠后会形成哪一个盒子？

答案：B

第三节　辐射发散法

　　辐射发散法是指从一个中心点出发，向四面八方扩散，把中心点和各种事物联系起来，从而产生新的主意。这种思维方法是美国心理学家吉尔福特提出来的，要求思考者在寻找解决问题的方案时向更多的方向思考，从不同视角、不同侧面探索解决问题的方法。

　　顾名思义，这种思维方法就像自行车的辐条一样以车轴为中心向各个方向辐射。

　　我们可以用辐射发散法扩展一项技术的应用领域，使它在更广阔的范围内发挥作用。比如，我们围绕"电"进行辐射发散，可以想到电灯、电扇、电视、电脑、电磁炉、电动机、电饭锅、电热毯等等。我们还可以把一项新技术作为辐射中心，将它与各种传统技术和常见事物结合起来，创造出新的技术。

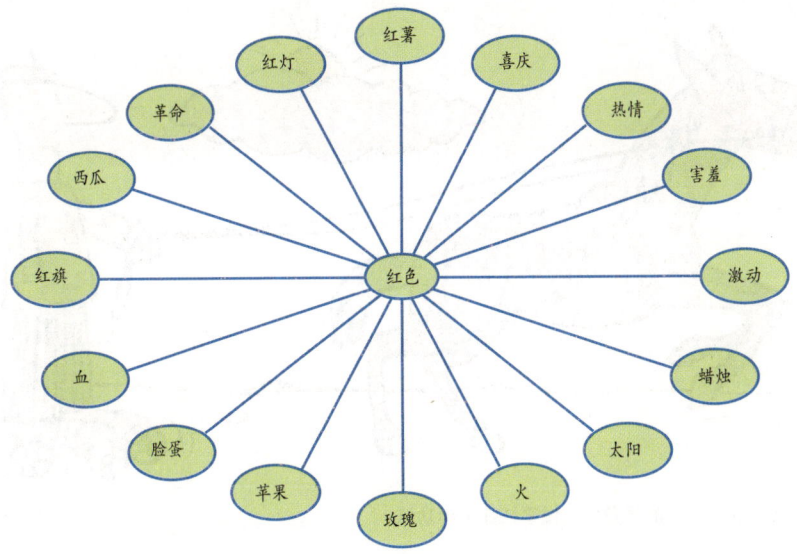

■ 辐射发散法示意图

运用辐射发散法思考，我们首先要确定一个中心点，即要有一个明确地需要解决的问题，然后围绕这个问题向各个方向做辐射状的积极思考，尽可能多地寻找解决方案。在思考过程中，我们要突破点、线、面的限制，多角度、多层次、多方位、多关系地思考，尽可能地拓展思维空间，不拘一格地提出新观念、新方法、新概念、新思想。除了在空间上向更宽、更广的方向进行辐射之外，我们还可以在时间上向纵深的方向进行辐射，不仅着眼于现在，还可以从历史的角度、未来的角度进行思考。

当我们需要对某个事物进行改造翻新的时候，可以以这个事物为中心，向四面八方辐射，与那些和本事物毫不相干的事物联系起来。这也是对辐射发散的一种应用。用这种方法想到的结果可能大多数是无意义的，甚至是荒唐的，但是这种思维模式可以帮助我们开阔思路，跳出常规的思考路径，有时可以使我们从中得到新颖的、有价值的方案。

事实上，我们创造的事物的新颖程度与两种事物的相关程度成反比，即越是不相关的两种事物，越能产生更新的事物。1942年，瑞士天文物理学家卜茨维基在这个理论的基础上提出了形态分析法，我们可以把它看作辐射发散法的一种。具体做法是：将课题分解为若干相互独立的因素，然后从各个因素进行辐射思考，找出实现各个因素的材料或方法，最后对这些材料或方法进行排列组合，找出最佳方案。比如，我们要研究一种有效的广告形式，首先提取出要考虑的因素：吸引人的、形象宣传、可信的、给消费者带来好处，然后运用辐射发散引出满足各因素的方法。

吸引人的：显眼的位置、大的、闪亮的、出乎意料的、惊奇、频繁出现的……
形象宣传：好看的、高质量的、迷人的、优雅的、完美的……
可信的：诚实的、权威的、官方的、获得认可的……
给消费者带来好处：折扣、回报、承诺、实惠……

由以上这些，我们可以想到在商场搞庆典活动，在显眼的位置张灯结彩达到吸引眼球

■ 发散思维有助于展开丰富的想象力，做事往往事半功倍。

的效果，并塑造良好的企业形象和产品形象；在活动现场举办由公证处公正的抽奖活动可以体现出权威性和诚实可信，并给消费者带来好处。

辐射的目的是获得尽可能多的备选答案，我们想到的思路越多，所产生的设想就会越新颖。通过辐射发散思考，我们能够得到很多设想，其中有新颖独特的想法，也有常规的想法，有优秀的创意，也有拙劣的创意，有操作性强的方案，也有不可行的方案。我们需要从中挑选出最合适、最有效、最便捷、最符合我们需要的解决问题的方案，因此在辐射发散之后，还要有一个筛选的过程。

这种思考方法在集体思考中的应用非常广泛，比如在各种创意征集活动中的应用。2008年奥运吉祥物"福娃"的创作的前期过程就是运用辐射发散思考的一个典型案例。

北京奥运会组委会从2004年8月5日开始向全世界征集奥运吉祥物，截至12月1日收到了上万件作品。其中有效参赛作品662件，中国内地作品611件，占总数的92.3%，港澳台作品12件，占总数的1.8%，国外作品39件，占总数的5.9%。

参选作品收集上来之后，文化艺术领域里的专家学者对众多作品进行了评选，先从662件作品中挑选出了56件作品，然后由10名中外专家组成的推荐评选委员会进行评选，最后把大熊猫、老虎、龙、孙悟空、拨浪鼓和阿福作为吉祥物的修改方向。在此基础上，由评委会推荐成立的修改小组组长、著名艺术家韩美林完成了吉祥物方案的设计。

对于个人来说，在进行辐射发散思考的时候，最好先对自己的思考方向进行分类，然后沿着不同的方向进行思考，这种分类的方法比漫无目的地辐射更有系统性，可以得到更全面的辐射点。相反地，也许可以想到很多方面，但是没有逻辑、没有系统，因此很容易忽略掉一些东西。

比如，我们在前面提出的问题：尽可能多地写出砖头的用途。你想到了多少种答案呢？

你可能会想到盖房子、砌围墙、建桥梁、铺路、做棋子、当磨刀石、当画笔……如果先确定几个思考的方向，然后分别沿着每个方向进行辐射发散，就能够得到更多的答案了。我们可以把砖头的用途分为：建筑类、游戏类、生活类、艺术类、科学类等几个大的方向，如果想到一些无法归类的用途，则归入"其他类"。

建筑类：盖房子、砌围墙、建桥梁、铺路、垒灶台、垒烟囱……
游戏类：当棋子、当球门、当道具、做积木、丢砖游戏、气功表演、当多米诺骨牌……
生活类：当磨刀石、当板凳、当枕头、当秤砣、当垫脚石、堵烟囱、堵鼠洞、当锤子……
艺术类：当画笔、当绘画颜料、当雕塑原料、当乐器、做首饰……
科学类：航天研究材料、化学实验材料、测量压力和重力、做模具、做机器零件……
其他类：卖钱、自卫武器、爱情见证物、做标记……

显而易见，用这种分类的方法可以更加全面地分析问题。请用这种辐射发散的思考方法来思考这个问题：酒瓶的用途有哪些？首先确定你想从哪几个方面进行思考，然后填充在那个方面想到的用途中。

1. _____
2. _____
3. _____
4. _____
5. _____

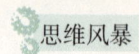

> 这里有两组齿轮，请按箭头的指示方向转动每组的第一个齿轮，判断第一组齿轮上的2个水桶会上升还是下降，以及第二组最后一个齿轮的转动方向是顺时针还是逆时针。

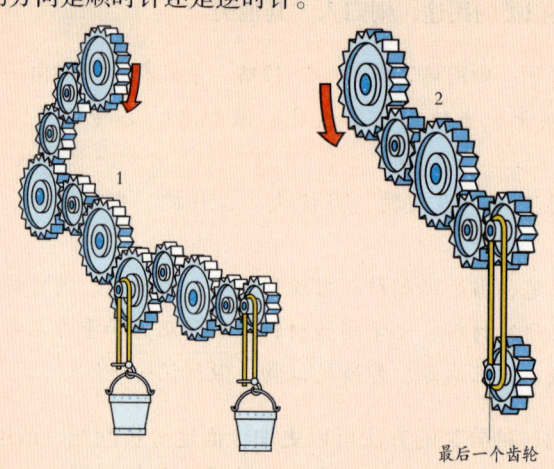

答案：
第1组齿轮中的两个水桶都会下降，第2组齿轮的最后1个齿轮逆时针转动。

第四节　因果发散法

事物之间普遍存在着因果联系：下雨导致地面湿，"春种一粒粟"导致"秋收万担粮"，勤奋学习导致考上好大学，助人为乐导致好人缘……

我们举的这几个例子好像具有显而易见的因果关系。但是事实上无论是在自然界还是在人类社会，因果关系并不是如此清晰明了地一一对应的。一个原因可以导致多种结果，一个结果可能是由多种原因引起的。比如：下雨仅仅导致地面湿吗？还会带来别的结果吗？请看下面的图示。

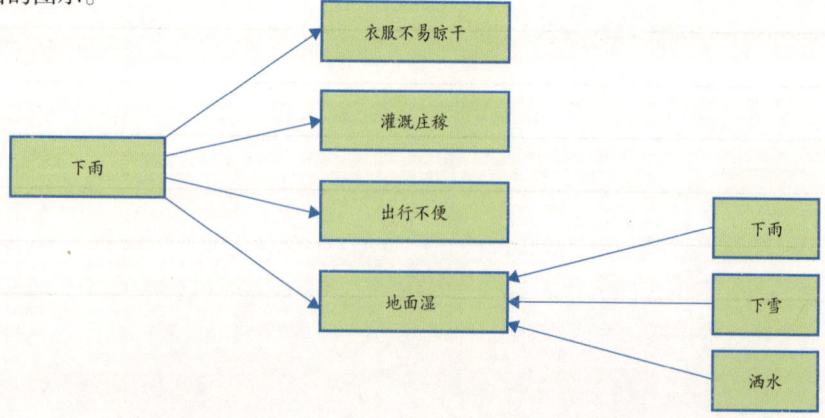

因果发散法就是让我们以事物发展的原因或结果为中心点，进行发散思考，从而找到导致某一现象的原因或者某一现象可能引起的结果。由果及因的发散思考在解决复杂问题的时候比较常见，只有找到问题的症结所在，才能找到解决问题的有效方案。比如，侦探在破案的时候就要以案发结果为中心点进行发散思考，由果溯因推断导致案件的可能原因，然后运用推理排除种种可能，剩下的一种可能就是答案了。

我们来看看下面这个小笑话。

有一次，福尔摩斯和华生去野营，他们在星空下搭起了帐篷，然后很快就睡着了。半夜，福尔摩斯把华生叫醒，对他说："抬头看看那些星星吧，然后把推论告诉我。"华生想了想说："宇宙中有千百万颗星星，即使只有少数恒星有星星环绕，也很可能有一些和地球相似的行星，在那些和地球相似的行星上很可能存在生命。"

福尔摩斯听完之后，说："现在我告诉你我的推论，我们的帐篷被人偷走了。"

同样是看到了星星，华生和福尔摩斯得到了不同的推论。在进行由果及因的时候，我们应该像福尔摩斯一样从实际出发，关注与生活密切相关的问题。

医生看病的时候也要弄清导致疾病的原因，才能确定相应的治疗方案，从而进行准确、可靠、快速、有效的治疗。同一种病症可能是多种原因引起的，比如同样是发热，可能是病原体引起的感染，可能是肿瘤或结核病引起的，还有可能是大手术后人体内组织重生引起的。医生常常询问病人一些问题，为的就是排除其他的可能性，确定引起疾病的原因，然后对症下药。

我们在处理生活中的问题的时候，同样可以采取这种由果及因的方法推导出引发某一现象的原因。这种思维方法还有助于我们总结失败的教训，比如考试失败了，我们运用因果发散思考法想想可能是哪些原因导致的失败：没有记住知识，没有掌握解题方法，做题的时候粗心大意，考试的时候紧张……然后，对照自己的实际情况排除那些不相符的原因，就会找到导致失败的真正原因。下次考试的时候克服掉这个原因就能避免失败了。

除了由果及因的发散思考，我们还应该进行由因及果的发散思考，这种思考方法可以预测事情未来的发展方向，避免盲目性。比如当我们在实施一项计划之前，就要全面地考虑这项计划会产生什么影响，不仅要考虑有利的影响，还要考虑不利的影响，不仅要考虑对自身的影响，还要考虑对竞争者的影响。经过多方发散，才能得出全面的预测，避免盲目行事。

我们得到一些新颖独特的解决问题的方案，这些方案具有可行性吗？会带来什么结果呢？这时就可以通过由因及果的发散思考法预测一下那些方案能否帮我们解决问题。当我们需要做出影响人生发展方向和前途的决定的时候，更要考虑这个决定会给自己造成哪些影响，然后权衡利弊做出明智的选择。

这是一种很实用的思考方法，当你为一件事犹豫不决的时候，就可以用由因及果的思考方法考查一下有哪些理由在支持你做或不做。比如：

一个南方女孩和一个北方男孩相爱了。有一天晚上，男孩向女孩求婚。女孩有点不知

所措,她说:"让我想想。"她回家后拿出一张纸,左边写上"不嫁",右边写上"嫁"。在不嫁的那一栏,她写下:

1. 他工作不稳定,收入不高。
2. 南北方生活习惯差异大,将来会有麻烦。
3. 他学历不高。
4. 他家在农村。
5. 他有体弱多病的母亲和上学的妹妹,家庭重担由他一个人承担。

……

在右边那一栏,她写下了一个字——爱。

她反复思索,把左边的理由一条条划去,把右边的理由一遍遍加深,于是她确定了自己的选择。

在训练发散思维的时候,我们可以设置一个事件,然后对这个事件可能引起的结果进行推测。这种由因及果的推测在实际操作中,往往能够引发新的创意。比如:

我们假设世界上没有老鼠,会出现什么结果呢?

世界上少了一种动物;可以减少粮食损失;不会发生鼠疫;孩子们不认识童话中出现的老鼠;猫和猫头鹰没有了食物可能会灭绝;生态平衡遭到破坏,可能会给自然界带来巨大的灾难……

如果人不需要睡眠会引发什么结果呢?

24小时营业场所增加;安眠药和床的销售量会降低;人们的知识会成倍增加;节约劳动力;能源消耗增加;人们会更加孤独寂寞;犯罪率会上升;会出现更多的游戏和娱乐设施供人们打发时间;工作时间会延长……

■没有笨死的牛,只有愚死的汉。遇到问题不找原因,做事情时不找方法,肯定会一败涂地。

开动你的脑筋

请做下面几个脑筋急转弯：
1. 一个人居然有两颗心脏，而且两颗心脏都很正常。这是怎么回事？
2. 福尔摩斯花了半天时间也查不出命案现场有任何线索，正当他一筹莫展的时候，谜团突然解开了。为什么？
3. 小王一边刷牙，一边吹口哨。他是怎么做到的？

答案：
1. 那个人是个孕妇；2. 罪犯自首了；3. 他在刷假牙。

第五节　关系发散法

甲乙两个人为一件事发生了争执，他们来到寺院让一个德高望重的老和尚评理。甲来到老和尚面前说了自己的一番道理，老和尚听后说："你说得对。"接着，乙来到老和尚面前说了和甲的意见相反的另一番道理，老和尚听后说："你说得对。"站在一旁的小和尚说："师父，怎么两个人说的都对呢？要么甲对乙错，要么乙对甲错。"老和尚说："你说得对。"

也许你觉得老和尚的话自相矛盾，但是真的存在绝对的对与错吗？很多事并非只有一种解释。从甲与这件事的关系来看，甲说的是对的；从乙与这件事的关系来看，乙说的是对的；从小和尚与这件事的关系来看，小和尚说的也是对的。

我们所处的这个世界是一个多元的、复杂的世界，我们所做的每一件事都有利有弊，对与错、好与坏就像一股黑线和一股白线相互交织，有时甚至紧密得难以分开。我们在观察和解释事物的时候，应该避免单一和僵化的解释，那样只会导致偏执一词、钻牛角尖，看不到事情的全貌。

要想在这个世界上从容地生存发展，就要运用关系发散法来思考问题，即从宏观的角度充分分析事物所处的复杂关系，并从中寻找相应的思路，得出客观全面的结论。人们常用"八面玲珑"来形容那些善于为人处事的人，这个词形象地体现了关系发散法的好处。

关系发散的另外一层意思是从另一个角度重新理解和解释事物之间的关系。很多时候我们习惯了事物之间的某种关系，于是把这种关系看作是亘古不变的，从来不试图改变。事实上，只要你愿意，完全可以对事物的关系做出另一番解释。

古时候，有一位秀才进京赶考，住进了一家客店。考试前一天他做了3个梦：在第一个梦里，他在墙上种白菜；在第二个梦里，他在下雨天戴了斗笠还打伞；在第三个梦里，他跟心爱的表妹脱光了衣服背靠着背躺在一起。

秀才觉得这3个梦似乎意味着什么，于是去找算命先生解梦。算命先生听了他的描述后连连摇头说："你还是回家吧！你想想，高墙上种菜不是白费劲吗？戴斗笠打雨伞不是多此一举吗？跟表妹脱光了躺在一张床上了，却背靠背，不是没戏吗？"秀才听后觉得有道理，没心思考试了，回到客店收拾包袱准备回家。店老板觉得非常奇怪，问："不是明天才考试吗，你怎么今天就回乡了？"

秀才把解梦的事告诉了店老板，店老板听后笑了起来："我也会解梦的。我倒觉得，你这次一定要留下来。你想想，墙上种菜不是高中（种）吗？戴斗笠打伞不是说明你这次有备无患吗？跟你表妹脱光了背靠背躺在床上，不是说明你翻身的时候就要到了吗？"

秀才听后觉得更有道理，于是信心十足地参加了考试，结果中了探花。

在生活中，我们同样需要从不同的角度来解释两件事之间的关系。"塞翁失马，焉知非福"就是对关系发散的运用。"福兮祸之所倚，祸兮福之所伏"，丢了一匹马，并不仅仅给塞翁造成损失，有可能还会带来好处，虽然那好处没立刻显现出来，但是通过关系发散法塞翁预测到了可能的好处。

此外，关系发散法在数学题中的应用也很广泛。

在一节思维培训课上，一个小学一年级的数学教师向思维培训师请教如何教孩子们练习发散思维。思维培训师在黑板上写了一道算术题：

2+3=？

然后，他说："这是小学一年级常见的计算题，只有唯一的答案，对就是对，错就是错。这会让孩子们养成寻找一个答案的思维习惯，导致思维的扁平化，遇到问题时缺乏寻找多种答案的意识和能力。虽然大部分数学题是一题一解的，但是我们可以运用关系发散法来改变出题的方式。"接着，他在黑板上写下了这道题：

5=？+？

那个数学老师一下子醒悟过来，显然学生在计算这道题的时候思维是发散的，而计算前一道题的时候思维却是封闭的。

思维培训师对等式两边的关系进行了发散处理，把已知变未知，把未知变已知，从由分求和到由和求分。有人把这种发散方法称为"分合发散"。曹冲称象的方法就是对分合发散的运用。

三国时，孙权送给曹操一头大象。曹操很高兴，问他的谋士们："谁有办法称一称它的重量？"有人说造一个巨型的秤，有人说把大象宰了切成块。这时曹冲说："我有办法。"他让众人跟他来到河边，叫

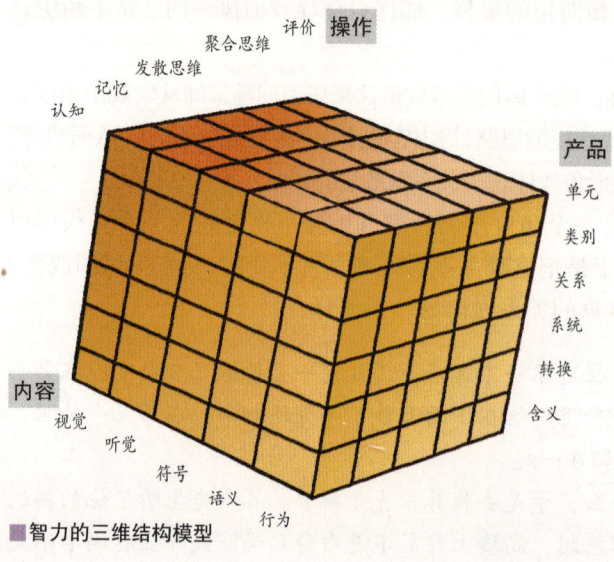

■ 智力的三维结构模型

人把大象牵到一条大船上，等船身稳定了，在船舷上齐水面的地方刻了一条线做标记。然后，他让人把大象牵到岸上，把岸边的石头一块一块地往船上装，船身就一点儿一点儿往下沉。等船身沉到刻的那条线时，曹冲就叫人停止装石头。接下来，大家都知道怎么办了吧？称一称船上石头的就知道大象有多重了。

在这个例子中曹冲巧妙地把大象和石头联系起来，把难于称量的大象的重量分解为容易称的石头的重量，使问题迎刃而解。与此类似的还有西汉时期的孙宝称馓子的故事。

一个农夫撞倒了卖馓子的小贩，馓子掉在地上全摔碎了。农夫愿意赔偿50个馓子的价钱，但是小贩坚持说他有300个馓子，二人僵持不下。这时，担任京兆尹的孙宝路过，他让人把地上的碎馓子收集起来称出重量，然后买来一个馓子称出一个馓子的重量，两数相除计算出馓子的个数。农夫和小贩都心服口服，农夫按照馓子的数目赔钱给了小贩。

这同样是对关系发散法的应用，孙宝同时考虑了整体与个体，数量与重量的关系。馓子虽然碎了，但总重量不会变，每个馓子的重量都差不多，用总重量除以单个馓子的重量，就得出了数量。

开动你的脑筋

你是谁？尽可能多地说出你与周围人和事物的关系。

第六节　头脑风暴法

头脑风暴法是被誉为创造学之父的美国人亚历克·奥斯本提出来的，是一种激发集体智慧、提出创新设想、为一个特定问题找到解决方法的会议技巧。奥斯本曾这样表达头脑风暴的意义："让头脑卷起风暴，在智力激励中开展创造。"

美国北部常下暴雪，有一年雪下得特别大，冰雪积压在电线上导致很多电线被压断，严重影响了通讯。电讯公司想尽办法也没能解决这一问题。后来，电讯公司经理召集不同专业的技术人员举行了一次头脑风暴座谈会。

会议上，大家提出了不少奇思妙想：有人提议设计一种电线清雪机；有人提议提高电线温度使冰雪融化；有人提议使电线保持震动把积雪抖落。这些想法虽然不错，但是研究周期长，不能马上解决问题。还有人提出乘坐直升机用扫帚扫雪，这个想法虽然滑稽可笑，但是有一个工程师沿着这个思路继续思考，想到用直升机的螺旋桨将积雪扇落，他马上把这个想法提了出来。这个设想又引起其他与会者的联想，人们又想出七八条用飞机除雪的方案。

会后，专家对各种设想进行分类论证，一致认为用直升机除雪既简单又有效。现场试验之后，发现用直升机除雪真的很奏效。就这样，一个困扰电讯公司很久的难题在头脑风暴会议中得到了解决。

■ 头脑风暴法

俗话说："三个臭皮匠，顶一个诸葛亮。"当我们面对复杂的问题时，靠一个人冥思苦想很难解决问题，在会议上大家提出的想法可以互相激励，互相补充，从而产生出新创意和新方法。但是，并非所有的会议模式都能让人们打开思路、畅所欲言。奥斯本找到了一种能够实现信息刺激和信息增值的会议模式，在企业进行发明创造和合理化建议方面效果显著。他提出头脑风暴法之后，这种方法很快就在美国得到了推广，随后日本也相继效仿。

头脑风暴会议的意义在于集思广益，为了保证头脑风暴法发挥作用，奥斯本要求与会人员务必严格遵守4个原则。

第一，自由设想。与会者要解放思想、开拓思路，无拘无束地寻求解决问题的方案。鼓励与会者提出独特新颖的设想，因此与会者要畅所欲言，不要担心自己的想法是错误的、荒谬的、不可行的或者离经叛道的。

在平常的会议中，我们力求让自己提出的建议和想法符合逻辑，因为我们总希望自己的建议得到别人的认可，而不会提出一个连自己都不能自圆其说的想法，这就放过了很多潜在的解决问题的方法。头脑风暴会议就是要求我们天马行空地思考，无所顾忌地表达，让那些潜藏的方案显露出来。

第二，延迟评判。不要在会上对别人提出的设想进行评论，以免妨碍与会者畅所欲言。对设想的评判要在会后由专人负责处理。

在平常的会议中，大家总喜欢用批判的态度对待别人提出的一些想法，挑毛病是很容易的事，然而这种批判的态度使很多优秀的设想被扼杀在萌芽之中。比如，在美国电讯公司的会议中，当有人提出"乘坐直升机用扫帚扫雪"之后，如果有人说"这个想法太离谱了"，那么就不会有后面的"用螺旋桨除雪"的设想。

第三，追求数量。与会者要运用发散思维尽可能多地提出设想，数量越多就越有可能产生高水平的设想。

日本松下公司鼓励职工运用头脑风暴法提出改进技术、改进管理的新设想，在1979年一年内便产生了17万个新设想。公司从如此多的设想中选出优秀的、建设性的设想应用在设计和管理领域，使生产经营水平不断提高。

第四，引申综合。在别人提出设想之后，受到启发产生新的设想，或者把已有的两个或多个设想综合起来产生一个更完善的设想。

人们常常把合作的好处比做1+1＞2，英国戏剧家萧伯纳就曾说过："如果你有一种思想，我也有一种思想，我们彼此交流这种思想，我们每个人将各有两种思想。"头脑风暴法并不仅仅是把各自的想法罗列出来，它还有一个激荡的过程，一个想法催生另一个想法从而得到更多更好的想法。有交流、有发展才有创新。

头脑风暴的效果显而易见，因此在世界各国受到了普遍欢迎。并且各国在不断应用中对头脑风暴法进行了创新和发展，以适应不同团体的需要。在这里我们介绍美国、德国和日本的3种典型的头脑风暴法。

1. 美国的逆向头脑风暴法：这是美国热点公司对头脑风暴法的发展，其特点是不但不禁止批判，反而重视批判，旨在通过批判使设想更完善。这种方法与美国人那种自由、开放的性格相适应。需要注意的是要防止因为批判而导致大家不愿意提出荒谬的设想。

2. 德国的默写式头脑风暴法：这是德国学者鲁尔巴赫根据德国人惯于沉思和书面表达的特点而创造的会议方法。其特点是每次会议由6个人参加，每个人在5分钟之内提出3个设想，因此这种方法又叫"635法"。主持人宣布议题之后，发给每个人一张卡片，卡片上有3个编码，编码之间有一定的空余，为的是让别人填写新的设想。在第一个5分钟内每个人在卡片上填上3个设想，然后传给下一个人。在下一个5分钟内，大家从上一个人的设想中受到启发填上3个新的设想。这样传递半个小时之后，可以产生108个设想。

3. 日本的NBS头脑风暴法：这是日本广播公司对头脑风暴法的发展，是一种事务性较强的方法。具体做法是主持人在会议召开之前公布议题，并发给与会者一些卡片，要求每个人提5条以上设想，每一条设想写在一张卡片上。会议开始后，与会人员逐一出示自己的卡片并发言。当别人发言的时候听众如果产生了新的设想，就把设想写在备用的卡片上。发言完毕之后，主持人收集卡片并按内容分类，然后在会议中讨论、评价，选出解决问题的方法。

头脑风暴法作为一种激励集体进行创新思维的方法在企业和设计性团体中得到了广泛的应用。此外，这种方法在日常生活中也很实用，比如在学校，老师可以组织头脑风暴会议，让学生们讨论如何提高学习成绩，如何丰富课外生活等问题。家庭成员也可以召开小型的头脑风暴会议讨论如何度过周末，如何使晚餐更丰盛等问题。并且，在日常生活中的训练还可以逐渐提高我们的发散性思考的能力。

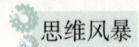

注 意 事 项

1. 在进行头脑风暴会议之前，先申明会议的主旨，强调不可取笑别人离奇的想法。否则，会打击与会者的积极性。

2. 在某种特殊的议题上，可通过匿名的方式收集意见和建议，以此维护"想法"的提出者。

3. 对所收到的提议进行周全的评判，切不可迅速地否定一个提议。

第七节　特性发散法

我国创造学者杜永平在《创新思维与创作技法》一书中提出了特性发散的思维方法，所谓特定发散是指用发散思维看待事物的特性，事物的每一个现象、每一种形态、每一个性质都可能给我们带来帮助，引发出不同的用途。

当年，李维斯和很多年轻人一样投入到了西部淘金的热潮之中。在前往西部的路途中，有一条大河挡住了去路，人们纷纷向上游或下游绕道而行，也有人打道回府。李维斯对自己说："凡事的发生必有助于我。这是一次机会！"他想到了一个绝妙的创业主意——摆渡。很快，他就积累了一笔财富。

后来摆渡的生意十分冷淡，他决定继续前往西部淘金。到了西部，他发现那里气候干燥、水源奇缺，人们纷纷抱怨："谁给我一壶水喝，我情愿给他一块金币。"李维斯又告诉自己："凡事的发生必有助于我。这是一个机会！"他又看到了商机，做起了卖水的生意。渐渐地，卖水的人越来越多，没有利润可图了。

这时，他发现淘金者的衣服都是破破烂烂的，而西部到处都有废弃的帐篷。李维斯再次告诉自己："凡事的发生必有助于我。这是一次机会！"由此他又想到一个好主意——用那些废弃的帐篷缝制衣服。他缝成了世界上第一条牛仔裤！后来，李维斯终于成了举世闻名的"牛仔大王"。

在李维斯的事业发展过程中，他多次用到了特性发散的思维方法。大河可以挡住人们的去路，同时也给人们提供了摆渡的机会；干燥的气候导致人们口渴难耐，但是也给人们提供了卖水的机会；在淘金的过程中衣服被磨得破破烂烂，这给人们提供了一个发明结实衣服的机会。只有那些善于运用特性发散思维的人，才能看到隐藏在现象背后的机会，从而利用机会制造商机。

当我们在思考一个问题的时候，要考虑思考对象的特性和思考对象与哪些别的因素有必然的联系，从中寻找解决问题的新途径。特性发散思维还要求我们增加看问题的视角，找到思考对象的更多特性。下面这个例子也体现了对特性发散思维的运用。

第二次世界大战前，战胜国决定成立一个处理世界事务的联合国。第一个问题就是购买可以建立联合国总部的土地，对刚成立的联合国来说，很难筹集大笔资金。美国石油大王洛克菲勒听说了这件事后，出资870万美元买下纽约的一块地皮，并无偿地捐赠给联合国。有人赞叹洛克菲勒的义举，有人对此表示无法理解。事实上，洛克菲勒另有打算。

随着联合国的作用越来越重要，周围的地价随即飙升起来。当初洛克菲勒在买下捐赠给联合国的那块地皮时，也买下了与其相连的许多地皮。没有人能够计算出洛克菲勒家族在后来获得了多少个870万美元。

洛克菲勒之所以敢进行大胆的投资，是因为他已经看到了潜在的好处。联合国购买土地作为联合国办公地址，这件事不是孤立的，必然会带来一系列其他的影响。运用特性发散法思考问题，可以帮我们预测隐藏在某一事件中的潜在机遇。所以，每当我们遇到一个新现象或发现一个新事物的时候就要问问自己：

它有什么用？它能用在什么地方？

或者，我们可以向李维斯一样对自己说：

凡事的发生必有助于我。这是一个机会！

我们习惯于认为很多事跟自己没关系。"事不关己，高高挂起"是一种不良的思维习惯，那样做只能使我们的思路局限在已有的范围之内，得不到拓展。特性发散思考法就是要我们打破这种思维惯性，从任何看似与我们无关的事物中寻找可能存在的价值。为了强化特性发散思维，我们可以在平时进行这样的思考训练，比如：

温度计测量温度的特性在什么情况下有用？测量室内温度、生病后测量体温、出游之前考虑目的地的温度、农民考虑适合植物生长的温度、养殖场考虑适合动物生存的温度、衬衫厂商根据气温变化决定生产长袖还是短袖……

熟练掌握特性发散思维，可以使更多的东西为我所用。比如，废纸盒可以用来放CD，花哨的塑料包装可以用来制作精美的贺卡，饮料瓶可以当作花瓶……

下面是一个特性填词表：

高大	积极	绿色	浪漫	小巧
沉重	结实	坦荡	热烈	灵活
混乱	正式	芳香	贵重	零散
丰满	危险	冷寂	漂亮	振奋

这些词都是描述事物某种特性的形容词，进行训练的时候，需要从中选取一个特性，然后列举出有这种特性的事物，说得越多越好。比如，能够用高大描述的事物有：山、树、楼房、电线杆、人的身材、人的品格……

经过一段时间的训练之后，我们还可以增加训练的难度，从表格中挑选两个特性，然后列举出可以同时用两个特性描述的事物。

当这些词用过一遍之后，你还可以自己制作另外一个填词表，填上你随机选取的形容词。

第二章

"六顶帽子"思维

第一节 6种不同颜色的思考帽

也许你有过这样的经历,思考一件事情的解决方法时,思绪变得像一团乱麻一样理不清头绪。如果我们企图在同一时间内做太多的事情就会遇到这样的问题,我们需要客观理性地收集并分析信息资料,但是又会受自身的感觉和情绪的影响,我们在追求利益的同时还得考虑不利的一面,既要开拓创新又得小心谨慎,是跟随群众领袖还是自己孤身前往……这些会让我们分散精力,使我们的思维陷入混乱的状态,而混乱是思考最大的敌人。

就像我们不能在同一时刻对来自不同方向的攻击做出敏锐的反应一样,我们也不能在同一时刻对一个复杂问题的各个方面进行清晰、有效的思考。在团体中由于每个人看问题的角度不同,大家各执一词,容易引起毫无建设性的争论,很难得出一致的结论。针对这个问题,被尊为"创新思维之父"的爱德华·德·波诺博士提出了著名的"六项思考帽"。这种独特的思考方法作为政府、企业和个人的决策指南受到了广泛的推广和肯定,在微软、杜邦、IBM、麦当劳、可口可乐、通用等著名的企业得到了成功的应用。

爱德华·德·波诺用6种颜色的思考帽来代表6种思考问题的角度,每一种颜色都会引起人们的一种联想,颜色给我们的印象对应着一种思考问题的角度。

六顶思考帽	颜色联想	思考角度
白色思考帽	中性和客观	搜索并展示客观的事实和数据
红色思考帽	直觉和情绪	表达对事物的感性的看法
黑色思考帽	冷静和严肃	用小心谨慎的态度指出任一观点的风险所在
黄色思考帽	希望和价值	用乐观、积极的态度指出任一观点的价值所在
绿色思考帽	活跃和生机	运用创新思维提出新观点
蓝色思考帽	理性和沉稳	对整个思考过程和其他思考帽的控制和组织

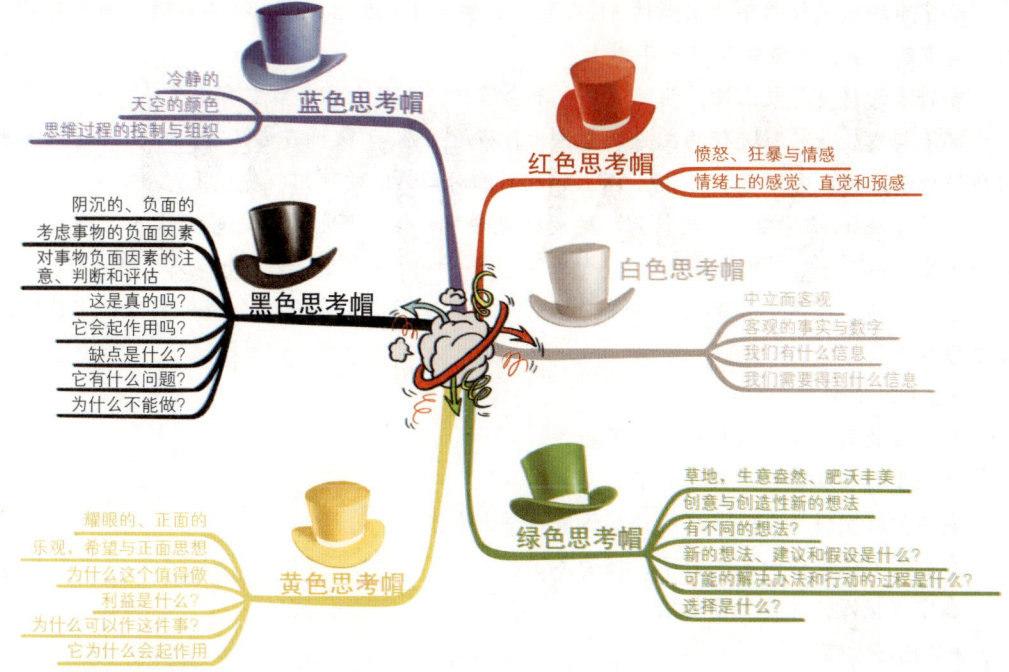

■ 六项思考帽

　　6种思考角度是我们在处理任何问题时都要用到的，但是如果我们同时考虑这6个问题就会手忙脚乱，顾此失彼。"六项思考帽"要求我们在同一时间只做一件事，从一个角度进行思考就容易多了。我们想知道某件事的相关信息，那么就戴上白色思考帽；我们想表达自己的直觉对那件事的看法，那么就戴上红色思考帽；我们想找出事情的潜在危险，那么就戴上黑色思考帽；我们想知道事情有哪些价值，那么就戴上黄色思考帽；我们想寻找新的思路和解决问题的新方法，那么就戴上绿色思考帽；最后，我们戴上蓝色思考帽从宏观上来把握各种因素，就对我们要处理的事情有了公正的看法，从而做出正确的决断。

　　也许你已经看出来了，6顶思考帽可以分为3对：白色和红色，黑色和黄色，绿色和蓝色。这两两对立的3对思考问题的方向可以把问题考虑得很周全，并且达到了相互平衡的效果。当我们在使用黑色思考帽的时候可以毫无顾忌地提出种种不利因素，不要担心会把事情弄糟，因为有黄色思考帽来平衡那些不利，最后还有蓝色思考帽做出公正的裁决。

　　这种模式的思考方法在研讨会上非常有效，它要求在会议中的任一时刻，每个人都戴上同一种颜色的思考帽，从同一个角度来看待问题。每个人都朝着同一个方向努力，这样就可以把团队所有人的知识、经验和智慧集中起来，发挥最大的效力。这种思考方法可以避免人们像盲人摸象一样只看到问题的一个方面就固执己见，和别人发生不必要的争执，浪费时间还解决不了问题。实践证明，六项思考帽思考法可以节省一半以上的会议时间。

　　案例：如何看待超市对购物袋收费这件事？

● 白色思考帽

　　超市行业包装袋的年消耗额高达50亿元，一家营业面积在8000平方米左右的大型综合超市每年用40万元购买购物袋。

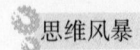

　　北京市的塑料袋的年使用量达51.95亿个，重达1.7万吨。相关测算表明，如果有偿使用，超市购物袋使用量将下降一半以上。

　　塑料袋的材料是聚乙烯，两三百年也不会解体，并且会不断散发有毒气体。

　　环境与发展研究所进行的民意调查显示，将近99%的被调查者认为，人们应该减少使用塑料袋以减少白色污染。有65%以上的人同意对塑料袋的使用收费或上税。

　　据已实施了"有偿使用塑料袋"的麦德龙超市介绍，目前麦德龙的顾客中，购买塑料袋的顾客约占8%。

　　很多超市把顾客的商品进行分类包装，一次购物往往会用三四个塑料袋。极少数的顾客自备购物袋。

●红色思考帽

超市真的关心环保吗？他们为了赚钱。

每个塑料袋收费2角，太贵了。

我不觉得塑料袋会污染环境，媒体宣传得太夸张了。

我已经习惯免费的购物袋了，接受不了。

我宁可花钱，也要用塑料袋。

●黑色思考帽

不用塑料袋不方便，用的话还要花钱，总之会有负面影响。

顾客会产生抵触心理。

超市会流失大量顾客。

●黄色思考帽

促使人们自备购物袋，减少白色污染。

激发人们的环保意识。

可以让人们养成节约的习惯。

超市可以节省开支、增加利润。

●绿色思考帽

超市应该免费提供可降解塑料袋或其他无污染的替代品。

超市为了鼓励顾客不用购物袋，可以回馈给那些自备购物袋的人几角钱。

超市应该销售可重复使用的布袋或纸袋。

●蓝色思考帽

确定白色、红色、黑色、黄色、绿色这个讨论顺序，并规定每个思考帽使用时间为5分钟，可以适当延长。

每使用完一种思考帽之后做一个小总结。比如，戴上白色思考帽思考之后得出一个结论：塑料袋不但污染环境，而且浪费钱财，大部分人赞成收费。

适时宣布更换思考帽。比如，当人们用太多时间使用红色思考帽的时候，及时宣布摘下红色思考帽戴上黑色思考帽。

最后从宏观上分析议题：理智上大家都赞成收费以利于环保，但是情感上难以接受，超市应该以人为本，想想别的途径而不是用收费的方式来控制塑料袋的使用。

第一篇 思维影响人生：改变人生的10种黄金思维

注 意 事 项

1. 只有主持人才可以决定使用什么颜色的思考帽，任何成员不允许随意更换思考帽，那样会引起争论。

2. 请不要把人们按照思考帽进行分类，思考帽是用来指引思考方向的，每个人都可以而且应该戴不同颜色的思考帽来思考问题。

3. 遵守游戏规则，完全按照思考帽所代表的思考角度来思考问题，不要有顾虑。

4. 一个人不能同时戴两顶思考帽，一个团体中不能有两个人戴不同颜色的思考帽。这样会引起混乱，失去六项思考帽的意义。

5. 把每个人的发言设定在较短的时间之内，必要的时候可以延长。

开动你的脑筋

请用六顶思考帽来思考允许大学生在校结婚这一问题。

1. 白色：_____

2. 红色：_____

3. 黑色：_____

4. 黄色：_____

5. 绿色：_____

6. 蓝色：_____

第二节　白色思考帽

白色思考帽的思考角度是搜集并展示客观的事实和数据。

戴上白色思考帽，我们的大脑就类似于一台电脑，搜索与某个问题相关的所有信息，然后把信息显示在屏幕上，不掺杂任何情感因素。想象一下，如果电脑也有感情，它对你提出的问题有一套自己的看法，并用事实和数据来支持它的观点与你进行争论，那将是多么恐怖的事啊！

我们应该客观地将事实摊在桌面上，中立地对待所有信息，排除个人感觉、印象等情绪化的判断。戴上白色思考帽的目的是获得纯粹的实情，而不是证明自己的观点，因此不要只选择对自己有利的信息，也不要害怕信息间发生冲突。

白色思考帽通常用于思考过程开始和结束的时候。当我们面对一个问题时，如果不了解相关信息，只能受过多的主观因素的影响，结论肯定会有失偏颇。所以，思考问题的第一步就要用白色思考帽搜集信息，准备一个思考的背景。在思考过程结束的时候，我们可以用白色思考帽做一下评估，看看我们得出的结论与已有信息是否相符。

在你戴上白色思考帽之前，先问问自己你是想证明自己的观点，还是想获得事实？这是律师和法官收集信息的不同出发点。律师们想尽办法证明自己的观点是正确的，他们只接受对自己有利的信息，排除对自己不利的信息；法官则采取中立的立场，收集投诉方和辩护方提供的所有信息，然后做出公正的裁决。我们戴上白色思考帽之后就要像法官一样公正，正面和反面的信息都要搜集。

用白色思考帽搜集信息不仅要全面，而且要丰富，大量的信息才有说服力。另外，白色思考帽搜索到的信息是我们进行归纳结论的前提，必须透过大量信息才能得出具有普遍意义的结论。使用白色思考帽的意义在于先绘制"地图"，让到达目的地的路径自己显现出来。只有搜集到大量的信息，才能使地图完整、清晰地展示出来，人们才能清晰地看到自己该走的道路。

如果信息太多，我们就会湮没在信息里分不清主次，得不出结论。我们应该用集中式提问的方法获得所需要的信息，以填补资料的空缺。

哪些信息是至关重要的？

哪些信息是已知的？还需要哪些信息？

怎样获得我们所需要的信息？

这些问题是白色思考帽需要考虑的，否则我们就会眉毛胡子一把抓，得不到真正有价值的信息。

比如前面的思考题：如何看待允许大学生在校结婚？要解决这个问题，我们需要哪些方面的信息呢？在校大学生结婚的人数、已婚大学生的生活和学习状况、法律的相关规定、学校的相关规定、相关专家和社会大众对这一现象的看法、在校大学生对这个问题的看法、在校大学生中有多少人赞同或反对……

在会议上，我们需要把自己知道的信息表达出来，但是在表述客观的事实和数据的时候，往往会掺杂自己的主观看法，使信息失真。所以，在表述信息时，我们要注意避免对数据和事实进行解释。比如：

——调查显示，97%的学生表示即使有了合适的对象，在校期间也不会结婚，因为大学生结婚的基础不稳固。

——请你戴上白色思考帽，事实是97%的学生表示即使有了合适的对象，在校期间也不会结婚，"结婚的基础不稳固"是你自己的观点。

也许有人会问，专家的意见和大学生的看法能算做客观的事实吗？用白色思考帽可以报告别人对事件的感受,这类似于法官听取陪审团的意见。关于这一点,爱德华·德·波诺建立了一个双层式的事实系统:第一层是被验证的事实,指的是可以被检验的事实和数据;第二层是被信仰的事实,指的是无法测量的别人的观点和情感。

被信仰的事实是有参考价值的,但是要与被验证的

■经验不是真理,过分依赖经验就会形成思维定式,失去想象力。

事实区分开。我们在搜集信息时可能会找到一些含糊的观点,比如有人想当然地认为"大学生结婚会影响学习"。这一点很重要,我们有必要继续寻找相关的信息来验证这种观点,把"被信仰的事实"提升到"被验证的事实"。

要想评价一项事实的真实性如何,我们需要按照真实程度对信息进行排列。

1. 绝对真实

2. 总是这样

3. 一般情况下是这样

4. 大多数时候是这样

5. 半数是这样

6. 有些时候是这样

7. 偶尔会这样

8. 有可能会这样

9. 从来没有这种情况

10. 不可能出现这种情况

白色思考帽并不是让我们只接受那些百分之百成立的事实,就整体而言,成立的信息也可以接受。假设我们发现"结婚的大学生中有 80% 的人成绩下降了",那么我们就可以得出结论"大学生结婚会影响学习"。

白色思考帽就是让我们中立、客观地搜集事实和数据。思考者只有保持客观的态度才能找到更多更有价值的信息,为以后的思考提供依据。

第三节　红色思考帽

红色思考帽的思考角度是表达对事物的感性的看法,它是反映情绪和直觉的思考。

人们通常认为情绪化的和非理性的表达会扰乱思考,优秀的思考者应该冷静地权衡利弊,而不能受情感的左右,所以在一些正式的商业会议里,人们总是避免表达自己的情绪

和感情。但是，无论如何回避，人类还是有感性的一面，只是人们把它伪装在了逻辑的里面。红色思考帽给人们提供了"合法"地表达情绪、情感的机会，这种疏导比压抑更有利于解决问题。

事实上，情绪是大脑正常运转的需要，是思考的一部分，任何思考都不能摆脱情绪的影响。情绪对思考的影响表现在3个方面。

1. 强烈的背景情绪会左右我们的思考。比如喜爱、怨恨、愤怒、恐惧、怀疑、嫉妒等等。这些强烈的情感会蒙蔽我们的眼睛，使我们很难做出公正的判断。戴上红色思考帽把这些情感表达出来，就可以让我们认识到自己现在的观点可能在很大程度上会受到情绪的影响。比如：

——我讨厌这个人，讨厌和他相关的一切。

■情绪是思考的一部分，任何思考都不能摆脱情绪的影响。

情感的表达可以让我们更清楚地认识到事实的真相。比如，你因为嫉妒一个人而反对他升迁，当你表达出"嫉妒"这种情感的时候，也就承认了"他确实做得很好"。当然了，你没有必要把自己的嫉妒情绪公之于众，你可以选择委婉的表达方式。比如：

——我戴上红色思考帽发言：我反对他升迁，可能是我不喜欢别人升迁那么快。

2. 人们常常带着一种情绪对某个问题做出毫无根据的判断。也许这只是一种误解，但人们却被这一判断束缚住，影响以后的思考。比如，你认为自己被某人欺骗了，你就会对他产生敌意，否定他的观点；如果你认为某人所说的一切都是为了自己的利益，那么你就会对他失去信任。用红色思考帽可以一开始就把这种感觉表达出来，以免造成更深远的不良影响。比如：

——我戴上红色思考帽说：你在撒谎，事实并不是这样的。

3. 在思考结束的时候，我们做出任何决策最终都要诉诸于情感。每一个决策都有一个价值取向，我们对价值的选择是很情绪化的。这时，我们要考察一下，是不是受到某种情绪的影响才做出了某项决定。比如：

——我的红色思考帽告诉我，为安全起见，我们应该放弃这个计划。

——我戴上红色思考帽说：为了获得更大的利益，我觉得冒险是值得的。

情感应该自然流露，每次都要戴上红色思考帽再表达情感，不是显得很做作吗？红色思考帽看似是多余的，其实不然，它可以让人们在片刻间转换情绪，而不让自己和别人受到情绪的影响。当你戴上红色思考帽表达了对某人的怨恨之后，摘下思考帽就可以让情绪平息，由此可避免争执和相互攻击。

任何思考的最终目的都是为了思考者本身利益的满足，但是在情绪的参与下，我们最终做出的决定可能会偏离自身的利益，甚至会损害自身的利益。比如，我们可能会因为对合作者的怀疑而放弃一次合作机会，我们可能会为了眼前的蝇头小利而破坏长远的计划。戴上红色思考帽思考可以让我们意识到我们在做决定的时候可能带有太多的感情色彩。

除了情绪之外，直觉和预感也适用于红色思考帽思考法。直觉指的是凭以往的经验对复杂问题进行的瞬间判断，这种瞬间判断虽没什么道理可讲，但是却不容忽视。常常听一些人说"我的直觉很准"，成功的科学家和企业家的直觉往往都很准。

一次，一位物理学教授把自己的一项研究成果拿给爱因斯坦看。爱因斯坦看了看最后的结论，说："你这个结论有错误。"那位教授很奇怪："您还没看我的推导过程呢，怎么知道我的结论有错误？"爱因斯坦说："正确的结论一般都很简单，而你的结论太复杂了。"教授不服气，回去重新推导了一遍，发现果然有错误。

看似神奇，其实正确的判断是建立在丰富的经验的基础上的。直觉虽然很有价值，但是我们不可以过于依赖直觉，它只是思考的一部分，我们应当把它看作一位顾问，参考它的意见。

主持人可以把大家对某一个问题的看法罗列出来，然后要求会议成员轮流戴上红色思考帽表达自己的观点。一旦主持人要求大家都用红色思考帽思考时，那么每个人都要表达自己的情绪化的观点，否则就是不遵守游戏规则。当别人让你用红色思考帽思考感觉一下某个项目的前景时，你不可以说"不知道"。可能你的态度是中立的或者你有多种感觉，但是这些都要表达出来。同样，你也可以直截了当地询问别人的感觉，而不用猜测了。

此外，红色思考帽还可以用来表达人们对会议本身的情绪，以调整会议的气氛，让讨论向更加有效的方向发展。

使用红色思考帽的意义在于让人们如实地表达自己的情感，而不是得出一个结论。因此思考者在表达自己的情绪和感觉时不需要理由和根据，也不用对自己的感觉进行解释和修正。何况也许在会议结束的时候，你的感觉已经发生了转变。

红色思考帽让每个人都有权利把自己的感情自由地释放出来，这让有些人误解了红色思考帽的意义，把它当作情感发泄的工具。实际上，红色思考帽更像一面镜子，会如实地把人们的复杂情感反映出来。

第四节　黑色思考帽

黑色思考帽思考问题的角度是用小心谨慎的态度指出任一观点的风险所在。为了避免潜在的危险、障碍和困难，为了避免浪费时间、精力和金钱，我们应该充分考虑不利因素。戴上黑色思考帽就是要把不好的可能性一一罗列出来。

思维风暴

■一个人要想成功，必须具备捕捉问题的能力。问题已经出现却依然浑然不觉，肯定解决不了问题。

哪儿不合适？

可能存在哪些困难和问题？

哪些东西与过去的经验不相符？

什么地方与法律、价值观、伦理规范不符？

黑色思考帽让我们把注意力集中在找出潜在的危险、困难和障碍，指出需要注意的事项以及某项计划与过去的经验、价值观、政策、战略等不相符的地方，提醒我们对一些问题保持警惕以保证我们不犯错。

黑色思考帽与红色思考帽表达观点的方式截然相反，红色思考帽完全是情绪化的表述，不需要任何理由，而黑色思考帽符合西方批判思想的传统。任何批判都要以逻辑为基础，任何否定都要有站得住脚的理由，没有根据的批判和否定不具有任何意义。比如：

——如果让张先生就任这个职位，我担心他会把事情弄糟。

——确实有这种可能，但是请你戴上黑色思考帽说说你的依据是什么？

我们在决定采纳一个意见之前，应该戴上黑色思考帽分析一下这个意见有哪些缺点需要克服？我们是否应该采纳这个意见？当某项计划出台之前，我们要戴上黑色思考帽想一想，有哪些问题和困难需要解决？我们是否应该实施这项计划？

不用担心黑色思考帽会否决所有的意见和计划，它只是一个参考因素，至于是否采纳、是否实行，还要经过综合思考才能做出决定。黑色思考帽指出潜在的危险，可以使这些意见和计划变得更完善。当大家对某件事的态度过于乐观的时候，我们需要戴上黑色思考帽，以免乐极生悲。比如：

——自从那项政策出台之后，我们的销售额直线上升，现在我们应该戴上黑色思考帽思考一下，有哪些地方需要小心。

——大家戴着红色思考帽思考时表现得兴高采烈，但是现在我们应该戴上黑色思考帽想想有哪些潜在的问题。

黑色思考帽的一个重要作用在于预测未来的风险。在采取某项计划、进行某个行动之前，用黑色思考帽预测一下潜在的风险是非常有必要的。尤其是一些大型的项目，如果不顾潜在的风险，盲目地采取行动就有可能造成重大损失。在采取行动之前，我们要戴上黑色思考帽问自己以下的问题：

如果我们按照这个计划行动，可能会有哪些不良后果？
我们忽视了哪些潜在的危险？
我们可能会在什么地方出错？
外界可能会有哪些对我们不利的举措？

  黑色思考帽还可以对思考过程本身进行质疑，指出人们在思考中所犯的错误。这里也体现了黑色思考帽的逻辑性，如果思考过程有错误，那么得出的结论很可能也是不正确的。比如：

——从这些数据中并不能看出你所说的那种结论。
——你那么说的根据只是一个假设，而不是事实。
——这不是唯一的结论，还有其他的可能性。

  戴上黑色思考帽时，我们要对事物保持批判和否定的态度。对某件事进行过度的批判可能会导致我们把时间都用来寻找错误，最后把所有的计划都否定了。这不是黑色思考帽本身的过错，而是滥用和误用黑色思考帽的过错。
  适当地使用黑色思考帽可以让我们少犯错误或者不犯错误。一个计划可能有 85% 是好的，那么在这个计划被采纳之前，用黑色思考帽关注剩下的 15%，可能会把那些错误修正过来。但是，如果在计划被采纳之后仍集中精力对那 15% 进行批判，就会阻碍计划的执行。
  为了避免滥用黑色思考帽，主持人应该戴上蓝色思考帽限制大家用黑色思考帽的时间，在指定时间之外人们不能对任何观点进行批判思考。
  戴上黑色思考帽的人常常提出这样的意见。比如：

——这种做法不合常规。
——这个结论与过去的经验不相符。

  因为黑色思考帽的目的是小心谨慎以确保安全，"不合常规"和"与经验不相符"的事情确实不够安全。这时我们要考虑的问题是：过去的经验是否值得借鉴？现在的环境和过去的环境相比是不是发生了变化？
  当大家戴上黑色思考帽思考时，每个人说的话都是对别人的怀疑和批判，因此很容易引起争论。争论是与六项思考帽的规则相违背的，主持人应该维持秩序、避免争论，否则会失去黑色思考帽的价值。
  大家应该明白，黑色思考帽只是指出问题的潜在危险，虽然它提出了很多问题和困难，但这并不可怕，后面还有黄色思考帽指出希望和价值，还有绿色思考帽指出解决问题的办法。
  在实际操作中，黑色思考帽是所有思考帽中使用最多的，也许是因为它可以教会我们更好地保全自己。戴上黑色思考帽的思考者必须小心谨慎地思考问题，而小心谨慎是生存的基础，也是成功的基础，因此可以说黑色思考帽是最重要的思考帽。但是如果把它当作唯一的思考模式，就会滥用黑色思考帽，破坏它的价值。

第五节　黄色思考帽

黄色思考帽的思考角度是用乐观、积极的态度指出任一观点的价值所在。

提到黄色，我们会想到阳光、乐观、积极向上。黄色思考帽就是一项让我们保持乐观的思考帽，戴上黄色思考帽的思考者应该尽力指出任何一个观点的价值，尽力把任何建议付诸实践。这要比戴上黑色思考帽困难，因为人们有躲避危险的本能，对可能存在的危险非常敏感，但是对可能存在的价值却比较迟钝。黄色思考帽可以培养我们对价值的敏感，引导我们花时间去寻找价值。

在会议上，人们会提出很多建议，其中不乏出色的建议。遗憾的是，就连那些提出建议的人都意识不到自己所提的建议的价值。戴上黄色思考帽之后，价值立刻就显现出来了，甚至一些看起来很糟糕的建议也有很高的价值。

和黑色思考帽一样，黄色思考帽发表意见的时候也要有站得住脚的理由，肯定任何价值的时候都要有根据，因此戴上黄色思考帽要问自己以下的问题：

有什么价值？
对谁有价值？
在什么情况下有价值？
价值如何体现出来？
还有别的价值吗？

任何事物都有积极和消极两个方面，黄色思考帽让我们把注意力集中在所有情况的积极一面，这也叫做"正面思考"。正面思考让我们追寻利益、渴望成功，这种思考模式会指引我们的未来向好的方向发展。

■希望来自于一颗乐观豁达的心，心怀希望的人，无论自己面临多么恶劣的环境，都能够对未来充满希望。

我们做某事是因为它值得去做，黄色思考帽的意义就在于肯定某件事的价值。

大部分人没有积极思考的习惯，他们只在看到某件事对自己有利的情况下才会肯定它的价值。黄色思考帽让思考者在看到对自己有利的一面之前就采取积极的态度，还可以使思考者避免陷入消极的态度中，全面地看待问题。比如：

——关于这个问题我不想听到消极或中立的观点，请戴上黄色思考帽说说你的看法。

——你所说的潜在危险确实存在。现在请戴上黄色思考帽说说你对这个计划的意见。

——我的黑色思考帽告诉我,竞争对手进入我们的市场会侵占我们的市场份额。但是,从黄色思考帽来看,这能让更多的消费者了解这种产品,对我们也是有好处的。

只要试一试,你就会发现戴上黄色思考帽来发表意见并不是一件容易的事情。有些人戴上黄色思考帽之后,实在找不到什么正面的意见可说。有些人可能觉得大家冥思苦想找到的"价值"根本没有什么价值。这确实让人沮丧,但是请不要因此就否定黄色思考帽的价值。爱德华·德·波诺说:"黄色思考帽是所有思考帽中最有价值的,它促使人们花时间去寻找价值。"一开始我们看不到事情有什么价值,这并不奇怪,因为价值和利益并不是随处可见的。只有经过一段时间的训练之后,我们才能像那些大企业家一样独具慧眼。

戴上黄色思考帽后不要过分地乐观。为了避免乐观变成愚蠢,爱德华·德·波诺提出了"正面光谱":从过分乐观的极端到逻辑上的可操作性。乐观的态度是盲目还是实际,关键还在于是否付诸行动。比如:

——如果我们加大广告的宣传力度,就能获得更大的利润。让我们试试看吧!

——这个政策的出台可能会给我们带来机遇,虽然未必如此,但是我们一定要有所准备。

我们有必要对乐观的程度做一个划分:

1. 绝对会有好的结果
2. 很有可能会有好的结果
3. 可能会有好的结果
4. 一般
5. 有点儿希望
6. 希望渺茫,但是有可能

即使是看似渺茫的希望也应该被提及,有希望就有可能获得成功。比如:

——这次比赛高手云集,我获胜的希望很小,但我要试一试。

——这个古董店规模很小,好像没什么值钱的东西,但是还是看看吧,说不定有意想不到的收获。

黄色思考帽指引我们寻找价值,它可以化腐朽为神奇。黄色思考帽所提出的如果没有依据,那只能算做直觉和预感。戴上黄色思考帽之后,你必须尽力对自己的乐观做出解释,与黑色思考帽不同的是,即使你的理由站不住脚,你的建议也可以被考虑。这种解释只是用来强化这一建议,因为黄色思考帽允许梦想的存在。

黄色思考帽思考法是建设性思考,黄色思考帽下的思考者可以提出提案或建议来解决问题,或者对提案和建议积极评估,或者对某项计划进行改进,最终目的是把事情做好,带来正面的利益。比如:

——请戴上黄色思考帽,针对这个问题提一些具体的建议。

■你的心态是积极的还是消极的？这是我们看待问题的两种基本方式，它们常常在我们的无意识中起着作用。一次失败并不意味着永远失败，如果你有积极的心态，就可以将失败转化为成功。

——你用黑色思考帽指出了这项计划的弱点，那么现在请用黄色思考帽想想有什么改进的办法。

黄色思考帽的一个重要任务就是寻找潜在的价值和利益。比如，那些建筑商和证券商对潜在的价值有强烈的感觉，一旦他们看到端倪就会朝那个方向发掘。这种对价值的前瞻性思考实际上是"逼迫"人们寻找机会。比如：

——就目前的形势来看，东部郊区的地皮在最近几年之内会大大升值。

——请戴上黄色思考帽想一想，如果我们开发这个项目前景怎么样？

寻找机会的另外一个方式是对未来的假设，假设某些情况改变之后会发生什么对我们有利的事情，戴上黄色思考帽之后我们可以进行这样的假设。比如：

——如果竞争对手被迫选择退出，那么我们就能独占这一地区的生意。

黄色思考帽可以让人们对未来产生美好的幻想，并付诸行动，向那个方向努力。

人们可能误认为黄色思考帽需要很好的创造力。其实，创造力是绿色思考帽的思考者应该拥有的。黄色思考帽的思考者只需要持有乐观积极的态度，而并不需要你特别聪明。绿色思考帽要求你给大家带来惊奇，而黄色思考帽要求你给大家带来效果。

第六节　绿色思考帽

绿色思考帽的思考角度是运用创新思维提出新观点。

提到绿色，我们会联想到草木在春天长出的嫩芽。绿色思考帽就是一顶充满生命力的思考帽，它让我们超越常规的思维模式，寻找新的解决问题的方法，探索更多的可能性使事情得到更好的解决。戴上绿色思考帽之后，每个人都要扮演创造者的角色，都要从旧观念中跳出来，努力提出新想法，或者对已有的意见进行修正和改进。比如：

——你说的是常规的办法，请戴上绿色思考帽思考一下，还有没有其他的办法。

对大多数人来说，提出创造性的意见并不容易，因为我们习惯了已知的、一般的规则，本能地会对不符合常规的事物进行批判，而创造性思考伴随着刺激和冒险，而且会带来无法预测的结果。

戴上绿色思考帽未必就会有所收获，但是你花越多的时间进行创造性思考，就越有希望找到解决问题的办法。如果我们放弃这种努力,就根本不可能有收获。绿色思考帽的作用就在于提醒我们花时间去寻找新的点子。

我们思考问题时习惯对一个观点做出判断:这个建议合理吗?这种说法与过去的经验相符吗?戴上绿色思考帽之后,我们要摒弃这种想法,用"发展"代替判断。所谓"发展",就是相对过去要有所进步,比如:

——戴上绿色思考帽想想,如果我们开发一种能够把自来水净化的水杯,会有什么进步?

戴上绿色思考帽后提出的想法并不一定是可行的。我们可以把它看作过河的踏脚石,摸索出一条路;或者把它看作一粒种子,需要我们的悉心栽培,才能长成大树。

在绿色思考帽的保护下,当你提出一个建议的时候,戴黑色思考帽的就不能对它进行攻击,不管你的建议看起来多么疯狂。比如:

——污染水源的化工厂应该建在一般工厂的下游。

这是不是很荒谬?记住,绿色思考帽的意义在于发展而不是判断。我们可以发展一下这个建议:强制工厂建在河流的下游,它必须使用排出的污水,从而明白污染环境的恶果。

人们已经总结了很多创新思维的方法,比如逆向思维、联想思维等等。只有不断创新才能更好地解决问题。戴上绿色思考帽,你可以从以下几个角度进行创造性思考:

先设想一个结果,然后为它寻找理由。比如,我们先设想每个想获得升迁的人都穿上黄衬衫,然后再想这么做有什么好处。

随意选择一个出发点,然后联系主题寻找思路。比如,把香味作为出发点,联系电视这个主题,有人发明了能够散发香味的电视机。

提出不合逻辑的假设,然后对它进行改进。比如,买东西的时候,商场付钱给消费者。看似不合逻辑,但是把这种假设改进之后就出现了"返券"、"返现金"等活动方式。

在生活中,我们解决了一个问题后就不再想它,因为人们太容易满足了。数学题一般只有一个答案,但是生活中的问题可能有多种答案,如果我们换一种方法解决问题,可能会有更好的结果。如果时间紧迫,我们只能选择第一个答案,但是如果时间允许,我们就有必要寻找多种答案,然后选择最好的一个。现在,我们可以把绿色思考帽看作在地图上寻找多种出路,最终选择最近的一条。

戴上绿色思考帽之后,我们必须承认解决问题的办法不止一种。如果我们只想到了一两条出路,那么最近最好走的那条路就很可能被我们忽视了。比如:

——价格策略只有降价、涨价和不变这3种可能。

——我戴上绿色思考帽,认为我们可以对这3种策略进行改进。我们可以加量不加价,或者通过折扣的方式让利,

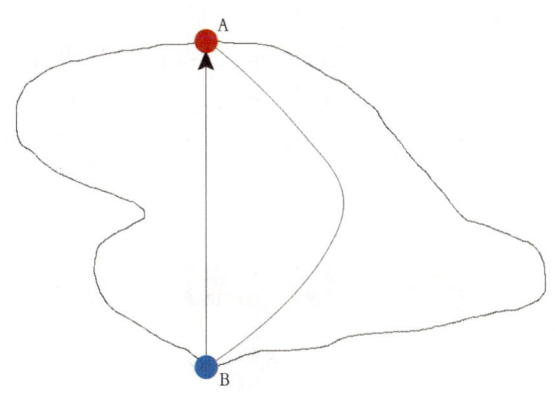

■从B点到A点可能有多条路可以走,但是有一条(带箭头的)是最近的路。

或者部分产品降价,部分产品涨价。

有些人总是试图超越限制,不在既定的范围内解决问题。有时,他们为了炫耀自己的创造力,即使在没有问题的时候,他们还是不断提出一些稀奇古怪的想法。比如:

——你问我从陆地上走哪条路线比较合适,我戴上绿色思考帽告诉你,最好还是走海路。

——尽管大家已经提出了很多意见,现在我戴上绿色思考帽说,关于这个问题我又有了一个新的想法。

什么时候要在既定范围内搜寻解决问题的办法,什么时候要换一个角度,这要求主持人戴上蓝色思考帽从宏观上进行把握,适时地让思考者回到既定的思考范围或者提出"创意暂停"。

在会议上我们得到了很多有创意的想法,但是在最后的总结中我们总是关注最佳方案,忽略了那些"荒谬"的、"不可行"的方案,这就造成了意见的流失。爱德华·德·波诺为此提出了"收割"意见的方法。为了使意见能够被接受,我们要对意见进行合理化修改。比如:

——这个意见虽然不错,但是和法律有冲突,我们是不是可以把它修改一下,让它符合规定。

——开发这种产品很可能给我们带来利润,但是对我们这个小公司来说造价太高,让我们戴上绿色思考帽想想,能不能让花费少一点。

此外,我们还应该使建议符合采纳建议的人和执行建议的人的口味。比如:

——这个想法的危险性太高了,我们戴上绿色思考帽想一想可以采取哪些安全措施来改进这个想法。

创造力是思考的关键部分。很多人认为自己不善于戴上绿色思考帽思考,其实创造性思考是可以通过训练获得的,绿色思考帽使用得越多,你的创意也就越多。绿色思考帽让我们把注意力集中在提出新观点和新方法上,这在无形中加强了思考者的创造力。

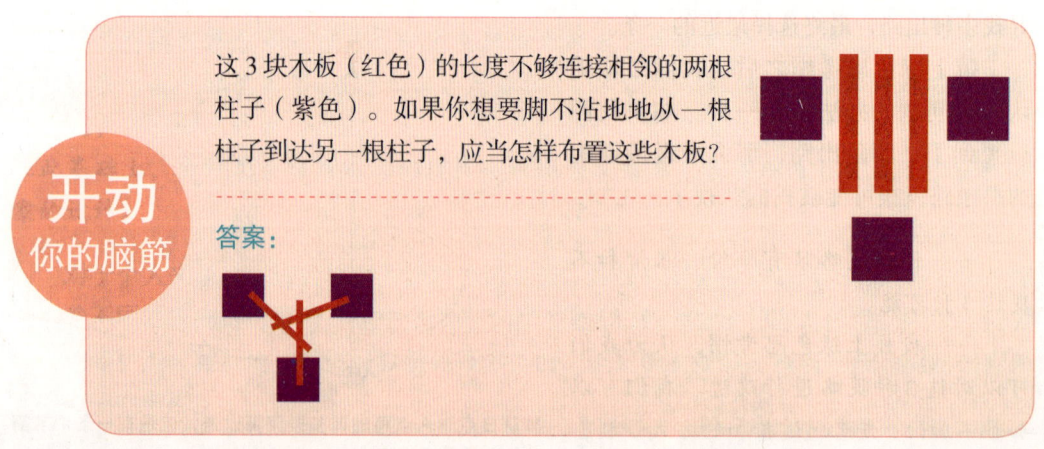

这3块木板(红色)的长度不够连接相邻的两根柱子(紫色)。如果你想要脚不沾地地从一根柱子到达另一根柱子,应当怎样布置这些木板?

答案:

第七节　蓝色思考帽

蓝色思考帽的思考角度是对思考过程和其他思考帽的控制和组织。

提到蓝色，我们会联想到广袤的天空和广阔的海洋。蓝色思考帽的意义在于总揽全局，可以说蓝色思考帽是对思考的思考。在会议开始的时候，主持人应该运用蓝色思考帽把需要解决的问题描述出来，指出思考的目标和预计的结果。然后，安排其他思考帽的使用顺序。在会议过程中，蓝色思考帽要控制其他思考帽的运用，保证每个人按照各个思考帽的思考角度进行思考。此外，它还可以宣布更换思考帽。在讨论结束的时候，蓝色思考帽还负责进行总结，做出决定。一般由主持人戴上蓝色思考帽，但是主持人也可以要求与会人员戴上蓝色思考帽提出建议。

蓝色思考帽给人们指明了思考的方向，从而让他们能够进行步调一致的思考。蓝色思考帽对于个人的单独思考同样适用，它让我们的思考有系统、有组织，这样的思考过程更有效率。比如：

——现在，我戴上蓝色思考帽宣布这次会议的议题是"如何面对竞争对手降价"。

——在思考过程中，我们使用思考帽的顺序为白、红、黑、黄、绿。

——请大家戴上白色思考帽思考，给我一些这方面的事实和数据。

■蓝色思考帽能让别人步调一致的思考，这样的思考往往更有效。

在某一顶思考帽的思考模式下，蓝色思考帽有权要求插入另一顶思考帽。比如：

——我们应该停下来戴上红色思考帽，表达对这个建议的感觉。

——我们对情绪的表达已经够多了，现在请大家戴上黑色思考帽想想有哪些潜在的危险。

此外，蓝色思考帽还可以组织思考的其他方面，提醒大家在思考的过程中需要注意的事项或者限制条件。

同时，在思考的过程中，蓝色思考帽负责确定思考的问题，然后把大家的注意力集中起来，共同解决这一问题——这样可以避免跑题。比如：

——让我们把精力集中起来，思考客流量减少这个问题。

——我们已经跑题了，请大家回到我们今天的主题上。

使大家集中注意力的最重要的方法是提问，戴上蓝色思考帽者要掌握提问的技术。首先，要清楚地定义问题，否则得到的答案将会不合要求。提问之前应该问问自己：这是关键问题吗？解决这个问题很重要吗？还有没有潜在的问题？其次，要掌握提问的技巧。一般人们采用两种提问方式，一种是钓鱼式提问，也叫做开放式提问，你不知道会得到什么答案。比如：

——请戴上黄色思考帽告诉我，这么做有什么好处？

另一种是射击式提问，也叫做封闭式提问，答案非此即彼。比如：

——以目前的形势来看，我们应不应该开拓海外市场？

一般来说，先选择白色思考帽搜集所需要的信息来绘制地图，然后用红色思考帽表达自己的感觉。如果大家对讨论的主题有强烈的感觉，那么可以先用红色思考帽来表达感觉，以免在表述信息时受主观情绪影响。

接下来，可以用黑色思考帽和黄色思考帽提出自己对问题的判断和建议。一般我们把黄色思考帽放在后面，为的是得出建设性的意见。然后，蓝色思考帽把需要解决的新问题提出来，让绿色思考帽寻找新方法。在这个过程中，白色思考帽可以随时穿插进行补充说明。

通过绿色思考帽得到一些方法之后，我们要用黄色思考帽对它进行正面评估，用黑色思考帽对它提出质疑、进行筛选。然后，黄色思考帽和绿色思考帽对黑色思考帽提出的意见和问题进行修正和改进。黑色思考帽进一步指出缺陷，预测潜在的风险。这时，整个讨论过程就结束了，蓝色思考帽综合参考所有意见确定有哪些可行的方案。

下一步，用红色思考帽对选择和决策表达自己的感觉。最后，蓝色思考帽再次权衡黄色思考帽和黑色思考帽的意见做出最终的决策。这个过程看似复杂，其实在实际操作过程中，这些步骤都是很自然的。

蓝色思考帽贯穿思考过程的始终。戴着蓝色思考帽的思考者认真观察讨论经过，评论他观察到的一切并随时概要地说明讨论结果。比如：

——我们花了太多时间讨论这个问题，表示这是一个很难解决的问题。我已经做了记录，稍候再探讨。现在我们要换一个问题。

——我戴上蓝色思考帽对目前的讨论结果做出以下总结，大家看看有没有遗漏的地方。

会议结束的时候，蓝色思考帽还要做出总结和决策，这时每个人都要戴上蓝色思考帽对会议的成果进行评论。需要注意的是，在会议进程中，每个人都可以发挥蓝色思考帽的功能。

蓝色思考帽的重要职责在于监督大家遵守规则，戴上一顶思考帽之后就要按照那顶思考帽所要求的思考角度进行思考。比如：

——现在大家在用白色思考帽思考，请你不要掺杂自己的情绪。

——对不起，我们现在用黄色思考帽思考，而你所说的是黑色思考帽的意见。

蓝色思考帽的另外一个职责是避免发生争论。当出现不同观点的时候，蓝色思考帽可以要求双方提供白色思考帽的资料来支持自己的观点，或者暂时搁置起来稍候再验证。当出现不同的想法和意见的时候，可以假设两者都是正确的，然后看哪一种情况更接近现实。

"磨刀不误砍柴工"，花时间组织思考绝对不是浪费时间。蓝色思考帽是六项思考帽的灵魂，它的存在保证了"六顶思考帽"这种思考模式顺利有效地进行。

第三章

水平思维

第一节　什么是水平思维

甲从乙处借了一笔债，如果无法偿还乙，就得去坐牢。乙是高利贷者，他想娶甲的女儿做老婆，姑娘誓死不从。乙对姑娘说了一个解决的办法："我从地上拣起一块白石子、一块黑石子，然后装进口袋由你来摸。如果你摸出的是白石子，你父亲的那笔债就一笔勾销；如果你摸出的是黑石子，那你就得和我结婚。"说完，他从地上捡起两块黑石子放进了口袋。然而，这个动作被姑娘看到了。

现在请你来回答：如果你是甲的女儿，你会怎么办？请开动你的脑筋，然后把你的想法写下来：＿＿＿＿＿

水平思维的创始人爱德华·德·波诺博士在用这个故事解释何谓水平思维时提出了这个问题，并且他得到了下面几种答案：

1. 姑娘拒绝摸石子。
2. 姑娘揭穿乙拣起两块黑石子的诡计。
3. 姑娘只好随便抓起一块黑石子，违心地同乙结婚。

很显然，上面的方法都不尽如人意。如果运用水平思维——将考虑的焦点移向水平方向：由口袋中的石子移到地上的石子，则能巧妙地解决问题。

姑娘的眼光从口袋移到地面上，想到乙的两块石子是从地上捡起来的。于是，她伸手到口袋里抓起一块石子，在拿出口袋的一刹那，故意将其掉落在地上。这时，她对乙说："呀！我真不小心，把石子掉在地上了。看看你的口袋里剩下的那一块吧，就知道我抓的是什么颜色的石子了。"

姑娘利用水平思维，将原本失意的局面扭转过来，取得了令人满意的效果。

■《水平思考法》书影

第一篇 思维影响人生：改变人生的10种黄金思维

"水平思维"已经被收入《牛津英文大辞典》，辞典中的解释是："以非正统的方式或者显然地非逻辑的方式寻求解决问题的办法。"对水平思维最简单的描述是："你不能通过把同一个洞越挖越深，来实现在不同的地方挖出不同的洞。"这里强调的是寻求看待事物的不同方法和路径。

这种显然的非逻辑的思维方式要求我们摆脱常规的思考路径。爱德华·德·波诺博士认为：当你为实现一个设想而进行思考的时候，很有必要摆脱一直被认为是正确的固有观念的束缚。因为当我们按照常规的固有观念进行思考时，很多可能性被忽略掉了。举例来说，按照人们的固有观念，水总是往低处流的，如果仅从这一观念出发，世界上就不会有能将水引向高处的吸虹管了。

运用水平思维时，我们移动到侧面路径上尝试不同的感知、不同的概念、不同的进入点。我们可以使用各种各样的方法，包括一系列的激发技巧，来使我们摆脱常规的思考路径。比如，创造性停顿、简单的焦点、挑战、其他的选择、概念扇、激发和移动、随意输入、地层、细丝技巧等等。在以后的篇章中，我们将一一介绍。

在水平思维，我们致力于提出不同的看法。所有的看法都是正确的和相容的；每个不同的看法不是相互推导出来的，而是各自独立产生的。运用水平思维我们可以从不同角度、不同侧面来看待一个问题，从与思考对象相关的、可能相关的、甚至不相关的任何事物中寻找解决问题的方法。常规逻辑关注的是"真相"和"是什么"，而水平思维就像感知一样，关注的是"可能性"和"可能是什么"。

水平思维和发散思维一样，试图寻找多种可能性，但是水平思维具有逻辑性和收敛集中的一面，它的意义在于通过系统地运用具体的技巧和工具来改变概念和感知，从而提出新的创意和概念。

开动你的脑筋

如何测量一幢楼的高度？
从最高一层放下一根绳子着地，再量一下绳子的长度。
只要量一层的高度，再乘以层数。
用几何的方法。
把房子推倒在地上量。
毫无疑问，最后一个答案是最可笑的，但是它却是最别出心裁、超出常规的。
你想到什么好方法了吗？

答案：
爱德华·德·波诺博士给出的方法是：在距大楼10米处的地上画一个点，然后把房子和这个点拍在一张照片上，在照片上用尺一量，马上就可以算出房子的高度了。

第二节 Po 的含义

看看下面的几种说法：

1. 我去了一家书店，发现那里一本书都没有。
2. 报纸上说有一个男子拍照时拍不到身体。
3. 据说在国外出现过"太阳从西边出来"的景观。
4. 我的一个朋友连续 3 个月都不吃饭，但是依然很健康。

你是不是觉得这些说法很荒谬，认为这些事是根本不可能的。这些事确实不符合逻辑，但是真的没有可能性吗？设想一下，那家书店可能只办理邮购和网上订购业务，并不用把书放在书架上；拍照拍不到身体可能是照相机发生了故障，或者那名男子的身体被什么东西挡住了；太阳从西边出来可能是海市蜃楼，或者在日落的时候如果有一个比太阳降落得更快的参照物，人们就会产生太阳从西边升起的错觉；连续 3 个月不吃饭的人可能吃了某种营养素。

Po 是爱德华·德·波诺博士发明的新单词，他把水平思考的整个概念全部集中在这个单词身上。水平思考是一种对事物情况各种可能性和假设的枚举，而 Po 正是源自英文单词 possibility（可能性）、suppose（假定）、poetry（诗歌）和 hypothesis（假设）中共有的字母组合"Po"。Po 代表了一种没有固定形式的混沌状态。

众所周知，传统的逻辑思考注重判断和选择，非 Yes 即 No，不接受就拒绝。水平思考则强调概念重组和重新排列，以求获得新的创意和灵感。爱德华·德·波诺博士告诉我们：在 Yes 和 No 之外，还有一个 Po。他在著作中提到："水平思考所处理的是 Po，正如逻辑思考所处理的是 No 一样。"

在传统的思考模式下，人们很容易对一件事或一个观点进行批判。大多数人都有完美主义倾向，我们像园丁忙于清除杂草一样热衷于清除荒谬的、不可行的、混乱的假设，而不是寻找创造性、建设性的观点和方法。做出否定的判断比提出建设性的意见容易得多，我们很容易说出下面的话：

这样做是错的。
这样说是错的。
事实不是这样的。
你的建议是不可行的。

这种想法根本不符合逻辑。

在日常生活中，这些话时常充斥在我们的空间中。其实，这些批判性的话语会把一些好的建议一棒子打死。Po 突破了这种思考模式，它要求我们只关注可能性和假设，目的在于想出具有创造性和建设性的建议。下面我们通过一个案例来对比一下批判性的 No 思考法和建设性的 Po 思考法。

案例：用 Po 思考法开设一家独特的餐厅，你有哪些好的设想？

1.24 小时营业——全天任何时段都提供食物。

No：没有必要，那样只能造成人员和资金的浪费，尤其是后半夜的经营，肯定会赔钱的。

Po：餐厅不光可以提供食物，为什么不提供一些其他的服务呢？我们可以给人们提供一个除了家庭和工作单位之外的另一个空间。比如，给情侣们提供一个聊天的场所，给心情不好的人提供一个绝对私人的空间，给喜欢阅读的人提供一个小型的阅览室。此外，还可以在餐厅安装几台电脑，供人们上网。人们在餐厅停留的时间长了，自然会要吃点东西，说不定后半夜也会很火爆呢！

2.绝对自助餐厅，采用类似自动售卖机的销售模式。

No：不可行，如果没人来买，饭菜就会变凉，甚至过期变坏。

Po：有两种可能，一种是为了防止饭菜变质，我们可以用那种常见的自动售货机销售不易变质的食物，比如饼干、面包、火腿；另一种是常见的有座位的餐厅模式，满足那些希望趁热吃的人，在正常的吃饭时间之内（早上 7:00 ~ 8:00，中午 12:00 ~ 1:00，下午 6:00 ~ 7:00）把刚出锅的饭菜放在售货机内，并在旁边放一台微波炉，如果有人嫌饭菜凉了可以加热。

3.DIY 餐厅——顾客自己做饭吃。

No：开什么玩笑？跑到餐厅去做饭，还不如自己在家里做呢！

Po：为什么不可以呢？我们可以请一位特级厨师教顾客做特色菜，恐怕会挤破了餐厅的门！另外还可以针对年轻人开设这样的业务，搞生日聚会或类似的庆祝活动的时候，他们可以自己做菜。

4.男士止步餐厅——只招待女宾。

No：这样做生意岂不是少了一半？

Po：这叫做市场细分，方圆几百里的女士们都会到这里来体验一下这里的独特之处。我们专门经营对女性健康和美容有益的食品，并提供相关的咨询服务。如果男士不服气，我们还可以开一个"女士止步餐厅"。

5.没有菜单，只提供你没吃过的食物。

No：不可能，哪有那么多种食物？

Po：谁敢说自己吃遍了世界上所有的食物？我们可以招聘一些有创意的厨师，他们可以对原料进行随意的组合，这样做的每道菜都会与上一道菜味道不同。我们还可以把不同的菜混合起来，比如把意大利面和韩国菜结合起来，把粤菜和川菜结合起来。不要担心难吃，我们卖的是新鲜感。

6. 不收取食物的费用，而按时间收费。

No：不合理，吃得多，吃得快的人会把我们吃穷。

Po：我们只经营咖啡、牛奶、火腿、面包等比较廉价的食物，我们卖的是美妙的餐厅音乐和舒适的空间。因此，在餐厅坐得时间长的人应该付更多的钱。

需要注意的是 Po 出来的新想法一般都会有一些技术上的难度，但是这不是水平思考法关心的重点。思考时如果过多地考虑这些实际操作中的问题，反而会影响创意的发挥。Po 的任务就是大胆设想，自由地发挥想象力，把看似不可能变为有可能。

开动你的脑筋

假如你准备为挚友筹办一个生日聚会，你能 Po 出什么好想法？

第三节　创造性停顿

如果你马不停蹄地赶往一个地方，你就会忽略路边的野花；如果你停下来欣赏一下路边的野花，你就能得到赏心悦目的回报。

如果你迅速驶过一个岔道口，你有可能错过一条捷径；如果你停下来看看路牌，你就能知道哪条路通往何方。

如果一条小河畅通无阻地流下去，它只能流经固定的路线；如果它暂时遭到堵塞，就会找到新的渠道，甚至流向一片新的水域。

思考也是一样，如果我们快速地顺畅地想下去，可能会忽略一些重要的事情；如果我们在思考的过程中暂停一下，可能会得到一个好的创意。

在日常生活中，我们已经掌握了一些思考模式和行为模式。在思考问题的时候，大脑按照常规来安排我们的思考，这个过程是流动性的，思维总是顺畅地进行，除非遇到难题或突发事件。创造性停顿就是让我们主动地在本来顺畅的思考过程中停顿一下，进行创造性努力。

停顿为的是创造性思考，在顺畅的思考过程中，我们总是会忽略一些看似不重要的问题，停顿可以让我们对那些问题进行有意识地关注，这样可能会在某一点上存在一个创意。比如：

——我要停下来针对这个问题好好想一下。

——这个观点可能会引发什么新创意呢？

——我们停下来想想看，是不是还有其他思路呢？

——这里可能会有潜在的机会。

那么，什么时候停顿呢？应该在哪里停顿呢？

创造性停顿不需要理由，它不是对任何事情做出的反应。如果刻意地寻找理由，你就只能在明显地需要停顿的地方停顿下来，反而会破坏创造性停顿的意义。在那些看似不需要停顿的地方停下来思考，往往能产生更好的效果，这样才能体现出创造性停顿的真正价值。思考者根据自己的意愿随时停顿下来，并不是因为突然有了灵感，而是一个有意识的过程。

我们的大多数思考都是被动的，比如满足某个要求、克服某个困难，都是在问题出现在我们面前之后，需要我们做出反应。创造性停顿是一种主动的思考习惯，强烈的创造性思考的动机使我们主动地关注思考的过程。这种思考法要求我们在思考过程中做一个短暂的停顿，对自己说："我要关注一下这个问题。"

需要注意的是你不能奢望每次停顿都能产生一个好的创意，这是一种"投资"，并不是每次投资都能带来回报，但是只要不断地努力，最终总能得到回报。如果不进行这种寻找创意的努力，就会失去产生创意的机会。它的作用类似于"六项思考帽"中的绿色帽子思考法，我们不能强迫自己产生创意，但是我们可以强迫自己努力进行创造性思考。

创造性停顿的另一个重大意义在于培养创造性思考的习惯。人们为了培养创造性习惯，往往通过说教、劝诫、激励、榜样示范、奖励创造力带来的成果等方法。实际上，与其奖励创造性努力带来的结果，不如奖励创造性努力本身。创造性停顿是培养创造性态度和动力的最简单、最有效的方法。如果你想拥有创造力，就应该在思考过程中练习创造性的停顿，并养成一种思考习惯。

也许你会怀疑这样做会干扰正常的思考过程，正确地运用这种思考方法并不会对思考过程造成干扰，你只需要停下来快速地关注某件事物，并查看一下有没有其他的可能性。作为水平思考法的一部分，创造性停顿给我们寻找"侧面路径"提供了一个契机。我们要去某个陌生的地方，如果匆匆忙忙地赶往目的地可能会走入歧途，我们需要在中途停下来考察一下有没有更好的路线。

创造性停顿既适用于个人，也适用于团体。当你想停顿一下的时候，问问自己。比如：

——还有没有其他方法来解决这个问题？

——我们来看看还有没有别的可能性。

停顿的时间不能太长，个人只需要停顿20～30秒钟，团体只需要2分钟，然后继续原来的思考进程。

在进行这种训练之初，不要过分要求自己一定要想出什么结果。我们注重的是努力进行创造性思考的过程，而不是结果。如

■如果你真能适时地利用沉默，有时发挥的作用反而要比说话来得大。

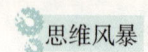

果每次停顿都努力寻找结果,你就会感到有负担,进而会讨厌这种思考模式。事实上,这种创造性停顿并没有要求我们一定要找到别的可能性——只要进行创造性停顿本身就够了。

想象一下自己走在一条乡间小路上,创造性停顿只是让你在前进的路途中停下来,关注一下自己所处的位置,看看周围是不是有别的路可走,如果有当然很好,如果没有也不必在意,回到自己原来的路径上就行了。

这看起来似乎很简单,其实并不容易做到,需要大量的练习才能养成创造性停顿的习惯。创造性停顿的习惯可以培养你的创造力,当你的创造性思考变得越来越熟练的时候,你就能发现停顿给你带来的好处。也许一个短暂的停顿就能让你开辟出另一条更好的思路。

第四节 简单的焦点

人们通常认为创造力的作用体现在解决问题和困难的领域。当我们遇到困难的时候,确实需要创造性思考。但是很多时候,如果我们确定一个思考的焦点,也能产生意想不到的结果。尤其是当我们把焦点集中在不同寻常的、不被人们关注的问题上的时候,不需要太多的创造性努力就能取得可观的成果。

很多科学家都是在别人不注意的领域取得了引人注目的成就。

诺贝尔物理学奖李政道在一次很偶然的机会听了一个同事的演讲,从而知道了非线性方程有一种叫做孤子的解。他找到所有关于孤子的资料进行分析研究,发现所有人都在研究一维空间的孤子,但是在物理学上三维空间才具有普遍意义。他花了3个月时间研究三维空间的孤子,创建了新的孤子理论用来研究亚原子的问题。后来,他得意地说:"我从一无所知一下子赶到别人的前面去了。"总结经验的时候,他说:"要想赶上、超过别人,你一定要弄清楚哪些是别人不懂的。看准了这一点去研究才会有突破。"

李政道正是把焦点集中在别人都没有注意到的事物上,从而取得了成功。大家都不关注的事物几乎不存在竞争,因而很容易取得成就。

简单的焦点是一种非常有力的创造性工具,这种思考方法要求我们把注意力集中在任何事物上进行思考。

当你拿起水杯喝水的时候,试着把焦点集中在水杯的手柄上,想一想是不是有其他的设计方法能让你更方便地去拿水杯;当你打开某件商品的包装的时候,试着把焦点集中在这个过程中,想一想是不是可以设计一种方便人们打开包装的方法,或者设计一种更加环保的包装。

你可以把焦点集中在两个事物之间的关系上,比如铅笔和橡皮;你可以把焦点集中在某一事物的一个特性或功能上,比如牙刷的功能;你可以把焦点集中在一个过程中的某一步骤上,比如购买过程中的付款这个步骤……

简单的焦点和创造性停顿有相似之处,都要求我们主动地在不需要思考的地方进行思考。但是,二者也有明显的区别,创造性停顿是对思考过程中涉及到的某一点进行创造性地关注,而简单焦点是在生活中任意地选择一个新的焦点。首先,你可以先把可能的焦点

第一篇 思维影响人生：改变人生的10种黄金思维

列一个名单，以便将来进行关注。然后，针对某个焦点初步设想出一些方案和创意，如果你有了出色的想法，就要对其进行深入地分析和探讨。最后，确定一个焦点，把它当作真正需要解决的问题认真地做出创意。

和创造性停顿一样，简单的焦点思考法并不一定能给你马上带来创意，这是一种投资。寻找焦点的过程本身就很有价值，它可以让你变得善于寻找焦点。创造性思考的第一步就是选择焦点，而不是急着提出创意，因为有目的的思考才是最有效的。试想一下，8个具有创造性思考力却不善于集中焦点的人围坐在一起，他们能给我们带来什么？什么都

■此路不通，就另找一条。

不能带来，因为他们不知道在哪里发挥自己的创造性。具有创造性的人如果不能找到一个焦点，就像一个神射手不知道目标在哪里一样，他们的创造力会显得苍白无力。

我们可以把焦点分为两类：一般领域焦点和特定目的的焦点。

一般领域的焦点是经常被人们忽视的，然而却是非常重要的一种创造性焦点。一般领域的焦点要求我们简单地定义出需要创意的一般领域。

这些领域并不存在明显的需要克服的困难，但是如果你把焦点集中在这些方面，问题就产生了。通过解决这些问题，也许会产生有用的创意。这就是我们在第一章中曾经提到的第三类需要解决的问题——为自己设置不寻常的问题。比如：

——在食品加工领域，你有什么好的想法？

——在电器领域，你有什么好的创意？

——关于钢笔的墨水，你能想到什么创意？

——关于钥匙的材质，你有什么好想法？

一般领域的焦点就是提出这样一些思考领域，既可以是宽泛的，也可以是狭义的。这种思考法并不指出思考的目的，也不需要解决已知的问题或者得到预期的效果，它只是要求我们在定义好的领域内进行创造性思考。

这样会不会导致无的放矢呢？不会的。第一，我们已经确定了一个目的，只是这个目的比较宽泛，即产生在某个领域内有用的想法。第二，我们可以对产生的主意进行检验，从中选择那些符合我们需要的想法。第三，我们可以把宽泛的焦点分解成几个子焦点，比如"在交通领域，你可以提出哪些创意"。这个焦点太宽泛了，我们可以把它分解成交通工具、交通管理、交通法规、交通设施等更细化的焦点。

特定目的的焦点，顾名思义即人们所熟悉的具有明确的目的和预期结果的焦点。这种

定义焦点的方法可以让我们明确地知道我们在寻找什么，需要达到什么结果。这种思考法可以分为以下几种方法：

1. 把焦点集中在如何朝着特定的方向改进。比如：

——我们需要一些如何降低成本的创意。

——我们需要一些提高收视率方面的创意。

2. 把焦点集中在如何解决某一问题或克服某一困难上。比如：

——我们应该怎样防止公交车上的偷窃行为？

——如何更快地处理交通事故？

3. 把焦点集中在如何完成某项任务上。比如：

——我们需要一种可以无限期使用的笔，有哪些途径可以完成这个任务？

——如何尽快把这些商品处理掉，你能想到什么办法呢？

4. 把焦点集中在发现某种潜在的机会上。比如：

——这几年是生育高峰期，这对我们来说有什么机会吗？

——网上购物越来越普及，我们从中可以得到什么机会吗？

特定目的焦点给我们指明了一个思考方向，不同的定义会指向不同的重点。我们在描述焦点时最好列出多个定义，从中选择一个最有价值的思考方向。在描述焦点的时候，我们还应该谨慎地措辞，避免模棱两可以及可能引起误解的表述。

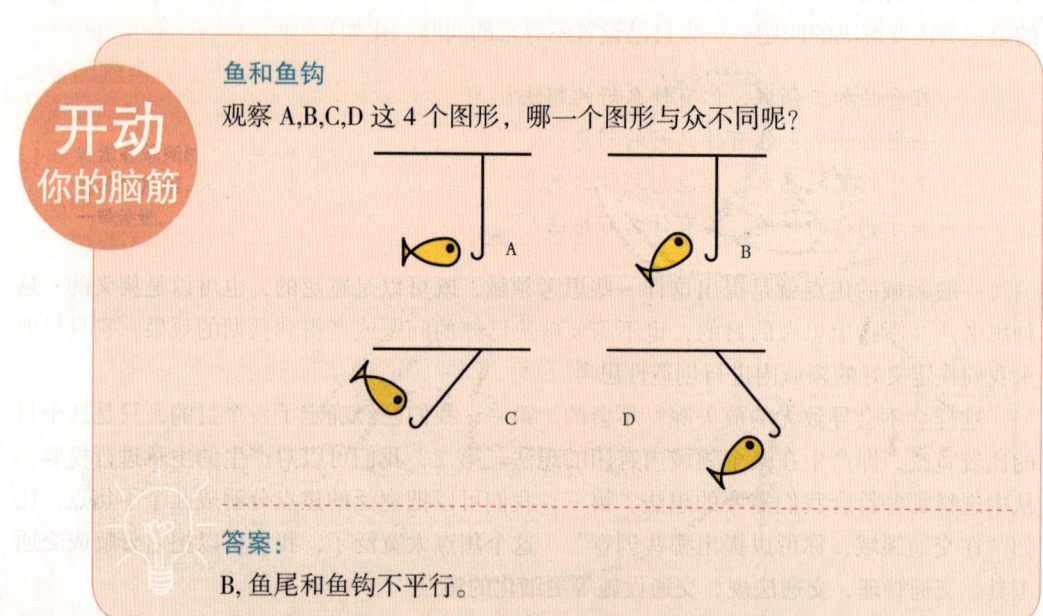

鱼和鱼钩

观察 A,B,C,D 这 4 个图形，哪一个图形与众不同呢？

答案：

B，鱼尾和鱼钩不平行。

第五节 挑 战

这件事有没有其他的解决方法呢？创造性的挑战就是在承认现有的方法的前提下，考察其他的可能性。

创造性挑战不同于批判性挑战。批判性挑战以判断为前提，力图证明某件事是错的，或是有缺陷的，然后寻找改变或改进的方法。创造性挑战不是对现有的方法提出批评或找出错误，而是对唯一性的挑战；并不是对现有的方法不满意，而是不满于把现有的方法当作唯一的方法。

创造性挑战拓展了创造力的运用范围。批判性挑战只能让我们挑战那些看起来有明显错误和不足的方法，如果现有方法没有什么错误或不足，我们就没有动力去寻找别的方法和选择。创造性挑战还能避免由批判引起的争论。当我们批判某种观点或方法的时候，往往会引起抵抗和争论，浪费时间和精力。创造性挑战不是为了否定现有的方法，而是为了寻找其他的可能性和选择。

■创造性的挑战旨在打破旧有的惯性思维。

人们习惯性地认为现有的方法就是最好的，没有必要再寻找别的方法。事实上现有的做事方法往往是由于各种偶然的原因形成的。比如，盘子是圆的，那是因为最初陶瓷工人需要在转轮上制作盘子。现在制作盘子已经不需要转轮了，对模子里的陶土进行压缩就可以制作出各种形状的盘子。

当我们遇到一个问题的时候，应该问问自己。比如：

——为什么我们一定要用这种方法？

你可能会得到这些答案。比如：

——这是一直以来最好的做事方法。
——我们试过其他的方法，权衡利弊之后，觉得还是保持现状比较好。
——这样做没有出问题，没有压力要求我们改变这种做法，所以还这样做。

有些理由也许合理，有些理由可能很糟糕。提出"为什么"并不是真的想找到现有方法存在的理由，而是提醒大家注意这不是唯一的方法，即使找不出理由我们也要寻找其他的方法。

过去一直这样做，所以现在还这样做，这体现了惯性思维对我们的控制，具体表现在4个方面。

1. 忽略的惯性。我们习惯性地按照某种方法做事。现在的方法没有出问题，没有给我们带来麻烦，所以我们想当然地认为应该这样做，而没有检查一下是不是还有其他的可能。

2. 受限的惯性。我们的做法受到外界需要的限制，为了满足别人的某些要求，我们很难改变现有的做法。

3. 自满的惯性。如果某种方法曾经发挥作用，我们就相信它永远是正确的；即使出现问题，我们也不会对它表示怀疑。

4. 时间序列惯性。任何事情都有一个不断发展的过程，在最初阶段出现了一些概念和结构，后出现的概念总要依附于先前的概念。事实上，出现新事物之后，我们有必要对先前的概念重新定义。

当事情发生变化之后，难道不应该有新的概念来适应改变之后的情况吗？水受冷结成冰，我们不再把冰叫做"水"，也不可能用对待水的方式来对待冰。当想法背后的概念限制我们思考的时候，我们仅仅挑战想法是不够的。比如：

——情况已经发生变化了，我们是不是应该对原来的概念进行调整。

——现在这个概念还有效吗？

此外，我们还要挑战导致我们以一定方式思考的其他因素，比如假设、边界、基本因素、避免因素、两极选择等等。我们要做的是先找出限制思考的因素，然后对它提出挑战。

1. 挑战假设。任何思考都是在一定的前提和假设下进行的，比如当我们思考如何安排周末活动的时候，我们假设周末有两天的休息时间。通过挑战假设，我们可以跳出固有的思维模式，请假可以使休息时间变长，加班可以使休息时间变短。

2. 挑战边界。任何思考都有一定的边界，我们总是在"合理"的范围内思考。首先我们要弄清限制思考的边界是什么，然后跳出边界寻找其他可能。

3. 挑战基本因素。看起来最正当、最不容置疑的基本因素也可以成为挑战的目标。比如房子一定要由钢筋和水泥来建造吗？用竹子行不行？房子一定要固定在一个位置吗？移动的房子怎么样？

4. 挑战避免因素。我们在思考过程中总是极力避免一些不好的东西，比如过度开支、浪费资源等等。这些是一定要避免的吗？可不可以不顾及这些因素呢？

5. 挑战两极选择。我们常常陷入非此即彼的两极选择的思考模式，比如"要么如愿以偿，要么前功尽弃"。难道没有第三种情况吗？可能一定程度上实现了愿望或者在某些方面实现了愿望。

明白了有必要寻找其他选择之后，我们就要探讨如何寻找其他解决问题的方法，具体的方法我们会在接下来详细介绍，这里给大家提供4种打开思路的方法。

1. 堵塞。假设现有的途径遭到堵塞，我们必须寻找别的出路。比如：

——如果不允许你用这种方法，你还能想到什么方法来解决这个问题呢？

2. 摆脱。有意识地摆脱已有的方法，我们的头脑就能更加自由地思考。

3. 放弃。主动放弃现有的做法，重新寻找出路。

4. 追根溯源。找到解决根本问题的其他方法。比如：

——为什么要把道路加宽？

——为了缓解交通拥堵。

——为什么要缓解交通拥堵？

——为了方便人们出行。

——为了方便人们出行，一定要把道路加宽吗？还有没有其他方法？

开动你的脑筋

连环

下面的5组链条可以连在一起。通常的做法是打开C环（第1步），把它连到D环上（第2步），然后打开F环，依此类推，这样需要8个步骤。你能想出更简单的方法吗？

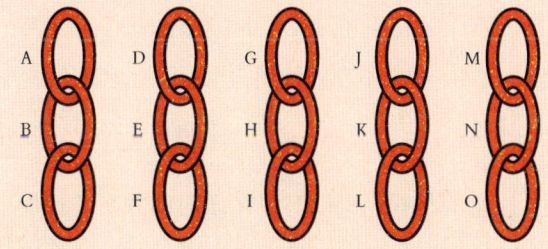

答案：

将A，B，C环解开，连接到其余4组链条上，这样只需6个步骤。

第六节　其他的选择

爱德华·德·波诺博士常常在他的著作中提到这个故事：为了能够赶上第二天的飞机，他设置了旅馆的闹钟。第二天早上闹铃响了，他试图关闭闹铃，但是即使他拔掉了闹钟的电源，闹铃还是在响。原来铃声来自另外一个闹钟，他忘记了自己设置了两个闹铃。

他想尽办法要关掉闹钟，他知道按照正常的步骤应该怎么关掉闹钟，但却没想到其他的可能。

在思考过程中我们需要停下来想一想。比如：

——还有其他的方法吗？

——有没有别的解决方案？

——是不是还有别的可能性？

寻找和创造更多的备选方案，这是进行创造性思考的最基础的一部分，但是并不容易做到。因为我们知道下一步应该怎么办，于是马上进入下一步的思考和行动，从而忽视了其他的选择。这就像我们走在一条平坦、顺畅的道路上的时候，就会按照那条路的方向走下去，而不会考虑是不是有更近的路可走。

人们普遍认为不足和错误是寻找备选答案的唯一理由。当事情发展不存在障碍和问题的时候，我们很难停下来寻找其他的选择。一旦前面的道路遇到阻碍，我们才会有压力和需要寻找新的途径。传统的思考习惯显然限制了我们进行创造性思考，这也是我们一再强调在不存在问题的时候，我们需要主动给自己设置问题的原因。绿色思考帽、创造性停顿、简单的焦点、挑战唯一性都是在看似没有必要的情况下进行创造性思考。

首先，我们可以从已知的备选方案中进行选择。

我们买衣服的时候，先从众多款式中选择自己喜欢的一种，然后询问售货员那种款式都有哪些颜色，从中选择适合自己的颜色。我们需要做的只是从现有的备选方案中进行选择，这里不需要太多的创造性思考。

有两点需要注意，一是备选方案要全面，不能有疏漏。比如，在你看中的那款衣服中恰恰没有你想要的白色。在现实生活中，很多时候备选方案并没有摆在我们面前，而是需要我们主动地搜索。比如，如果不允许使用火柴，你能想到哪些方法来把火点燃呢？打火机、放大镜聚焦取火、化学反应生成火……还有其他的方法吗？我们需要在已有的经验中尽可能全面地搜寻备选方案。

另外一点需要注意的是我们可以对摆在面前的方案进行加工。比如，尽管饭店给我们提供了菜单，我们还是可以要求做一道菜单上没有的菜或者对某道菜的做法提出自己的要求，比如做某道菜的时候不要辣椒，或者把两道菜拼在一起。

其次，在现有方案之外创造更多的方案。

生活中的问题非常复杂，很多问题都是开放而非封闭的，可能性的数量不像服装的款式和颜色那样固定，因而不能用"非此即彼"的方式来解决。这就要求我们发挥想象力、挑战概念、打破边界、引进新的因素等前面提到的方法来设计出新的方案。我们还可以用前面提到的"追本溯源"，即进一步提问的方法找到问题的关键。比如：

——我们要么给员工涨工资，要么不涨工资。

——为什么要给员工涨工资呢？问题的关键是什么？

——给员工提高待遇，增加福利。

——那么除了涨工资之外是不是还有其他的方案呢？

——还可以采用奖金制度，或者实行更多的医疗保健福利。

也许我们创造的新方案并不合适或者不如现有方案完美，这时需要对现有方案和新方案进行比较，如果新方案没有明显的或更大的好处我们就弃而不用。作为创造性思考的一种训练方法，寻找备选答案的努力本身要比找到更好的方案更重要。这个问题我们一直在强调，如果不做这种努力，肯定不能找到更好的方案，如果我们付出了努力则有可能找到更好的方案。所以我们不但要寻找备选方案，而且要尽可能多地寻找备选方案。当你有很多选择的时候，那些优秀的、明显优于其他方案的选择就会显露出来，这会让你的决策变得更容易。

我们在寻找或创造备选方案的时候需要有一个出发点，或者叫做固定点。这并不难理解，能解决问题的方案才有意义。我们可以从下面几个角度来设立固定点：

1. 目的：即所寻找的方案要解决的问题。比如：

——还有哪些方法可以解决这个问题？

——还有哪些途径可以达到这个目的？

2. 类别：同类事物或同类方法可以替代现有的事物或方法来满足我们的需要。比如：

——菜单上还有其他的甜食吗？

——这种小型的冰箱还有哪些其他的品牌？

3. 类似之处：感知上的相似之处。比如：

——还有这种风格的服装吗？

——外观与此相似的材料还有哪些？

4. 概念：围绕一个抽象概念来思考。比如：

——我们可以采取哪些措施增加员工的福利？

——这个问题的固定点是"福利"的概念。

固定点的意义在于指明思考的方向，避免无的放矢。因此对固定点的描述要尽量精确、具体，明确思考方向之后，我们的思考会更有效。为了使思路更开阔，我们可以尝试几个不同的固定点。

开动你的脑筋

这个练习可测验你观察细节的能力。五角形、正方形、椭圆和长方形中各有多少个球？下图中一共有多少个球？

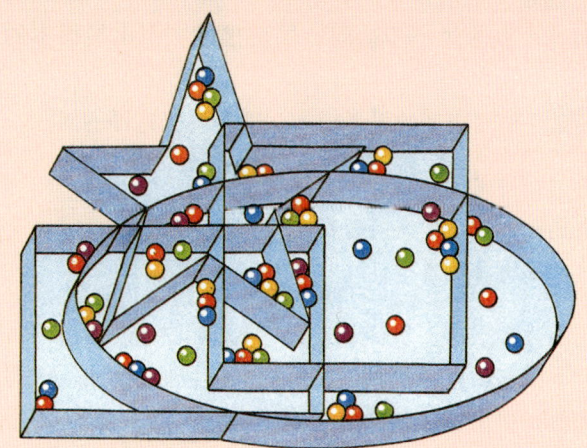

答案：
五角形：20；正方形：30；椭圆：49；长方形：30。一共有68个球。

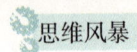

第七节　概念扇

人的思维是一种很奇怪的东西，它可以向无限的空间扩展，又可以层层收缩、探其根源，还可以逆转过来，从结局推导原因，就看拥有它的人是否能够打开自己的思路，灵活地加以运用。由于受到各种思维定势的影响，人们对于司空见惯的事物其实并不真正了解。也可以说，我们经常自以为是海阔天空、无拘无束的思考，其实说不定只是在原地兜圈子。只有当我们将自己的视角扩大一些，来观察这同一个世界的时候，才可能发现它有许多奇妙的地方，才能发觉原先思考的范围很狭窄。

如果让你把一封信送到河对岸去，那么，第一个出现在你脑子里的方法可能是找到一条船。如果没有船怎么办呢？难道没有别的办法可以到达你的目的地吗？

船只是帮你到达对岸的方法之一，我们可以把"到达对岸"作为一个固定点，由这个固定点我们可以想到别的备选方案，比如游到对岸去，或者架一座桥，或者乘热气球飘到对岸去。

接下来我们可以继续问："为什么要到河对岸去呢？""为了送一封信。"现在我们可以把"送一封信"作为固定点进行思考，找到把信送到对岸去的其他途径。比如，绕过那条河，或者用箭把信射到对岸，或者用信鸽、邮局把信送过去。

我们还可以继续问："为什么要把信送到对岸去呢？""为了向对岸的人传递消息。"那么我们可以把"传递消息"作为一个固定点，思考其他可以传递消息的办法，比如打电话、发传真、发邮件。

在这个案例中我们用追本溯源的方法找到了3个层次的备选方案，每一个"为什么"都带出一个概念，也就是我们要解决的问题，这个问题成为想出其他方案的固定点。我们还可以对这个概念进一步追问，层层推进，引出最根本的问题，这样就形成了一个概念扇。

概念扇是一种完成型的思考模式，适合解决这样的问题。比如：

——我们如何完成这个任务？
——我们如何解决这个问题？
——我们如何实现这个目标？

概念扇有4个层次：目标、方向、概念和主意。上图中最右端的"传递信息"是我们要解决的根本问题，也就是我们的目标。由目标向后推导就引出了我们到达目标的方向，每一个方向都是引出更多备选概念的固定点。方法和概念的区别是相对的，方向是更为宽泛的概念。"送一封信"相对于"到达对岸"是一个方向，相对于"传递消息"来说则是一个概念。由概念再向后推导就引出了解决问题的具体办法，也就是"主意"。主意必须是具体的、可以直接付诸实践的。

这个推导过程类似于我们给别人指路的时候，先告诉别人某地的具体位置在哪里

（目标），然后指明通往那个地方的方向和路径，最后建议别人选择某条路并指明具体的路线。

一般而言，要想制作一个概念扇，需要先设定一个目标，从目标出发推导找出多个概念，然后从概念出发推导出大量的主意。我们再来看一个例子，如果目标是增加利润，那么实现这个目标的途径是：

1. 降低成本
2. 增加销量
3. 走名牌路线

针对"降低成本"这个途径，我们可以引出以下概念：

1. 精简机构，降低人力资源成本
2. 增加科技含量，降低生产成本
3. 合理融资，降低投资成本

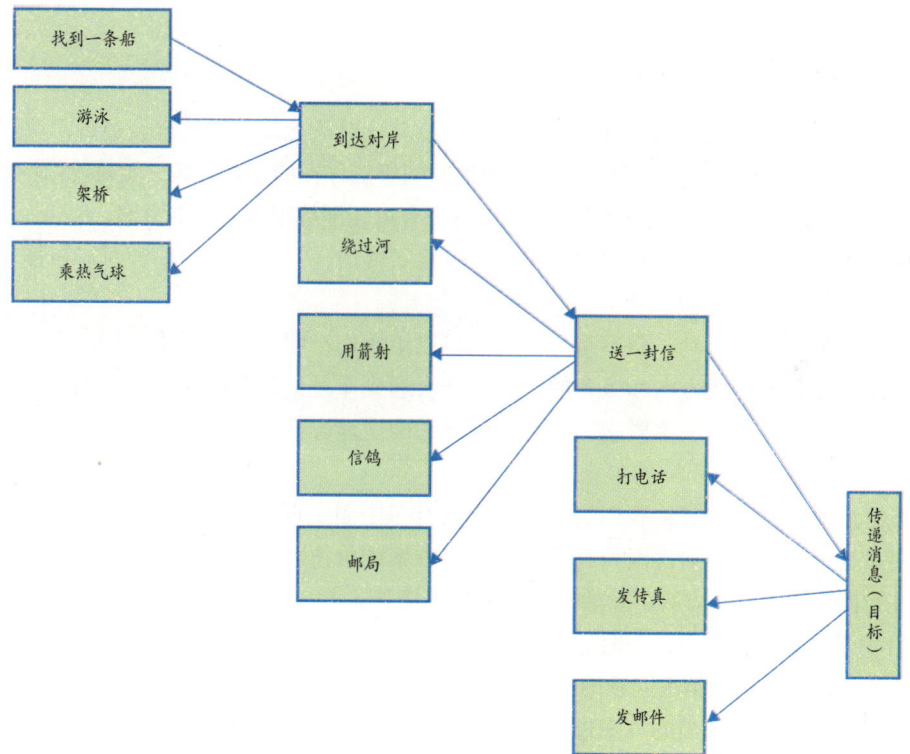

针对"增加销量"这个途径，我们可以引出以下概念：

1. 扩大生产规模
2. 开拓新市场
3. 降低价格

4. 制定营销策略

针对"走名牌路线"这个途径,我们可以想到以下概念:

1. 广告宣传
2. 公关策划
3. 提高产品质量

这样,我们就得到了 10 个备选概念。然后,我们可以把每一个概念当作一个固定点来寻找具体实施的主意。比如,针对"广告宣传"这个概念,我们可以想到哪些主意呢?

1. 在电视上做广告
2. 在报纸上做广告
3. 在杂志上做广告
4. 在网络上做广告
5. 做户外广告
6. 做店面广告
7. 做车贴广告

从其他的概念中我们同样可以找到很多主意。这时概念扇的好处已经显现出来了,它可以使每一条思路都很清晰,帮助我们全面地找到可能存在的备选方案。如果我们针对"如何增加利润"这个问题直接进行发散思考,就很有可能漏掉很多潜在的方案。

在具体的操作过程中,我们的大脑思维是跳跃性的,在制作概念扇的时候可能会突然想到一个主意。

概念扇强调的是行动,而不是分析,它可以给我们指明具体的解决问题的方法。需要注意的是,在我们寻找方向和概念的时候可能会遇到重复的问题。比如"走名牌路线"可以作为"增加销量"的一个概念。这时你应该在两个地方都放上这个概念,在不同位置的侧重点不同,会引发出不同的主意。

概念扇的意义在于它给我们提供了一个具有多个固定点的框架,每个固定点都可以引发很多备选方案。我们通常因为看到了某一个方案的价值才把它提出来,创造性的思考模式允许我们先提出备选方案,然后再寻找它的价值。

当我们面对一个概念,一时想不到如何把它付诸实践的主意的时候,可以用简单的焦点的方法集中精力寻找解决问题的方法。

最后,我们要对选出的方案进行评估。评估是一个判断性的思考过程。我们需要从以下几个方面进行考察:

这个方法是否具有可行性,可以运用到工作中吗?

这个主意有哪些好处,能够满足人们的哪些需要?

时间、金钱、人力、技术等资源能否保证这个方案顺利实施?

这个方法是否符合政策、议程、文化、规章制度等外部环境的要求?

开动你的脑筋

先在树上系一根绳子,然后在标杆上再系一根绳子。当你拉着标杆上的绳子时,你够不着树上的那根绳子。现在给你一块模型黏土,你能用它同时够着两根绳子吗?

答案:
将模型黏土绑在树上那根绳子的末端,使它摇摆起来。然后握着标杆上绳子的末端,等模型黏土朝你的方向飞来时抓住它。

第八节 概 念

　　人类的思维通过概念、判断、推理等形式抽象地反映客观世界。其中概念是反映事物特有属性的思考形式,是进行判断和推理的基础。我们思考任何问题都离不开概念,可以说每时每刻都在运用概念。但是大多数时候我们根本没有意识到,概念是隐藏在事物之中的,只有把概念抽象出来之后,概念才会清晰地出现在我们的头脑中。

　　就像我们在前面所介绍的,抽取概念对创造性思考非常有用。我们可以把它作为一个固定点,从中找到更多的备选方案来实现这个概念。此外,我们还可以对一个概念进行创造性地改进,比如去除掉错误和缺点,使它的价值显现出来。当我们明确了概念的内涵、外延及价值之后,还可以根据需要改变概念,对概念发出挑战。

　　要想找到隐藏在事物后面的概念,我们可以对自己提出这样的问题。比如:

　　——这个主意体现了什么概念?
　　——这里存在一个什么样的概念?

　　现有的主意未必是最好的,让主意背后的概念显现出来有助于我们找到新的主意。养成退回到概念层次的习惯可以帮我们更有效地创造备选方案。

一个主意可以抽象出不同层次的概念，要想找到最有用的概念并不容易。比如：

——我们生产纯棉睡衣。

——我们生产睡衣。

——我们生产服装。

——我们生产人们需要的东西。

——我们是一家工厂。

这5个层次的概念一个比一个更宽泛，第一个具体地描述了生产的产品，从最后一个概念中我们却看不出生产的是什么东西。概念太窄会限制我们的思考范围，概念太宽则会让我们失去用力点。要想找到最有用的概念层次，我们只能凭借一种感觉，通过向上或向下扩展对概念进行多次定义来寻找最为合适的描述。

一般来说，一个概念可以用几个词或者一句话来描述。如果对概念进行特别详细地描述，也就失去了概念在水平思考中的意义了。

概念可以分为一般性的描述和定义。一般性的描述比较宽泛，往往适用于多个事物，定义则可以把一个事物和其他的事物区别开来。比如：

西瓜是夏天常见的一种水果。

这是一般性的描述"夏天常见的一种水果"还可以用来描述哈密瓜、桃等其他水果。

西瓜是圆形或椭圆形的大型果实，成熟的果实一般是红瓤黑子，水分多、味甜。

这是对西瓜果实的定义，它不能用来描述其他的水果。

我们没有必要陷入对不同层次概念的揣摩和判断之中，只需要找出各种可能的概念，然后挑选出看起来对自己最有用的概念。

大部分词语都是描述性的，比如"高的"、"合适的"、"充足的"、"有趣的"等等。"狂风暴雨"这个词描述了一种恶劣的天气。但是，在实际生活中，这些描述性的概念对我们的思考没有太大的意义，而功能性的概念对我们进行创造性思考更有意义。

我们可以根据不同的侧重点把功能性的概念分为目的概念、原理概念和价值概念3种类型。

1. 目的概念

人类的任何行动都带有一定的目的性。即使一个人躺在那里无所事事，他的行为也是有目的——他在休息。目的概念就是用一般性的概念术语来表述目的。

椅子的目的概念是：可以让人们坐在上面的一种坐具。

2. 原理概念

原理概念顾名思义就是描述事物的运作原理。一件事物或一个计划是怎样运作的？某种效果是如何实现的？某种目的是如何达到的？比如椅子是如何实现"让人们坐在上面"

这个目的的?

椅子的原理概念是:具有能够稳定支撑的木质或铁质结构,有支撑面和靠背的坐具。

3. 价值概念

某件事物或某种做法有什么好处? 这样做能给我们带来什么价值? 价值概念就是在描述概念的时候体现出事物的价值。

椅子的价值概念是:可以让人们休息的一种坐具。

刚开始运用概念思考法的时候,你会感觉到很难确定有用的概念层次。和其他的思考方法一样,当你进行一段时间的训练之后,就会越来越能感觉到什么是有用的概念层次。我们没有办法"找到"合适的概念描述,除非你尝试多种不同的描述方法之后进行比较筛选。这就像我们对问题进行多种定义一样,进行多种描述才能保证我们找到最有效的一种描述,从而确定我们的思考范围。

确定一个概念之后,我们不仅可以在它的基础上进一步找出新的主意,而且可以挑战概念本身,对事物进行创造性地改变。当我们对概念扇中的各级概念进行这样的操作之后,就能得到更多的备选方案。

第九节 激发和移动

爱因斯坦曾进行过这样一个"思考试验":他想象自己站在太阳表面,抓住一束太阳光,以光速在太空中旅行。他感觉自己在向宇宙边缘飞去,但是到达旅程尽头的时候却发现自己回到了出发点。在无限的宇宙中沿直线走,怎么可能回到原来的起点呢?

于是他在太阳上换了一个位置,抓住另一束光驶向宇宙的边缘,结果他再次回到了出发点。爱因斯坦并没有因为这种想法不合逻辑就草率地进行否定,而是依照这个设想进行推理:如果在宇宙中沿一个方向走,总能回到起点,说明宇宙以某种形式发生弯曲,并且存在一个边界。经过大量的试验和分析之后,他提出了20世纪天文学最伟大的发现:宇宙是弯曲的,并且是有限的。

爱因斯坦的伟大发现源于一个不合逻辑的设想,在这个疯狂的设想的激发之下他找到了合理的解释。在生活中很多人都有这样的经历,

■生活中,有些"荒唐"的方法却也能立竿见影,成功解决问题。

在与你所做的事不相关的另一个事物的激发下你想到了解决问题的好主意,这就是激发。

激发是神奇的思考工具,它是水平思考的最基本的一个方面。激发的意义在于脱离常规思考路径,开发出新的思路。

常规的思考模式是在一定的理由支持之下,我们才能提出的某种说法。通过激发我们可以先提出某个说法,然后再寻找它的价值。激发思考不需要理由,你可以提出一个看似荒谬的说法,然后从中找出能够帮助你解决问题的有用的东西。你可以说出浮现在脑海中的任何事物,这类似于头脑风暴法的做法。

我们的每一个想法都要建立在前边的正确的想法之上,并根据一定的逻辑进行推导。这种垂直思考保证了最后的解决方案是有效的。在激发思考中,激发点凭空出现,没有任何理由和依据。当我们由此推导出一个方案时,并不能保证它是有效的。这需要事后对我们得到的方案进行逻辑分析,经过事后分析显现出来的价值和逐步推导得出的价值是一样有用的。

爱德华·德·波诺博士用单词Po来引出激发点,比如:

Po,知识是可以吃的。

Po,鲜花开在天花板上。

Po,我们可以在云中散步。

你可以从这几个例子中看出来,Po出来的想法已经超出了常规假设的范围。假设有一定的前提和目的,再大胆的假设也力图达到合理。可是,激发通常显得不合理,而且你从中看不出这种想法能给我们带来什么好处。假设可以给我们指明一个思考方向,激发的意义在于把我们从常规的思考方向中拉出来,给我们提供获得创意的一个中介。由激发点得出的创意也许与激发点完全不同。"知识是可以吃的"这个激发点并不是让我们试着吃书,而是让我们从这个点出发联想到其他的思路,比如在面包和饼干上印字。

在化学试验中,一种稳定的物质在催化剂、加热等外界刺激作用下变成不稳定的化合物,最后变成一种新的稳定的物质。在思考中,激发的作用类似于此,通过引入不稳定性来促使我们达到新的稳定。

进行垂直思考时,我们处于一种稳定的状态,只能沿着一个方向前进,不会想到其他的途径。水平思考就是要求我们在思考模式之间进行转换和抄近路。

如何从主干道转移到侧面路径呢?这就需要激发技巧来发挥作用了。

如图所示,蓝色箭头代表常规的思路,圆圈代表一个激发点,它存在于我们的常规思维模式之外,它可以使我们的思维跳出常规的思路。红色箭头显示了思路通过激发点从主干道"移动"到侧面路径的过程。

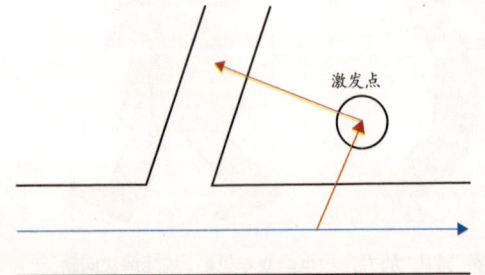

激发和移动是一个思考过程的两个步骤。无论激发点多么奇特,如果没有移动的过程,激发就不会发生任何作用,移动需要建立在激发的基础之上。把思路从激发点引到侧面路径的过程,这是为激发寻找理由的过程。

移动是从激发点向前移动到一个新的有用的主意。这是一种积极的思维过程,完全不同于判断。判断思维力图把我们的思路限制在经验的路径上,当出现不符合经验的想法时,它就会进行简单的否定,然后把我们的思路拉回主干道,判断不允许我们出现"在云中散步"这种无厘头的想法。移动的作用类似于六顶思考帽中的黄色思考帽,它从激发点中寻找积极的因素。我们可以把判断看作岩石的逻辑,把移动看作水的逻辑。岩石岿然不动,是静态的;水则是变动不居,是动态的。移动思考关心的不是一个想法的对错,而是这个想法可以把我们引到哪里去。下面两个图显示了判断和移动的区别:

判断　　　　　　　　移动

其实移动并不神秘,我们前边提到的概念扇也是一个运用移动的过程。由主意移动到概念,再由概念移动到新的主意。在这里,移动是对激发的具体运用,把激发点和现实中的具体问题联系起来,赋予激发一定的价值和意义。

第十节　激发的出现

激发性的思考类似于爱因斯坦的"思考试验"。这种思考模式不是陈述"是什么",也不是分析"为什么",而是为了促使大脑"产生什么"。激发类似于假设,但比假设更疯狂。激发点可以是矛盾的、不符合逻辑的设想,我们很难用语言来描述它,爱德华·德·波诺博士用"Po"这个"反语言"的单词来引出激发点。

Po的功能类似于一顶思考帽,戴上它,你就可以大胆设想了,不用担心会遭到否定和质疑。如果你说:"让我们想象一下,在云中散步这个主意怎么样?"别人一定会认为你在说疯话,并会花费大量时间和精力来攻击你。如果你说:"Po,我们可以在云中散步。"大家立刻就能进入移动步骤,把这个想法向前推进。

很多人都有这样的体验,正当一筹莫展的时候,突然映入眼帘的某个东西或者突然发生的错误和困难给你带来灵感,于是你想到了一个奇妙的主意。这种情况的激发点是自动出现的,我们并没有为寻找激发点做努力,而是借助了周围本来存在的激发点。

1904年,美国在圣路易斯举办世界博览会。糕点师哈姆威在会场外卖薄饼,他的生意十分冷淡。相邻的摊位卖冰激凌,生意却很火爆。很快,盛冰激凌的托盘就用完了。哈姆威灵机一动,把自己的薄饼卷成圆锥状,提供给卖冰激凌的小贩,让他用来盛放冰激凌。没想到这种锥形冰激凌很受欢迎,成了世界博览会的"明星"。后来,便逐渐发展为今天的蛋卷冰激凌。

■ 不按牌理出牌，敢于冒险。

哈姆威的灵光乍现是受到偶然事情的激发产生的。冰激凌没有托盘了——他由此想到了自己的薄饼，为什么不能用薄饼做托盘呢？外在事物的激发使他在不经意间创造了一项发明。历史上还有很多这样的例子，尤其在科学试验和发明创造领域。不相关的事物的激发可以给我们打开另外一条思路，使我们获得新发现或解决问题的新方法。

荷兰科学家列文虎克是世界上第一个发现微生物的人。他没有受过正规教育和相关训练，只是热衷于用显微镜进行观察。有一天下雨，他想也许从雨滴里能看到什么东西。于是，他把雨滴放在显微镜下观察。结果，他惊讶地发现里面有细小的、像蛇一样蠕动的东西。他把它们叫做"可爱的小动物"。200多年之后，人们才知道原来列文虎克发现的微生物是细菌。

在这个例子中，雨滴是一个激发点。出现在列文虎克面前的雨滴是很平常的东西，正因为平常所以总是被人们忽略掉。在自然界，在我们的日常生活中，并不缺少奇迹，只是缺少发现。

我们可以根据自己的需要把一些陈述当作激发点对待，不管陈述本身是正确的，还是错误的。比如，当别人表达一个观点的时候，如果你运用判断性思考方式，只能做出或对或错的评价。但是，如果用激发性思考，你就可以把别人的观点看作一个激发点，也许可以从中找出有价值的东西。

在日本曾流行"一语亿金"的说法，意思是一句玩笑话能够给公司带来上亿元的收入。这个典故源于一次性照相机的发明。

有一天，日本富士公司销售部部长在察看仓库里堆积如山的胶卷时，对开发部部长说了一句玩笑话："你们为什么不在这些胶卷上装镜头与快门呢？"这句话给开发部部长带来了发明灵感，他便立即组织研发小组，围绕着这句话思考如何设计一种简易照相机。经过一段时间的研究，历经多次失败之后，他们终于把一般照相机所需要的几百个零件，减少到26个，成功地组装成了一次性照相机。这种简便的照相机受到消费者的热烈欢迎，很快就占领了日本市场，并迅速扩展到海外，给富士公司带来了十几亿元的盈利。

在生活中，我们本能地排斥那些荒谬的主意，很难把那些看似不可行的想法当作激发来对待。但是，既然我们知道激发是一种很好的创造性思考方法，就应该有意识地把任何主意都当作激发来对待。当你进行一段时间的这种训练之后，你就会发现自己的思考变得异常开阔。

无论是寻找激发点，还是把某个观点当作激发来对待，都不是主动地创造激发点。我们不仅可以对已经存在的事物做出激发性反应，还可以有意识地创造激发点，建立正式的激发。要想正式建立激发，就需要水平思考提供的系统性激发工具。这些工具和方法可以让激发过程建立在一定的逻辑基础之上，而不仅仅是陷入一种疯狂状态。

爱德华·德·波诺博士把建立正式激发的方法分为摆脱型激发、踏脚石激发和随意输入3种，在以后的章节里我们将逐一介绍。建立激发之后再运用系统性的移动方法，我们就可以在激发的基础上得到新的创意。

第十一节　摆脱型激发

茶杯一定要有一个把手吗？
足球一定是圆球形的吗？
鸟儿一定要有翅膀吗？
电脑一定要有键盘和鼠标吗？
电灯一定要发光吗？

摆脱型激发就是让我们摆脱掉这些我们认为理所当然的事。首先，找出我们认为理所当然的事物，然后，把想当然的事物取消掉、否定掉、去除掉。以此作为一个激发点，我们可以开拓新的思考路径。比如：

茶杯一定要有一个把手吗？
Po，茶杯没有把手。
Po，茶杯有两个把手。

常见的茶杯一般都是一个把手，这样的设计确实很合理：有把手方便我们拿起茶杯，有一个把手就足够了。但是，现在我们要从这种"合理"的事物中摆脱出来。如果茶杯没有把手会怎么样呢？我们可以像使用碗一样使用茶杯，不用端起来，而是用勺子舀起杯里的水。这样是不是可以防止端起茶杯时把水洒出来，或者不小心把茶杯打碎呢？

我们再来看第二个激发点，什么时候需要两个把手的茶杯呢？当我们没力气端起茶杯的时候。也许你觉得好笑，谁没力气端起茶杯啊？想想几个月大的婴儿，他们用一只手拿不住奶瓶，如果奶瓶上有两个手柄就好多了。

足球一定是圆球形的吗？
Po，足球是方形的。

方形的足球确实不能在草坪上滚动，但是可以在冰上滑动。1879年，加拿大蒙特利尔麦基尔大学的两个学生就设计了一种方形的冰上曲棍球。冰球除了方形的之外，还有圆盘形的。当然现在常见的冰球还是圆球形的,在冰上滚动很快,对于初学者来说很难掌握。初学者是不是可以先用方形的冰球进行练习呢?

鸟儿一定要有翅膀吗?

Po,鸟儿没有翅膀。

也许你会问:鸟儿没有翅膀怎么飞翔?请注意,我们只是通过这种设想引发出一个新思路,并不是真的要取消鸟的翅膀。我们很容易从鸟的翅膀想到飞机的翅膀,飞机必须是现在这个模样吗?可不可以不要翅膀呢?比如,直升机就只有螺旋桨,没有翅膀。此外,可不可以把飞机做成宇宙飞船的模样?

电脑一定要有键盘和鼠标吗?

Po,电脑没有键盘和鼠标。

这个激发也早已在实际中运用起来了,出现了触屏操作的电脑。这种设想并不是很实用,但是,我们可以对这个主意进行一些调整。比如,把这个主意应用于银行的自动取款机等不需要太复杂的操作的设备。

我想当然地认为电灯一定要能发光。

Po,电灯不会发光。

从这个激发点我们能想到什么呢?作家格拉斯在《关于写诗》中有一句话:"把灯熄掉,以便看清灯泡。"是不是可以把灯泡当作挂在天花板上的装饰品?在白天,没有必要打开电灯,但是我们可以把灯泡做成彩色的或者具有艺术造型的装饰品,看上去也很赏心悦目。此外,如果电灯不发光,我们可以点上蜡烛。显而易见,烛光比灯光更有诗意,既适合两个人共进晚餐,也适合一个人独自思考问题。

我想当然地认为灯泡应该一直发光。

Po,灯泡一闪一闪地发光。

在一闪一闪的灯光下看书肯定不行,那么跳舞怎么样?闪动的灯光可以造成一种动态的效果,舞厅里的灯光也许就是出于这样一种设想。我们还可以设想灯光伴随着舞曲的节奏闪动,这样更能烘托舞厅里的热闹气氛。闪动的灯光非常引人注目,可以起到警示的作用。警车上的警灯就是这个主意的实际运用。大街上各种颜色的霓虹灯交替闪烁同样也是为了达到吸引人们眼球的目的。

茶杯有一个把手,足球是圆球形的,鸟是有翅膀的,电脑配有键盘和鼠标,电灯是要发光的,这些都是显而易见的特征。有时候,我们还需要寻找潜藏的想当然的事物。比如:

电灯在有电的时候才会发光。

■人生的改变总是从有所创新开始。

Po，电灯在没电的时候也会发光。

这个激发点不错，但是怎么可能呢？我们来想想看什么东西发光不需要电：阳光、月光、荧光。我们是不是可以发明一种可以把太阳能转换成电的电灯？我们是不是可以在电灯表面涂上一层荧光粉，关掉电灯之后它也能发出微弱的光？

摆脱型激发虽然容易操作，但在运用移动的时候会遇到一定的困难。摆脱现有的方式可能只是堵塞一种可能性，我们只要环顾四周就能找到其他的可能性。这确实也可以帮我们开拓思路，但是由此找到的解决问题的办法往往并不具有创造性。比如，用蜡烛代替电灯，只是换了一种照明工具而已。有没有其他的思路呢？比如，当灯光不能起作用的时候，就可以不用灯光。汽车在浓雾天气即使开了雾灯也很难看清路况，这时完全应该放弃使用电灯。如果放弃照明工具，我们还可以选择其他的方式来了解周围的事物，比如雷达。

我们可以从任何想当然的事物中摆脱出来创造一个激发，也许那种技法看起来非常荒谬，但是通过移动技巧我们就能找到有价值的东西。在实际训练的过程中，你还可以把你认为想当然的事情写在纸条上，然后把这些纸条放在一个袋子里。你随机地抽取一张纸条，把上面描写的事情当作你要摆脱的对象。

很多看起来非常合理的方法和做事程序并不是非那样不可，但是长期以来我们已经习惯了那种状态，从来没想过如果不那样行不行。摆脱型激发就是为我们创造了一个主动摆脱种种束缚的机会。

开动你的脑筋

用12根吸管组成6个同样大小的正方形。提示：你会用到透明胶带。

答案：
做一个正六面体，它侧面有4个正方形，顶端和底部各有1个正方形。

第十二节　踏脚石激发

激发的意义在于开拓新的思路，产生新的主意。激发点应该与我们正在思考的问题无关。但是，人们倾向于带着主观愿望设立激发点，总是"选择"一个符合自己需要的激发点。这样反而会丧失激发的意义，并不能激发思考者的思考。在设定激发点的时候，你不应该事先知道某个激发点会把你带到哪儿去。

在实际训练中，你会发现有时不能成功地对激发点进行移动——这很正常，你提出的激发点应该至少有40%不能运用。如果100%地对你提出的激发进行移动，只有两种可能，一种是你的移动技巧非常杰出，另一种可能是你按照自己的意图创造的激发点。激发是让我们进行大胆的、机械的设想，从而得到一个你以前没有的主意，而不是对已有的主意进行强化或改进。

如果你想跨过一条小河，可是河水太宽怎么办？你需要在河中间放一块石头，利用这块踏脚石，你就能轻松地到对岸去。踏脚石激发类似于在我们的思路的主干道与侧面路径之间放上一块石头，利用这个中介我们可以跳跃到一个新的思维领域。

爱德华·德·波诺博士创造了4种踏脚石激发技巧：

1. 反向

顾名思义，反向就是指沿着与常规方向相反的方向设立激发点，先描述事情的常规方向，然后提出一个相反的方向来激发思考。

在1984年之前，没有哪个国家争着举办奥运会，因为举办奥运会的国家不仅得不到什么好处，反而会负债累累。1984年第23届洛杉矶奥运会的举办改变了这种局面，奥运会举办权成了各国争相抢夺的对象。

受过水平思考训练的尤伯罗斯是促成这种改变的核心人物。以前的奥运会都是国家出钱举办的，他反向而行提出把奥运会改成民办。他采取了一系列开创性的措施和策略，其中之一就是把奥运会当作电视节目。这个主意在现在看来我们觉得毫无新意，但是当时的奥运组织者都不愿意让电视直播奥运节目，认为那样会减少到现场观看的观众。然而，这个主意让他获得了大量的赞助资金，他成功地使第23届奥运会在支出5.1亿美元之后，还营利2.5亿美元，是原计划的10倍。更大的意义在于，尤伯罗斯改写了奥运经济的历史，建立了一套"奥运经济学"模式。

这个例子对反向踏脚石的应用体现在提出和常规态度相反的概念，此外，我们还可以把事物之间的相互关系颠倒过来。爱德华·德·波诺博士在介绍这种思考方法的时候，举了这样一个例子：

我早餐喝橙汁。

Po，早餐的橙汁喝我。

他由这个荒谬的激发点想到了自己掉进一杯橙汁里，继而想到一个主意：在淋浴喷头上安装橙汁味的香水管。

2. 夸张

夸张踏脚石是指提出一个在数量和尺寸上远远超出常规范围的激发点，可以从增多和减少两个方向进行思考。它适用于事物的数量、频率、体积、时间、温度等可以用数字描述的因素。比如：

Po，每个人有100把梳子。

这个激发点让我们想到应该时刻注意自己的形象，为此我们想到了这样一个主意：每人随时携带一面小镜子。

Po，一天24小时睡觉。

全天躺在床上睡觉的人肯定会耽误学习和工作，我们是不是可以在睡梦中学习和工作呢？伟大的科学家和文学家常常从梦境中获得灵感，因为他们时刻思考的那些问题已经进入了自己的潜意识。我们由此可以得出这样一个主意：在睡觉之前想一遍自己将要解决的问题，带着问题入睡也许能在梦中找到答案。

■睡眠只是一个简单的暂停吗？实际上，在安静的表面背后，复杂的程序，比如梦，参与巩固着我们的记忆。

Po，一辆可以装在口袋里的自行车。

这个激发点能给我们带来的好处是自行车方便携带，由此我们可以想到这样一个主意：折叠式自行车。

需要注意的是当我们对数量进行缩减时，不可以缩减到零，那样就成了摆脱而不是激发了。

3. 扭曲

我们周围的大多数事物都处于一种稳定的状态，两个事物之间通常存在着一种相对稳定的联系，两个行动之间也存在一定的先后顺序。扭曲型激发要求我们扭曲常规的联系和顺序。比如：

Po，我先知道事情的结局，然后才知道事情的起因。

这是一个很简单的激发，由此我们可以得到在文学创作上进行倒叙的主意。

运用扭曲型激发能够产生一些具有刺激性的激发点，你很难再回到原来的思路上去。但是，正因为如此，如果想让这种激发发挥作用，思考者还真得费一番脑筋。

4. 痴心妄想

这种激发方式是把明知道不可能实现的幻想作为激发点。请注意，我们这里用了"幻想"这个词，而不是常规的欲望、目标和任务。比如：

Po，钢笔里永远有墨水。

Po，钢笔能写出两种颜色的字。

前者是痴心妄想，后者则是一个可以通过努力实现的目标。

反向、夸张和扭曲激发法都是通过与现实相对立来实现的，而痴心妄想激发法则要求我们从现实中跳出来，进入一种荒唐的、疯狂的魔幻境界。

Po，只要你打一个响指，就有香喷喷的饭菜摆在你的面前。

Po，下雨天你忘了带雨具，但是你头顶上的那片天不下雨。

Po，闭上眼睛，你就可以周游世界。

在进行创造性思考训练的时候,你要要求自己尽可能多地建立踏脚石。这种尝试可以把你从常规的思路中解放出来。接下来,你就会考虑如何运用这些踏脚石。

第十三节　随意输入

随意输入是指在需要创意的地方随意选取一个与创造性焦点毫无关系的词汇,然后把两者联系起来。比如,我们把空调作为创造性焦点,然后随意选取一个和空调不相关的词汇,发挥联想为空调寻找新的主意。

空调 Po 玫瑰花
空调 Po 波斯猫
空调 Po 大海

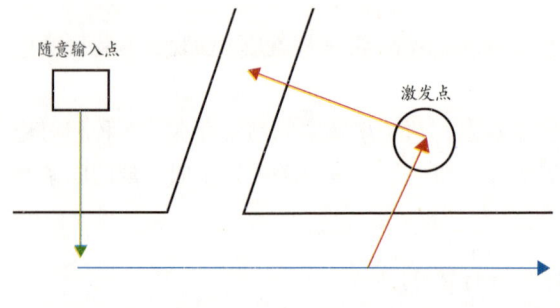

在刚开始接触这种思考方法的时候,你可能会觉得很荒诞、不符合逻辑。但是运用这种激发方法你就能轻松走出常规思路,获得新的创意。

随意输入不同于其他的激发技巧。无论是摆脱型激发,还是踏脚石激发都是借助一个激发点从思考的主干道转移到侧面路径。而随意输入是设立一个与主干道毫无关系的点,然后在这个点与主干道之间挖掘一条通道,回到问题的焦点。如图中左侧的箭头所示:

这种激发技巧非常简单,无论何时何地,只要你的脑袋闲着就可以做这种思考训练。比如,你走在大街上,正在考虑如何过周末,迎面看到一家电器公司的广告牌,你就可以把"电器"作为随意输入点来考虑。是不是应该给自己充电了呢?是不是可以考虑打游戏?

也许你会有疑问,如果随意输入点与我们要解决的问题毫无关系,怎么把两者联系起来呢?这点并不用担心,我们的大脑非常善于把事物联系起来,不管看起来两件事物之间有多远。

需要注意的是,我们不是根据现有的思考来选择一个词,而是随机抽取一个词。你必须对随机输入点没有准备,这样随机取词才能发挥作用,否则你会回到已有的思考模式。具体的操作方法有很多种。你可以准备很多小纸片,在每张纸片上写一个单词,比如:自行车、狗、漫画、葡萄、绿色、瀑布、上海、凉鞋、股票、射线、旅游……然后把这些纸片装在一个盒子里,当你需要一个随意输入点的时候,就按照传统的抓奖方式从盒子里摸一张纸片。你也可以闭着眼睛用手指指向一张报纸或一本书的某一页,然后选取离手指最近的那个词。你还可以使用字典,随意地确定某一页上的一个词作为随意输入点。

爱德华·德·波诺博士把随意输入激发比作"摇动牛顿的苹果树"。"苹果落地"这个突发事件激发了牛顿的思考,由此他发现了万有引力定律。我们不必等着苹果落下来,当需要一个创意的时候,我们可以主动摇动苹果树,促使突发事件的发生。随意输入就是在我们的思考过程中引入突发事件作为激发点。比如:

空调 Po 玫瑰花

这个激发让我们想到开发一种散发玫瑰花香味的空调,清新淡雅的芳香可以安神醒脑。每个人还可以根据自己的喜好选择其他香型,比如茉莉花香、迷迭香、檀香、柠檬香等等。我们还可以换一个思路,是不是可以设计一种玫瑰花形状的空调?如果把空调设计成玫瑰花的形状就可以作为一个装饰品放在客厅里,我们还可以想想别的形状,比如机器猫、蜗牛、圣诞老人……

空调 Po 波斯猫

提到波斯猫,我们会想到它的两只眼睛不一样。由此联想到空调,是不是可以设计一种在同一个房间里产生不同温度的空调呢?人们对温度的感受不一样,有些人希望室内气温保持在20℃以下,有些人在25℃左右才感到舒服,这常常会引起争执。如果空调能使一个房间内的不同区域产生两个温度,就可以避免这样的不愉快了。

空调 Po 大海

大海的特点是宽广无垠,把这个特点和空调联系起来,我们想到一个空调是不是可以调节多个房间的气温呢?于是我们得到了中央空调这个主意。这个想法并不新颖,现在已经有了一拖多式的家庭中央空调。是不是可以设计一个空调来调节一栋楼的气温呢?这个想法也早已被欧洲一些国家实践了。

随意输入激发可以在下列情况中使用:

1. 没有主意可想了

当你试过各种创造性思考之后,实在找不出新的主意了,或者你总是在原地打转跳不出已有的思维模式,这时你就可以随意输入一个词汇,很快就能进入新的思维领域。

2. 无处下手

当你面对一个新问题的时候,不知从何处下手,或者你进入了一个毫无经验的新领域,这时你信手拈来一个词汇,也许就能找到一个出发点。

3. 需要更多的主意

虽然你已经想到了一些主意,但是你还需要更多的思路,这时你就可以运用随意输入的方式找到新的思考路径。

4. 思路遇到阻碍

有时你会钻牛角尖,走进一个死胡同,无法沿着已有的思维模式前进了,这时你就该运用随意输入技巧开辟一条新的思路。

开始运用这种技巧的时候,人们总是抱有怀疑的态度,但是实际操作之后,他们就会发现这种方法真是既方便又有用。这让人们意识到问题背后潜藏着太多的可能性,于是他

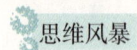

们频繁地使用这种方法,渴望找到更好的解决问题的办法。但是,当你过多地使用这种技巧的时候,你很可能在"选择"一个符合你需要的词汇,这就失去了随意输入的意义。

注意事项

1. 不要"选择"一个和已有的概念和主意相关联的词汇。

2. 不要对随意输入点做太多的联想,否则你会朝着已有的思路前进,从而失去激发的意义。

3. 不要罗列词的所有特征,只选择出现在你头脑中的第一个特征就行了。

4. 必须选用第一次抽去的词,只有当选取的词与现有思路存在太多联系而不能产生激发效果的时候,才可以重新选择。

5. 除了词汇之外,你还可以随意输入一个图画、一件物品、一个陌生的领域……只要输入点与你的问题毫不相关就可以使用。

开动你的脑筋

用查字典的方法随意输入词语,和"电视机"联系起来进行创造性思考。

随意输入词语 A：_____
得到主意：_____
随意输入词语 B：_____
得到主意：_____
随意输入词语 C：_____
得到主意：_____

第十四节 移 动

在前面的几节中,我们已经掌握了进行激发的各种技巧,这一节我们要介绍的是如何运用移动使激发点发挥效用。移动的意义在于把激发点向前推动一步,得出一个有用的新主意。如果没有移动,激发点也就失去价值了。

当我们得到一个激发点之后,应该先用普遍的态度进行移动,即直接循着激发点的方向进行思考,从而产生一个新的创意。这种训练对于培养移动思考的能力非常重要。如果用这种自然的方法找不到有用的主意,才可以考虑运用系统性的移动技巧。

爱德华·德·波诺博士在《水平思考》一书中讲述了 5 种移动技巧,在实际操作中,我们可以根据实际情况和自己的需要来选择合适的技巧：

1. 抽取原理

从激发点中抽取一个原理，或者是一个概念、一个特征，然后忽略掉其他的东西，把注意力集中在你所抽取的原理上，围绕这个原理产生一个主意。比如我们想找一个室内装潢的主意，有人提出这样一个激发点：

Po，鲜花开在天花板上。

从这个激发点中我们可以抽取以下原理和特征：

鲜花是有生命力的，有一个生长、凋零的过程。
鲜花有艳丽的颜色。
鲜花有芳香的气味。
用鲜花装饰房间，符合绿色环保的需要。

我们可以运用任何一个原理，选择一个原理之后就要把其他的概念忘掉，把注意力集中在选定的原理上。比如我们运用"鲜花符合绿色环保的需要"，然后根据这个原理寻找绿色环保的装潢材料。

2. 关注不同点

找到激发点和现有主意之间的区别，分析这种区别能给我们带来什么好处，然后从中引发新的主意。这种移动技巧适合应用在夸张式的踏脚石激发点，比如关于节假日的问题有人提出这个激发点：

Po，每周工作两天，休息五天。

由此我们可以想到以下不同点：

在常规的工作日休息，在周末工作。
需要提高两倍以上的工作效率才能完成任务。
有更多的私人时间可以用来学习和娱乐。

由第一个不同点我们可以得到这样一个主意：大家都不愿意在周末加班，那么不如雇佣长期的周末工作人员。

3. 时刻移动

想象在运用激发点时会发生什么，由想象到的结果引发出有用的主意。比如：

Po，沙发坐在我身上。

我们可以想象一下沙发坐在自己身上时的情景：沙发会把我压倒，甚至砸伤，由此我们想到沙发太重了，是不是可以设计一种轻便的沙发？

4. 寻找价值

这种移动技巧类似于六项思考帽思考法中的黄色帽子思考，直接考察激发点能给我们带来什么价值，然后从这些价值引发出新的主意。比如：

Po，钢笔里永远有墨水。

从痴心妄想型的激发点中很容易找出积极的方面。我们可以随身带着钢笔，但是不能随身带墨水，遇到钢笔没墨水的情况非常气恼，如果钢笔中永远有墨水就太方便了，不仅能去除经常吸取墨水的麻烦，还能避免签字或考试的时候钢笔没墨水的尴尬。由此，我们可以发明一种浓缩型的墨水，力求延长吸一次墨水之后的使用时间。

5. 环境

激发点的价值往往并不是显而易见的，我们可以设想在什么环境下激发点能够发挥作用，然后把激发点应用到那种情况之下。比如：

Po，茶杯应该有两个把手。

两个把手可以拿得更稳，但是这对于大多数人来说是没有意义的，在什么情况下有意义呢？对于几个月大的婴儿来说是有意义的，我们可以在婴儿的奶瓶上设计两个把手。

当然了，除了这些技巧之外还可以找到其他的方法来实现移动，这5种技巧之间也可以互相重叠。移动的目的只是使我们的思考向前推移，以期找到新的主意，技巧只是实现这一目的的手段。

移动技巧比发散思维更有价值，因为这种思考方式具有一定的针对性和分析性，尤其是抽取原理和寻找积极方面都需要思考者分析如何能让原理和积极方面发挥作用。

要想很好运用激发和移动思考法，我们需要联系前面的概念和主意之间的关系。一个激发点就是一个新的概念，为了运用这些概念，并把它们和旧的概念进行比较，我们要对激发点进行描述。由概念不一定能得出有用的主意，但是我们要把概念列举出来作为激发步骤的成果。

下一步就要运用移动把概念引到有用的主意，有时我们可以得到一个建设性的主意，有时我们只能想到假设性的主意，在实际工作中还要对得出的主意进行分析和论证。如果得出的主意不能够被应用，我们就得重新寻找其他的主意。如果经过努力之后，一个有用的主意也没有得到，我们可以稍后再运用不同的激发和移动技巧进行思考，没有必要丧失信心。

自信在运用移动技巧时非常重要，当你相信自己能够得出一个好主意的时候，你的思路就会变得异常开阔，如果你认定自己跳不出常规的思考模式，那你就真的很难有所突破。"自信"并不是说狂妄地相信自己任何一次思考都能得到出色的创意，而是相信自己能够运用各种移动技巧对看似荒谬的激发点进行移动。当这些技巧运用熟练之后，你就能经常得出有用的主意。

■ 自信是我们战胜困难，取得成功的重要动力。

注意事项

1. 很多激发点是非常荒谬的、不合逻辑的。在移动的过程中，我们很容易做出否定的判断。遇到这种情况，我们应该有意识地把思路转移到有用的主意上去。

2. 我们很容易回到以前的思考模式中，这会丧失激发和移动的意义，在运用移动技巧的时候我们应该有意识地开拓新的思考路径。

3. 在运用激发——移动思考法的时候会产生很多具有潜在价值的概念，我们应该时常运用"创造性停顿"停下来关注一下周围的有趣的或陌生的"景物"。

4. 通过移动得到一个主意之后，你还应该再思考一下有没有更简单、更实际的方法达到同样的目的。

开动你的脑筋

Po，一本没有字的书。
请用5种移动技巧对这个激发点进行移动。

1. 抽取原理
_____
_____

2. 关注不同点
_____
_____

3. 时刻移动
_____
_____

4. 寻找价值
_____
_____

5. 环境
_____
_____

第十五节　地　层

除了激发之外，还有另外一些开拓思路的技巧，比如直接向大脑输入主意，激活大脑的某个区域，使思维集中在某个方向，从而产生新的思路。大脑对激活非常敏感，一旦被激活就会积极地投入到相应的思考过程中。比如，有人告诉你："你的衣服脏了。"你大脑中"衣服脏了"这个概念已经被激活，你马上就会寻找衣服上的污点。

这种方法虽然不如系统的激发技巧有效，但是也能给我们带来一些新鲜的主意。爱德华·德·波诺博士为我们总结了两种激活技巧：地层和细丝技巧。

"地层"也是爱德华·德·波诺博士发明的新词，指的是把大量相互之间没有关系的陈述罗列出来形成一定的结构和层次。我们不去考查不同陈述之间的联系，也不对这些不同的陈述进行综合或者分析，我们也并不追求描述事物的所有方面。地层的意义在于激活大脑、开发新主意、产生新创意。

罗列出来的地层可以是对概念和现象的描述，可以是有待解决的潜在问题，也可以是对可能性和倾向性的推测。针对一个问题，我们能想出很多种陈述，但是为了使思考模式更规范，爱德华·德·波诺博士规定对一个地层设置 5 条陈述——5 条陈述就足够产生丰富的主意了。需要注意的是每条陈述都要表达出问题的某一方面特征，最好是某一方面的概念。

比如，我们设置一个关于"面包"的地层：

——一种方便的食品

——缺乏营养

——不同品牌的面包没有什么区别

——只吃面包没什么味道

——面包不是主食

由这些陈述我们可以得出以下主意：

1. 开发补充维生素的营养面包。

2. 增加面包的口味。

3. 面包搭配果酱一起卖。

4. 倡导主食面包新理念。

在这些主意里面，最后一个"倡导主食面包新理念"比较有新意。这个主意对于那些崇尚西方文化的年轻人比较有吸引力。

运用地层激活大脑的过程是一个沉思、冥想的过程，从地层到主意的转换没什么技巧可言，地层只是给我们的思考描绘了一个背景或者指明了一个思考范围。这个范围最好是通过无意识的方式选择的，如果你根据自己的意愿选择一个符合已有主意的地层，那么由地层产生的主意只能回到原来的思考模式中去，这就失去了激活的意义。

设置地层的一个原则是尽可能寻找不同方向、不同领域的特征和问题。地层的各个层次之间越没有关联性，地层的激活效果越好。如果各个层次属于同一个领域，那么这个地层很难给我们带来新的思路。

比如，我们需要设置一个关于"如何培训业务员"的地层，很容易想到"业务员能说会道"，如果就此陷入"说服"的领域，就很难打开思路了，我们需要说服之外的其他领域：

——善于倾听
——为客户的利益着想
——善于寻找潜在客户
——对自己的产品了如指掌
——具有诚实守信的道德素养

由这些领域我们就可以得到"训练口才"之外的其他途径，比如，加强业务员对产品的了解，帮助业务员树立正确的价值观，训练业务员维护老客户、开发新客户等等。

刚开始运用地层思考法的时候，你会倾向于对各个层次进行分析，把它们综合起来、联系起来。你应该克服这种倾向，因为地层的价值恰恰体现在它的随意性和开放性，综合性的描述反而会限制思考的空间。地层与随意输入有异曲同工之处，只是相对来说不像随意输入那样具有刺激性，比较适合解决复杂的问题。

这种方法适用于没有明确目的的思考，在思考过程的开始你把自己能想到的相关问题的各种情况罗列出来，大脑会被这些思考点激活，从中产生出新的主意。在思考过程中，你也可以运用地层思考法，检查一下自己通过前面的思考努力能够得出哪些主意。

地层思考法和其他思考法一样需要经过不断练习，它的价值才能逐渐显现出来。

第十六节　细丝技巧

有一次，爱德华·德·波诺博士在运用随意输入技巧的时候使用了"头发"这个词汇，由此他创造了细丝技巧。

作为激活技巧的一种，细丝技巧同样是向大脑输入主意。但是相对而言，地层思考法是从宏观上对思考对象进行描述，而细丝技巧要求我们细致地对每个点进行描述。在应用这种技巧的时候，我们要先选定一个创造性焦点，然后用一些词语描述出这个焦点的特征，或者实现这个焦点需要具备的条件。接下来，我们发挥联想，用一些词汇分别对每一个特征进行描述，这些词汇就像伸展出来的一束细丝。在对某一个特征进行描述的时候，我们要忽略掉其他特征的含义，甚至要忘掉创造性焦点，这样可以产生随意输入的效果。

当我们把所有特征都进行联想和描述之后，有两种方法可以得到主意，一种是像地层思考法一样让主意自动出现，另一种是从每一束细丝中抽取一个项目（这个抽取过程可以是有意识的，也可以是随机的），然后把这些项目放在一起形成一个新的主意。

比如，我们来用细丝技巧思考如何改进香皂，首先我们把期望满足的要求描述出来：清香的、赏心悦目的、去污力强的、耐用的、容易拿的。然后赋予每个特征一束细丝。

清香的：柠檬香、橙香、茉莉香、苹果香、青草香、泥土香……

赏心悦目的：艺术品、色泽、花朵、水果、风景……

去污力强的：去油渍、洁净、除菌、焕然一新、高效……

耐用的：结实、使用周期长、不易耗损、实惠……

容易拿的：凹凸不平的、有把手、小巧的……

根据以上的描述，我们让主意自己出现。我们还可以有意识地挑选几个细丝进行创造性思考，比如我们挑选：苹果香、水果、高效、实惠和小巧。由此我们想到一个小巧的、苹果形状的、散发苹果香味的香皂，这种香皂只用一点点就能达到洁肤的效果，但是由于体积小所以价格并不高，给人实惠的感觉。

下面我们用细丝技巧来设计一种新款的女士上衣。首先，我们可以罗列出女士上衣具备的几个要素：颜色、面料、款式、风格。然后，从这几个要素中伸展出细丝。

颜色：红、橙、黄、绿、青、蓝、紫、黑、灰、白……

面料：真丝、纯棉、化纤、混纺、牛仔、皮革、雪纺、灯芯绒、呢子……

款式：V形领、圆领、尖领、立领、无领、长袖、中袖、七分袖、不对称、裙摆、花边……

风格：成熟、可爱、知性、简约、休闲、职业……

我们可以对这些元素进行随意组合，设计出很多种款式新颖的服装，比如，紫色、皮革质地的、有裙摆的、休闲风格的大衣，或者黄色、真丝质地的简约风格的七分袖衬衫等。

如果你想开一家快餐店也可以运用细丝技巧来开发创意。首先，罗列出一家高级的快餐店提供的食物、需要具备的特点或满足的要求：卫生、美味、方便、实惠。然后从这些特点中抽取细丝。

卫生：干净、健康、绿色、营养……

美味：香甜可口、津津有味、大快朵颐、齿颊生津……

第一篇 思维影响人生：改变人生的10种黄金思维

方便：快捷、简单、便利、随身携带……
实惠：便宜、量大、质量好、省钱……

我们可以从中抽取：营养、津津有味、随身携带和便宜这几个关键词来设计符合相关条件的食品，比如时令水果拼盘、蒸红薯、煮玉米等。

需要注意的是当我们在伸展细丝的时候，需要忽略待解决的问题，把注意力集中在我们要描述的特点或要求上。这样才能尽可能地开拓思路，从而产生更加新颖的主意。

细丝技巧适用于大多数需要解决的问题，只要那个问题具备某些特征或者我们可以对它提出某些要求就可以先把那些特征和要求罗列出来，然后从中伸展出比我们已知的更多的"细丝"。在处理任务要求明显的设计型和发明型问题时，细丝技巧的效果非常明显。无论是随意思考让主意自己产生，还是对细丝进行排列组合都能产生很多新鲜的主意。

> **开动你的脑筋**
>
> 运用细丝技巧设计一种椅子，以下是椅子应具备的几个要素。
> 1. 颜色：_____
> 2. 样式：_____
> 3. 材料：_____
> 4. 舒适度：_____
> 5. 价格：_____

第四章

倒转思维

第一节　什么是倒转思维

倒转思维又叫逆向思维，是指从思考对象的反面或侧面寻找解决问题方案的思考方法。这种思维方法最初由哈佛大学教授艾伯特·罗森和美国佛蒙特州投资顾问汉弗莱·尼尔共同提出，他们把这种思维方法表述为："站在对立面进行思考。"

请你做一下这个思考题：

有 4 个相同的瓶子，怎样摆放才能使其中任意 2 个瓶口的距离都相等呢？

如果让 4 个瓶子全部正立着摆放，你将永远找不到方法。把 1 个瓶子倒过来试试，想到了吗？把 3 个瓶子放在正三角形的顶点，将倒过来的瓶子放在三角形的中心位置，这时你制造了很多个等边三角形，任意 2 个瓶口之间的距离都是正三角形的边长。

没有人规定一定要把瓶子正立摆放，但是很少有人想到把瓶子倒过来。因为人们习惯于沿着事物发展的正方向思考问题，并寻求解决问题的方法。但是，有时候按照传统观念和思维习惯思考问题你会找不到出路，百思不得其解。这时你可以试着突破惯性思维的条条框框，从相反的方向寻找解决问题的办法。

倒转思维就是让我们打破常规思维模式的束缚，对思考对象进行全面分析，细致地了解思维对象的具体情况。此外，进行倒转思维的人还要有敢于冒险、勇于创新的精神。

运用倒转思维，我们可以注意并思考问题的另一方面，从而深入挖掘事物的本质属性，这有助于开拓新的解决问题的思路。日本丰田汽车公司的创始人丰田喜一郎曾经说："如果我取得一点成功的话，那是因为我对什么问题都倒过来思考。"倒转思考法的作用可见一斑。

北宋灭南唐之前，南唐每年要向北宋进贡。

■ 到达目的地的方法，不只一种。

有一年，南唐后主李煜派博学善辩的徐铉为使者到北宋进贡。按照规定，北宋要派一名官员陪同徐铉入朝。但是朝中大臣都认为自己的学问和辞令比不上徐铉，大家都怕丢脸，没人敢应战。

宋太祖很生气，他也不想随便派个人去给朝廷丢脸。后来，他想了一个办法：让人找了10个魁梧、英俊、不识字的侍卫，把他们的名字呈交上来。然后，宋太祖找到一个比较文雅的名字，说："此人堪当此重任。"大臣们都很吃惊，但是没人敢提出异议，只好让大字不识的侍卫前去接待徐铉。

徐铉见了侍卫先寒暄了一阵，然后滔滔不绝地讲起来。但是不管他说什么，侍卫只是频频点头，并不说话。徐铉想"大国的官员果然深不可测"，只好硬着头皮讲。可是一连几天，侍卫还是不说话。等到宋太祖召见徐铉时，他已经无话可说了。

宋太祖就是利用逆向思维来应对南唐的进贡官员的。按照正常的逻辑思维，对付能言善辩的人应该找一个更加善辩的人，但是宋太祖却找了一个不识字的人，取得了意想不到的效果。因为徐铉是按照常规的思维方法来想问题的，他认为宋朝一定会派一个数一数二的学者来接待自己。面对不说话的侍卫，他猜不透，但又不敢放肆，结果变得很被动。

1935年之前，英国出版商出版的书大部分是精装书。他们有充分的理由这样做：印在铜版纸上的字看起来比较舒服，大篇幅的图片也更加吸引人，大块的空白使读者省去了许多时间。更重要的是，读者基本都是贵族——他们有的是钱，并且精装书能够帮助他们展现自己与众不同。出版商靠精装书赚了不少钱，他们的思路是把书做得更加精美，从而把价钱定得更高。

1935年，艾伦·雷恩开创了

■ 企鹅出版社出版的图书——因物美价廉的品质而受到广大读者的喜爱。

企鹅出版社。他是一个喜欢特立独行的人，当别的出版商力求把书做得更加精美的时候，他准备出版以前从来没有出现过的平装书，每本只卖6便士——相当于一包香烟的价钱。

书商觉得太荒谬了，纷纷置疑："连定价7先令6便士都只能赚一点钱，6便士怎么能赚钱？"很多作者也担心自己赚不到版税。只有伍尔沃斯公司赞同艾伦·雷恩的做法，但这是因为他们店里只卖价格在6便士以下的商品。

出乎人们的意料，那套售价6便士的企鹅丛书一经出版后，立即受到了读者的一致好评，人们争相购买。事实上，也正是出版平装书籍让企鹅公司在日后成为了一个大品牌，艾伦·雷恩成了英国出版史上的一位鼎鼎大名的人物。

传统观念认为图书装帧越精致才能卖高价，只有卖价越高才会越赚钱；艾伦·雷恩反

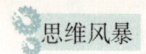

其道而行之，出版朴素的平装书，把价格降到最低，这正是对倒转思考法的运用。结果证明他的选择没有错。

逆向思维的应用在现实生活中具有重要的意义。运用逆向思维可以让你突破对事物的常规认识，创造出惊人的奇迹。当你向前走找不到出路的时候，当你需要寻找新颖独特的解决问题的方法的时候，当你希望突破常规思路时候，就可以回过头来往相反的方向试试。

开动你的脑筋

司机将汽车发动起来，轮子也动了，可是没有前进一步，为什么？

答案：
他在倒车。

第二节　倒转不需要条件

有一位哲学家曾经问过这样一个问题：你敢把我们的地球倒过来吗？结果没有人回答这个问题。他们担心地球倒过来会让我们掉下去吗？后来，人们发现——把地球倒过来，地球还是那个地球。

事情怎么可以随便倒转呢？人们总是担心运用倒转思维的时候，会从地球上掉下去。这种担心可以理解，因为倒转思维就是一种违背常理的、不合逻辑的思考方法，它指引我们走向一条陌生的思路，让我们心里没底儿：这样做能解决问题吗？

事实上，我们把问题倒转过来思考往往能柳暗花明，找到新的出路，尤其是那些用常规方法解决不了的问题，从反面探究反而能够得到出人意料的结果。尽管运用倒转思考法显得不合逻辑、不切实际，但是事实证明很多优秀的创意都不是从正面出现的，而是从反面出现的。

大石先生在本州岛库罗萨基市盖了一座旅馆，但是由于本州岛气候不好而且经常地震，到那里旅游的人并不多。大石在濒临破产的时候找到一位心理学家请教解决问题的办法。心理学家告诉他："人们因为害怕地震而不敢在你那里住宿，你何不倒转一下思路，建造一个岌岌可危的房子，既能提醒人们时刻防震，又可以满足游客的好奇心。"

根据心理学家的建议，大石设计了"倒悬之屋"——屋顶在下，屋基在上。不仅倒悬，而且倾斜，外表看起来给人一种摇摇欲坠的感觉，走进房间，你会感到天旋地转，仿佛置身于颠簸的船舱之中。室内的装潢也给人不稳定的感觉：房间内安放着锯断腿脚的桌凳，倾斜地固定在"天花板"上。种植着各式花卉盆景的陶瓷罐也被固定在"天花板"上。坐在椅子上抬头望去，地板倒置在屋顶。更让人叹为观止的是，旅馆的服务员都训练有素，她们能够在"天花板"上自由穿行，轻盈地为顾客端茶上菜。

这间奇异的"倒悬之屋"果然为大石招徕了不少顾客。如今，这家旅馆已经世界闻名了，慕名而来的世界各地的游客络绎不绝。

倒转思维还可以化废为宝，许多不利因素都可能从反方向给我们带来价值。比如防影印纸的发明就是一个很好的例子。

格德约本来是一家公司的普通职员，有一天他不小心把一瓶液体洒在了需要复印的重要文件上。他发现被污染的文字还很清楚，心想应该还能复印。结果复印出来的文件根本不能用，被污染的地方变成了黑斑，看不清字。这下他绝望了，但是他并没有沉溺在沮丧的情绪中，而是用倒转思考法来看待这个问题的。

他想到很多公司都为防止文件被盗印而发愁，这种液体正好可以解决这个问题，既不损坏原文件，又可以避免复印。由此，他发明了一种可以手写和打印，但是不能复印的防影印纸。随后，他创立了加拿大无拷贝国际公司生产防影印纸，产品供不应求。

倒转的目的就是要产生"疯狂"的情景，然后在"疯狂"的情景中找到新颖的解决问题的办法。不要在乎运用倒转思考法列出的情景不合逻辑、不切实际，而应该着眼于倒转之后能带来什么样的新想法。

当你想用倒转思维的时候，并不需要为自己准备太多的理由，瞻前顾后反而会限制你的思路。要想发挥倒转思维的作用，你还要有敢于离经叛道、承担风险和开拓创新的精神。

第三节　条件倒转

条件倒转是指将思考对象的相关条件进行反方向思考，利用反方向的条件寻求解决问题的新方法。事情的存在和发展都依赖于一定的条件，条件改变之后，就会引起事物本身的变化。当我们运用条件倒转思考法的时候，就会引发对问题的全新的认识，从而找到解决问题的新方法。

凡事都有利有弊，利用条件倒转思考法，我们可以把不利条件转变为有利条件。比如，狂风是一种灾害性的自然现象，把这种条件倒转之后，人们发现可以用风力发电；粪便堆积会散发出恶臭，让人们避之不及，但是把这一条件倒转之后，人们发现可以用粪便、杂草、秸秆、树叶等废弃物散发出的沼气发电。利用好事物的缺陷，往往能够化腐朽为神奇。

运用条件倒转，我们可以把困难的条件转化为发明创新的契机。业余发明家雷少云就是运用倒转的思维方式从困难的条件中寻找解决问题的方法，从而获得了很多发明创造。

雷少云在工作和生活中专门"听难声、找难事、想难题"。有一次，他听到油漆工人抱怨用直毛刷刷深圆管很难刷，而且费料。他便把这个困难的条件当作发明的机会，经过反复琢磨、不断试验，终于发明了一种圆弧形的漆刷。这种新型的漆刷松紧可调、使用方便，大大提高了油漆工人的工作效率。后来，他又加上了一种自动供漆系统，使操作更加方便。

有一次，雷少云乘坐一辆卡车去拉货。半路上卡车出了毛病，他看到司机爬到车下面去修，结果弄了一身土。他把这个难题作为一个激发点，想到如果发明一种可以灵活进退的平板车，人躺在上面修车就不会弄脏衣服了，还方便进出。于是，他发明了一种装有万向轮的修理车。这种修理车不但进出方便，而且装有升降装置、应急灯、伸缩弹簧挂，能够满足修车者的各种需要，很受司机的欢迎。后来，这种装置还应用在医院里，供卧床病人和行动不便的人使用。

在生活中，这样的难题随处可见，如果我们能够像雷少云一样仔细观察、认真分析，向困难条件提出挑战，就有机会创造出新的发明。

开动你的脑筋

在日常生活中，你是否曾运用条件倒转设想了几项发明创造呢？如果有，请写出来。

1. _____
2. _____
3. _____

第四节　作用倒转

作用倒转是指对事物的作用进行逆向思考，把负面作用变为正面作用，把某一领域的作用应用到其他领域，从而得出新颖独特的解决问题的方法。

人们一直认为儿童玩具一定要设计成美丽的、可爱的造型。直到有一天，美国的一位玩具设计师发现有几个孩子在玩一只奇丑无比的昆虫，并且玩得兴高采烈。玩具设计师由此想到并不是只有美丽的东西才能做玩具，于是他专门设计"丑八怪"系列的玩具，把美的作用倒转过来了。"丑八怪"玩具上市之后，很受孩子们欢迎。

作用倒转的另一层含义是通过使事物某方面的性质发生改变，从而起到与原来的作用相反的作用。每一种事物都有各自的作用，通过改变事物的性质、特点可使事物的作用发生改变。比如，一根长竹竿可以用做船篙，短一些的竹竿可以用做拐杖，再短的竹竿可以制成笛子。

对事物的某种作用进行倒转思考可以找到不利作用的有利之处，让那些大家本来认为没用的东西发挥积极的作用。

按照正常的思路，我们总是对事物的作用进行判断，如果不能发挥积极的作用，就把这件事物"打入冷宫"，认为它毫无价值。事实上，任何事物都有它存在的价值，关键是我们能不能运用作用倒转思考法把事物的作用倒转过来，使负面的作用变为正面的作用。

有些化学试剂对玻璃的腐蚀性很强，比如氢氟酸，当氢氟酸与玻璃制品接触的时候，很快就会把玻璃腐蚀掉。因此，氢氟酸不能用玻璃容器盛放，必须放在塑料或铅制的容器中。

按照正常的思路，人们想的是尽量避免让氢氟酸和玻璃接触。但是当我们把这种作用倒转之后，就会发现其实腐蚀作用也有可取之处，比如在玻璃上钻孔，或者在玻璃上刻花。玻璃的质地很硬，只有用金刚石才能把它切割开，要想在

■多思路思考，结果自然不同。

玻璃上钻孔或刻花就更难了。而氢氟酸的腐蚀性恰恰满足了这一需要。玻璃工匠先将玻璃器皿在熔化的石蜡中浸泡一下，沾上一层蜡水。等蜡水凝固之后，用刻刀在蜡层上刻上所需要的花纹，刻透蜡层，然后在纹路中涂上适量的氢氟酸。等到氢氟酸的作用发挥完毕之后，刮去蜡层就可以在玻璃上看到美丽的花纹了。

人们总是习惯于约定俗成的规则，认为事物的特定作用是不可改变的。其实，只要积极思考就会发现有些事物的作用并不只局限于一个特定的领域。我们可以把作用倒转思维和发散思维结合起来应用。

这种作用倒转思维可以把日常生活中各种事物的价值充分发挥出来。比如一个小金鱼缸，我们可以用来养鱼，也可以用来种花。倒转事物的作用之后，你就会发现很多废弃的"垃圾"也可以派上用场。

1974年，纽约州政府装修了自由女神像。自由女神身上被换下来的旧铜块变成了垃圾等待处理。于是政府公开让商家投标收购，可是几个月过去了都没有人感兴趣。因为很多垃圾处理商考虑到纽约的环保分子太厉害，如果处理不当就会遭到投诉，所以不想找麻烦。

那时，有个在巴黎旅行的人在报纸上看到了这个消息。他从中看到了商机，特意飞到纽约去购买那些在别人看来是垃圾的旧铜块。他与纽约州政府签约，把那些"垃圾"都买了下来。然后，用来自自由女神像的旧铜块制造成了很多小小的自由女神铜像，当作纪念品出售。

经过加工之后的铜块，自然比垃圾有价值。重要的是，铜像的原料来自自由女神像，有很好的纪念意义，这就有理由比一般的纪念品卖更高的价钱。结果，这个点子带来了足足350万美元的利润。

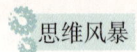

很多看似有百害而无一利的东西经过作用倒转之后，就有可能发挥积极的作用。比如苍蝇生活在肮脏的地方，还会传播疾病，人们总是灭之而后快。运用作用倒转思考一下，我们想到苍蝇能在肮脏的地方生存，可见它抵抗细菌的能力很强，这会不会在医学上给我们带来某种启发呢？再比如乙硫醇是臭味极强的气体，在空气中的含量达到五百亿分之一就能被觉察出来。人们利用这个作用，把它加入无色无味的煤气中，以方便人们察觉煤气的泄漏。

开动你的脑筋

空的饮料瓶随处可见。它除了被作为废品卖掉，还有其他的作用吗？想一想，将你的答案写在下面。

1. _____
2. _____
3. _____
4. _____

第五节　倒转人物

所谓倒转人物，就是倒转不同人物在事件中的身份，寻找隐藏在事物背后的潜在问题和引发事件的原因。倒转人物之后，我们能够得到一些以前从来没有过的思考角度，从这些思考角度出发可以揭示出隐藏在事情背后的可能原因，使我们进入到更宽广的思维空间。

在《心智漫游思考法》一书中，作者举了一个新闻事例来说明如何运用倒转人物的方法分析问题。

2006年5月，在香港有一位大叔在公交车上大声打电话，坐在他后排的青年拍了拍他的肩膀示意他小声点，没想到那位大叔随即转过身对青年大骂，言辞非常激烈。后来，青年再三向大叔道歉，才使问题得到了解决。有人把这一场景偷拍了下来发布在网上，这个短片在香港引起了空前的轰动。

针对这一事件，我们运用人物倒转思考法把大叔和青年的身份倒转，看看会产生什么联想。如果青年在大声打电话，而大叔坐在他的后面会怎么样呢？我们假设大叔提醒他说话小声点，那么青年会有什么反应呢？他肯定会把声音降低而不是转头大骂。

此外，我们还可以把青年和公交车上的其他乘客倒转。设想一下青年是公交车上目击此事件的一名乘客,他会怎么样呢? 他很有可能会制止事件的发生,因为他是一个"见义勇为"的人,很可能会充当调解者。一个潜藏的问题出现了,为什么发生争吵的时候公交车上的其他乘客坐视不理,这是不是反映了公众普遍性的道德缺失。由此我们想到,如果加强公众的道德意识,那么就不会有人高声打电话给别人造成骚扰,更不会有人在公交车上肆意骂战的事情发生了。

■己所不欲,勿施于人。同事多站在对方的立场想一想,很多问题就会迎刃而解了。

我们头脑里对什么身份的人应该有怎样的行为有固定的看法,倒转人物就是让我们遇到问题时不要被人物的身份束缚住。你可以随意打乱人物之间的关系,看看会发生什么。也许一些平时被忽略掉的问题就暴露出来了。当你作为局外人,把当事人双方的位置倒转之后,你会发现问题的根源究竟在哪里;当你把自己的身份与别人倒转之后,你会发现原来对他来说事情是另一番样子。

我们常常说要想更好地理解别人,就要学会换位思考,其实倒转人物也是一个换位思考的过程。对同一件事,立场不同的人会产生截然不同的看法。每个人想问题都是从自身利益出发,这样必然会和别人发生冲突。只有站在别人的立场上才能更好地理解别人的做法,只有深入体察别人的内心世界,才能真正做到与别人进行心灵的沟通。

当你觉得别人做错了的时候,将心比心,站在别人的立场上考虑一下,你会发现别人那样做有他的道理。当你觉得有人冒犯了你的时候,设身处地地为别人想想,你的心胸就会变得更加开阔,从而宽容对方。例如,某个城市的交通部门曾举行过这样的活动,让交警和司机互换位置。让那些对交警不满意的司机体验一下做交警的劳苦,让那些对司机满腹牢骚的交警体验做司机的苦处。结果,活动结束之后,交警和司机能够更好地互相体谅了。

"己所不欲,勿施于人",设想一下如果自己处于对方的位置,你希望得到什么样的对待? 如果你是老板,那么请多想想员工需要的是什么;如果你是员工,那么请多想想老板希望你怎么做。做父母的应该站在子女的角度想想子女真正需要的是什么;做子女的应该站在父母的角度考虑一下怎样做才能让父母高兴。

第六节 倒转情景

倒转情景就是要求我们在思考问题的时候,想象一下如果这个问题发生在别的情况下会怎么样,从而引发解决问题的新方法。一件事发生在不同的情景下,会有不同的结果。如果我们把思路限制在已知的情景当中,就很难有所突破。颠倒之后的情景能够让我们的

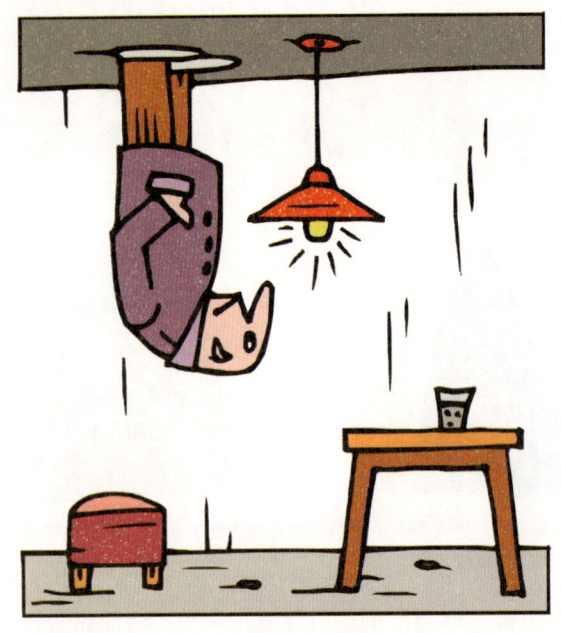

思路变得开阔。

汽车只能在路上跑吗？如果把汽车开到水里怎么样？或者给汽车加上翅膀，让它在天上飞又会如何呢？

也许倒转情景之后，事情会显得很滑稽，但是这并不影响这种思考方法发挥作用。比如，汽车在水里跑，或者在天上飞，肯定会成为头条新闻。但是，我们并不把设计水陆空三栖汽车作为思考目标，而是把这个倒转情景作为一个刺激思考的契机。由此我们可以想到汽车如果开到水里，引擎就会遭到破坏，要解决这个问题我们可以考虑把引擎安在车顶上。这种设想是具有实际意义的，在水多的地区也许正需要这样一种把引擎安在车顶上的汽车。汽车要想在天上飞，必须要减轻重量。在陆地上的汽车是不是同样需要减轻重量呢？由此我们可以考虑把汽车设计得更加轻便、小巧。

倒转情景之后，我们就可以看到一些在正常情景中想不到的问题，从多个情景看待一个事件，从而对事件产生更加全面的认识。

比如，在前面我们提到的在公交车上吵架的案例，假设事件没有发生在公交车上，而是发生在私人场所，还会引起广泛的争论吗？这是不是告诉我们，人们很关注公共场所的道德问题。或者我们想象一下事件会不会发生在其他的交通工具上，比如在火车上是不是吵架的可能性要小一些，因为火车比公交车的私人空间要大一些；在飞机上根本不会发生这样的事，因为在飞机上不允许接打电话。

倒转情景思考法还可以帮助我们进行大胆设想，这在科学创造方面很有用武之地。比如，按照正常的思路，医生只能站在病人体外进行手术操作，但是倒转情景之后我们可以设想进入到人体内部进行手术操作。

1966年，好莱坞制作了一部科幻电影《神奇旅行》，片中几名美国医生为了拯救一名前苏联科学家被缩小成了几百万分之一，他们乘坐微型潜水艇驶进了科学家的体内进行血管手术。40多年后，以色列科学家朱迪和萨马里亚学院科学家尼尔·希瓦布博士以及以色列科技协会科学家奥戴德·萨罗门共同发明了一种可以在血管中穿行的微型"潜水艇"机器人。这种机器人的直径仅1毫米，它可以被注射进病人的血管中，并在血管内穿行，为病人进行治疗。

这种微型机器人具有独特的本领，可以执行复杂的医学治疗任务。它还具有导航能力，既可以在血管中顺流前进爬行，也可以逆着血流的方向，在人体静脉或动脉中穿行。它外面还有一些"手臂"，可以在血管中旅行时抓住一些东西。有了这种微型机器人，就可以在人体最复杂的部位进行医疗手术了。这种微型机器人的发明者声称，它们可以被用来治疗癌症病人。许多不同领域的医学专家讨论过这种机器人，他们都相信它将派上大用场。

运用倒转情景思考法的时候，尽管进行大胆设想，不要因为倒转之后的情景是疯狂的、不合逻辑的，就放弃这种尝试。你尽可能地把常规的情景抛到一边去，进行随意的联想，然后在疯狂的情景中找到崭新的可行的解决问题的方法。

我们不仅可以进行不同地点的情景倒转，还可以在时间跨度上发挥想象。比如我们可以设想一下，某件事发生在古代会怎么样，或者发生在未来几百年之后会怎么样。

比如栽培蔬菜这件事现在的情景是有了塑料大棚栽培、无土栽培、气雾加温栽培、磁力栽培等技术，但是有农药残留的问题，不够健康。我们倒转情景想象一下古代的蔬菜栽培，是不是可以从中得到启发，更加注重绿色、健康和营养价值呢？或者，我们设想在未来100年之后的蔬菜栽培技术将达到一个什么水平，从太空中带回来的种子是不是可以像魔豆一般不断生长呢？

这些设想至少可以给我们一些启发，让我们的思路更加开阔。

将6枚邮票摆成两条线，使得每条线上有4枚邮票。你能在3分钟之内解决这个问题吗？

答案：
将5枚邮票摆成"十字"，然后在最中间再放1枚邮票。

第七节　方式倒转

方式倒转是指把处理问题的方式颠倒过来，从相反或相对的角度进行思考，寻求解决问题的新方法。

为了研制高灵敏度的电子管，需要在最大限度内提高锗的纯度。当时锗的纯度已经达到了99.99999999%，要想达到100%的纯度非常困难。索尼公司为了成为行业霸主，一直致力于这项研究。江崎玲于奈博士组织了一个研究小组，投入到这个科研攻关项目中。

大学刚毕业的黑田小姐是小组的成员之一，由于经验不足，她经常在做实验的时候出错，因此屡次受到江崎博士的批评。黑田开玩笑说："我才疏学浅，很难胜任提纯锗这种高难度的工作。如果让我做往锗里掺杂的事，我会干得很好。"这句话引起了江崎博士的兴趣，他由此想到如果往锗里掺入别的物质会产生什么效果呢？于是他真的让黑田小姐试着往锗里掺杂。当黑田把杂质增加到1000倍的时候，测定仪出现了异常的反应，她以为仪器出现了故障，便赶紧报告了江崎博士。江崎博士经过多次掺杂实验之后，终于发现了电晶体现象，并由此发明了震动电子技术领域的电子新元件。这种电子新元件使电子计算机缩小到原来的1/10，运算速度提高了十几倍。由于这项发明，江崎博士获得了诺贝尔物理学奖。

在日常生活和工作中很多事都是约定俗成的，具有特定的做事方法和准则。人们习惯于按照常规的方法处理问题，比如，既然我们的目的是提纯，那么就要想办法把杂质分离出来。如果往锗里添加杂质，那不是南辕北辙吗？但是，荒谬的、不合常理的做法却产生了意想不到的效果。江崎博士正是运用了方式倒转思考法，才取得了成功。

无论是在自然界还是在人类社会，任何事物都是一个矛盾统一体。有时人们所熟悉的只是其中的一个方面，事实上在对立面也许潜藏着没有被挖掘到的宝藏。运用方式倒转思考法就可以使对立面的价值显现出来。事物起作用的方式与事物自身的性质、特点、作用有着密切的联系，使事物起作用的方式倒转过来，就有可能使事物在性质、特点、作用等方面朝着人们期望的方向改变。

人们习惯性地认为从中药中提取有效成分必须采取热提取工艺的方法。但是，当研究人员用这种方法提取抗疟中药青蒿素的时候，总是得不到期望的效果。他们想了许多办法改良热提取工艺，还是起不到任何作用。后来，中医研究院的研究员屠呦呦经过反复思考之后，提出了一个大胆设想："用热提取办法得不到有效的药物成分，很可能是因为高温水煎的过程中破坏了药效。如果改用乙醇冷浸法这种新的提取工艺，说不定可以成功。"研究人员按照屠呦呦的提议进行实验之后，真的得到了青蒿素这种具有世界意义的抗疟新药。

不同的方式会对事物产生不同的作用。如果用正常的处理问题的方式不能解决问题，那么我们就要运用方式倒转思考法，考虑一下用相反的方式处理问题会发生什么。对事物起作用的方式改变之后，事物的结构就会发生相应的变化，也许让我们一筹莫展的问题就会迎刃而解。

■最大的危险是不冒险。

大家都知道吸尘器的工作原理是把尘土吸到机器里面。但是，你知道吗？为了有效地把让人讨厌的尘土清除掉，人们最早想到的除尘机器是"吹尘器"，即用鼓风机把尘土吹跑。

1901年，在英国伦敦火车站举行了一场用吹尘器除尘的公开表演。但是当吹尘器启动之后，尘土到处飞扬，效果并不令人满意。一个名叫郝伯·布斯的技师看到表演之后运用方式倒转的思考法想到：既然吹的方式不行，那么如果用吸的方式会怎么样呢？他并没有停留在设想阶段。回家之后，他用手帕蒙住口鼻，趴在地上对灰尘猛吸，果然有些灰尘被吸到手帕上了。

他发现用吸的方法比用吹的方法更有效，于是通过努力利用真空负压原理制成了吸尘器。

我们总是对一些问题的惯常的处理方式习以为常，甚至进而认为不可以改变。其实，如果把处理问题的方式倒转过来，也许能产生更有效的结果。

方式倒转思考法是一种非常有用的解决困难问题的方法。按照正常的思维逻辑来解决问题，有时会走入死胡同，无论怎么努力都不会有进步。这时如果运用倒转思考法，就可以打开另一条思路，从另外一个方向找到解决问题的方法。

开动你的脑筋

瓶塞陷进了瓶口，没有办法拔出来。这时你能想到哪些办法把瓶子中的液体取出来呢？

答案：
1. 把瓶子打碎；2. 在瓶塞上钻孔；3. 把瓶塞推到瓶子里。

第八节　过程倒转

过程倒转就是将事物发生作用的过程颠倒过来，从而引发解决问题的新方法。把事物的发展过程倒过来思考，会刺激大脑产生很多新思路，促使我们寻求多种不同的可能性。过程倒转看起来确实不可思议，因此要想掌握这种思考法还需要有挑战常规思维模式的勇气。

抗日战争时期，敌人把一个小村庄包围了，不让村里的任何人出去。有座小桥是由村子通向外界的唯一通道，有伪军在桥上把守。村里的人想把情况向外界透露，但绞尽脑汁也想不出办法。

后来，村里的一个小八路说："让我试试。"这个小八路在黄昏时悄悄来到小桥旁的芦苇地藏了起来。在夜色的掩护下，他认真地观察小桥上的动静。不一会儿，有几个人从村外走来，他注意到守桥的人呵斥道："回去！回去！村里不让进！"看到这种情况，小八路心里有了主意。他又等了一会儿，敌人开始打盹了。这时，小八路钻出了芦苇地，悄悄上了小桥，接近敌人的时候他突然转身向村里的方向走去，并且故意把脚步声弄得很大。敌人听到后，大喊："回去！村里不让进！"说着跳起来追上小八路，连打带推地把他赶出了村庄。就这样小八路顺利地把消息带到了村外，为部队打胜仗立下了汗马功劳。

既然想离开村子的人被赶回村子，想进入村子的人被赶出村子，如果你想走出村子，只要假装进入村子不就行了？小八路就是通过颠倒行走过程的办法蒙混过关的。

在《道德经》第三十六章中有这样一段话："将欲歙之，必固张之；将欲弱之，必固强之；将欲废之，必固兴之；将欲夺之，必固与之。"简单的理解就是"欲擒故纵"，因为任何事情都是一个运动发展的过程。在发展过程中充满了辩证法，张到一定程度就

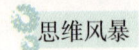

会歇，强大到一定程度就会变弱，兴盛到一定程度就会荒废，付出到一定程度之后必定会有回报。

《三国演义》中有很多故事体现了这种思考方法的价值。诸葛亮七擒孟获，表面上看花费了很多时间和兵力才把他降服，实际上最终的效果是使孟获心悦诚服、誓不复反，最终取得了更大的胜利。

开动你的脑筋

在日常生活中，你运用过过程倒转处理问题吗？如果有，请写出来。

1. _____
2. _____
3. _____

第九节　结果倒转

一位财主家里失窃了一枚价值连城的夜明珠，种种迹象表明是家贼偷的。但是经过一番调查，还是查不出是谁偷的。经过一番思考，财主有了主意。他请来一位算命先生，然后把家里的所有人召集起来，对他们说："这位大师神功莫测、法力无边，他有办法帮我把贼抓出来。"只见算命先生手中拿着很多小木棍，口中念念有词，施了一番法术。财主告诉众人："大师已经做法了，现在把这些长短一样的木棍发给大家，每人一个。明天自有分晓，窃贼的木棍会变长一寸。"

第二天，财主胸有成竹地检查每个人的木棍。当看到李管家的木棍的时候，财主的眼睛一亮，问道："李管家，真是奇怪，你的木棍怎么变短了一寸？"李管家瞠目结舌。财主笑道："老实交代，你把夜明珠藏到哪儿了？"

你知道事情的原委了吗？事实上，财主只是用这个办法让小偷露出了马脚。在这个案例中，体现了结果倒转的思考方法，即通过设计某一种结果，间接地得到自己真正想要的"结果"。财主知道"聪明"的小偷一定会想办法隐藏自己的罪行，既然法术会让木棍变长，他就会人为地让木棍变短。可惜聪明反被聪明误，木棍变短了，恰恰说明他是贼。

有时候，我们要想得到一个结果，用直来直去的办法很难达到目的。这时，我们就要运用结果倒转思考法，通过另外一种结果来实现我们的最终目的。

结果倒转的另外一种形式是使事情的结果向人们意想不到的方向发展，出乎意料的结果往往会给人们警醒和启示。

如果学生完不成作业，按照常规的思维逻辑，老师会处罚他。但是，学生都有逆反心理。这时，我们就可以运用结果倒转思考法，把对学生的处罚变为"奖励"。这样会不会让学生有所醒悟呢？也许你会觉得这太荒唐了，但是真的有类似的事发生。

美国的一个警察局处罚青少年犯罪的方法很独特。他们并不把犯了轻罪的青少年投入监狱或处以罚款，而是让他们回去上学。当他们拿到毕业证之后，就可以免除任何惩罚了。他们用这种方法让很多失足少年重新回到学校，拿到了毕业证，成为了对社会有用的人。

■树立一个明确的目标。

第十节 观点逆向

观点逆向就是与合乎常理的观点"唱反调"。

飞机一定要有翅膀吗？

有人用观点逆向法摘掉了飞机的翅膀，他是广东农民陈建平。他在用手推车推着重物下坡的时候，发现车子很容易失控，而如果换作在前面拉着车子走，只要人跑的速度比车子稍微快一些，就很容易使车子保持平衡并快速前进。

由此他认为，其实车子的平衡和飞机的平衡原理是类似的。那么，如果在飞机的前边加上一个螺旋桨，是不是不用翅膀也可以平稳地飞翔呢？经过不断的研究试验和多方求证，他终于设计出了一种前导式无翼飞机。

飞机有翅膀是正常的、合理的，但是飞机如果没翅膀就一定是不可能的吗？观点逆向就是对那些常规的观点进行反方向思考，从而得到解决问题的新方法。

诺贝尔物理学奖获得者尼尔斯·博尔曾说过："真理的反面是另一个真理。"真理的反面好像应该是谬论，但是仔细想想也未必。比如，欧几里得几何是真理，它的反面非欧几里得几何也是真理；牛顿定律是真理，它的反面量子力学和相对论也是真理；城市化是现代社会的标志是真理，它的反面非城市化也是真理。

事实上，很多常规的观点并不见得就正确，比如通常人们认为完整、对称的东西才符合美的标准，但是，残缺的、不对称的东西真的就不美吗？

■ 维纳斯塑像。有时残缺也是一种美。

当维纳斯塑像在1820年被一位农民发现的时候,她的双臂已经被折断,但是这丝毫不影响它被世人公认为迄今为止希腊女性雕像中最美的一尊。

这位衣衫即将脱落到地上的女神,躯体和肌肤显得轻盈美丽,身体看上去微微有些倾斜,显出正依靠着支撑物——正是这种处理手法使雕像增加了曲线美和优雅的动感美。

人们似乎永远是追求完美的。为了弥补维纳斯像断臂的遗憾,艺术家们试图让其完美无缺,打算替这座塑像接上手臂。他们续接的手臂或举或抬,或屈或展,或空或实,但是这些方案均不理想,就好像女神并不喜欢这些手臂一样。最后,他们只得放弃了追求"至善至美"的举动,保留了维纳斯的残缺……

观点逆向思考法在商界的应用非常广泛,因为这种思维方法很容易带来创新,而在同质化日趋严重的商界,与众不同是取得成功的重要条件。在一次电视访谈节目中,上海炒股大王杨百万透露了自己的成功秘诀:当股票最高的时候我就出手,转而买房产;当房产最火爆的时候我就丢了房产去买股票。

运用观点逆向思考法还可以让我们全面地看待问题,不必陷入一些常规观点的束缚之中。比如,有些人高考失利就以为天塌下来了,其实运用观点逆向的思考方法就可以找到其他的出路,参加工作或者学习一门技术。

习惯用观点逆向思考问题之后,人们会变得理性、客观。当我们悲观的时候,可以运用乐观的、积极的想法寻找可能存在的利益;当我们过于乐观的时候,可以运用谨慎的想法寻找潜在的危险。

一位拳击手在比赛之前总是做祷告。在一次比赛中,他夺得了冠军,人们纷纷向他表示祝贺。有人对他说:"你是不是在比赛之前祷告自己能赢,看来你的祷告很管用啊!"拳击手严肃地说:"我希望能赢,对手也希望能赢。我们不可能同时胜利,如果我们一起祷告的话,会让上帝为难。我做祷告只是希望我们在比赛中不管胜负如何,谁都不要受伤。"

观念逆向可以让人们跳出以自我为中心的思维模式,从而想出更加有效的解决问题的方法。

比如,一个正在织毛衣的妈妈总是被在地上爬来爬去的孩子弄得很烦,这时她应该怎么办呢?把孩子放到婴儿活动区,这是一般的思维逻辑。但是,如果运用观点逆向思考法,我们就可以得到这样的方法:让妈妈到婴儿活动区去织毛衣,这样效果肯定会更好。与此类似的还有野生动物园的经营模式。在传统的动物园里,动物被关在笼子里,人站在外面看。

所以，野生动物在狭小的空间中生活失去了野性。野生动物园给人们提供了一种新的观赏方式：把人关在"笼子"里，让动物自由活动。

> **开动你的脑筋**
>
> 老地主去世了，他留下了一份遗嘱：大儿子约翰获得农场一半的马，二儿子詹姆士获得 1/3 的马，三儿子威廉获得 1/9 的马。然而，一共有 17 匹马，这可难住了三兄弟。最终，律师托兹想到了一个方法。那么，他是怎么做的呢？
>
> 答案：
> 托兹骑着自己的马到了农场，这样总数就成了 18 匹。然后，他分给了约翰 9 匹马（18 的一半），分给了詹姆士 6 匹马（18 的 1/3），分给了威廉 2 匹马（18 的 1/9）。最后，托兹骑着自己的马高高兴兴地回家了。

第十一节　属性对应

属性对立就是要我们对事物的属性进行反向思考，从而得出解决问题的新方法和新创意。

甘茂是秦国的左丞相。有一天，秦王故意为难他，要他在两天以内找来 3 个公鸡生的蛋。甘茂回到家里，只是唉声叹气。12 岁的甘罗看到祖父忧愁的样子，就问："爷爷，您为什么发愁？"甘茂便告诉了他。甘罗听后，片刻便想到了办法。他说："爷爷，我有办法。明天早上，我去见秦王。"甘茂说："你不要胡闹了，闯下祸来可不得了！"甘罗说："爷爷放心，我保证秦王不会降罪的。"最终，甘茂答应让甘罗去试试。

第二天，甘罗去拜见秦王。秦王问他是谁，他恭敬地说："我是甘茂的孙子，名叫甘罗。"秦王又问他："你的祖父怎么不来？"甘罗回答："爷爷在家里生孩子。"秦王听后，勃然大怒，说："你胡说！男人怎么会生孩子？"甘罗不慌不忙地回答："男人不会生孩子，公鸡又怎么会生蛋？"

秦王哈哈大笑起来，他觉得甘罗小小年纪不但聪明过人，而且胆识过人，就不再为难他的祖父了。

甘罗运用了属性对立思考法，以其人之道还治其人之身。既然荒唐的秦王认为公鸡会下蛋，那么依此类推，男人也应该能生孩子。甘罗借此使得祖父的困扰被解除了。

人们对事物的属性有常规的认识。比如，蚂蚁很小，大象很大，叶子通常是绿色的，花儿通常是姹紫嫣红的。进行属性对立思考就是要打破这些常规的认识，一个巨型的蚂蚁是不是可以给人一种震撼力？一个小巧的大象是不是更加可爱？叶子可不可以是五颜六色

■ 打动人心的最佳方式是：跟他谈论他最感兴趣的事物。

的？花儿可不可以是黑色的？

属性对立思考法在文学和艺术创作领域有广泛的应用。其实，人类的祖先就已经运用这种方法进行思考了。在一个史前时期的岩洞中有一个壁画，画面内容是很多人围坐在一起分吃一条鱼。按照正常的思维，鱼的体积应该很小，再大也不能超过人体。但是在那幅画中，人和鱼的比例严重失调，鱼被刻画得非常夸张，占据了画面的大部分空间，人则处于次要的地位。这种夸张的表现手法体现了古代人们对食物的渴望。

晋明帝小时候非常聪颖。有一天，他坐在晋元帝的膝上玩。有人从长安来，元帝询问了洛阳的消息后，泪流不止。明帝问道："为什么哭泣呢？"于是元帝把匈奴攻陷洛阳的情形告诉了他。然后问明帝："你认为长安和太阳哪个比较远？"明帝回答："太阳比较远。因为从来没听说过有人从太阳那边来，但是总有人从长安来。"元帝听后惊异于儿子的回答，又感到很得意。第二天，元帝聚集众臣会宴，为了炫耀一下，他又重新问了明帝。明帝这次却回答说："太阳比较近。"元帝脸色一变，说："你为什么跟昨天说的不一样？"明帝回答道："我抬头就可以看到太阳，却看不到长安。"

晋明帝的两次回答似乎都有道理，可见从不同的角度观察事物的属性就会得出不同的结论。因为事物是有多面性的，有些方面的属性是我们平时看不到的。在一定条件下，不同的方面还有可能发生改变。

运用属性对立思考问题，我们还可以在进退、出入、有无等方面获得新的统一和转化。比如，在使用电脑的过程中，一不小心删除文件是让人非常恼火的事。长期以来，人们认为恢复被删除的文件是不可能实现的。彼得·诺顿向这一属性提出了挑战，他创造了一套恢复删除的软件，其功能就是恢复被意外删除的文件，把看似荒谬的妄想变成了现实。

第十二节　因果逆向

因果逆向思维是指推因及果，然后由果溯因。明白事物之间的因果关系之后，通过制造原因得到你想要的结果。

在英国曾经发生过这样一个案例：

英国布雷德福刑事调查科接到一位医生打来的电话说，大概在11点半左右，有一名叫伊丽莎白·巴劳的妇女在澡盆里因虚脱而死去了。

当警察来到现场时，洗澡水已经放掉了，伊丽莎白·巴劳在空澡盆里向内侧躺着，身上各处都没有受过暴力袭击的迹象。警察发现，死者瞳孔扩散得很大。据她丈夫说，当他妻子在浴室洗澡时，他睡过去了，当他醒来来到浴室，便发现他的妻子已倒在浴盆里不省人事。此外，警察还在厨房的角落里找到了两支皮下注射器，其中一支还留有药液。据他所称这是他为自己注射药物所用。

在警察发现的细微环节和死者丈夫的口述中，警察通过回溯推理法很快找到了疑点和线索。

死者的瞳孔异常扩大；既然死者瞳孔扩大，很可能是因为被注射了某种麻醉品；又因为死者是因低血糖虚脱而死亡，则很可能是被注射过量胰岛素。经过法医的检验，在尸体中确实发现细小的针眼及被注射的残留胰岛素，因此可以断定死者死前被注射过量胰岛素。又通过对死者丈夫的检验得知，他并没有发生感染及病变，即没有注射药剂的必要，因此，死亡很可能是被其丈夫注射过量胰岛素所致。因此警察便将死因和她丈夫联系在一起，通过勘验取得其他证据，并最终破案。

因果逆向思维在地质考察与考古发掘方面占有重要的地位。例如，根据对陨石的测定，用回溯推理的方法推知银河系的年龄大概为140亿～170多亿年；又根据对地球上最古老岩石的测定，推知地球大概有46亿年的历史了。

这种推因及果，由果溯因的思维方式在文学艺术等领域同样非常重要，可以营造一种出乎意料之外，又在情理之中的悬念。在一则获奖的电池广告中，就巧妙地运用了因果逆向的思维方法。

在广告片中有个人拿着一部照相机在不停地拍照，闪光灯频频闪烁。突然，闪光灯不闪了，那个人试着按了几次快门都没有反应，于是他把照相机放在桌子上取出了里面的电池。按照常规的思维模式，我们会想到电池没电了该换电池了。但是，那个人做了一个出人意料的举动，他把照相机随手一扔，拿来一个新的照相机，然后装上刚才取下来的电池。再拍照的时候，闪光灯又开始不断闪动了。这时观众才明白原来出问题的不是电池而是照相机。拍照把照相机都用坏了，电池却还有电，可见电池的电量之足。

因果逆向的另一种形式是互为因果。头脑风暴法的创立者奥斯本曾经说过："对于一个表面的结果，我们应该思考，也许它正是原因吧。而对于一个所谓的原因，我们就要考虑，也许这个原因就是结果吧。我们将因果颠倒一下会怎么样呢？这样的次序问题可能会成为创意的源泉。"法拉第发明发电机的过程就是对这种思维的应用。

1820年，有人通过实验证实了电流的磁效应：只要导线通上电流，导线附近的磁针就会发生偏转。法拉第怀着极大的兴趣来研究这种现象，他认为既然电能产生磁场，那么磁场同样也能产生电。虽然经过多次失败，但他还是坚信自己的观点。经过10年的努力，1831年，他的实验成功了。他把条形磁铁插入缠着导线的空心筒中，结果导线两端连接的电流表上的指针发生了偏转。法拉第据此提出了电磁感应定律，并发明了简易的发电装置。

因果逆向还有一层含义,即以毒攻毒。运用因果逆向思考之后,我们会发现,有时候因即是果,果即是因,致病之因就是治病之药。

■ 正是这种因果逆向思考法使得琴纳找到了预防天花的有效武器。

琴纳是18世纪中后期英国的一个乡村医生,看到天花威胁着人们的生命,他非常难过。为了治病救人,他一直潜心研究治疗天花病的方法。有一次,检察官让琴纳统计几年来村里因天花而死亡或变成麻子脸的人数。他挨家挨户了解,几乎每家都有天花的受害者。奇怪的是,养牛场的挤奶女工们却没人死于天花或变成麻子脸。他问挤奶女工生过天花没有,奶牛生过天花没有。挤奶女工告诉他,牛也会生天花,只是在牛的皮肤上出现一些小脓疱,叫牛痘。挤奶女工给患牛痘的牛挤奶,也会传染而起小脓疱,但很轻微,很快就会恢复正常。好了之后,挤奶女工就不会再得天花了。

琴纳又发现,凡是生过麻子的人就不会再得天花。由此他认为:得过一次天花,人体就产生免疫力了。于是,他开始研究用牛痘来预防天花。终于,他想出了一种方法,从牛身上获取牛痘脓浆,接种到人身上,使之像挤奶女工那样也得轻微的天花。他做了一个危险的试验,从一位挤奶姑娘的手上取出微量牛痘疫苗,接种到一个8岁男孩的胳臂上。等男孩长出痘疱并结痂脱落之后,又在他的胳膊上接种人类的天花痘浆,结果没有出现任何病症,可见男孩具有了抵抗天花的免疫力。为了确定男孩是不是真的不会再得天花,他又把天花病人的脓液移植到他的肩膀上,事实证明牛痘真的是抵御天花的有效武器。

有时我们所认为的事情的原因未必是唯一的原因,运用因果逆向思考法可以拓宽思维的广度,更加全面地分析事情的原因。比如,在《心之漫游思考法》一书中,有这样一个关于倒转思考的例子:

"老师沉闷的讲解令学生上课不专心。"

倒转为:

"学生上课不专心令老师的讲解沉闷。"

倒转了我们习惯认为的原因和结果,我们的思路就变得更加开阔了。我们习惯于把教学质量不好归咎为老师讲课不够生动、没有热情,导致学生听课的时候不够专心。难道没

第一篇 思维影响人生：改变人生的10种黄金思维

有别的情况吗？把因果倒转之后，我们想到：学生不专心听讲反过来是不是会导致老师讲课没有热情？于是形成恶性循环。另外，学生听课的时候是不是不够热情？老师讲课的时候是不是不够专心？从这个角度着手，我们就可以更加全面地处理教学质量低这个问题。进一步深究之后，我们会发现为什么学生上课不够热情？可能是对所学内容不感兴趣，或者教学模式过于死板，限制了学生的积极性。是什么使老师讲课不够专心呢？可能是教学以外的行政事务或者个人的私事分散了他们的注意力，或者落后的教学设施让老师感到沮丧。从这些角度着手，就可以使问题得到更圆满的解决。

> **开动你的脑筋**
>
> 一艘巨轮停泊在港口，有一个绳梯从甲板上放下，一直到达水面。绳梯共有30条横档，各条横档之间相距20厘米。那么，你能计算出6个小时过后，当海水处于高潮时海面上有多少横档吗？
>
> 答案：
> 因为巨轮会随着海面而上下浮动，所以当潮水涨至最高点时仍有30条横档在海面上。

第五章
转换思维

第一节　何谓转换思维

转换思维是一种多视角思维。从多个角度观察同一现象，用联系的发展的眼光看问题，你会得到更加全面的认识；从多个层次、多个方面、多个角度思考同一问题，你会得到更加完满的解决方案。

图中是3个正三角形，只允许移动其中的两个边，你有办法让所有的三角形都变得不存在吗？

 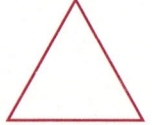 

按照常规的思维方式，好像无论如何也想不出办法。但是，只要转换一种思维方法，把这个图形的问题转换成数学问题，就可以得到下面这种解决办法（1个三角形减去1个三角形等于0个三角形）。

 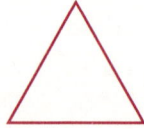

如果某一问题的思考方式对自己不利，那么你就应该转换思路，从另一个角度考虑问题，说不定可以让问题迎刃而解。

有两个商人一起去非洲卖鞋。那时的非洲人刚刚改变以前穿兽皮、披树叶的习惯，穿上了衣服，但是他们还都是光着脚走路。一个商人看到这种情况之后认为这里的人都不穿鞋，根本就没有市场，于是他去别的地方卖鞋了。另一个商人却想：这里的人都没有鞋穿，鞋的需求量太大了，真是赚钱的好机会！于是他留了下来，结果成功地把鞋卖给了所有光脚的人，成了富裕的大鞋商。

转换思维还要求我们从不同方面对同一对象进行考察，从而得出客观公正的评价。比如，法官判案时，原告和被告"公说公有理，婆说婆有理"。如果偏执一端，很可能会冤枉好人。只有转换思维，全面了解事情的原委，才能做出公正的裁决。

转换思维可以帮我们精确地理解某一事物的内涵和外延，并对事物的概念做出规定。语义学家格雷马斯说："我们必须对一些基本概念不厌其烦地进行定义，尽量确保做得精确、严格，以确保新概念的单义性。"所谓"不厌其烦地进行定义"，就是不断转换思维，从不同层次进行分析和推敲。

此外，转换思维可以避免思维定势，对于发明创造来说有重要意义，每转换一个新的视角也许可能引发一个新发现或新发明。

美国玩具制造商斯帕克特发现那些玩具设计师设计的玩具单调、陈旧，没什么新鲜感，很难引起儿童的兴趣。因为那些设计师都是成年人，他们已经形成了思维定势，很难从孩子的角度来设计玩具。要想设计出受欢迎的玩具，必须知道孩子们的想法。于是，斯帕克特请来一位6岁的小女孩玛丽亚·罗塔斯作为玩具设计的顾问，让她指出各种玩具的缺点，以及她希望生产出什么样的玩具。在小女孩的建议之下，斯帕克特公司生产的玩具销路很好。

这个例子说的是成人与孩子之间的思维转换。此外，思维转换还有男人与女人之间的转换，历史、现实与未来的转换，整体与局部的转换，肯定与否定的转换，科学与艺术的转换等等。思维转换的方法不一而足，这里我们介绍几种简单易行的训练方法。

1. 反向转换法

《道德经》里有这样一句话："有无相生，难易相成，长短相形，高下相盈，音声相和，前后相随，恒也。"这朴素的辩证法向我们讲述了深刻的道理。向反向去求索，站在事物的对立面来思考往往能够突破常规，出奇制胜。你可以向对立面转换事物的结构、功能、价值，以及对待事物的态度。对结构和功能的转换可以让你有发明创造，对价值的转换可以让你变废为宝，对态度的转换可以让你心胸开阔、宠辱不惊。

2. 相似转换法

这种转换法有助于我们对同一对象、同一问题进行全面、整体、系统的把握。比如下面的两组词语，每组词语之间具有一定的相似性和关联性。

生命、血肉、植物、爱情、真理、繁荣

原始、开端、最初、胚胎、萌芽、发展

每一组中的一个或几个词都可以成为理解本组中某一个词的新视角。这种转换方法可以启发新的隐喻以及事物之间的联系，对在科学研究中建立理论模型有重要意义。

3. 重新定义法

如前面所说，转换思维可以使概念的定义更加精确；反过来，通过对某一概念重新定义可以训练我们的转换思维的能力。对文字的翻译也可以达到这种效果，台湾诗人余光中说："翻译一篇作品等于进入另一个灵魂去经验另一个生命。"这种"经验"可以让你的视野更加开阔。

4. 征询意见法

一个人的思路毕竟有限，要想实现多视角思维，就应该借助集体的力量。征询别人的看法和意见可以让你对某一问题的认识更加完善。电视剧《三国演义》中曹操的扮演者鲍国安当年为了演好曹操这个角色，对不同年龄、不同学历、不同职业的几百个人进行调查，询问他们对曹操的看法。别人的意见让他对曹操的各个侧面都有所了解，他的演出自然赢得了大家的好评。

5. 实践转换法

实践转换可以让你在对问题的实际操作中，获得对事物的新的理解和认识，发现某种新的意义。比如，大学生写论文，纯粹研究理论只能是闭门造车，如果去参加相关的实习，就会对理论知识产生新的认识。此外，经历一下你没有体验过的生活可以让你改变对一些问题的看法。

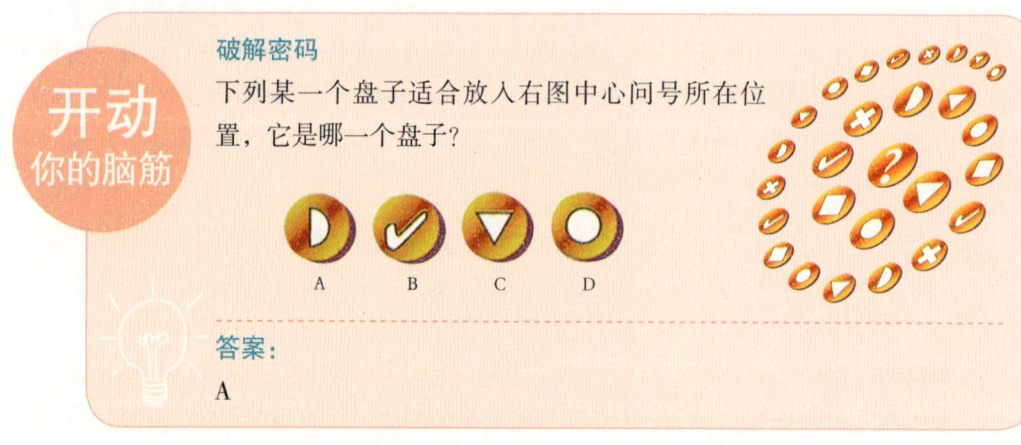

破解密码

下列某一个盘子适合放入右图中心问号所在位置，它是哪一个盘子？

答案：A

第二节　正面思考和负面思考

你眼中的世界是怎么样的？这个问题回答起来可能比较难，那么，回答下面这个问题吧。

如果在你面前摆上半杯水，你认为这杯水是半空还是半满？习惯负面思考的人会说："真糟糕，只有半杯水了。"习惯正面思考的人会说："太好了，还有半杯水呢。"

我们还可以注意到跟你上面的回答相关的一些事情，虽然类似的事情你可能经常遇到，却从来没有深思过。

你上次考试成绩只是班上的中等水平，这使得那些对你寄予厚望的人们很失望。你决定努力学习，打算考个第一名给大家看看。在老师、家长的督促下，经过你的努力，你比以前提高了几十个名次。对你来说，这是以前从来没有过的好成绩。但是，你的目标是第一名。因此，你虽然有一点儿高兴，但是总的来说，你很失望。

下雨了，你讨厌下雨。虽然这场雨在这个季节十分平常，虽然从农村出来的你知道，那些庄稼等着雨水的浇灌，但是你仍然十分恼火——它把你的衣服打湿了，鞋子弄脏了，使路上积了一些水。

你创业失败了。你投入的几万元顷刻之间化为乌有，那可是你辛辛苦苦打工赚来的钱。你埋怨世道不好，上天不公。你灰心丧气，甚至连自杀的心思都有了。

……………

这样的事情多不胜数。通过这样的例子，可以知道你的世界是什么样的。

不错，你正在用一种负面思维来看这个世界。

所谓的负面思考是这样一种思考方式，即总喜欢把事情朝坏的方面去想。在看待一件事情的时候，它使我们总是想到：问题多于机会、缺点多于优点、坏处多于好处……总之，它使我们产生消极的思考，从而使自己变得忧郁、沉闷、消极和暴躁。

而在我们解决问题的时候，偏重负面思考会带来比事情本身更多的麻烦，使我们被阴影遮蔽眼睛，看不到事情的多种可能的解决方案，从而阻碍事情的解决。

本杰明·富兰克林曾说过："少一根铁钉，失掉一个马蹄；少一个马蹄，失掉一匹战马；少一匹战马，失掉一位骑士；少一位骑士，失掉一场战争。"虽然这句话的本意是要求严于律己，但这可能算是"负面思考"最极端的例子了。这种连贯性的负面思考能够使人想到最坏的一面，从而由一件小事产生彻底的消极。

如果你的确是这么想的，这没有什么好遗憾的。心理学家证实了这样一个结论：负面思考是人类的本能反应。也就是说，人类总是喜欢设想最糟糕的一面。

不过，尽管负面思考是人的本能反应，但这并不代表我们必须任由它来支配我们的信念、思想和状态。我们必须经过有意识的训练，把这种影响我们心情、精神和行为的思考方式改变。

问一问自己，难道世界真的是我们看到的那样——那样灰暗、让人丧气和死气沉沉的吗？

一个探险家和他的挑夫打算穿越一个山洞。他们在休息的过程中，探险家掏出一把刀来切椰子，结果因为灯光昏暗，切伤了自己的一根手指。

挑夫在旁边说："棒极了！上帝真照顾你，先生。"

探险家十分恼怒，于是把这位幸灾乐祸的挑夫捆起来，打算饿死他。当他一个人穿过山洞的时候，却被一群土著抓住了，他们打算杀死他来祭奠神灵。幸运的是，那些土著看到了探险家伤了手指，于是把他放了，因为他们害怕用这样的祭品会触怒神灵。

探险家感到自己错怪了挑夫，于是回去把那位挑夫的绳子松开了，并对他致以歉意。

挑夫说："棒极了！看来，上帝也很照顾我，先生。如果你没有把我捆住的话，我已经成为他们的祭品了。"

我们必须学会正面思考。如果你在回答"半空"还是"半满"这个问题的时候，回答

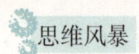

的是前者的话，那么你就是在做正面思考。正面思考是这样一种思考方式：在看待一件事情的时候，它让我们能够考虑到这件事情的"好处"的一面；它帮助我们阻挡住那些困扰我们的因素，发现给我们信心、激励和勇气的因素，从而使我们更加积极地去解决一个问题。

正面思考和负面思考是两种截然不同的方法，产生的效果也不同。不过，它们只是看问题的两种不同的角度而已。同一件事情，用正面思考能够使你自信、乐观和拥有解决问题的高效率，而负面思考则正好相反。

一个老妇有两个儿子，大儿子卖伞，小儿子卖鞋。下雨天，她为小儿子发愁；晴天，她则为大儿子发愁。因此，她一年到头都是愁眉苦脸的。有一天，经过一位乡人的指点，她有了很大的改变，开始变得十分快乐。那位乡人告诉她，她应该在晴天为小儿子高兴，在雨天为大儿子开心。

那位乡人正是运用了正面思考得出的建议。的确，在生活中，负面思考只会给人带来烦恼和忧伤，而要活得快乐，只有正面思考才是"一剂良药"。

当获得肯定时，你会……

正面思考	负面思考
肯定自己的努力	对结果表示怀疑
恭喜自己	不表示快乐，害怕别人认为自己沾沾自喜
把结果跟人们分享	写到日记中，独自分享
接受别人的祝贺	发现跟自己预期的有距离，因此不高兴
尽情欢笑	希望自己做得更好
又朝大目标前进了一步	把功劳归于运气

当遭遇失败时，你会……

正面思考	负面思考
坦然接受，因为任何人都会经历失败	自责
肯定自己的选择	否定当初的决定
找出失败的原因	否定自己的能力
绝不回头，想象成功就在下一次	永远记住这个错误
学到教训	怨天尤人

正面思考要求我们以独特的思维来看待这个世界，可以帮助你把注意力从坏事转向好事，改变自己的心态和解决问题的各种方式。当你面临一个问题的时候，采取正面思考还

是负面思考的方式，完全由你自己决定。如果你的确正为自己的生活是无趣的、世界是灰暗的而沮丧，就应该学会正面思考这种方式。

第三节　视角转换

"横看成岭侧成峰，远近高低各不同。"视角不同，你所看到的景观就不一样。同样，用单一的视角看待一件事情，你通常无法看到事情的全貌。如果你能换个角度看问题，你会发现这个世界像一个万花筒。

视角转换就是对同一事物或现象，从不同的角度加以观察和思考，从而获得新的认识和解决问题的新方法的思考方法。有时我们找不到问题的出路，就是因为总是从固定的角度看问题，陷入了死胡同。其实，只要换一个视角，就能拨云见日，找到问题的突破口。

一位富翁有一个十分漂亮的花园，花园里树木郁郁葱葱，花朵姹紫嫣红。由于经常受到外人的侵入，花木常遭到破坏，地面也被弄得狼藉不堪。

于是富翁在花园门口竖了一个牌子，上面写着：

"私家花园，禁止入内。"

但是丝毫不起作用，花园依旧遭到践踏和破坏，甚至比以前破坏得更严重。

富翁经过一番思考之后，想到了一个办法，他在警示牌上换了另外一句警示语：

"请注意，如果在花园中被毒蛇咬伤，最近的医院在距此15千米处，驾车约半个小时即可到达。"

他把这个牌子竖在花园门口之后，果然再也没有人闯入花园了。

■有趣的两可图形　上图是一个花瓶还是两个人头的侧面像？通过观察，你会从中理解图形和背景的转换关系。

这位富翁就是应用了视角转换的思维方法来解决问题的。开始时，他按照常规的思路，从自己的利益出发，和闯入花园的人站在对立面，"禁止"他们入内。这种警告不但起不到积极的作用，反而会激起人们的逆反心理。经过视角转换之后，富翁站在对方的角度来思考问题，如果花园中有对他们造成伤害的东西，不就可以阻止他们了吗？

有时同样一件事，站在这个角度看是错的，站在另一个角度看就是对的了。

如果你想让别人按照你的意愿行事，那么你必须站在别人的立场上思考问题。下级站在自己的立场上无法说服领导改变想法，家长站在自己的立场上无法说服孩子不要这样或不要那样。让别人看到对自己有利的地方，他才会认可你的观点。

在这个世界上，有的人自卑，认为自己一无是处、毫无希望；有的人自负，认为自己

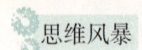

不可替代、无所不能。这两个极端都能让人们犯一些错误，因为人们不能清醒地、客观地对待自己的优点和缺点。运用视角转换，人们就能够理性地对自己做出评价，不妄自菲薄，也不自高自大。

我们总是对别人和周围的环境提出这样或那样的不满意。但是，如果我们换一个角度看待别人，换一个角度看待周围的世界，就能发现别人也有值得肯定的地方，情况并不像我们想象得那么糟糕。

视角转换的具体做法是，首先把思考对象分解为不同的侧面，冲破常规思维模式的束缚，力求看到思考对象的更多的侧面，然后从不同的角度来思考问题，最后用辩证的观点把对思考对象不同角度的思考综合起来，从而对事物形成一个全面的、立体的认识。

我们很容易陷入非对即错的思维模式中，但是这个世界并不是那么简单，还有很多灰色地带。要想全面地公正地看待问题，我们就要进行视角转换，看一看除了对和错之外，是不是还有第三种可能。

1964年，被流放的越南籍僧人一行禅师旅行到华盛顿特区，寻求美国国会支持终止越南战争。

美国参议员贝利·高德华询问的第一个问题就是："你来自南越还是北越？"

一行禅师的回答是："都不是，我来自中间。"

长得弯弯曲曲的大树，因为没有用处而得以保全性命；会打鸣的鹅，因为有用而得以保全性命。

那么，作为人应该怎么做呢？庄子说："周将处乎材与不材之间。"

当你摆脱单一视角的束缚，跳出对错之外，你会发现这时眼前出现了更富有创意的选择。

开动你的脑筋

请回答下面几个问题：
1. 一个人到国外去了，可是他发现周围全都是中国人，为什么？
2. 山姆今晚想睡个好觉，所以，晚上8点30分就睡觉了。他把那个老掉牙的闹钟拨到早上9点就睡下了。那么，山姆可以睡几个小时呢？
3. 常言道：种瓜得瓜，种豆得豆。R从来没养鸡，可每天却能得到两个蛋，这既不是花钱买的，也不是别人送的。这其中有什么奥秘？
4. 什么字在任何情况下，大家都会念错？
5. 在什么人面前大家都得摘掉帽子？

答案：
1. 他是外国人；2. 半小时；3. R是母鸡；4."错"字；5. 理发师。

第四节　价值转换

法国空想社会主义思想家傅立叶曾说："垃圾是摆错了位置的财富。"任何东西都有存在的价值。价值转换思考法就是让我们对事物的价值进行全方位的审定，积极地发现潜藏在事物内部的价值，或者开发出对我们有用的新价值。

德国某家造纸厂的一位技师因为一时疏忽，在造纸工序中加了胶，结果生产出了大批不能书写的废纸，墨水一蘸到纸上就会扩散开。这批废纸会给造纸厂造成很大的损失，这位技师非常焦急，并做好了被解雇的准备。

当他看着那些废纸发愁的时候，忽然灵机一动，既然这种纸的吸水性很强，就把这种纸作为一种专门用来吸干墨水的"吸墨水纸"不是很好吗？由此他发明了纸的一个新品种，并获得了专利。这种吸墨水纸上市之后很受欢迎，给造纸厂带来了很大的利润。技师不但没有被解雇，还受到了奖励。

那位技师运用价值转换思考法，发现了吸墨水纸的价值。生活中很多看似没有价值的东西都潜藏着某种价值，如果我们学会价值转换思考法，就能从无价值中发现价值，或者赋予事物某种价值。

唐代有一位著名的商人叫裴明礼。有一次，他对一个处在交通要道的臭水坑发生了兴趣。那个水坑处在来往商贩的必经之路，大家只能绕道而行。裴明礼用很便宜的价格把它买了下来，在水坑中央竖起一根很高的木杆，在木杆顶上挂了一个竹筐。然后在水坑旁边贴了一张告示："凡是能把石块、砖瓦投入竹筐的，赏铜钱百文。"

路过的人看到有便宜可赚，纷纷向竹筐投掷砖瓦，但是由于竹筐太高太远，几乎没人能投中。不过，人们还是踊跃参与，尤其是没事做的孩子们，把这当游戏玩，很快就把臭水坑填平了。

裴明礼停止了悬赏投石的活动，把地面修复平整，并搭建了几个牛棚和羊圈供过往的商人使用。没过多久，那里就堆积了很多牛羊的粪便，这正是附近的农人种田所需要的。裴明礼把牛羊的粪便卖给农人，没多久就赚了一大笔钱。然后，他把牛棚、羊圈拆掉，盖起了房屋并在周围种上花卉，建起了蜂房。几年之内，他就成了富甲一方的商人。

按照惯常的思维模式，我们认为一件东西只能在某一领域有价值，在其他领域没有价值。比如椅子是用来坐的，笔是用来写字的，杯子是用来喝水的……如果我们被常规的、显而易见的价值束缚住，就很难发现潜藏在事物内部的其他价值。椅子除了用来坐，是不是还可以在登高的时候用来垫脚？笔除了用来写字是不是还可以用来当锥子或者当鼓槌？杯子除了用来喝水是不是还可以用来种花或者养鱼？价值转换思考法可以让我们尽可能地在不同的领域发掘事物的潜在价值。当你认为某件东西没用的时候，就更应该想想是不是在其他的领域还有用。

法国有一位艺术青年叫明尼克·波达尼夫，有一天他看到了一双被扔掉的破旧高跟鞋，他发觉那鞋的样子有点像一张人脸。他兴致勃勃地把那鞋加工了一番，使它看起来更像人脸的模样。朋友们对他制作的鞋子脸谱赞不绝口，这让他产生了新的想法：何不

思维风暴

■ 很多时候需要转换一下思维。

把鞋子加工成艺术品销售呢？于是他收集来一些破旧的鞋子，并由此创业。他把鞋子制作成各种各样的脸谱：顽童、贵妇、政客、商人……这些艺术品有的朴素、有的唯美、有的搞笑、有的精致，都很受欢迎。其中一些优秀作品还曾多次到世界各地展销，每个售价3000美元。

明尼克·波达尼夫被誉为"鞋脸奇才"，他说："每一只鞋都有自己的灵魂和性格，我只是把它们的灵魂和性格展现出来。"

价值转换思考法就是要求我们具备一双发现"灵魂"的慧眼，从司空见惯的事物中找到潜在的价值。

查尔斯·蒂凡尼享有"钻石大王"的美誉，但是起初他只是一家不起眼的珠宝店的老板，他的发迹始于一根报废的电报电缆。多年前，美国穿越大西洋底的一根电缆因为破损需要更换，查尔斯·蒂凡尼听说了这则消息之后，毅然买下了那根报废的电缆。他周围人们感到很惊讶，一根废电缆有什么用呢？这位精明的珠宝店老板当然另有打算，他把电缆清洗干净，然后剪成一小段一小段的，再用珠宝装饰起来，作为纪念物高价出售。这可是曾经铺设在大西洋底的电缆啊，能拥有一段这样的电缆不是很荣耀的事吗？

就这样他发了一笔财，但是这并不足以让他声名鹊起。后来，他用电缆赚来的钱买下了一枚价值连城的"皇后钻石"，并以它为主角举办了一个首饰展示会。人们都想一睹皇后钻石的风采，参观者蜂拥而至。他趁机把门票定得很高，赚了个盆满钵满，随之而来的还有"钻石大王"的美誉。

查尔斯·蒂凡尼的成功之处就在于他善于转换事物的价值，使事物的价值尽可能地为我所用。电缆并不仅仅具有传递信号的作用，还具有收藏价值。皇后钻石的价值不仅仅是收藏或者以更高的价位转手，还有观赏价值。经过价值转换他使看似没有价值的东西变得有价值，使有很高的价值的东西变得更有价值。

第五节　问题转换

问题转换是指将复杂的问题简单化，将陌生的问题变为熟悉的问题，从而使问题更容易得到解决。

英国某报纸曾举办了一项高额奖金的有奖征答活动，题目如下：

在一个充气不足的热气球上，载着3位关系人类兴亡的科学家。一位是原子专家，他有能力防止全球性的原子战争,使地球免于遭受灭亡的绝境;一位是环保专家,他的研究可拯救无数人免于因环境污染而面临死亡的噩运;还有一位是粮食专家,他能在不毛之地运用专业知识成功地种植谷物,使几千万人摆脱因饥荒而亡的命运。

由于充气不足热气球即将坠毁,必须丢下一个人以减轻载重,使其余2人得以生存。该丢下哪一位科学家呢?

问题一经刊出后,很多人争着回答。有人认为应该丢下原子专家,有人认为应该丢下环保专家,也有人认为应该丢下粮食专家,每个人都有自己的一番道理。但最后,巨额奖金得主却是一个小男孩。他的答案是——将最胖的那位科学家丢出去。

3位科学家都关系着人类的兴亡,很难权衡出谁对人类的价值更大一些。其实这是报纸利用人们的惯性思维设置的陷阱,获奖的小男孩根本不去理会科学家的价值,而是运用了问题转换的思考方法。从最简单的思路出发,把最胖的科学家扔出去,轻松地解决了问题。

我们常常面对困难的时候找不到出路,因为我们陷入了自己设置的圈套之中,把原本简单的问题想象得很复杂。结果越来越乱,理不清头绪,本来几分钟就能搞定的问题要用一天的时间来解决,本来轻轻松松就能做完的工作,却把自己弄得精疲力竭。

亚里士多德曾说:"自然界选择最简单的道路。"本来很简单的事情,我们何必把它弄复杂呢?那样既浪费时间,又浪费精力,还未必能解决问题。我们应该顺其自然,不要人为地把简单的事情复杂化。要知道,把简单的事情复杂化很简单,把复杂的事情简单化却很难。

我们面对陌生的问题时,常常感到无从下手。如果我们把陌生的问题转换为自己熟悉的问题,就好办多了。

有一次,法国园艺家莫尼哀进行园艺设计的时候,需要一个坚固结实的花坛。对于建筑这行他一窍不通,但是作为一个园艺家他很熟悉植物的生长规律。他想到植物的根系密密麻麻地牢牢地抓住土壤才能使参天大树屹立不倒。如果把这个原理应用在建筑中,不就能保证花坛坚固结实了吗?他把土壤转换为水泥,把植物的根系转换为铁丝,把根系固定土壤转换为铁丝固定水泥。这样他建造了一个非常结实的花坛。很快,他的这项发明就在建筑界得到了推广应用,成为一种新型的建筑材料——钢筋混凝土。

运用问题转换思考法,关键是要学会怎样转换。首先要弄明白目前需要解决的是一个什么样的问题,如果盲目转换可能解决不了根本问题。然后从实际情况出发进行转换,不可以从主观愿望出发,否则可能会欲易而更难,欲速而更慢。

■问题转换的关键在于"变通",一味地死干硬干往往事倍功半。

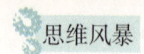

当初爱迪生在研制灯泡的时候,曾经让一个刚刚大学数学专业毕业的助手阿普拉去测量灯泡的容积。阿普拉按照常规的方法测量灯泡的直径、周长,试图通过公式进行计算。但是,灯泡的形状是不规则的,计算很困难,而且不精确。阿普拉忙了很长时间也没计算出结果。爱迪生来催问的时候,发现他还在满头大汗地测量。爱迪生随手在灯泡顶端打了一个小缺口,然后灌满水,再把水倒在一个量杯里,看一眼读数,就知道灯泡的容积了。

问题转换的关键在于"变通"。诺贝尔经济学奖得主诺斯说:"生活就应该有很多选择,你可以这样选择,也可以那样选择。如果这条路走不通,那么就走另一条。"当你沿着常规的、传统的道路走不通的时候,就应该换一个思考问题的角度,或者从另一个领域寻找解决问题的办法。思考对象的内容、形式、方法和概念都可以根据环境、时间、事件、地点的不同而发生改变。问题转换思考法就是要求我们在需要的时候能够灵活转换,而不是被眼下的问题限制住手脚,无法前进。

> **开动你的脑筋**
>
> 如果法国最大的博物馆卢浮宫失火了,在紧急情况下只允许抢救出一幅画,你会抢救哪一幅?为什么?
>
> **答案:**
> 离门口最近的一幅画。在失火的情况下,卢浮宫到处是浓烟,此时是很难找到最昂贵的、最有价值的、自己喜欢的画,也许在寻找的过程中自己早已葬身火海了。所以,抢救离门口最近的一幅画是最可行的。

第六节 原理转换

原理转换就是要我们遇到问题的时候,不从常规的逻辑寻求解决问题的办法,而是通过引入与本问题看似不相关的原理进行思考,从而找到解决问题的新方法。

第二次世界大战时,法国的一位反间谍军官怀疑一个自称是比利时流浪汉的人是德国间谍,但是又没有足够的证据。这位军官灵机一动想到了一个办法。他让这个流浪汉数数,从1数到10。流浪汉很快用法语数完了。军官只好对流浪汉说:"好了,你自由了,可以走了。"流浪汉长长地松了一口气,脸上露出了笑容。这时,军官终于确定这个流浪汉是德国间谍,于是命令手下把他抓了起来。你知道军官是如何做出判断的吗?

流浪汉数完数之后,军官用德语对他说了那句话,流浪汉松了一口气并露出了笑容,显然他能听懂德语,暴露了他是德国间谍的真面目。军官就是在流浪汉毫无准备的情况下,转换原理,使流浪汉落入圈套的。

原理转换还体现在一个特定原理在不同领域之间的转换。一个原理并不仅仅适用于某一个领域，我们可以把它转换到其他领域，也许能发挥意想不到的作用。

帕西·斯潘塞是一名电工技师，他发现了一个奇怪的现象：在安装雷达天线的时候，放在上衣口袋里的巧克力会自动熔化。周围没有任何热源，是什么导致巧克力熔化了呢？为了查个究竟，有一次，工作之前他故意在上衣口袋里放了一块巧克力。当他爬上雷达的塔台的时候，巧克力就开始熔化了。他想，也许是雷达发出的强大的电磁波导致了巧克力熔化。

为了证明这个假设，斯潘塞做了一系列的实验研究，终于得出了结论。原来导致巧克力熔化的原因是微波可以引起食物内部分子的激烈运动，从而产生热量。随后，斯潘塞用这个微波加热的原理制造了世界上第一台微波炉。

原理转换在科学发明创造方面具有很大的价值，任何新产品、新工艺的出现都是对一些普遍性的原理的应用。运用科学原理进行创新可以从4个方面进行探索：第一，可以把最新的原理应用到各个领域，研发最新的产品或工艺；第二，可以把最新的原理应用在已有的产品和工艺中，对旧有的产品进行革新和再创造；第三，可以把旧的原理应用到新领域，从而开发出新产品或新工艺；第四，可以把旧原理和新产品、新技术结合起来，从而赋予新产品、新技术更多的价值。

18世纪，莱布尼茨的朋友鲍威特寄给了他一本拉丁文译本《易经》。他在读到八卦的组成结构时，惊奇地发现了其中的基本素数0和1，也就是《易经》中的阴爻"--"和阳爻"—"。由此，他创立了数理学中的二进制，并认为这是世界上数学进制中最先进的。

20世纪计算机的发明与应用给各个领域带来了巨大的变革，计算机的运算模式正是对莱布尼茨的二进制的应用。计算机中采用二进制是由计算机电路所使用的元器件性质决定的。计算机中采用了具有两个稳态的二值电路，二值电路只能表示两个数码：0和1，用低电位表示数码"0"，高电位表示数码"1"。在计算机中采用二进制，具有运算简单、电路实现方便、成本低廉等优点。

德国数理哲学大师莱布尼茨就是受到中国《易经》中阴阳原理的启发，发明了二进制，也就是今天电子计算机技术的基础。

在进行原理转换思考法训练的时候，针对一个简单的原理要尽可能多地找到它可能会发挥作用的领域，针对一个问题要尽可能多地寻找可能与此问题相关的原理，从而找到能够解决问题的更多方案。

■原理转换往往就是在遇到问题时往往不按常理思考，而是通过引入与本问题不相关的原理进行思考，从而解决问题。

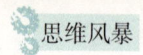

第七节 材料转换

日常生活中的很多东西都是由传统的材料构成的,比如桌子、板凳是用木头做的,碗和盘子是用陶瓷做的,书是用纸张做的……我们习惯了这些材质的物品,渐渐地认为这是必然的、不可改变的。事实上这是我们自己给自己的创造力设置的限制,物品的材料并非不可改变。我们可以运用转换思考法对构成任何物品的材料进行大胆地设想,把常见的材料转换为某种新奇的、独特的材料,以提高物品的功能或者给物品带来新的功能。

举一个简单的例子,杯子的材料通常都是玻璃、陶瓷或合金的,为了满足方便卫生的需要,人们运用材料转换的思考法发明了一次性的纸杯。

再比如,通常家具都是木材做的,木材家具体积大、笨重。尤其是搬家的时候,笨重的家具特别麻烦。针对这个问题有人运用材料转换思考法积极寻找新型的家具材料。于是出现了简易的布衣橱、橡胶充气沙发、充气床等结构简单、携带方便的家具。

我们从物品的结构、功能、特性等方面进行思考,探寻能够更好地满足我们的需要的新材料。和其他思考方法一样,材料转换也要求打破常规。只有敢于设想,才能有新突破、新发展。

一家小饭店的老板为馒头的销路不好而发愁。有一天,他灵机一动,心想为什么不能把馒头做得色香味俱全?于是他让厨师试着把青菜汁、红萝卜汁、茄子汁和入面中,结果蒸出来的馒头有绿色的、红色的和紫色的,品尝起来还有特殊的香味。新品馒头推出之后,原本冷清的小店一下子变得顾客盈门。他又想到传统的包子都是各种素菜、肉馅以及豆沙馅的,可不可以在包子馅上耍点儿花样呢?于是他尝试着推出山楂、凤梨等果脯系列包子,花生、芝麻、核桃等果仁系列包子。新品包子上市后,更是备受欢迎,很快这家小饭店就远近闻名了。

材料转换在医学上的应用很广泛,比如用木制或石膏的假肢代替由骨肉组成的肢体,用心脏起搏器代替真正的心脏。此外,还有人工肾、人工皮肤、人工角膜等等代替人体原有器官的材料相继问世。医学专家指出,人体中一半以上的器官都可以用人造器官代替。但是,最初这种用人造材料代替真正的人体器官的设想却受到了人们的怀疑,甚至被称为"妖言惑众"。

18世纪中叶,波兰医生加迪尼提出了用人造水晶体代替晶状体的大胆设想:给白内障患者摘除白内障之后,把人造水晶体植入眼睛可以让患者重见光明。当时的人们认为这种想法太荒谬了,便以"妖言惑众"的罪名把他告上了法庭,结果这位医生被投入监狱。

100多年后,一位英国的眼科医生理得利在一次手术中不小心把一个有机玻璃片留在了患者的眼中,过了一段时间他才发现。令他感到惊奇的是,有机玻璃并没有引起患者的眼睛发炎。由此他做了一次大胆的尝试,将用有机玻璃制作成的人造晶状体植入白内障患者的眼中,替换掉混浊的晶状体,结果病人的视力恢复了正常。如今,已经有数以万计的眼病患者采用了人造晶状体。

事物的性能、特点往往是由材料决定的,转换材料之后就有可能带来一种新的性能或特点，所以材料转换思考法在产品创新领域很有价值。比如玻璃凉鞋、树脂眼镜、竹筒水杯等等新颖材料的产品给人们带来了更多的"实惠"。

第八节　目标转换

目标转换是指当某一目标很难实现的时候，我们可以试着通过一个间接的目标来实现最终的目标，或者把目标转向另一个方向。

有一个聪明的年轻人叫巴拉甘仓。有一次，一位财主骑马在路上碰到巴拉甘仓。财主早就听说巴拉甘仓很聪明，想考考他。他对巴拉甘仓说："不许你接触我的身体，你能让我从马上下来吗？"

思考一下，如果你是巴拉甘仓，你会用什么办法让财主从马上下来呢？

巴拉甘仓说："先生，我不能。但是，如果你下来，我有办法让你回到马背上。"财主听后不相信，便从马上跳下来，想知道巴拉甘仓怎么让他回到马背上。巴拉甘仓哈哈大笑说："先生，现在您不是从马上下来了吗？"

巴拉甘仓正是借助了目标转换的思维方法来实现自己的目的的。他假设了另一个目标，使财主对真正的目标不再提防，结果出乎意料地使问题得到了解决。

有时候用直来直去的方法很难解决问题，如果遇到"此路不通"的情况，我们就需要运用目标转换的思维方法另辟蹊径，借助一个间接的目标来实现最终的目标。

解放战争时期，有人想把一批银元从武汉运往上海。那时，长江一线匪盗猖獗，他害怕有闪失，但苦思冥想也想不到万全之策。后来，一位姓吴的先生愿意帮他把钱运过去。他把那批银元全部买了洋油，洋油装船运输，就比直接装银元运输安全多了。洋油运到上海之后，立即转手卖了，把洋油换成钱，这样就把问题轻而易举地解决了。并且当这批洋油运抵上海时，碰巧遇上洋油大涨价。这样吴先生不但把全部银元安全"运"到了上海，而且还大赚了一笔。

当我们向着一个目标前进的过程中，也许会出现一些与我们的目标不相关的，但是可能对其他领域有重大意义的事物。此时我们应该将目标转向新事物，以取得巨大的成就。

奎宁是医治疟疾的良药，但是天然奎

适时调整自己的目标志向。

宁的数量有限，一旦疟疾流行起来，就会出现奎宁短缺的现象。19世纪40年代，担任英国皇家化学院院长的霍夫曼试图用化学方法合成奎宁。他的学生帕琴按照老师的想法进行了多次实验，但是都失败了。但是他并没有放弃，而是继续努力做实验。有一次，他发现实验反应之后的化学试剂呈现鲜艳的紫红色。他想：这么鲜艳的颜色如果做染料不是很漂亮吗？于是，他由研制奎宁转为研制染料，很快他就制成了"苯胺紫"。为此，他申请了专利并建立了一家合成染料厂。

如果按照正常的思路，我们就会直奔目标而去，忽略掉沿途可能带来的其他好处。目标转换要求我们在思考过程中，随时关注沿途的风景，也许你的目标是去远处摘桃，但是在途中可能会经过一片梨树林，何不顺手先摘几个梨吃呢？

第六章
图解思维

第一节 什么是图解思维

我们平时表达自己的想法除了用语言就是用文字,你有没有想过用图画来表达自己的想法呢?人类在发明文字之前就是用图画来交流信息的,甚至汉字本身就是从"图画"慢慢发展而来的。从某种意义上说,图画天然就是人类表达思想的有效工具,它更有助于我们进行思考和交流。

图解思维是一种"用眼睛看"的思考工具,通过插画、图形、图表、表格、关键词等把信息传达出来,帮助我们有效地分析和理解问题,寻求解决问题的方案。

世界著名的心理学家、教育学家东尼·伯赞在研究大脑的力量和潜能的时候,惊奇地发现伟大的艺术家达·芬奇的笔记本中充满了图画、代号和连线,他意识到这可能是达·芬奇在很多领域取得成功的原因所在。在此基础上,东尼·伯赞于20世纪60年代发明了思维导图,这种思考法一经公布很快风靡全球。

东尼·伯赞称赞达·芬奇的笔记本是世界上最有价值的资料之一。达·芬奇在笔记本中使用了大量的图像、图表、插画和各种符号来捕捉闪现在大脑中的创造性想法。这种思考方法正是使他在艺术、哲学、工程、生物等领域获得成功的原因。他的笔记本的核心部分就是图像语言,而文字相对来说处于次要地位。

生物学家达尔文也善于用图解的方式来思考问题。在提出进化论的过程中,他需要尽可能广泛地收集每一物种的信息,并对物种之间的关系进行分析,此外他还要解释各种纷繁复

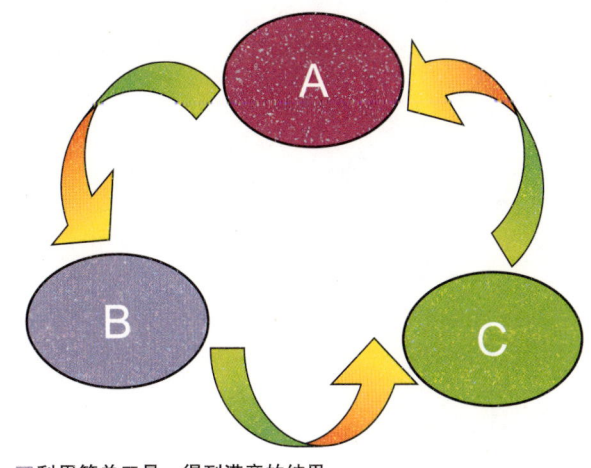

■ 利用简单工具,得到满意的结果。

杂的自然现象。为了完成这项艰巨的任务,他设计了一种像分叉的树枝一样的思维导图笔记形式。他发现这是一种非常有效的收集和整理数据的方法,他用了15个月的时间绘制出一幅树状思维导图之后,提出了进化论的主要观点。

这是一种创造性的有效的整理思路的方法,你可以通过这种方法把大脑中的信息提取出来,用图画的方式表达出来。运用这种思考法你可以把很多枯燥的信息高度组织起来,遵循简单、基本、自然的原则使其变成彩色的、容易记忆的图。

东尼·伯赞说:"电脑、汽车等都有很厚的说明书,而人的大脑这部全世界最有深度和力量的机器却没有说明书。"可以说图解思考法就是大脑的使用说明书,这种思考法与我们的大脑的工作原理一样。也许你会认为大脑的工作太复杂了,其实它的基本工作原理很简单,就是想象和联想。不信你可以试试看,当你看到"汽车"这两个字的时候,你的大脑里出现了什么?肯定不是打印出来的两个字——汽车。你的大脑中呈现出的是行驶在公路上的汽车的图像,或者陈列在汽车销售部门的样车,进而你会联想到奔驰、宝马等汽车的品牌,或者驾驶汽车兜风时的感觉。总之,接触到某一思考对象时,你的大脑中就会出现与该问题相关的三维立体画面,这个画面只在一瞬间就产生了,可见你的大脑比世界上最高级的计算机都善于思考。

但是,当大脑进行无意识的想象和联想的时候,它的工作效率会比较低。也许你有过这样的经历,在写工作总结或者策划方案的时候,冥思苦想很长时间也写不出几行字。因为你的思路很乱,理不清条理,一时找不到自己需要的信息。想象一下,你到一座图书馆去借书,但是图书馆里的书杂乱无章,管理员不客气地对你说:"你要找的书就在这一堆里,自己找吧。"这是不是很让人头疼?事实上,很多人的大脑就像一座杂乱无章的图书馆,虽然存储了很多信息,但是那些信息处于无序的状态。图解思考法能够使我们大脑中的信息变得井然有序,使大脑具有出色的存储系统和信息检索功能。

图解思维就是把大脑中充满图像的思考过程显示在纸上,使已知的信息一目了然,使信息之间的关系条理分明。你的思路可以围绕思考对象向各个方向发散。

用图解思维做一个思维导图类似于绘制一张城市地图,思考对象即城市中心,从城市中心引发出的主干道代表由思考对象引发的主要想法,二级街道代表次一级的想法。如果你对某一点特别感兴趣还可以用特殊的图像表示。

当你围绕某一思考对象绘制出一个全景图之后,你就从大脑中提取了大量信息,你可以明确地看出实现某一目的的途径,从而制定出富有创造性的解决问题的方案。

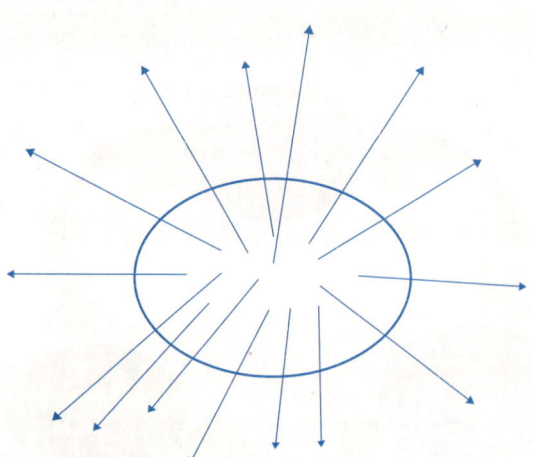
■思路发散

第二节　图解的类型

图解思维提出至今，经过不断完善和发展，衍生出了很多不同的类型。根据需要，在面临不同问题的时候适合使用不同类型的图解。这里我们介绍几种常用的图解类型。

思维导图

思维导图即东尼·伯赞最初发明的图解方法，适用于帮助我们对某一问题的各方面进行理解和记忆。这种图解法就是从一张纸的中心开始，绘制要解决的中心问题，然后从中心引出一些主要枝杈，再从主要枝杈引发一些细节问题。你可以用这种办法把一本书的内容囊括到一张纸上，或者把一周的家务安排或一生的职业规划都表现在一张纸上。

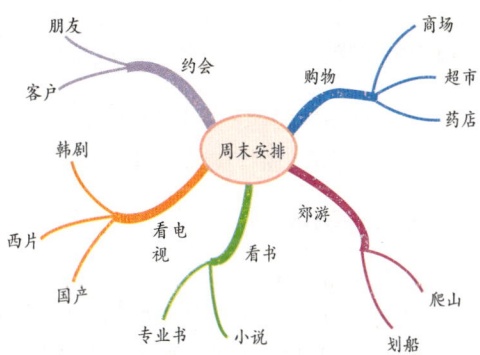

逻辑型图解

逻辑型图解有助于统揽全局，全面地、彻底地解决问题。任何问题都不止有一种解决办法，当你面对一个问题的时候要问问自己都有哪些办法可以达到同一个目的。比如当我们考虑增加利润的方法的时候，就会想到增加销售和降低成本两条思路，是不是还有其他的选择呢？在绘制图解的时候，我们有必要在这两者之外，加上第三条分支：其他收益。

站在思考对象的角度寻找解决问题的方法时，我们要问自己："应该怎样做？"相反，站在解决方法的角度，我们要问自己："为什么要这样做？"这样就系统地把思考对象和关键词之间的关系连接起来了，不至于迷失方向，还可以避免出现重复和遗漏现象。

逻辑型图解有两种基本形式，一种是逻辑树，一种是金字塔。逻辑树是从左到右推导解决问题的办法；金字塔是指将事实向上积累，推导出结论的结构图。此外，还可以运用算式来定义关键词之间的关系。

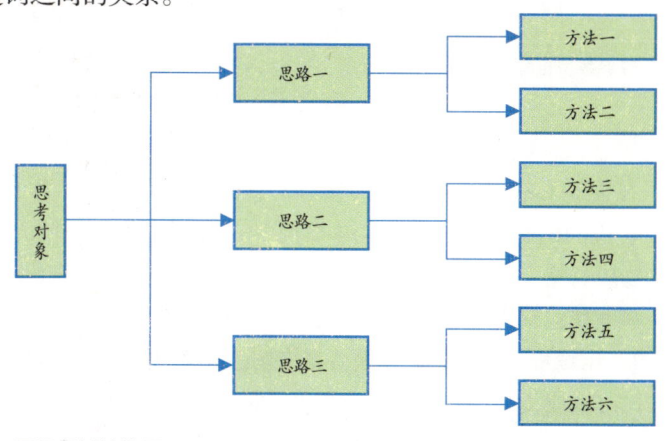

■逻辑树结构图

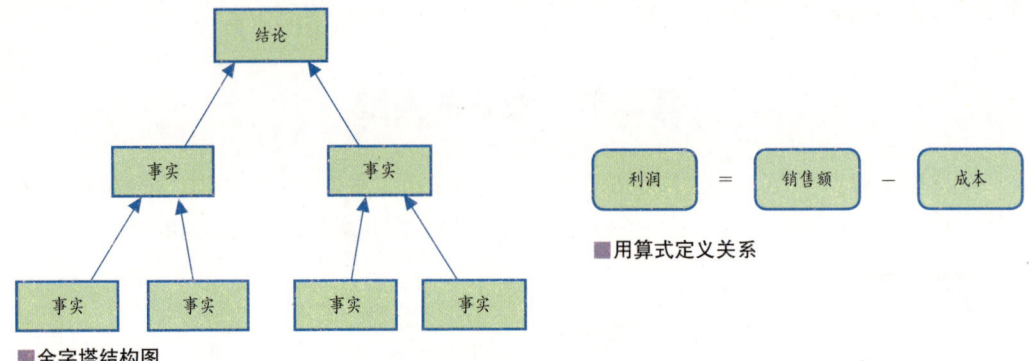

■ 金字塔结构图

■ 用算式定义关系

当你把解决问题的方法以逻辑树的方式陈列出来之后，还要对各种方法的优先顺序进行排列，把最有效的方法放在第一位。

矩阵型图解

1. 参数型矩阵

数学上有用变量和坐标轴描绘的图表，参数型矩阵就是借助变量与数轴的一种图解模式。横轴和纵轴分别代表一定的参数，并把平面分为4个空间，在4个空间中填充相关要素来展现某种状态或发展趋势。

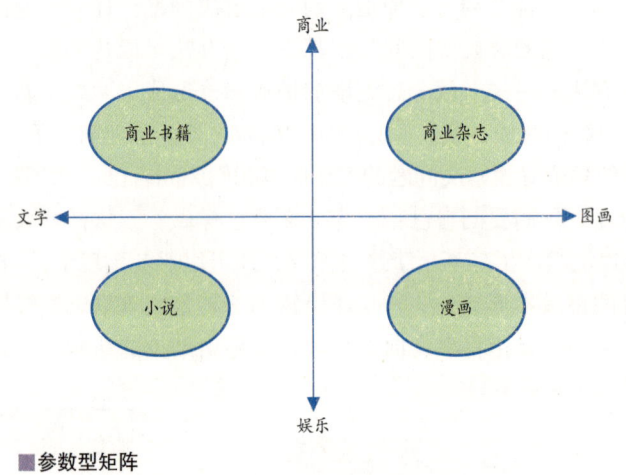

■ 参数型矩阵

2. 箱型矩阵

箱型矩阵也是在横轴和纵轴上有一定的参数，它的特点是按照参数的大小和高低对4个空间进行分类。右边的图解是在市场营销中常见的产品组合管理矩阵，横坐标为市场占有率，纵坐标为市场成长率，按照箭头所指的方向，参数由低变高。右上方的业务，市场占有率高，市场成长率也高，有发展前景，是最有竞争力的业务，因此称为"明星业务"。右下方，市场占有率高，市场成长率低，继续保持高市场占有率就能取得高利润，可以称为"现金业务"。左上方，市场成长率高，市场占有率低，还处在发展阶段，经过调整很有希望提高市场占有率，所以称为"问题业务"或"问题少年"。左下角，市场占有率低，市场成长率低，夺回市场的可能性很小，应该考虑退出市场了，那部分业务称为"瘦狗业务"。

■箱型矩阵

3.情报型矩阵

这是适用于整理信息的典型的图解类型，简单地说，也就是分项列举的表格。具体画法是，先画出四方形的外框，然后在最上行和最左列填上相关的项目名称，在其余的表格中填写文字信息。比如课程表就是一个很好的例子。

4.检查型矩阵

检查型矩阵同样是以常见的表格为表现形式，但是用符号代替文字信息，适用于做标记的图解。比如用Y（N）或者√（×）代表对错，用●代表已有的或已做的，用○代表未有的或者未做的。

过程型图解

1.过程图

过程图适用于展现公司的运作过程，几乎所有工作都需要经过好几道工序才能完成，过程图就是把作业过程的宏观构架展现出来。通过绘制过程图，我们可以检查工作程序中的不足之处并进行改进。比如在产品行销过程中，市场调查这个环节非常重要，但是却往往引不起足够的重视。运用过程图可以清楚地显示各个环节的作用。

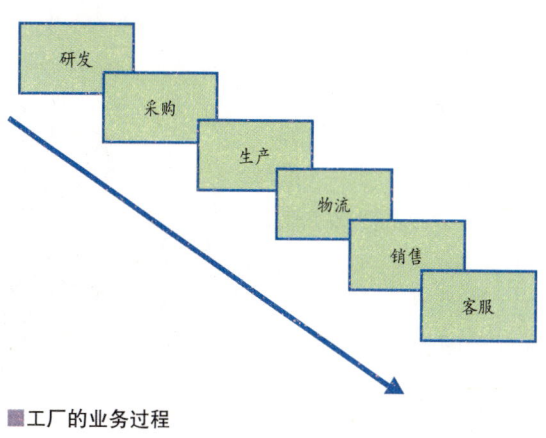

■工厂的业务过程

这是一个很简单的业务过程图。其中的每一个环节还可以继续展开，显示出细节化的业务过程。

2. 流程图

过程图表现的是过程的整体概要，流程图则侧重于细节的分析，适用于复杂的作业过程。流程图能够体现出多个部门之间的联系，因而也适用于横跨多个部门的业务。

图表型图解

Excel软件的应用使数据整理变得非常方便，按照一定的顺序排列的数据可以帮助我们轻松地看出事物的发展趋势，从而快速掌握整体概要，方便我们做出相应的对策。下面的图表是对某产品销售额进行的升序排列之后的结果，哪几个月销售额较大一目了然，我们可以从中找到一些规律以提高销量。

	A	B	C	D
	月份	销售金额（元）		
1	1月	6325		
2	9月	6394		
3	3月	6587		
4	6月	6915		
5	12月	7196		
6	8月	7413		
7	2月	7468		
8	7月	7785		
9	11月	8431		
10	5月	8732		
11	10月	8752		
12	4月	9514		

除了这种常见的图表之外，还有饼图、柱形图、折线图、圆环图、雷达图、气泡图等多种形式，可以增强视觉效果，更加直观、形象地表现数据之间的关系。

此外，还有SWOT型图解，适用于分析目前所处的形势；透视型图解，适用于焦点定位；模式型图解，适用于程式化的运作模式。

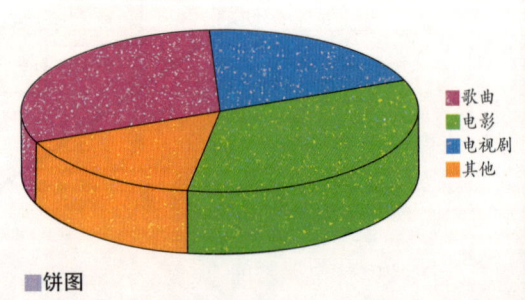

■饼图

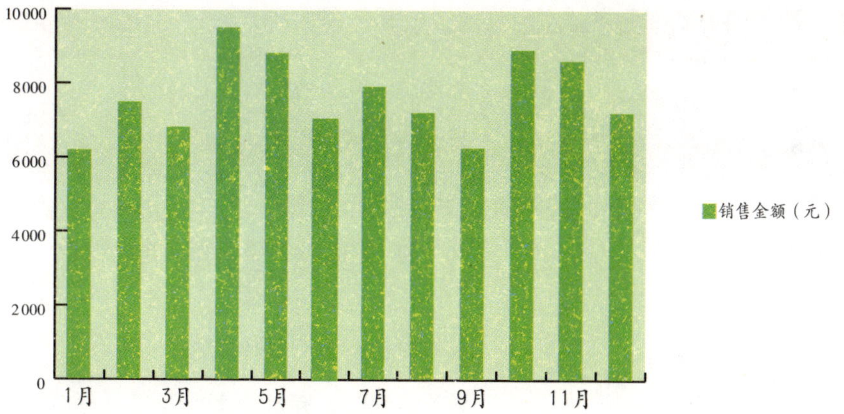

第一篇 思维影响人生：改变人生的10种黄金思维

■ 柱形图

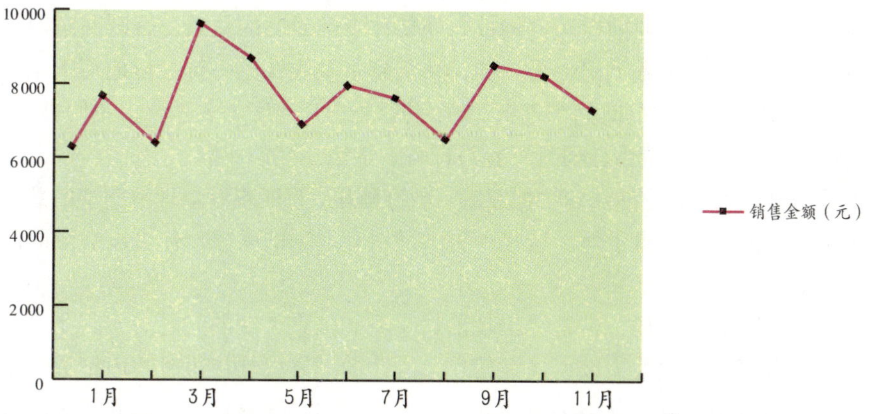

■ 折线图

第三节　为什么用图解

图画是一种投射技术，它反映人们内在的潜意识层面的信息。人们用语言文字表达自己的思想和情绪的时候会有防御心理，而用图画来表达的时候则会把真实的自己展现出来。图画传达的信息比语言和文字表达的信息更丰富、更具体、更形象、表现力更强。

图解是对人脑思考过程的模拟，其本身就是人们思维加工的过程——能够把复杂的东西简单化，把平面的东西立体化，把抽象的东西具体化，把无形的东西有形化。因此，图解思考法无论是在理解、记忆信息方面，还是在制定计划、解决问题等方面都有明显的优势。

图解思维可以帮你学习和存储你想要的所有信息，并对信息进行系统地分类，使思考过程条理清晰、中心明确。图解思维还可以强化大脑的想象和联想功能，就像在大脑细胞之间建立无限丰富的连接，让你更有效地把信息放进你的大脑，或是把信息从你的大脑中取出来。

一般来说，用图解的方法思考问题与用文字思考问题相比有很多优点，主要方面如下表所示。

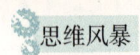

语言文字表达	图画表达
防御性、掩饰	潜意识、真实的自己
复杂、平面、抽象、无形	简单、立体、形象、有形
线性、循序联想	四通八达、随机存取联想
杂乱无章，不容易理解、记忆	有序、彼此连接，很容易理解、记忆
费时、费力、费纸张	省时、省力、省纸张
模棱两可、可能会遗漏信息	尽可能的全面、多种可能性
呆板、单调、传统	活泼、醒目、有创造性

阅读文章必须逐字逐句依照前后顺序阅读，还要注意前后文的关系，否则断章取义可能会误解文章的意思。用文字做笔记也是一样，从上到下呈线性地一行一行地写下来，既没有重点显示，又需要花费一定的时间来理解。文字的这种前后连续的关系要求我们进行"循序联想"。这种思考方法费时费力，而且不容易理解、记忆。

我们再来看图解思维，无论你开始时把着眼点放在哪里，都能很好地理解图中的意思，因为各个关键词之间的关系一目了然。这是一种"随机存取"的联想，你可以在短时间内找到你需要的信息。

借用文字和语言沟通的时候，常常会出现前后矛盾和信息欠缺的问题。尤其是一些长篇大论，表达的一方可能会顾此失彼、遗漏信息。阅读的一方很难在短时间内把握文章的中心思想，常常看不清楚文章的脉络关系。如果把文章的内容图解化，矛盾和缺失之处就会显露出来，传达的信息就会很容易理解。如果信息之间存在逻辑矛盾，就不能用图解来表达。

我们曾把人的大脑比做一个图书馆，里面存储了很多信息，但是这些信息处于散乱状态。运用图解的方式，我们就可以使各个信息之间的关系清楚地表示出来，当提到某一个信息时，与之相关的信息都会浮现出来。这可以使你更容易地学到更多的东西。

你有没有这样的经历，在学习过程中很难记住一些内容，尤其是历史事件、政治理论等内容，就算死记硬背记住了，也会很快忘掉。图解思考法可以帮助我们更好地记忆，更有效、更快速地学习。当你把一段文字用图解的方法表示出来之后，你就能很容易地记住文字的内容，而且过后也不容易忘记，因为图解展示内容的方式与大脑的工作方式一致，可以把文字内容更有系统地整理出来。

东尼·伯赞在十几岁的时候就发现了一个悖论：他所记的笔记越多，学习和记忆力就越差。为了改变这种状况，他在笔记中关键的地方画红线，重要的地方画框框，很快他的记忆力就得到了提高。他后来发明的思维导图实际上就是一种创造性的记笔记的方法，使用颜色、符号、图像和关键词把信息描绘出来，形成一幅彩色的、高度组织的、容易记忆的图画。

他发现世界上99.9%的人都在使用文字、直线、数字、逻辑和次序的方法记笔记。

这确实很有用,但是这并不完整。这种方法体现了左脑的功能,但没有体现右脑的功能。右脑掌管视觉,处理影像、图形,所以擅长图解的人相对来说右脑比较灵活。人脑对图像的加工记忆能力大约是文字的 1000 倍。然而大多数人的右脑处于沉睡状态,只开发了不到 3% 的潜能,如果把右脑的功能全部利用起来,我们的大脑思考能力将提高 30 倍。

很多企业都将图解思维应用于企业的决策、研发等环节之中,比如美国波音飞机公司将所有的飞机维修工作手册绘成一张长 7.6 米的思维大导图,使得原来要花 1 年以上的时间才能消化的数据,现在只用短短几周就可以使员工了解清楚。波音公司负责人迈克·斯坦利说:"使用图解是波音公司质量提高的有效手段之一。它帮助我们节省了 1000 万美元。"

图解思维可以使我们集中注意力,避免模棱两可的表达,对思想进行梳理并使它逐渐清晰,让你看到问题的全景。我们用文字表述一件事的时候很容易偷懒,只要在句尾加上"等等"就可以把一些信息带过。比如"公司里有销售、采购、人事等部门"。运用图解思考法,就可以尽可能完整、清晰地把信息表达出来。

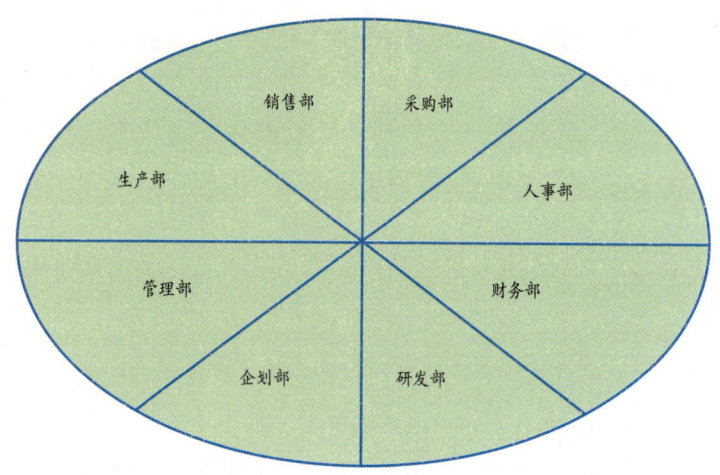

■ 公司部门的划分

运用图解可以使发散思维得到的想法和创意更加直观地展现在纸上。当我们用语言和文字来表述发散思考得到的结果时,大脑处于盲目的、无序的状态,可能会遗漏一些解决问题的办法。把我们的思想绘制成图,因为条理清楚,所以能够更全面地搜寻各种潜在的可能性,帮我们在短时间内找到更多的解决问题的办法。

当我们用文字表述的时候,只能用黑色、蓝色钢笔或圆珠笔来书写,放眼望去,你的笔记是一种单调的颜色,这让人感到呆板、乏味,甚至会产生厌烦心理。图解思考法活泼、醒目,文字、数字、符号、颜色、味道、意象、节奏、音符等多种形式都可以灵活运用,可以充分调动左右脑的功能,运用图像语言进行创造性思维。让我们的大脑最大限度地发挥想象和联想,在各个领域产生无数创意。

第四节 "读图时代"

我们常常听到"读图时代"这个词,就是说我们进入了这样一个时代:文字让人"厌倦",相对来说图片能更快捷地传达信息,图片的灵活多变性更能刺激我们的眼球,丰富我们的求知欲和触动我们的神经。繁琐的文字不如图片简单易懂、印象深刻。一幅涵义深刻的图画,配上两三个字的标题,就能让人心领神会。总之,图解就是一种用眼睛看的思考方式,几乎所有的东西都可以绘制成图。

有时,运用图画可以使传达信息的效率大幅度提升。比如你这个月的工作行程安排,与其用文字的形式一行一行地描述,不如用图表的方式表达更一目了然。

本月工作行程安排表						
1日 9:00开会	2日	3日	4日	5日	6日	
7日	8日	9日 15:00报告	10日	11日	12日	13日
14日	15日	16日	17日	18日	19日	20日
21日	22日	23日 9:00检查	24日	25日	26日	27日
28日	29日	30日 11:00检查	31日			

有人可能会担心用图画表达思想会给沟通带来障碍,这种担心是多余的,因为图画天然的功能首先是表达和沟通,其次,才是美学意义。事实上,用图画传达信息比用文字和语言传达信息更直观、更有效。

你可以用图解思考法计划一次演讲、处理家庭事务、准备购物、计划一个浪漫周末或者说服别人。

繁琐的家务事让家庭妇女感到头疼,她们既是妻子,又是母亲,还有自己的工作,如果不能对各项事情进行合理的安排,生活就会陷入一片混乱。儿子可能会从学校打电话来抱怨忘了带球鞋;丈夫可能会提醒她有一个重要的商务晚餐;明天有朋友来家里吃饭,但是可能没有足够的食物……

有一位家庭妇女了解图解思考法之后,开始运用图解思考法为每天、每周、每月的家庭事务制定计划。她把图解贴在冰箱的门上,为的是每天都能看到。这种方法使一切都井然有序了,并且保证了家务管理方面有非常高的效率。她在周末绘制下一周的家务图解,然后在下一周当中不断完善它。

第一篇 思维影响人生：改变人生的10种黄金思维

当你想理解一篇艰深难懂的文章的时候，或者想记住一些信息的时候，同样可以借助图解的方法。运用图解你可以把一本书的信息展现在一张纸上。因为每一个图像都包含许多个词汇，看到一个图形你就能想起一系列的相关信息。

甚至计划一次商务风险投资，或者规划自己的美好未来，都可以用画图的方式来解决。每个人都对自己的未来有美好的愿望，运用图解这种世界上最尖端的思维工具，你可以使自己的愿望视觉化，这会大大增加你实现愿望的可能性。

准备一张足够大的纸，然后让你的想象力爆发吧！你可以把自己想实现的一切愿望表现在纸上，包括事业、学业、婚姻以及物质领域和精神领域。你还可以在以后的生活中经常审视你的未来图像，并对它进行修正和补充。把目标视觉化之后，它会深刻地印在你的脑海中，并指导你朝着实现它的方向前进。很多人尝试使用图解思考法来规划自己的未来，并发现它真的具有神奇的力量，短短几年之内，他们的愿望80%都实现了。

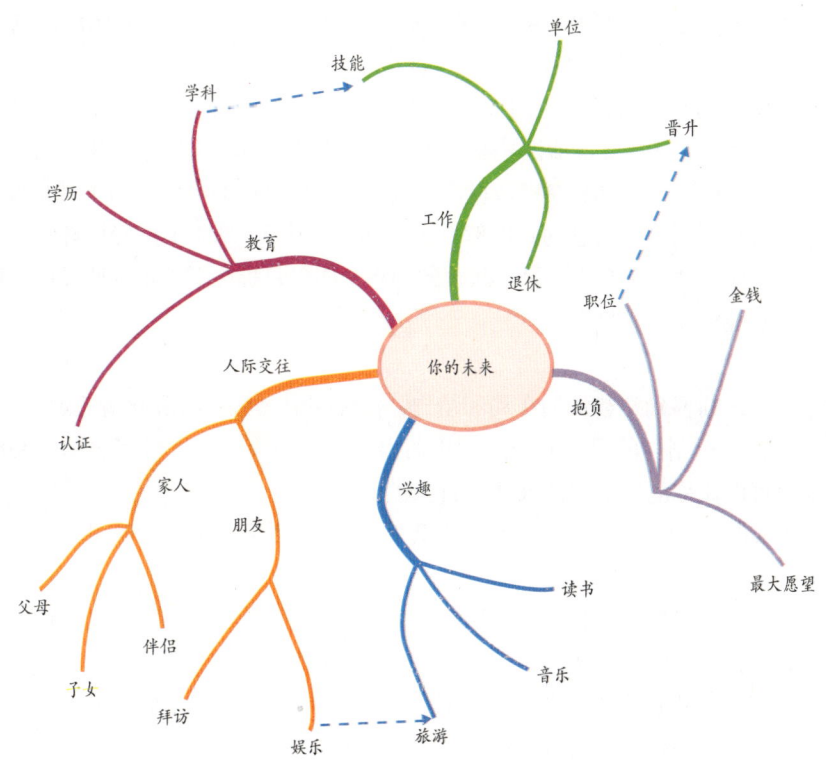

■ "你的未来"的图解

你还可以对理想生活中的每一天做一个图解，描绘出完美一天的要素，并力求实现它们。这会给你的生活添加快乐和希望。当你把图解思考法应用在生活中的各个领域之后，你会发现它能使你的生活变得更加丰富、高效、充实、成功。

没有什么是不能通过图画来表达的，如果你看到一个问题无法进行图解，原因很可能在于信息不足，或信息之间存在矛盾。

第五节　如何绘制图解

通过前面所讲解的图解思维的神奇功效，你是不是已经跃跃欲试，打算绘制自己的第一张图解了？也许开始时你会觉得很难绘制，其实绘制图解一点儿都不难。

绘制图解最基本的原则就是放弃成段的文字，改用图形、表格、图表和插画来表达自己的意思。首先，将头脑中想到的事情用一些关键词写在一张纸上，充分运用想象和联想把头脑中浮现出的信息全部写下来，然后用线条把相关事件连接起来，或用一些符号把事件之间的关系表示出来。这样图解就完成了一半。

有了整体轮廓之后，再从细节着手，加入一些基本图形或插画，使所有信息都有视觉化的效果。这样的图解更生动、更形象。

图解思维和其他思维一样也要经过训练才能掌握其中的诀窍。绘制图解之前要准备一张大一点的白纸，然后，保持自由的心态，就像在白纸上画画一样，发挥你的想象力。之所以在刚开始绘制图解的时候要使用大一些的纸，是因为最初使用这种方法的时候难免要发生逻辑错误。图解只有具备逻辑性才有说服力，必须经过不断练习才能使错误逐渐减少。这是一个必要的过程。图解思考专家西村克己说："绘制图解不可欠缺的工具是橡皮擦。"

绘制图解首先要明确自己想通过图解解决的问题是什么，是为了更好地理解一篇文章，还是为了制定一项计划，或者为了寻求新颖的创意？明确目标之后，才有搜寻信息的方向，从而绘制出与问题相关的全景图。

绘制图解应注意：

1.着手绘图之前要确定整体的布局和结构，保证完成之后的图解和谐美观。

2.在中心位置绘制你的思考对象，周围留出空白。用简短的大号字表示出要解决的中心问题。这样可以让你的思维向四面八方自由扩展。

3.用图画或图像来代表一些值得关注的思考点。一幅图可以刺激大脑进行想象和联想。图画越生动，越能使大脑兴奋。

4.在绘制过程中尽量使用彩色。色彩同样可以使大脑兴奋，使你的思维更加活跃。而且，色彩可以使信息摆脱呆板、单调、沉闷的气氛，让你的图解变得有趣。

5.将思考对象与由此引发的思考点连接起来，使各个部分的关系明确起来。这样可以使大脑更容易地发挥联想，从而对信息进行有效地理解和记忆。

6.在每条分支上写上关键词，尽量不要使用短语和句子。两三个字的关键词既能指引你的思考方向，又能给思维留下广阔的想象空间。

7.尽量多地使用图形。图解中的图形越多，那么图解的内容就越丰富。但是，要注意图解的美感与和谐度。

8.一张纸解决一个中心问题。如果妄图在一张纸上表达太多的问题，就会让人感到混淆不清，使问题更加难于解决。如果思考对象相当复杂，也可以试着把它分解成两三个项目进行思考。

从众多的信息中找到合适的关键词需要一定的技巧。在表达意思的时候，如果修饰词和连接词没有什么意义就可以删除掉，或者用箭头和连线代替。你在平时阅读的时候，可以在能够表达文章中心思想的重要词下画线，用这种方法来训练自己寻找关键词的能力。

与思考对象相关的关键词会有很多，如果用单一的颜色或单一的图形来表示就会造成混乱、没有条理。表达关键词有一定的技巧，我们可以把关键词分为三类，用三种颜色或三种不同的图形来表示。假设我们把 A 作为一类，那么与 A 类相反的信息就是 B 类，剩下的其他情况归入 C 类。可以把 A，B，C 分别用红色、黄色、蓝色来表示，或者分别用圆形、方形、三角形来表示。

找到与思考对象相关的关键词之后，把意思相近的关键词组合在一起，如果有重复的地方可以擦掉一个。然后，用图形将关键词圈起来，就有了图解的模样。接下来，把有因果关系、包含关系、对立关系的关键词用箭头连接起来。这样你就绘制了一幅全景图。

不要一开始就期待绘制出完美的图解，在开始绘图的时候可能把握不好图形的布局和整体结构，不能对信息进行有效地分类处理。俗话说"熟能生巧"，经过一些练习之后，你就能很好地掌握图解的技巧了。

运用图解表示出你的节假日活动。

第六节　好的图解，不好的图解

虽然说图解比文字更能够使信息条理化、更能够帮助人们理解和记忆信息的内容，但是如果使用不当，不但不能使信息条理化，反而会使问题更加复杂。要想绘制出好的图解，我们就要掌握好的图解应该具备哪些特点。

什么样的图解是好的图解，什么样的图解是不好的图解呢？其实判断标准很简单，能够实现图解的目的的就是好的图解，否则就不是。

图解的目的有以下几个方面：
1. 使问题一目了然，从宏观上展现出思考对象。
2. 有效地传达信息，防止信息遗漏或重复。
3. 很好地展示思考点之间的相互关系，比如因果关系、包含关系。
4. 使信息之间具有逻辑性和顺序性，避免前后矛盾。
5. 运用颜色和插画可以使图解的内容更丰富、更形象。

图解也是一种美学，好的图解不但要有传达信息的功能，还应符合人的审美要求。美观、和谐的图解，让人看了之后赏心悦目，自然也容易接受；单调的、杂乱无章的图解，让人看了就心生厌烦，很难在宏观上把握图解要展现的信息内容。

好的图解应该具有整体感和均衡感。图形和文字的大小要适中，并留有一定的空隙，不要太紧凑，也不要太松散。太紧凑会给人压抑的感觉，太松散则会失去整体感。因此绘制图解时要注意图解中颜色、图形的和谐搭配。

在绘制图解之前，首先要规划图解整体的排版配置，原则上应该是先画好图形，然后再添加文字，画图的时候要同时考虑整体图解的配置。图解的视觉性很强，版面是否和谐非常直观。简言之，能够使原本模糊的信息和逻辑清晰表现出来的图解堪称好的图解。

绘制图解时不要追求复杂化，不要贪图表达太多的信息，简单的干净利落的图解更容易让人理解。图解高手应该能很好地把握哪些信息是重要的，哪些信息是多余的，然后把多余的删除掉，留下重要的信息，就能使图解清晰明了。当你想用多张图解说明一个问题的时候，要注意它们在风格上的一致性和逻辑上的关联性。

下面我们再从好的图解和不好的图解的对比关系中把握二者的区别。

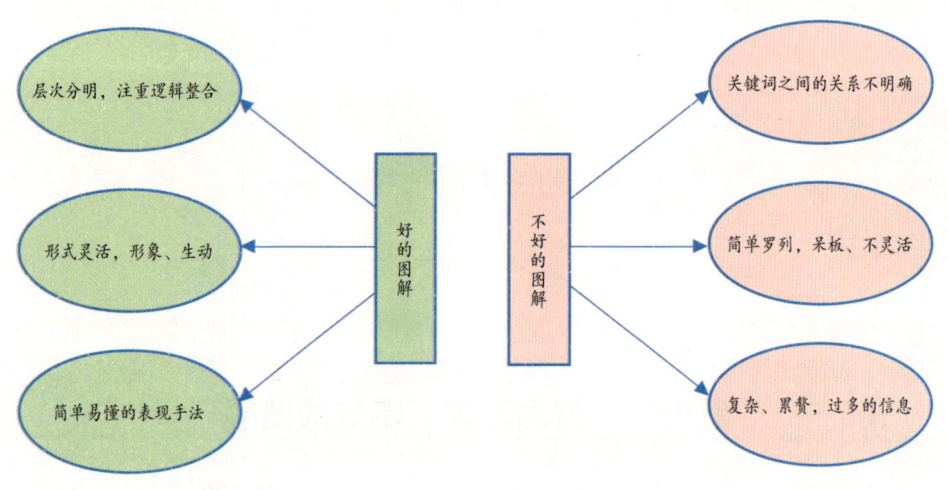

■好的图解与不好的图解对比

好的图解要注重关键词之间的逻辑关系，否则图解就会混乱，比文字更加难以理解。要想使图解具有逻辑性，首先要掌握整体轮廓概要，以及各关键词之间的逻辑关系，包括因果关系、包函关系、对立关系、并列关系等。因果关系可以用箭头来表示，包函关系可以用大圆套小圆来表示，对立关系可以用双向箭头来表示，并列关系则可以让两个关键词相互独立。

此外，好的图解应该是形式灵活多样的，而不是简单的信息罗列。在绘制图解的过程中，应该大胆尝试运用色彩、阴影、立体化和插画等元素使图解的视觉效果丰富起来。绘制图解时应该大胆删除掉多余的信息，使主要内容清晰明了起来。

案例：以下是人们常用的图解，请对比这两个关于如何增加公司效益的方法的图解。

第一篇 思维影响人生：改变人生的10种黄金思维

不好的图解：

增加公司效益的方法	
降低成本	增加销量
减少折扣率	减少设备投资
降低加工费用	吸引更多的顾客
增加既有顾客的购买量	给顾客提供优惠条件
加大广告宣传	减少人事费用
减少包装费用	减少水电费用
创立品牌	商品高级化
做各种促销活动	降低固定费用

这个图解只是简单地罗列出了一些关键词，表格两端的内容没有什么逻辑关系，"增加"和"减少"混合在一起，给人杂乱无章的感觉。总之，人们看了这个图解，会感觉条理不清楚、层次不分明，基本上没有起到图解的作用。

好的图解：

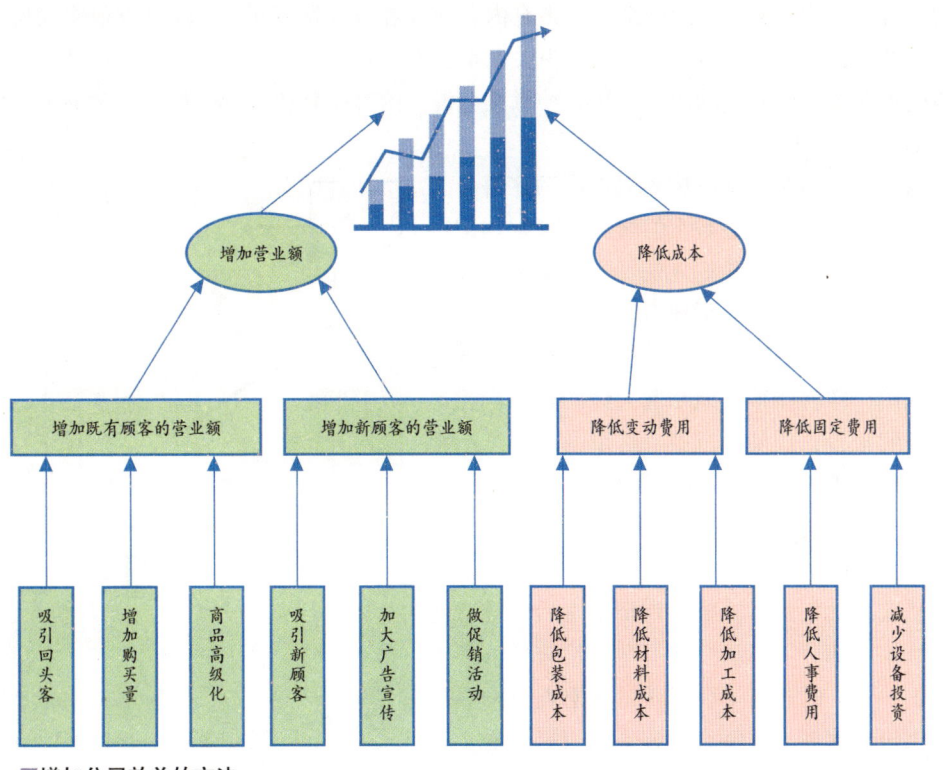

■增加公司效益的方法

这个图解对各个关键词进行了阶层分组整理，先从总体上把所有的关键词分为两类：增加营业额和降低成本。然后又分别对每一类进行细分，增加营业额的方法又分为增加既有顾客的营业额和增加新顾客的营业额两类，降低成本的方法又分为降低变动费用和降低固定费用两类。所有具体的方法基本上都可以归入这4类，这就使每一具体的方法都与上一层级体现出一定的逻辑关系。另外，色彩、立体效果、阴影效果的运用使整体图解更加生动、形象。

第七节　提升图解的说服力

要想提升图解的说服力首先要清楚地指出整体的构成要素：

1. 从宏观至微观

在组装一台机器之前首先要准备好所有的零件，缺了任何一个零件，哪怕是一个螺丝钉也不能组装成一个完整的机器。此外，零件之间要互相匹配。无论零件多么先进，如果零件之间不合适，也不会发挥出很好的效果。因此在绘制图解之前应该先统观全局，对整体轮廓进行把握，否则就会"只见树木不见森林"，对信息有所遗漏或者出现逻辑错误。

从宏观到微观的思考模式很重要，它可以帮我们迅速地理解所有信息的大体内容。你可以先设想一下如果图书没有内容简介和目录会怎么样？除了书名之外，你无从了解一本书的内容，只能一页一页地阅读。如果有内容简介和目录就不同了，你可以很快知道书中主要讲的是什么，甚至对各部分的逻辑关系都会有一定的了解。你还可以直接翻到自己感兴趣的那一章阅读其中的内容。从某种意义上说，内容简介和目录就相当于对书中的内容进行了图解。

从宏观到微观，从整体到局部的顺序符合人们接受信息的习惯，并与人们辨别、理解和记忆信息的能力相适应。我们无法一下子掌握100多页的信息，即使一页一页地看完，也可能看了后面的就忘了前面的。但是如果把信息在一张纸上绘制成图，你就能很快地掌握大体的轮廓。无论是做说明报告，还是分析做一件事的过程，运用从宏观到微观的顺序，都很容易让人理解并接受。而且看过之后，也不容易忘，想到相关问题的时候，那幅图就会自动浮现出来。

从宏观上把大体轮廓展现出来之后，接着就该描绘细节部分了，从微观上把大量信息整理出来。比如工厂的业务过程图就是从宏观上来表现的，要想细致地了解每个环节是如何运作的，就要从微观上绘制每个环节的运作流程。图中以产品的研发为例，从细节上展现研发的过程。

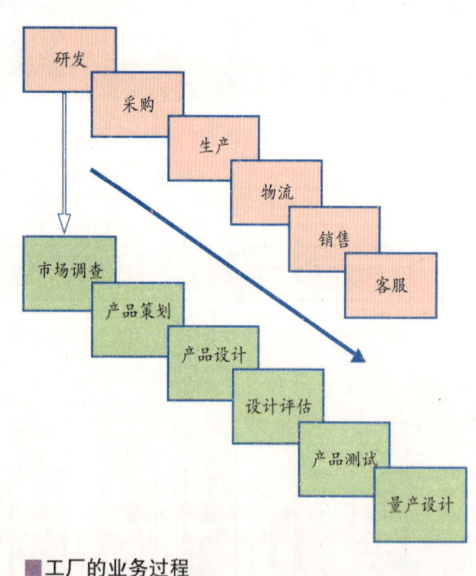

■ 工厂的业务过程

从宏观到微观的思维模式还有一个好处：从整体上把握思考对象之后，你就能知道哪些信息是重点，哪些信息是非重点，然后对重点内容着重理解和分析，而非重点内容就可以快速浏览过去。

2.随时注意是否有遗漏和重复的信息

如果遗漏某些信息，就不能完整、全面地了解问题，可能会让你失去很多机会。如果信息出现重复现象，就会给理解造成混乱，还会让你把简单的问题变复杂，花费更多的时间和精力处理重复的信息。因此要想提高图解的说服力，就要随时注意是否有遗漏和重复的信息。

避免信息遗漏或重复的有效方法是对信息进行有效地分类，如果宏观分类不能涵盖所有的信息，那么在细节上就很有可能会遗漏信息。如果分类出现交叉现象，那么在填充详细信息时就可能会出现重复。

比如前面我们提到的例子：如何提高企业利润。针对这个问题如果把方法锁定在提升营业额和降低成本两个方面，就会忽略掉一些其他的方法。因此最好在分类时加入"其他收入来源"，这样你就会自动地想到提升营业额和降低成本之外的方法。

3.排列信息的优先顺序

信息有主次之分，有些信息对我们理解问题、解决问题很关键，有些问题则可以忽略不计。如果像关注关键信息一样关注那些无关紧要的信息，就会浪费很多精力。因此绘制图解时要把信息按照优先顺序排列，以便舍弃多余的信息，把注意力集中在比较重要的信息上。

比如，当你为高档汽车寻找目标消费群的时候，应该把注意力集中在那些事业有成的人身上，而不应该把过多的精力花费在打工者身上。

第七章

灵感思维

第一节　灵感的特征

你有没有这样的经历：面对一个问题百思不得其解的时候，转移一下注意力，突然间灵光乍现，想到了一个好办法。这就是我们常说的灵感。

灵感不是凭空产生，而是建立在长时间的探索基础之上的。如果你长时间思考某一问题而得不到解决的办法，暂时把问题搁置在一边去干别的事或者休息一会儿，往往会忽然受到某一事物的启发，想到解决问题的办法。因为在你干别的事或休息的时候，潜意识处于活跃的状态，还在继续思考，外界的偶然刺激会给潜意识带来启示，并进入意识层面的思考。潜意识中存在大量的信息，信息量比意识层面丰富得多。当意识停止思考的时候，潜意识还在做大量的尝试，把各种信息与思考对象联系起来，一旦找到解决问题的方法就会与意识建立连接，表现为灵感的出现。

灵感具有以下特征：

1. 突发性和触发性

灵感总是给人带来意外惊喜，你不知道在哪一刻潜意识中的信息会与外界信息突然接通，引发奇思妙想。当年，约翰·施特劳斯在多瑙河边散步的时候，美丽的风景激发了他的灵感，由于没有带纸，他竟然把《蓝色多瑙河》这首著名的曲子写在了衬衫上。因此为了捕捉灵感，我们应该随身携带一支笔和一个笔记本，在枕边也要准备好纸笔，也许灵感会在睡梦中拜访你。唐人李德裕曾以"恍惚而来，不思而至"来表述灵感的突发性。当你费心费力地寻求它、等待它时，它却偏偏不来；而当你准备放弃、不再理它的时候，它却突然降临了。

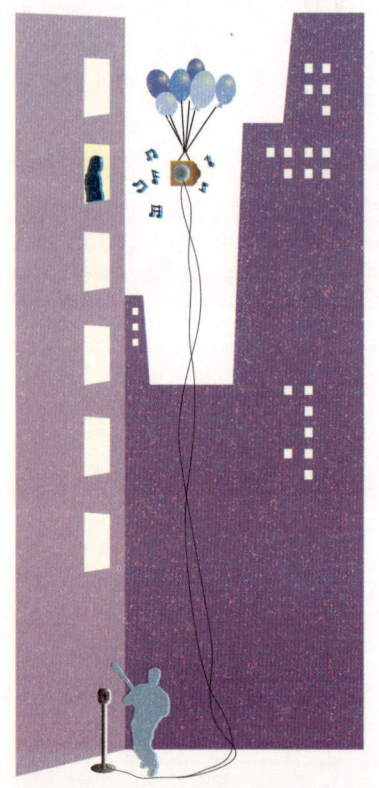

图片可以为小故事增添许多情境。联系图片读故事时，就能记住更多的细节。

阿基米德洗澡时受到了启发，发现了浮力定律。

灵感的触发性表现为主体与客体的碰撞，即外部事物对潜意识的偶然刺激。屠格涅夫乘船游莱茵河时看到岸边楼上眺望的老妇和少女，产生了灵感，由此写成《阿霞》；列夫·托尔斯泰看到路旁折断的牛蒡花，产生了创作灵感，写成了《哈泽·穆拉特》……古希腊著名的物理学家和数学家阿基米德的故事就很好地说明了灵感的触发性。

有一次，工匠为国王做了一顶金冠，国王怀疑工匠偷工减料，在王冠里掺杂了其他的金属，但是又不知道如何检验。于是，他让阿基米德想办法弄清楚金冠是不是纯金的。

阿基米德被难住了，冥思苦想却一直想不出办法。有一天，他去洗澡。他刚站进澡盆的时候，水就往上升起来，他坐了下去，水就溢到了盆外。他恍然大悟，兴奋地从澡盆里跳出来，没穿衣服就跑出去，大声喊着："我知道了！我知道了！"周围的人以为他疯了，事实上他找到了检测金冠的办法。

阿基米德找了一个水罐，将里面注满水，又向国王要了一块跟给工匠做王冠用的一样重量的纯金。然后，他分别将王冠和纯金放入水罐。结果发现放王冠时水罐里溢出的水要比放纯金块溢出的水多。阿基米德由此断定，工匠给王冠里掺了其他金属。

2. 瞬间性

灵感转瞬即逝，如果你没有来得及抓住它，它就会飘逝得无影无踪，给你留下遗憾。因为灵感是潜意识带给我们的指引，有点像梦中的景象，稍不留神灵感的火花就会熄灭。

宋代诗人潘大临的一次经历可以证明灵感的瞬间性。在临近重阳节的时候，下起了一场秋雨。他诗兴大发，随即赋道："满城风雨近重阳。"就在这时，一个催租人突然闯了进来，打断了他的创作灵感，他便再也写不出下文了。尽管催租人走后秋雨依旧，但诗人再也找不到灵感了。

3. 情感性

当灵感来临时，是一种顿悟的状态，往往伴随着情绪高涨、神经系统高度地兴奋。尤其在艺术创作领域，灵感的情感性特点体现得非常突出。

郭沫若创作《地球，我的母亲》的时候，突然间来了灵感，他竟然脱了鞋，赤着脚跑来跑去，甚至索性趴在地上，去真切地感受"母亲"怀抱的温馨。

4. 模糊性

灵感只是给你指明一个方向、一个途径，要想取得最后的成果，还要对它进行深入的加工。有时，灵感只给我们提供了一些零碎的启示和线索，沿着这条线索进行思考，就能得出意料之外的成果。

5. 独创性

灵感有时会给我们带来令人耳目一新的奇思妙想。灵感的出现是创造性思维的质的飞跃，它不是逻辑推理的结果，而是在外界事物的刺激下对原有信息进行的迅速的改造。

灵感的独创性还体现在它的不可重复。灵感来临时，会在大脑皮质产生复杂的神经联系，一旦注意力转移，这种神经联系就会处于消极状态，即使再用与之前相同的客观事物进行刺激，也不会带来更多的灵感了。

第二节　灵感的激发和运用

虽然灵感的产生有很多不确定的因素，但是我们还是可以找到激发和运用灵感的方法。按照正确的方法进行思考以图产生更多的灵感，并且在灵感来临的时候能够及时抓住灵感。

俗话说："机遇偏爱有准备的人。"灵感也是一样，它不是神乎其神的东西，而是基于大脑中储存的信息和经验做出新的整合。虽然我们不能确定灵感在什么时候产生，但是我们可以明确灵感产生的原因和条件。

要想产生灵感、抓住灵感并使灵感发挥作用，我们应该做到以下几点：

第一，要明确一个思考对象，设立一个思考目标。如果没有目标大脑就会处于一种盲目的状态，没有要解决的问题也就不会产生能够解决问题的灵感。当目标明确之后，你的潜意识就会朝着那个方向努力，并会尝试把各种信息与思考对象建立联系，以求找到解决问题的办法。

第二，要积累与思考对象相关的经验和知识。一个对自己思考领域一窍不通的人，很难在那个领域产生灵感。经验和知识的多少与获得灵感的可能性成正比。一个人在某一领域积累的经验和知识越多，那么他在思考那方面的问题时，获得灵感的可能性就越大。

第三，要想让灵感光顾，还要养成勤奋学习、善于思考的习惯。如果你坐在家里守株待兔，永远也等不到灵感光临。音乐家柴可夫斯基曾经说过："最伟大的音乐天才有时也会为缺乏灵感所苦。灵感是一个客人，但并不是一请就到。在这当中就必须要工作，一个诚实的音乐家决不能交叉着手坐在那里……必须抓得很紧，有信心，那么灵感一定会来。"

灵感产生之前必然要经过一个长时间的思考过程。在这个思考过程中，你可能举步维艰

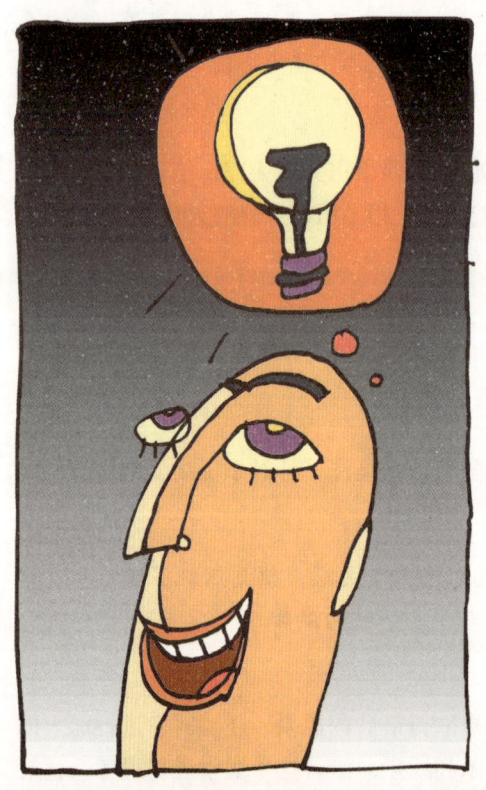

■灵感是转瞬即逝的想法，善于捕捉灵感，就容易获得成功。

一无所获,你甚至会怀疑自己的方向不对或思考方法不对。因为没有任何迹象表明你所付出的努力会有回报,但是灵感的产生就是建立在这些看似没有回报的努力基础之上。事实上平日里有意识的努力推动了潜意识的工作,只要你锲而不舍,潜意识就会在你没有察觉的情况下带给你灵感。

第四,要想让灵感早点到来,必须有强烈的解决问题的愿望。爱因斯坦曾经说:"如果普通人在一个干草堆里寻找针,他找到一根针之后就会停下来。而我会把整个草堆掀开,把散落在草里的针全部找到。"这种彻底地解决问题的欲望是爱因斯坦取得伟大成就的重要原因。解决问题的愿望越急切,思维活动就会越积极。

很多灵感都是在强烈的解决问题的欲望驱使之下发生的,当你有意识地急切地寻求解决问题的方法时,潜意识也会更加积极地参与思考活动。

第五,劳逸结合,放松身心。我们强调急切地寻找解决问题的办法,但是并不是说要让自己的大脑时刻处于紧张、疲惫的状态,那样的话会导致思维的停滞,灵感会被窒息。积极地有意识地思考只是为灵感的出现做前期准备,灵感喜欢在大脑放松的时候造访思考者。因为当你放松的时候就会使外界信息刺激潜意识里的信息,从而撞击出灵感的火花。

冥想是放松身心的非常有益的活动,可以使人心境平和、精神放松,有助于大脑进行自我调整。心理学家研究表明,冥想是产生灵感的最佳状态。

第六,抓住灵感。灵感出现的概率比我们想象的要多,但是由于我们不能及时抓住灵感,导致很多灵感一闪即逝,没有给我们带来实际的效益。灵感来去匆匆,不以我们的意志为转移,要想随时捕捉不期而至的灵感,我们就要像捕猎者一样时刻做好准备。那些富于创造力的画家、作家、音乐家都在书桌边、手边、枕边随时准备好笔和纸,以迎接灵感的到来。

好不容易才能等到灵感的光顾,所以当灵感出现的时候要抓住不放,如果让到了手指尖的灵感逃之夭夭,只能给自己留下遗憾。美国学者罗伯特说过:"许多富有创造精神的人都曾经体验过获得灵感的滋味,同时他们也常常感到惋惜。由于事先没有准备,没有及时记录下这些灵感,时过境迁之后,就再也记不起来了。"

第七,把奇思妙想转化为发明创造。抓住灵感之后,就要付诸实践,只思不行,会使灵感成为空想,那么这对我们毫无意义。

马尔柯姆本来只是一个普通的卡车司机。有一次,他把货车开到一个港口之后,不耐烦地等待卸货装船。在他等待的过程中,忽然灵感来临了:为什么不想办法把货车开到船上呢?这样既省时又省力。他抓住了这一灵感并付诸实践,经过不断地设计和改进终于发明了集装箱。后来,他成立了第一个集装箱队。

很多人想到一些奇妙的主意之后,并不马上付诸实践,结果灵感只停留在设想阶段,并没有发挥作用。他们可能觉得自己的想法太不可行,其实真正阻碍他们把灵感应用到实践中的原因是不敢打破常规限制,而且他们比较懒惰。如果当初马尔柯姆有了那个想法之后一笑了之,不再寻求实现那个设想的方法,那么也许今天还能看到码头上不断卸货装船的情景。

第三节 自发灵感

当你用很长时间钻研一个问题之后，头脑中已有的信息互相激荡，忽然间令你茅塞顿开，产生创造性的解决问题的方案（不借助外部因素的刺激），这就是自发灵感。

梦境产生于颞叶皮层。
大脑的海马组织重放日间所经历的事情。
视觉区域重新放映日间看到的景象。

■ 人在做梦的时候，大脑会重放最近所经历的事情，并会把它们埋入记忆深处。有时在梦中会突发灵感，白天所冥思苦想的问题就"自动"解决了。

自发灵感是由潜意识的大量活动带来的灵感。很多科学难题都是科学家们通过自发灵感解决的。比如我国著名的数学家侯振挺证明数学难题"巴尔姆断言"的过程，就是对自发灵感的利用。

很长一段时间，侯振挺研究"巴尔姆断言"都没有结果。他几乎把所有的时间都花费在对"巴尔姆断言"的证明工作上，甚至吃饭、睡觉、走路的时候头脑中都在思索着这个问题。他感到自己一次次接近问题的边缘，但就是找不到出路。经过长时间的思考，证明它的轮廓已经在脑子里形成了，但是有些问题就像大山一样挡住了出口。

后来他感到很难再有所突破，便把自己的思考成果做成一份文件，准备让一位同学带回学校去请教老师。就在他送同学去车站的时候，脑子里忽然灵光乍现，他好像看到了穿过那座挡路大山的一条幽径。火车马上就要开了，他留下了那份文件，立刻在车站旁的石凳子上进行推导，那条幽径越拓越宽。十几分钟后，他已经闯过了那座大山。没想到这么容易！日日夜夜折磨着他的难题竟然只用了十几分钟就完成了！

自发灵感完全凭借思考者潜意识里信息的不断积累和激荡，当积累到一定程度就会爆发，激活大脑的所有神经元素。当这种自发灵感来临之际，由于它的神秘性和巨大的创造力，往往使思考者的情绪异常高涨。

被誉为世界第一男高音的意大利歌唱家帕瓦罗蒂竟然不识乐谱。这个消息在媒体上报道之后，让人们感到非常震惊。但是，这是千真万确的事情，帕瓦罗蒂本人后来向媒体坦然证实了这一点，他真的不懂乐谱。人们无法理解，不懂乐谱怎么唱歌呢？帕瓦罗蒂解释说："我不是音乐家，不需要懂乐谱。唱歌和作曲是两码事，我是用头脑和整个身体歌唱的。"所谓的用头脑和整个身体歌唱，实际上就是借助于自发的灵感来对音乐进行诠释。

自发灵感遵循长期积累，偶然得到的原则、解决问题的方法长期在潜意识中孕育，一旦成熟之后就会拨云见日，豁然开朗。除了冥思苦想忽然计上心头之外，它还有另一种形式，即在梦境中获得灵感。人们常说："日有所思，夜有所梦。"的确如此，当你钻研一个问题很长时间之后，即使睡着了，你的大脑潜意识还在对这个问题进行思索，潜意识的活动在梦中虽然表现得无序、怪异、零乱、模糊，但是也能够给我们带来一些灵感。

梦境是对大脑思维的一个自动整理筛选的过程，可以说做梦是进行创新的重要途径。

第一篇 思维影响人生：改变人生的10种黄金思维

诺贝尔奖获得者英国科学家克里克认为做梦可以消除掉大脑中的无用信息，使思维变得更加敏捷。俄国化学家门捷列夫发现元素周期律，就是在梦中得到灵感的典型例子。

门捷列夫从23岁开始致力于探索千差万别、性质各异的元素之间的规律。他把各种已知元素写在卡片上，然后尝试各种方法对这些卡片进行排列，以求发现其中的规律，在这个问题上他苦苦探索了20年。有一天，他在摆弄那些卡片的时候疲倦地趴在桌子上睡着了。在梦中他看到那些卡片活了起来，自动组成了规则的排列。当他醒来之后，迅速按照梦中的排列顺序将已知元素有规律地排列了起来，而且预言了11种尚未发现的元素。

记者问他如何在梦中发现元素周期律的，他说："并不像你想的那么简单，这个问题我大约考虑了20年才得到了解决。"

开动你的脑筋

在日常生活中，你有没有自发灵感解决问题的经历呢？如果有，请写下来。

1. _____
2. _____
3. _____

第四节 诱发灵感

诱发灵感是指根据生理、心理、爱好、习惯等方面的特点给灵感的到来提供一定的环境，促使解决问题的方案在头脑中产生。欧阳修有句名言："余生平所作文章，多在三上——乃马上，枕上，厕上也。"说的就是这个道理。可能对欧阳修来说在马上、枕上、厕上的时候，思维更加活跃，更能够诱使灵感发生。

第二次世界大战期间，美国将军赖特曾负责制定作战计划。他是一位优秀的将军，总能想到完美的作战计划。据他的助手透露，他和下属一起轻松地吃完午餐之后，就独自在办公室里待一个小时。在办公室里，他舒展开四肢躺在沙发上，望着天花板。当他从办公室走出来的时候，他就能想出至少一个新奇的方案。

赖特正是运用了诱发灵感的方法，有意识地营造有助于产生灵感的情境，使解决问题的方案快速在头脑中产生。心理学家研究发现，当人的心理和生理处于放松状态的时候，常常会有灵感来临。因为这时大脑优势兴奋中心被抑制了，兴奋中心外围的大脑皮质细胞

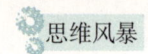

开始兴奋起来,并引发具有创造性的解决问题的方法。

酒精可以刺激大脑神经系统,适度饮酒可以诱发灵感。

天宝元年,李白受举荐来到长安,唐玄宗对他礼遇有加,封他为翰林。有一天,唐玄宗与杨贵妃在沉香亭观赏牡丹,雍容华贵的牡丹开得正艳。唐玄宗忽然想到了李白:为什么不让他写几首诗文赞美一下这些牡丹呢?于是就命高力士去找李白——李白正在长安的一家酒楼畅饮。

高力扶着酒醉的李白来到唐玄宗面前,唐玄宗看到这番情景,生气地说:"朕本来想让你做几首诗文,为朕和贵妃赏牡丹助兴,你现在醉成这个样子,还能够赋词吗?"李白说:"臣越是醉酒越能写出好诗来,请皇上赐酒。"玄宗立即命高力士为李白斟酒、研墨,李白畅饮三杯酒之后,握笔蘸饱墨汁,一气呵成,写出了三首脍炙人口的《清平调》。

想一想在哪些时候我们的大脑处于放松的状态?很多诗人和作家都是在散步的时候捕捉灵感的。潜意识里的信息可以趁着意识层面的思维空档,突破意识与潜意识之间的障碍,把信息传达给意识使用。这时的潜意识非常活跃,很有可能会想到解决问题的方法。

此外,诱发灵感的有效方法还有"假寐"和冥想。"假寐"是指清晨起床之前保持似醒非醒的状态,回忆一下悬而未决的问题,以求获得灵感。在这种状态下思考既可以梳理意识层面的东西,又可以调动潜意识的工作,即使得不到灵感,也可以对以往的思考做一个总结性的回顾。长期保持这个习惯就能使创造性思维得到训练,促使灵感频繁地发生。冥想就是停止意识层面的一切思维,专注于自身的呼吸或某种意识,使自己沉浸在抛开万物的真空状态。当你排除杂念之后,各种不良的情绪就会大大缓解,增强大脑皮质细胞的活性,使潜意识最大限度地发挥思维能力,从而带来灵感。冥想的方法有很多种,除了佛教的打坐冥想之外,还有音乐冥想、芳香冥想等等。

所有诱发灵感的方法都是为了达到使大脑放松的目的,大脑放松之后可以降低耗氧量,这时意识与潜意识之间的信息可以更畅通地交流。适合每个人的诱发灵感的环境不一样,你可以根据自己的喜好和实际经验选择一种适合自己的诱发灵感的做法。

第五节 触发灵感

触发灵感是指在长时间钻研某个问题的过程中,忽然在某些外部事物的触发下产生灵感,找到了解决问题的办法。

解析几何学的建立就是通过触发灵感思维取得成功的典型的例子。

法国数学家笛卡儿长期研究如何把几何和代数这两门数学统一起来,经过不断的努力还是找不到办法。有一天,他躺在床上发现一只苍蝇在天花板上爬,于是耐心地观察起来。忽然,他想到苍蝇、墙角以及墙面和天花板不就是点、线、面吗?点、线、面的距离可以用数字来表示。想到这里他兴奋地跳起来,在纸上画出三条线代表墙面与天花板的连接线，然后画了一个点表示苍蝇，分别用X，Y，Z表示苍蝇与两面墙和天花板之间的距离。这样就在数与形之间建立了稳定的联系，任何一个点都对应着三个固定的数据。由此，笛卡儿创立了解析几何学。

苍蝇在天花板上爬行这个外部事件触发了笛卡儿的灵感，把这个外部事件与他冥思苦想的问题联系起来，最终找到了解决问题的办法。当然，前提是笛卡儿已经对如何解决这个问题有了长时间的研究，当他看到与此相关的外部事件的时候，潜意识自然把二者联系起来，找到了相似之处，进行加工整理之后就得出了解决问题的办法。

■打破常规，就会看到成功之门。

触发灵感产生的一个特点是带来灵感的外界事物与思考对象之间具有一定的形似之处，把外界事物的原理应用在思考对象上，就得出了解决问题的办法。

鲁班有一次负责建造一座华丽的厅堂，在准备盖屋顶的时候，他不小心把用来做柱子的名贵的香樟木锯短了。香樟木很名贵，他赔不起，而且已经接近完工期限了，再去购买香樟木会延误工期。

鲁班为此愁眉不展，不知如何是好。这时，鲁班的妻子云氏说："咱们俩谁高？"鲁班说："你比我矮多了。"云氏说："现在比比看。"鲁班发现原来云氏脚下穿了一双厚底的木板拖鞋，头发高高耸起，还戴着一大朵簪花，和他站在一起，果然云氏更高一些。

这件事给鲁班带来了灵感，如果在香樟木下面垫一个雕花白色石头，在香樟木上面也放一个雕花的柱头，整个房柱不就高了吗？他计算好尺寸就实施起来。结果，这样设计出来的厅堂竟然比原来的设计更加华丽美观。

长期的思考过程是必要的，这可以为灵感的来临做好准备，在适当的外部事件发生的时候灵感就会一触即发。

瑞典化学家诺贝尔年轻的时候致力于研究液体炸药硝化甘油。他想把它应用在开矿山和隧道施工中，但是液体硝化甘油的稳定性很差，非常危险。有一次，他的实验工厂发生了爆炸，他的弟弟和另外4个人被炸死。这次事故之后，政府禁止他重建工厂，他只好到一艘船上进行实验。

有一天，他从火车上搬下装有硝化甘油的铁桶时，不小心漏了一些液体硝化甘油在地上。他发现掉落在沙地上的硝化甘油很快就被沙子吸收了。仔细观察之后，他发现硝化甘油凝固在沙子里了，而且没有发生爆炸。这件事立刻激发了他，他欣喜若狂地喊道："我找到了！"回到实验室之后，他尝试着用硅藻土做吸附剂，使硝化甘油凝结在里面，这样可以保证安全运输。后来，在此基础上他又发明了黄色炸药和雷管。

当你花费很多时间和精力研究某个问题的时候，就会把所有注意力集中在相关方面，

弗莱明的无意之举让他发现了青霉素，从而为人类造福。

一旦出现什么异常现象就会引起你的注意，触发你的灵感。英国科学家弗莱明在1928年发现了青霉素这种疗效非常好的抗菌药，发明过程也体现了触发灵感的规律。

弗莱明小时候家境贫寒，没有钱上学，完全靠自学考取了伦敦大学圣·玛丽医学院。后来，他在参加战地救护时，亲眼目睹了大批伤员因伤口感染而被截肢，甚至丧失生命。于是，他下定决心寻找抗菌消炎的新药。

有一次，弗莱明外出休假，回到实验室之后发现一个未经刷洗的废弃的培养皿中长出了一种青灰色的霉菌。他没有放过这个异常现象，经过仔细观察他发现了这种霉菌的抗菌作用——葡萄球菌覆盖了器皿中没有沾染这种霉菌的所有部位。他又做了一系列的实验，证明了这种霉菌液还能够阻碍其他多种病毒性细菌的生长，而且不会损害正常的细胞。弗莱明把它命名为"盘尼西林"，也就是后来的青霉素。青霉素得到广泛应用之后，挽救了无数人的生命。

当你对一个问题钻研很长一段时间却找不到思路的时候，不妨先把问题放在一边，放松一下，也许其他的信息能够诱发灵感，给你带来启示。

第六节　逼发灵感

你的百米速度是多快？设想一下，现在有一只老虎在后面追着你，你能跑多快？可能你会打破世界纪录吧。当人的生命安全受到威胁的时候，体能会得到极大的激发。同样的道理，人的大脑在危急的情况下也会超常发挥，创造出在一般情况下不可能出现的奇迹，使问题得到圆满的解决。这种能够使我们绝处逢生、化险为夷的灵感就是逼发灵感。

逼发灵感也就是"急中生智"，急切的心情会加剧潜意识的工作，使大脑神经元处于高度活跃的状态，促使灵感的到来。

某位富商的女儿遭到了绑架，绑匪向富商勒索1000万美元的赎金，如果不按时交出赎金，他的女儿就有生命危险了。这位富商虽然有钱，但是也无法一下子筹集1000万美元，而且他明白要想保证女儿的安全最好的办法就是求助于警察。但是那些绑匪处在暗处，一点儿线索都没有，怎么办呢？情急之下他忽然想到了一件事，在妻子最新发行的唱片的封套上印有她的照片，在照片中她那明亮的眼珠里可以看到摄影师的头像。由此他想到，让绑匪给女儿照张相，不就可以得到绑匪的头像了吗？于是他向绑匪提出要一张女儿头部的大幅照片，以证明她还活着。

富商收到照片之后，让警方把眼球放大，真的得到了绑匪的相貌。警方发现原来这个绑匪是多次作案的惯犯，并已经掌握了他的很多线索，很快警方就把他抓获，救出了富商的女儿。

富商的灵感就属于急中生智的逼发灵感。人们常说："眉头一皱，计上心来。"当我们紧皱眉头冥思苦想的时候，就能刺激大脑皮质的细胞加速活动，积极地搜索解决问题的办法，从而产生灵感。

索希尔是一位英国著名的画家，有一次他负责给皇宫画一幅大壁画。女王和大臣前来看他作画，只见索希尔站在三层楼高的脚手架上正在审视自己的作品，他一边看一边向后退，眼看就要退到脚手架边缘了，再退一点就要掉下来了。女王和大臣们吓得都屏住了呼吸，不敢出声提醒他，害怕他受到惊吓摔下来。正当人们紧张得不知所措的时候，索希尔的助手忽然走到壁画前，用画笔在壁画上胡乱涂抹。索希尔赶紧上前抢了助手的画笔，却不知道自己刚刚在鬼门关走了一圈。

索希尔的助手正是在逼发状态下获得灵感的。逼发灵感的产生需要一定的条件，遇到危机的时候，并不是所有人都能产生灵感。据科学家统计发现，当突发性灾害来临时，只有约12%～20%的人能够保持头脑清醒，果断地采取应对措施，索希尔的助手就是这样的人；70%左右的人会茫然失措或表现精神麻木，女王和大臣们属于这类人；10%～25%的人则会出现惊恐、慌乱的状态，甚至对自己失去控制，这会促使危机带来更大的损失，在上面的例子中假如有人失去控制大喊大叫，则很可能会把索希尔吓得摔下来。

要想获得逼发灵感，首先就要做到临危不乱，保持头脑镇静，这样才能进行冷静地思考。单纯的着急不会给我们带来任何灵感，逼发灵感是潜意识和意识的共同思考的结果。

一名单身女子深夜返家的途中，发现后面紧跟着一名男子，怎么也摆脱不了。她感到非常害怕，竭力地思索脱身的办法。突然，她看到前面有一座坟场，顿时便有了主意。她走进坟场，在一座新坟旁坐了下来，幽幽地说道："终于到家了……"吓得那名男子头也不回地跑了。

人们很容易向权威理论和惯性思维低头，当我们强制自己摆脱权威理论和习惯性认识的时候，就有可能逼发出灵感。

■遇到问题就说"NO"的人，很难品尝到成功的喜悦。

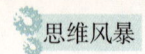

索尼公司最初生产的录音机体积大、价格高,并不受欢迎。公司老总决定开发低成本的、小巧的录音机,他把技术人员集中在一个温泉宾馆,下了死命令:在10天之内拿出有效的解决方案。技术人员马上投入到紧张的工作中,他们废寝忘食、夜以继日地提出设计方案,互相启发,不断改进、提高,在10天之内终于设计出了第一代电子产品——磁带录音机。

大脑在有压力、有危机的情况下会比平时更加敏捷。要想获得灵感,就要不时地"逼"自己进行思考,不要轻易放弃,不要满足于现状,当你尝试进一步思考的时候,也许就能逼发出更加奇妙的主意。

注 意 事 项

1. 在紧急或危险的情况下,要善于运用周围的事物,迅速地想出解决问题的方法。

2. 遇事不要过度惊慌、大喊大叫,这样不利于问题的解决,只会迅速"毁灭"自己或他人。

第八章

形象思维

第一节　形象思维的作用

　　形象思维是指用直观形象和表象解决问题，以反映事物的形象为主要特征的思维方法。这是一种本能的思维方式，幼儿都是通过形象来思考和记忆的，在不断成熟的过程中，思维方式由形象思维向抽象思维逐渐过渡。虽然形象思维处于思维发展的初始阶段，但是并不意味着形象思维比抽象思维低级，形象思维在思维过程中发挥着不可或缺的作用。

　　形象思维是艺术家们进行创作的主要思考方式，可以说文学、艺术作品纯粹是形象思维的杰作，在生活实践的基础上发挥想象力，描绘出生动的意象，甚至构思出现实中不存在的事物。

　　人们习惯认为艺术创作需要形象思考，科学研究需要抽象思考，事实上，这是一种误解。形象思维对艺术创作确实很重要，但是在科学领域形象思维同样发挥着不可忽视的作用。在科学研究、技术应用、发明创造等领域同样需要形象思维，列宁曾说："有人认为只有诗人才需要幻想，这是没有理由的。这是愚蠢的偏见！甚至在数学上也是需要幻想的，甚至没有它就不可能发明微积分。"

　　爱因斯坦在给朋友的一封信中，解释说他很难把他的科学哲学表述出来，因为他并不以那样的方式思考问题，而是以形象和图表的形式进行思考。我们前边提到过爱因斯坦抓着太阳光在太空旅行的"理想试验"。爱因斯坦著名的广义相对论的创立实际上就是起源于这样的自由想象。有一天，爱因斯坦正坐在椅子上发呆，他突然想到，如果一个人自由下落，他是会感觉不到他的体重的。爱因斯坦说，这个简单的理想实验"对我影响至深，竟把我引向引力理论"。

　　伽利略是一位擅长形象思考的科学家，可以说他就是凭借着形象思考使科学实现了革命性的突破。他在用数学方法分析科学问题的同时，还用图像和图表使自己的思想形象化。和所有取得大成就的科学家一样，他也擅长类似白日梦的幻想和想象，并通过这种方式取得了很大的成就。有一次，他在无聊的时候观察比萨大教堂来回摆动的吊灯，忽然间意识到，不管吊灯的摆动幅度有多大，完成一次摆动所需要的时间都是相同的。他对这个问题进一步研究，发明了"钟摆原理"，并把它应用在计时和钟表的制作工艺上。

形象思维是引起联想、诱发想象、激发灵感的重要诱因，是构思新理论，带来新设想的不可缺少的思考方法。想象思考的作用主要体现在以下几个方面：

首先，形象思维可以给我们带来发明创造。很多发明创造都是在某件事物的原型基础上发挥想象和联想，进而设计制作出来的。比如以飞鸟为原型发明了飞机，以蝙蝠为原型发明了雷达……

其次，形象思维可以补充抽象思维的不足。抽象思维在思维过程中起着很重要的作用，但是，如果片面地依赖抽象思维而忽略形象思维，就会走极端，不利于开发思维潜能。这里涉及到左右脑的问题，左脑掌管逻辑和数字，右脑掌管形象和直觉。如果只用一种思维方法就会大大限制大脑的思考能力，只有左右脑并用才能最大限度地开发大脑的创造力。

最后，形象思维可以帮助我们建立理想模型。无论是文学艺术领域，还是科学研究领域都需要建立模型，要想建立理想的模型就要运用形象思考。比如，小说中的人物形象就是运用形象思考法塑造的。这种模型可以有一定的现实基础，也可以是纯粹的幻想，但是都需要发挥想象。科学研究中需要用到模型的地方也很多，比如霍金对宇宙形态的设想实际上就是用形象思考法塑造的宇宙模型。即使在太空中我们也无法看到宇宙的全貌，所以只能在已知理论的基础上进行想象。想象的模型或实验往往能带来重大的理论发现。

> **开动你的脑筋**
>
> 猜谜语是训练形象思维的非常有效的办法，请你猜猜以下几个谜语分别是什么：
>
> 1. 年纪并不大，胡子一大把。
>   不论看见谁，总爱喊妈妈。
>   （打一动物）
>
> 2. 有根不入土，有芽不开花。
>   虽是家常菜，园里不种它。
>   （打一蔬菜）
>
> 3. 老大头上一撮毛，老二红脸似火烧，
>   老三越大越弯腰，老四花开节节高。
>   （打四种农作物）
>
> 编谜语也是训练形象思维的一种较好的形式，但是这种训练方法难度要大一些。比如，你可以把日常用品、食物、植物、动物等用独特的方式形容出来，但是又不点透，这样就编成了一个谜语。请你选择一些常见的事物编成谜语，以此锻炼自己的形象思维。
>
> 答案：
> 1. 山羊；2. 豆芽菜；3. 玉米、高粱、谷子、芝麻。

第二节　想象的创造功能

想象是指对头脑中已有的表象进行加工和改造，创造出新的形象的过程。想象是一种高级复杂的认知活动，以直观的方式把模型或形象呈现在人脑中，而不是以符号、文字、概念的方式呈现。

发挥想象是进行发明和创造的重要途径，想象力是创造力最本质的内涵，可以说任何发明和创造都离不开想象。爱因斯坦曾说："想象力比知识更重要，因为知识是有限的，而想象力概括着世界上的一切，推动着进步，并且是知识进化的源泉。想象力是科学研究中的实在因素。"

想象的创作功能有以下几个方面：

1.提出问题。必须有新问题需要解决，学科才能不断进步。但是，提出问题比解决问题更困难。如果没有想象力，就很难提出新的问题。无论是找到对现有事物的缺点，还是提出新的目标都要有一定的想象力，否则只能停留在原来的阶段，不能进步。法国生物学家克劳德·贝尔纳曾说："构成我们学习最大障碍的是已知的东西，而不是未知的东西。"这就是说固守已知的东西会束缚我们的手脚，而只要勇于开拓未知的东西，不断提出新的问题和设想，才能使我们获得更大的发展和进步。

伟大的发明家爱迪生仅仅上了3个月的学就被当作低能儿撵出了校门。虽然他没念过多少书，但是他有超凡的想象力，他靠自学来的知识充分发挥创造性的想象，终于成了"发明大王"。他一生的创造和发明达2000多项，其中为专利局正式登记的就有1000多项。在1882年一年之内，平均每三天就有一项新发明，而与他同时代的很多专家学者却一生默默无闻。这中间的区别就在于他比别人更善于运用想象提出问题。

■爱迪生和他的留声机

有一次，爱迪生感觉到耳机膜片的振动通过短针传到了手上，于是想到了这样一个问题：既然声音能使针颤动，反过来，短针的颤动是不是能带来声音呢？经过反复实验和改进，他终于发明了"留声机"。这项伟大的发明使很多经典的音乐和名人的讲话得以保存下来。

2.进行假设。在进行科学研究的时候，有些条件是现实中不具备的，只能通过想象来预测可能会发生的现象。比如，哥白尼创立日心说的时候，根本没有天文望远镜，他只能凭借想象描绘出宇宙的存在状态。假说在科学研究领域里非常重要，尤其是在科学理论的创始阶段，只能在有限的事实和数据的基础上进行推测。科学家提出假说必然要发挥想象力。

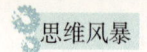

比如我们不能通过实验观察在真空状态下物体的运动情况，只能借助想象。

伽利略曾做过这样一个实验：使一个小玻璃球在两个并列的斜面上滚动，小球会呈抛物线的路径滚下，当它从第一个斜面上滚到第二个斜面上的时候，水平位置会降低。观察到这个现象之后，伽利略用已有的力学知识断定这是由斜面和小球之间的摩擦力造成的。这时，他提出了这样一个假设：如果小球和斜面之间没有摩擦力会产生什么结果？

这个问题不可能凭借实验来证明，只能靠想象了。伽利略发挥自己的想象力，他想到一个无限光滑的小球在无限光滑的斜面上滚动的情景，这时小球和斜面之间肯定没有一点儿阻力，那么当小球从第一个斜面滚到第二个斜面上的时候，水平位置是不变的，如果把第二个斜面换成平面，而且无限延长，那么小球就会沿着直线以恒定的速度一直滚下去。在这个想象的基础之上，经过一些完善和补充，伽利略提出了"动者恒动"这个物理学上的第一定律。

3. 突破时空。想象力不受时空限制，你既可以通过想象再现过去，也可以通过幻想展望未来，想象的翅膀可以带你在时空间自由翱翔，甚至可以突破时空的限制，带你想象一些根本不可能存在的事物。

这在文学创作过程中用得很多，比如历史小说虽然有事实根据，但是要想再现当初的情景就得发挥想象了。玄幻小说更是需要作者发挥想象力编造人物和情节。想象出来的文艺作品反过来对现实也有一定的启发和指导意义。

1977年问世的美国电影《星球大战》被称为20世纪最重要的文化事件之一，它是导演乔治·卢布斯幻想的一个太空神话，展现了前所未有的太空场面和纷繁复杂的星际斗争。它对宇宙中各种生物、文明、星系以及奇形怪状的外星人和航天器的描述纯粹出自天马行空的想象。制片方运用数字技术展现了一个波澜壮阔的星球大战的场面。《星球大战》对世界的影响并不仅仅局限在电影界，它还激发了美国政府的想象力。1985年，美国政府提出星球大战计划，又称反弹道导弹防御计划，以各种手段攻击敌方的外太空的洲际战略导弹和外太空航天器，以防止敌对国家对美国及其盟国发动的核打击。它在高科技领域引起的技术革新是不可估量的。

第三节　组合想象

组合想象是指对头脑中已经存在的形象根据需要组合成新的形象。组合的对象可以是元素和材料，也可以是技术和原理，还可以是功能和过程。组合想象的过程就是在原本没有什么联系的事物之间建立联系，组合成一种新的事物或者给原来的事物带来新的特点和功能。这种思考方法在发明创造领域的应用非常广泛。正如爱因斯坦所说："能够找出已知装备的新的组合的人就是发明家。"

组合想象与发散思维中的组合发散有相似之处，都是对不同事物进行组合以创造出新的事物。但是二者也有区别，组合发散比较理性，侧重于在实际中探索多种可能性，尝试把不同的事物组合在一起。组合发散类似于小孩子玩的积木，把圆形、三角形、四方形的积木组合起来，这次可能组合成一个房子，下次可能组合成一列火车。

组合想象相对来说比较感性，侧重于在头脑中的大胆想象，组合成的对象可以是在现实中不存在的东西。比如吴承恩在《西游记》中塑造的猪八戒的形象就运用了组合想象，将猪的脑袋和人的身子组合了起来。

北京"东来顺"涮羊肉是非常著名的老字号火锅，至今已有90多年的历史。"东来顺"的创始人丁德山，是一个追求完美、精益求精的人。当他的羊肉馆有了一定规模之后，他不再满足"买进原料卖出成品"这种传统的经营方式了。他设想了一整套全新的经营模式：要有自己的牧场和羊群，为"东来顺"提供优质羊肉；要有自己的加工作坊，为"东来顺"提供涮羊肉的各种调味料；要有自己的酱园，为"东来顺"提供风味独特的酱油；甚至还要有自己的铜铺，为"东来顺"生产适合涮羊肉的火锅。这种想法在那个时代是非常新颖而且大胆的。

经过不断努力，丁德山实现了他的设想。他买了几百亩地作为牧场，专门放养优质羊。到了卖涮羊肉的季节，"东来顺"就有了最优质的羊肉来满足顾客的需要。羊身上适合涮着吃的那部分，总共不过占一只羊的1/3左右，剩下的就卖给羊肉铺。丁德山还开办了天义顺和永昌顺两家酱园，自己精心调制芝麻酱、辣椒油、卤虾油、黄酒、腐乳汁等各种调味料。他在特制的酱油里加入甘草和白糖，咸鲜中又略带甜味，这是"东来顺"特有的风味。后来，他干脆连大麦、大豆、小米、芝麻和蔬菜都采用自己的土地上生产的。他还开办了一家"长兴铜铺"，为"东来顺"制造独特的涮羊肉火锅。这种火锅中间放炭火的炉筒比一般的火锅长而且大，因而火力特别旺，羊肉容易涮熟，这样才能保持羊肉的鲜嫩。

丁德山在20世纪初就办起来了农工商牧一条龙的产业，这是民族商号的骄傲，也难怪它能够享有盛名，经久不衰。即使在现在这种把生产的各个环节组合在一起的经营模式也是有现实意义的。

丁德山的这个设想恰恰体现了组合想象的思维方法。他是涮羊肉的行家，对羊肉、调味料、火锅了如指掌，知道什么样的材料能涮出最好的羊肉。他给顾客提供了最好吃的涮羊肉，把各个环节组合在一起，都收在自己的掌控之下。

想象组合比发散组合更具有随意性，因为想象可以天马行空任意组合，不用受任何已知条件的限制。组合想象是一个非常宽广的范畴，你可以把风马牛不相及的两个东西

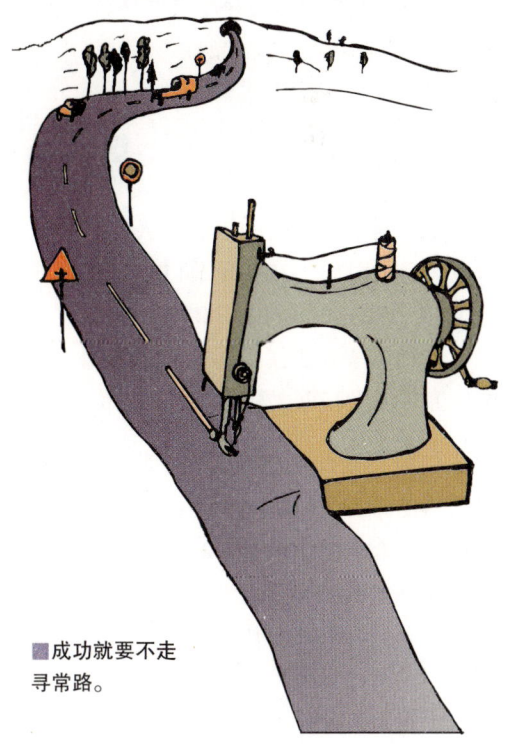

■ 成功就要不走寻常路。

组合在一起，也许能产生奇妙的效果。比如，可以把唐装里的盘扣、对襟等传统元素与富有现代感的服装材料和裁剪方式组合起来，就会形成独特的服装样式。

人们的大脑习惯于固定的思考模式，比如习惯于对思考对象进行归类和分组，很难把性质不同的、相互冲突的事物放在一起。事实上，对比强烈的组合也许更能给我们带来新鲜感，甚至会诱发新颖的创意。

运用组合想象你可以从一个极其细致的点出发，扩大到无限大的范围，在没有边际的想象空间内寻求能够与它组合在一起的事物。训练组合想象的时候，你可以选定一个思考对象，然后以这个思考对象为中心发挥想象，然后尝试把你能想到的任何事物与思考对象结合起来。

国外的有些科技人员为了得到新颖的方案，采用了一种随机组合的方法。具体做法是找来一些商品目录簿，随手在上面指出两种商品，然后设想把它们组合在一起是否能成为一种值得开发的新产品。还有一种做法是把能想到的对人们有益的产品要素写在卡片上并编上号，然后随意指定其中两个或多个号码，把相应卡片上的产品要素组合起来看看能否组合成某种有实用价值的新产品。虽然这种随机组合的方式有很大的盲目性，但是对开拓思路很有帮助。

需要注意的是，无限的想象力虽然能给我们带来大胆的新颖别致的组合，但是仅靠凭空想象得来的组合未必有实际的价值。德国诗人歌德说："有想象力而没有鉴别力是世界上最可怕的事情。想象越是和理性相结合越高贵。" 因此，发挥想象的同时，我们既要突破传统逻辑推理的束缚，又不能完全摆脱理性的指导。需要对思考的结果进行审核筛选，并加以完善和修改才能使其开花结果。

第四节　补白填充

由于时间和空间的限制，人们只能认识客观事物的一部分。在对事物的运作过程进行全盘思考的时候，有些环节可能会出现缺失。所谓补白填充就是运用想象对缺失的内容进行填补，以增强事物的完整性。

这种思考方法在实际中非常实用，一方面可以帮助我们对未知领域做出预测，这在科学研究领域里有重大意义，另一方面还可以帮我们发现市场中的空白点，抓住商机。

19世纪的物理学家已经能够确定在原子中存在两种粒子，一种带正电，一种带负电，但是不能确定这两种粒子是以什么状态存在的。这既不能用逻辑思维来进行推论，也无法通过观测来证明。于是，有些科学家对原子内部结构进行大胆想象，推测两种粒子保持着什么样的关系。

得到广泛支持和认可的设想有两种：一种是英国物理学家汤姆森提出的"葡萄干面包模型"，一种是英国物理学家卢瑟福提出的"太阳系模型"。葡萄干面包模型认为带负电的粒子镶嵌在由带正电的粒子构成的球状实体中，就像葡萄干镶嵌在面包里一样。太阳系模型认为带负电的粒子围绕占原子质量绝大部分的带正电的粒子的原子核旋转，就像行星围绕太阳旋转一样。这两种模型的区别在于是否认为正电粒子与负电粒子之间存在空隙。后来的实验证明卢瑟福的太阳系模型是正确的。

汤姆森和卢瑟福就是运用补白填充的思考方式另辟蹊径，通过想象来补充人们对原子内部结构认识的不足。当然，这种想象并不是胡思乱想，而是以现有的科学知识作为想象的基础，并根据已知推测未知的过程。

与组合想象相比，补白填充更加需要思考者理智的逻辑思维，也就是说补白填充必须建立在已知信息的基础之上，通过已知信息的充分分析之后找出其中的规律，然后发挥想象填补空白内容。如果不顾已有的信息，对问题进行随意的想象，最后得到的方案可能会与事物的运作过程不协调，因而不能解决问题。

■卢瑟福纪念邮票

由于受时空限制，在现实中我们无法看到事物的过去和未来景象，这时就可以运用补白填充发挥想象，把过去的事物和未来的事物构想出来、展现出来。比如，考古学家可以根据残缺不全的古生物化石想象出古生物的原貌和它当初生存的状态。利用先进的电脑技术或各种模型材料还可以把想象中的图像展现出来。比如，建筑工程师或城市规划师首先要在头脑中想象出设计方案，然后把在图纸上绘制设计出的蓝图用 3D 做出效果图，或用各种模具做出模型。

补白填充的应用还体现在通过大胆想象寻找商机。在商界，抓住市场空白点是成功的重要策略，空白点没有竞争，因而很容易获利。寻找空白点的思路有两条：一条是找那些已经存在但是没有引起人们重视的市场，另一条是开发全新的产品，创造新的市场。显然，前一种方法要容易一些。

香港作为世界上举足轻重的经济贸易港口和东南亚重要的交通枢纽，建筑行业发展很快。很多人看到搞建材有利可图，纷纷投身于建材市场。但是与建材市场紧密相关的河沙市场却无人问津，因为海底捞沙工作量大，而且利润有限，那些想赚大钱的人对此不屑一顾。这使建材市场留下了一个空白空间，霍英东看准了这个空白决定大干一番。

他分析了市场需求和发展前景之后，觉得应该能够赚钱。于是他从欧洲购进先进的淘沙机船，这种新型的挖沙船 20 分钟就可以挖出 2000 吨沙子，大大提高了劳动生产率。先进机器的使用还降低了用工量，改进了工作方法。很快，被人们冷落的河沙市场给霍英东带来了滚滚财源，他成了香港最大的河沙商。当别人看到他的成功想效仿的时候，他已经取得了香港海沙供应的专利权了。

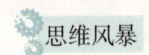

霍英东正是运用了补白填充的思考法抢占了商机，找到了一条成功之路。

如果想创造商机，就要关注人们的需要，解决尚未解决的问题，进行新的发明创造，推出前所未有的产品。比如某家蛋糕店推出了一种可以食用的照片，贴在生日蛋糕上，很受欢迎。北京某家具公司一改传统家具的死板风格，开发出一种可以拼装、变形的家具。用户可以根据需要改变家具的结构以适应居室的格局……可见，补白填充想象的意义还在于满足人们的需要，开发出能够解决某种问题的新产品。

最初的洗衣机没有过滤网，衣服洗完之后经常沾上一些小棉团之类的东西。这个问题让家庭主妇非常烦恼，她们建议厂家解决这个问题。技术人员经过研究之后，提出了一些解决方案，但是都比较复杂，而且会大大增加洗衣机的体积和成本。厂家觉得没有必要为了这个小问题大费周折，于是不再试图改进。

一位叫笛绍喜美贺的日本的家庭妇女想自己解决这个问题，有一次她看到孩子们用网兜捕捉蜻蜓的情景，心想如果做一个小网兜是不是也可以把洗衣机中的杂物网住呢？她用了3年时间不断尝试、改进，终于发明了简单实用的过滤网。她把这项发明申请了专利，仅在日本她就获得了1.5亿日元的专利费。

第五节　删繁就简

我们常常面对困难的时候找不到出路，因为我们陷入了自己设置的圈套之中，把原本简单的问题弄复杂了，结果越来越乱，理不清头绪，本来几分钟就能解决的问题要用一天的时间来解决，本来轻轻松松就能做完的工作却把自己弄得精疲力竭。

删繁就简思考法就是让我们把繁杂的、与主题无关的或关系不大的内容删掉，减少不必要的环节，然后把握事物的重要方面和本质规律，使复杂的问题变得简单容易。

亚里士多德曾说："自然界选择最简单的道路。"本来很简单的事情，我们何必把它弄复杂呢？那样既浪费时间，又浪费精力，还未必能解决问题。我们应该顺其自然，不要人为地把简单的事情复杂化。

删繁就简有3种具体的做法：剪枝去蔓、同类合并和寻觅捷径。

1. 剪枝去蔓就是我们排除问题的旁枝错节，去除掉可以不予考虑的次要因素，抓住问题的主干。

"如无必要，勿增实体"是著名的奥卡姆剃刀原理的中心意思，它的含义是指：一个具体存在的理论一经确定，其他干扰这一理论的普遍性感念都是无用的，应该像多余的毛发一样剔除掉。它还告诉人们在处理问题的时候，要把握事情的实质和主流，解决最根本的问题。

人们本能地追求全面和安全，事实上这样往往会造成画蛇添足、多此一举，事物的一些结构和功能变得不合时宜而成为累赘。用"奥卡姆剃刀"把多余的东西去掉事情会变得更简单、更方便。

最初的火车车轮上装有齿圈，为的是与铁轨上的齿条相契合，以保证火车稳定前进。一些专家认为如果车轮没有齿圈，火车就会打滑，甚至脱轨。火车的司炉工人斯蒂文森有一天看着车轨展开了想象，如果把齿圈和齿条去掉会怎么样呢？他进行了大胆的试验，结果发现火车不但没有脱轨，反而大大提高了行驶速度。

即使是一件小物品也可以删繁就简，使制作工序和操作过程更简单。比如钢笔，最初的笔舌处有多道凹槽，为的是蓄积墨水，后来有人把凹槽去除掉之后，发现照样可以流畅地书写。以前的钢笔帽里面加工有螺纹，为的是能够把它固定在笔筒上，有人尝试着把螺纹去掉之后，发现没有螺纹也能很好地固定笔帽。

如果你现在正为一些复杂的问题感到烦恼，请试着拿起"奥卡姆剃刀"把那些复杂的想法剔除掉，露出事情的本来面目，也许你能立刻找到简单的解决问题的方法。

■奥卡姆剃刀原理

2. 同类合并是指将同类问题合并起来进行分析和处理，这样可以提高解决问题的效率。

伊莱·惠特曼被称为美国"标准化之父"，因为他首创了流水作业批量生产的工厂运作模式。

美国爆发南北战争的时候，伊莱·惠特曼与政府签订了两年内提供1万支来复枪的合同。那时的生产模式是由每个工匠负责制作一支枪的全部零件，然后再组装成枪。这样做生产效率非常低，1年才能生产500多支枪。按这样的速度无论如何也完不成任务，惠特曼开始思考如何才能提高工作效率。他运用同类合并的思考法想到，如果让每个人负责制作一个零件，然后由专门的人负责把零件组装成一支枪，这样会不会快一些呢？

他把制枪的过程分为几道工序，每个员工只负责其中一道工序，他还对枪支零件的尺寸制定了一些标准，这样生产的每一个零件都一样，最后生产出来的都是标准化的枪。这样实行之后，工作效率和质量得到了大幅度提高，如期完成了任务。

把同一道工序合并在一起，就能使每个人的工作流程更加简单，每个人只负责生产一个零件，就可以大大提高熟练程度，从而提高生产效率。

3. 寻觅捷径就是让我们的思维简洁化、理想化，单纯地反映事物的本质与规律，找到解决问题的最便捷的方法。

一位叫贝特格的保险推销员就是这样挽救自己事业的危机，并走向成功的。贝特格刚进入保险行业的时候踌躇满志，但是一年之后他就灰心丧气了，他不明白为什么自己那么努力地工作，业绩却一直不好。某个周末的早晨，他决定理出个头绪来。他问了自己下面

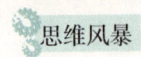

这3个问题：

问题到底是什么？

问题的根源在哪里？

解决问题的方案是什么？

最让他苦恼的问题是当他与客户洽谈业务的时候有些客户突然打断他，说下次有时间再面谈，结果他把大量的时间和精力花在"下次"面谈上，收获甚微给他带来强烈的挫折感。

于是，他把自己一年的工作记录做了一番统计，发现一次谈成功的客户占70%，两次谈成功的占23%，只有7%的生意需要三次以上的洽谈。但他却被那7%的生意折磨得精疲力竭。他决定不再为那些需要3次以上洽谈的生意奔波，把省下的时间用来开发新的客户。结果他的业绩在很短的时间内就增长了一倍。

洞悉问题的根本所在，简单地去想，简单地去做，问题就会迎刃而解。当我们在工作、学习和生活中遇到难于解决的问题时，不妨也用删繁就简的思维方法把看似复杂的问题简单化。抓住影响问题的关键点，找到导致问题产生的根本原因，然后用"釜底抽薪"的方法，就能把问题轻松化解。

> **开动你的脑筋**
>
> 在一份数学论文中应该保持信息完整，但不应含有多余的语句。你能找出下面题目中多余的词语吗？
>
> 1.一个直角三角形中两个锐角的和等于90°。
>
> 2.如果一个直角三角形的一条直角边是直角三角形斜边长度的一半，那么它对应的锐角等于30°。
>
> ---
>
> 答案：
> 1.两个；2.锐。

第六节　取代想象

取代想象也可以说是一种换位思考，即设身处地站在别人的立场上，想象别人的感受，从而寻找解决问题的方法。通过揣摩别人的处境和好恶情感，你就能更好地理解别人的想法和做法，更加全面地看待问题。

会不会经常有人提出和你相反的观点和意见？你是不是奇怪事实明明是这样的，为什么别人和你的观点不一致？那是因为别人和你的立场不一样。如果你试着运用取代想象，就能知道别人为什么跟你的观点不一致了。

第一篇 思维影响人生：改变人生的10种黄金思维

有一位盲人晚上出门的时候总是提着一个灯笼。一个好奇的路人感到迷惑不解，于是上前问道："大哥，你眼睛看不见，还打着灯笼有用吗？"盲人答道："有用啊，怎么会没用？"路人本以为盲人可能会很尴尬。没想到，这位盲人的回答对他来说如醍醐灌顶："我打灯笼不是给自己看的，而是给你们这些看得到的人看的。免得你们在黑暗中看不见我，把我撞倒了。"

从事销售行业的工作人员特别需要站在消费者的角度考虑问题，只有满足消费者的需求，才能做好自己的工作。

景德镇瓷器闻名世界，但是瓷茶杯却曾在销往西欧的时候滞销过。原来西欧人的鼻子特别高，用我国生产的茶杯喝茶的时候，还没喝到茶水，鼻子却已经沾到水了。有一家厂商发挥取代想象，设身处地为西欧人考虑之后发明了一种斜口瓷杯，很快就打开了销路。

如今是一个商品极其丰富的时代，要想让消费者满意，商品不仅要具有基本的功用，而且要有人情味，让消费者从中体会到关怀和体贴。这就要运用取代想象，设身处地地为消费者着想，考虑不同国家、不同民族、不同年龄、不同性格，甚至不同的情感需要。只要充分运用取代想象才能研发出让顾客满意的新产品。

当今时代以瘦为美，许多女人都在忙着减肥。肥胖的女人在买衣服的时候都不愿意对售货员说"我要大号的"，"我要特大号的"。如果不识相的售货员向她们推荐大号或特大号的服装也会引起她们的反感。美国的一位女企业家南茜运用取代想象为肥胖的女性着想，想到了一个避免尴尬的办法。她把小号、中号、大号、特大号，分别用玛丽号、玛格丽号、伊丽莎白号和格丽丝号代替，巧妙地消除了消费者的顾虑，大大促进了服装的销售。

心胸狭隘的人把自己囚禁在"我"这个桎梏里，他们不能跳出自己的小圈子，站在别人的立场上思考问题。他们把自己和别人的界限划得很分明，这让他们无法理解别人的感触。换位思考就是让你跳出这个界限，这样你就能变得很宽容，你的世界就会变得很大。

美国哲学家、诗人爱默生有这样一件趣事：

有一天，他和儿子想把一头放养在牧场上的小牛犊赶回牛栏。他们好不容易把小牛犊赶到牛栏旁边。但是任凭爱默生在后面使劲推，他的儿子在前面用力拉，小牛犊就是死死地抵住地面，不向前迈一步。父子俩急得满头大汗，还是奈何不了它。

这时，他们家的女佣出来看到了这个情景，笑了起来。她把手靠近小牛犊的嘴，因为她刚才

■ 宽容就是记着别人对自己的恩典，忘掉别人对自己的伤害。

在厨房做饭,手上沾有盐味。小牛犊闻了闻,然后兴高采烈地舔她的手。女佣后退到牛栏里,小牛犊也甩着尾巴跟着她进去了。

取代想象不但可以让你更好地理解亲人、朋友、顾客和合作伙伴,从而营造和谐的人际关系;而且可以让你更好地对付敌人。所谓"知己知彼,百战不殆",只有站在敌人的角度想问题,才能出奇制胜。当自己处于守势的时候,只有提前考虑敌人的动向,才能充分地做好迎战的准备;当自己处于攻势的时候,只有考虑到敌人应对策略,才能更好地布置后招。

蒙哥马利将军被称为捕捉"沙漠之狐"的猎手。1942年8月,他被任命为英驻中东第8集团军司令。在蒙哥马利的流动指挥所里,始终挂着对手隆美尔的一幅画像,他最常做的一件事就是凝视这张画像,然后用取代想象思考如果自己是隆美尔,那么下一步棋会怎么走。这也许是他屡创战绩的重要原因。

1942年10月,蒙哥马利在阿拉曼防线向隆美尔的部队发起进攻,彻底扭转了英军在北非的危机。这就是著名的阿拉曼战役。

站在别人的立场上思考问题对自己的人生和事业的成功都有重要的意义。正如汽车大王福特所说:"假如有什么成功秘诀的话,那就是设身处地替别人着想。"

第七节 引导想象

引导想象是指通过在头脑中具体细致地想象出自己想要实现的目标,实现目标的过程,以及实现之后的喜悦心情。这种想象可以在你的头脑中留下深刻的印象,并调动全身的潜能,促使你向着目标努力。

一位女士得了一种怪病,遍访名医都没有治愈。后来,一位非常有名的医生来到女士所在的城市,她慕名前去看病。名医查明病情之后,给她开了药,并告诉她:"这药是从外国带回来的,专治你这种病。"女士高兴地买了药,经过几个疗程之后,真的康复了。其实,医生给她的药只是普通的维生素C,她的病需要的只是良性的暗示和积极的想象。

医学试验表明,安慰剂能够达到真正药剂60%～70%的作用,当医生和病人都相信安慰剂有效时,效果更加明显。

引导想象也可以说是一种心理暗示法,当那位患病的女士拿到"从外国带回来的药"的时候,她就在自己的大脑中描绘了这样一个图景:把这些药吃完之后,我就能恢复健康了。这种暗示可以促使人们在精神和肉体上做出调整,达成愿望。

训练引导想象的思维方法可以帮助你实现目标,获得成功。在以下几种情况进行引导可以给你带来很好的效果:

1. 当你接到一项艰巨的任务的时候，或者面对一个难题的时候，不要退缩，不要否定自己。你应该发挥想象，在想象中体验一下克服困难、解决难题之后的情景。这种想象能够让你调动起精神上和躯体上的所有能量，朝着你的目标努力。

2. 在你努力的过程中，要把目标具体化、视觉化，绘制成图或者进行具体细致的描述，然后贴在你视线的右前方。这样做的目的是让目标不断在你的意识中强化，带动潜意识帮助你实现自己的目标。

■目标能给你一个看得见的靶子，当你一步一个脚印去实现这些目标时，就会有成就感，就会更加信心百倍。

成功学大师陈安之有过这样的一次经历：他想买一辆汽车——奔驰S320，但是当时根本买不起。于是，他把那辆汽车的图片贴在书桌前面，后来觉得这辆车有点贵，就换成了奔驰E320。

要想实现目标必须付出行动，为了得到自己想要的汽车，陈安之努力工作，几个月之后，他的收入大增。当他挣到足够多的钱的时候，便决定去买汽车了。在购买的前一天，陈安之碰巧看到了他的几个学生，得知他们也要买汽车——奔驰E280。陈安之觉得自己不能输给学生，临时决定买奔驰S320。这个戏剧性的变化，竟然使他实现了最初的目标。

潜能开发专家发现人的大脑中有一个资源导向系统。一旦目标明确的时候，你的头脑就会"追踪"这个目标，带动身体的所有能量实现这个目标。

3. 当你不自信的时候，可以通过想象模拟成功，或者具体细致地回想自己有过的成功经历，还可以想象自己在性格、作风、能力等方面具有的优势。这种想象可以激发你的潜能，让你在实现目标的过程中充满激情和信心。

欧雷里拥有一支优秀的棒球队，选手们都有过卓越的比赛纪录，人们都认为这是一支最具潜力的冠军队伍。但是在一次比赛中，他们表现得很糟糕，因为之前接连输了7场比赛，所以比赛时队员的情绪非常低落。欧雷里仔细分析了情况之后，认为问题的关键不是技术问题，而是队员普遍缺乏自信，没有必胜的信心，消极的态度使他们的水平发挥受到了限制。

欧雷里听说一位著名的牧师正在附近布道演讲。很多人相信他拥有神奇的能量，当地人纷纷前去等待他赐福。欧雷里把选手们的球棒借走，并叮嘱他们在他回来之前不要离开宿舍。过了一个小时，欧雷里满面春风地回来了，告诉选手们牧师已经对球棒赐福了，每个球棒都有了无敌的威力。选手们受到了极大的鼓舞，对赢得比赛充满了信心。第二天，比赛果然打败了对方，在以后的比赛中也是所向披靡。

思维风暴

开动你的脑筋

在日常生活中,你有用过引导想象的思考方法成功解决问题的经历吗?如果有,请写出来。

1. _____
   _____
2. _____
   _____
3. _____

第八节　妙用联想

如果大风吹起来,木桶店就会赚钱。

你能想到"大风吹起来"和"木桶店赚钱"之间的联系吗?比如:

当大风吹起来的时候——沙石就会满天飞舞——以致瞎子增加——琵琶师父会增多——越来越多的人以猫的毛替代琵琶弦——因而猫会减少——结果老鼠相对地增加——老鼠会咬破木桶——所以做木桶的店就会赚钱。

虽然这只是一个笑话,但是由此我们也可以看到事物之间存在着纷繁复杂的联系。联想思考法也属于想象,与前面提到的几种想象相比,联想有明确的激发点。简单地说,联想就是由一个事物想到另一个事物的思维过程,两个事物可以在概念和意义上存在很大的差异。联想思考是大脑的基本思维方式,它有3个方面的意义:

一方面是预见某一事物对另一事物的影响,比如大风对木桶店的影响。

改革开放初期,报纸上报道了这样一条消息:国务院已同意各地开设营业性舞厅。上海某家幻灯仪器厂的厂长正在为拓展市场发愁,看到这则消息之后,他展开了联想:既然政府放宽了限制,各地的舞厅肯定会像雨后春笋一样冒出来。这时肯定需要大量的舞厅灯具,如果能够抢占这部分市场,肯定能赚大钱。

于是,他马上召开了领导班子会议,说了自己的想法,大家都认为这是一个不错的主意。没多久,这个厂子就生产出旋转彩灯、声控彩灯、香雾射灯等不同类型的舞厅灯具,很快就打开了市场。

另一方面是把一个事物的特征、功能或原理应用在另一个事物之上,这有助于我们进行发明创造。

"电话之父"贝尔做过这样一个试验,相连的两个带铁芯的线圈前面分别放一个音叉,当一个音叉振动的时候，就会使线圈产生电流，导致另一个音叉也振动，并发出同第一个线圈一样的声音。由此他联想到如果把音叉换成金属簧片，说话的声音引起金属簧片的振动，另一端金属簧片的振动又会转化成声音，这样不就可以通话了吗？

他在助手的帮助下进行试验，但是由于线圈产生的电流太小，试验失败了。贝尔没有放弃，他做了一些改进。用薄铁片代替金属簧片，用磁棒代替铁芯，以加大电流。这次他获得了成功，人在薄铁片前说话，声波的节奏变化导致铁片的振动，进而引起线圈中产生相应的电流，通过导线，传递到另一个线圈中，引起线圈前的薄铁片发生振动并发出清晰的讲话声音。1876年3月，贝尔实现了通过把电流变成声音进行远距离通话的梦想，发明了世界上第一部电话装置。他的发明获得了美国的专利，随后他建立了世界上第一家生产电话的工厂。

此外，还可以开阔思路，加深对事物以及事物之间联系的认识。联想思考是形象思考的一种，它可以借助一个事物解释另一个事物，使我们加深对事物的理解和认识。

苏联心理学家哥洛万斯和斯塔林茨，发现任何两个概念或词语都可以经过四五次联想建立起联系。比如桌子和青蛙，似乎是两个风马牛不相及的概念，但可以通过联想作为媒介，使它们发生联系：桌子——木头——森林——水塘——青蛙。又如书和小麦，书——知识——精神食粮——粮食——小麦。

生活中这样的例子很多，比如自行车充气轮胎就是运用联想思考发明的。最初的自行车轮胎是实心的，在卵石路上骑车颠簸得非常厉害。有一天，外科医生邓禄普在院子里浇花的时候，感到手里的橡胶水管很有弹性，由此联想到如果发明一种充气的自行车轮胎，应该能够减轻震动。于是，他用橡胶水管制出了第一个充气轮胎。

要想自如地运用联想，首先要扩展知识的广度和深度。只有储备渊博的知识，当需要联想的时候才能从不同角度、不同领域拓展联想的视野，联想的范围越广，获得创新成果的可能性越大。因此进行联想的时候，不能只关注自己感兴趣的事物或自己熟悉的事物，还要对自己不感兴趣的东西和陌生的东西展开联想，只有这样才能带来新的发现，打开新的思路。

联想思考同样需要不断训练才能熟练掌握，因此要树立联想意识，养成联想习惯，利用一切机会寻找事物之间的联系。有目的地进行联想训练才能由此及彼地发现事物之间有价值的联系。联想训练有两个途径，一是形象联想，比如看到圆形的图案联想到太阳、苹果、气球、葡萄、西瓜、水杯、帽子等事物；二是概念联想，即由某一概念联想到新的概念，概念是事物本质属性的反映，概念之间的关系反映事物之间的关系。形象联想与概念联想之间并没有截然的界限，比如由橡胶水管联想到自行车轮胎，里面也有形象联想的成分。

当你需要用联想思考解决问题的时候，第一步要尽可能广地展开联想，得到越多的联想越好，这是一个追求数量的过程；第二步是对得到的联想进行分析、筛选，从中找出最有价值的方案，这是一个追求质量的过程。

思维风暴

开动你的脑筋

在5步之内把下面的事物联系起来：
1. 拳击——昆虫
2. 窗帘——雪山
3. 女孩——鲨鱼

第九节　相似联想

相似联想是指通过对事物之间相似的现象、原理、功能、结构、材料等特性的联想，寻找解决问题的方法的思考过程。善于观察、善于思考的人很容易找到事物之间的相似点。

只要你愿意寻找，就会发现很多事物之间都有相似之处。秦牧在《榕树的美髯》一文中写道："……松树使人想起志士，芭蕉使人想起美人，修竹使人想起隐者，槐树之类的大树使人想起将军。而这些老榕树呢，它们使人想起智慧、慈祥、稳重而又历经沧桑。"细细琢磨一下，松树与志士之间，芭蕉与美人之间，修竹与隐者之间，槐树与将军之间，榕树与老人之间确实有相似之处。

相似联想不仅在文学创作上很有帮助，在科学研究和发明创造领域同样发挥着不可估量的作用。相似联想是一种扩展式的思维活动，每一个事物都具有多种特征，你可以围绕某一特征展开联想。

精神病学专家利伯有一次在海边度假的时候看到了涨潮，海水波涛滚滚涌向岸边，没多久又悄然退去。他知道这是月球引力的作用，每到农历初一、十五就会有大潮涨落。由此他联想每到月圆之夜，新入院的精神病人会增加，精神病院里的病人会变得情绪激动，病情加重。月球的引力会不会对病人的病情有影响呢？

为了证明这个设想，利伯进行了一系列调查研究，发现月球确实对人的生理和精神有一定的影响。人的身体也像大海一样有"潮汐"，每当月圆的时候心脏病的发病率会增加，肺病患者的咯血现象会增多，胃肠出血的病人病情也会加重，病人的死亡率会比平时上涨。

利伯发现了大海潮汐与人体病变的相似之处——都在月圆之夜有强烈的变化，进而推断精神病人的病情也受月球引力的影响。

世界上很多道理都是相通的，相似联想可以让我们加深对事物的认识和了解。运用相似联想，我们可以把已知的某一领域的道理应用在我们所关注的另一领域中。

■联想是创造的根源。

开动你的脑筋

一、请用相似联想做下面这个小练习：
1. 由兵马俑可以联想到_____，二者的相似点是_____。
2. 由莲花可以联想到_____，二者的相似点是_____。
3. 由电脑可以联想到_____，二者的相似点是_____。
4. 由宇宙飞船可以联想到_____，二者的相似点是_____。

二、我与世界的联想游戏：
在这个游戏中，把你自己置身于世界的中心，你可以每次任意挑选出几个世界中存在的事物，然后找出你与这些事物之间的相似之处。比如：
我与太阳：光明、积极……
我与石头：坚强、固执……
我与黄牛：默默无闻、脚踏实地……
把自己与其他事物进行比较，列出相似点。

_____

_____

_____

第十节　相关联想

相关联想又叫接近联想，指的是由对某一事物的感知和回忆引起与之相关的其他事物的联想，然后从相关之处着手找到解决问题的思考方法。

相关联想可以是概念上的相关引起的联想，也可以是时间和空间上的接近引起的联想。时间和空间是事物存在的基本形式，一般在时间上接近的事物，在空间上也有相关性。比如，当提到《三国演义》的时候，你马上就会联想到刘备、曹操、孙权、诸葛亮等历史人物。当我们提到金字塔的时候，你就联想到埃及、法老、尼罗河等相关事物。

世界上的任何事物都与周围的事物存在各种各样的关系，比如因果关系、包含关系、从属关系等等。相关联想的基础就是事物之间的种种关系。

核能就是科学家们运用相关联想经过长期的科学实践得到的成果。1934年后，意大利物理学家费米，用中子轰击铀，发现了一系列半衰期不同的同位素。1938年下半年，一位德国化学家用中子轰击铀时，发现铀受到中子轰击后得到的主要产物是钡，其质量约为铀原子的一半。1939年初，一位瑞典物理学家阐明了铀原子核的裂变现象。

由于铀-235裂变后会释放出大量的能量和中子，费米由此联想到，铀的裂变有可能形成一种链式反应而自行维持下去，并可能是一个巨大的能源。1941年3月，费米用加速器加速中子照射硫酸铀酰，第一次制得了千分之五克的钚-239——另一种易裂变材料。1941年7月，费米在中子源的帮助下，测定了各种材料的核物理性能，研究了实现裂变链式反

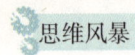
思维风暴

■ 只有最充分的准备才能换来最好的结果。

应并控制这种反应规模的条件。为了逃避法西斯政权的统治，费米流亡到美国。随后，他在美国芝加哥大学建造的世界上第一座石墨块反应堆，于1942年12月2日下午3点25分，使反应堆里的中子引起核裂变，首次实现了人类自己制造并加以控制的裂变链式反应，也表明了人类已经掌握了一种崭新的能源——核能。

费米由铀原子核裂变现象联想到如果能恰当地控制核裂变就能带来巨大的能量。核能研发过程体现了由已知到未知，由局部到整体的相关联想。

曾经，澳大利亚草原上经常有狼群出没，吃了不少牧民的羊，使牧场受到很大损失。牧民们于是向政府求救，政府为了牧民的利益派军队将狼群赶尽杀绝。没有了狼的威胁，羊群的数量不断增加，牧民们非常高兴。可是，几年之后，羊的数量开始锐减。羊群变得体弱多病，而且繁殖能力也大大下降。羊毛的质量也大不如从前。因为羊群没有了天敌，在安逸的生活中失去了活力，变得委靡不振。再加上羊群的数量太大使草原上的草遭到破坏，羊群没有充足的食物，体质自然会下降。牧民们发现失去天敌之后，羊的繁殖基因也退化了。于是，又请求政府再引进野狼。狼群回到了大草原，给羊群带来了危险。在危险的环境中羊群又变得健康、活泼了，羊群的数量也有所增加。

狼是草原生物链中不可缺少的一个环节，把狼灭绝之后，就会破坏生态平衡。狼与羊群并不仅仅是敌对关系，狼还能限制羊群的过剩繁殖，迫使羊群提高警惕，保持活力。事物之间的联系是复杂的，开始时，牧民只看到了狼对牧场的破坏作用，就要把狼赶尽杀绝，当他们看到羊失去天敌之后，羊群并不能长期地健康成长，这时才全面地认识到狼与羊群的关系。

一位善于运用相关联想的企业家同时了解到了以下4件事：

四川万县食品厂积压了大批罐头食品；四川航空公司由于缺乏资金，没有属于自己的飞机；俄罗斯古比雪夫飞机制造厂生产的大批飞机滞销；俄罗斯轻工业发展缓慢，基本生活用品供不应求。

企业家发现这4件事之间有相关性，可以联系起来。他先与古比雪夫飞机制造厂进行协商，最后签订了易货贸易合同，用食品和服装等轻工业产品换购4架飞机。随后，他把飞机卖给四川航空公司，允许航空公司以运营收入支付飞机款，然后以飞机做抵押向银行申请了一笔不小的贷款。他用这笔钱分别与万县食品厂等300多家轻工业厂家进行交易,然后把货物运往莫斯科。经过这样一番策划,这位企业家大赚了一笔,同时还搞活了食品厂、飞机制造厂、航空公司3家的市场,可谓皆大欢喜。

可见,相关联想可以让思考者从宏观上把握事物之间的相互关系,从而做出对自己有利的决策。在这个信息高速传播的社会,各种信息铺天盖地地袭击我们的眼球,也许看似两个毫无关联的信息之间会具有某种相关性。如果你能把握信息之间的关系,并利用其中有用的部分,也许就能得到新的创意。

第十一节　相对联想

相对联想也叫对比联想,指的是由对某一事物的感知和回忆引发与它具有相对或相反的特点的事物的联想。

通过对事物的特征、属性、功能的相对或相反的情况进行联想,一方面可以获得对事物的全新的认识,另一方面可以引发解决问题的新方法。

《道德经》中说:"有无相生,难易相成,长短相形,高下相盈,音声相和,前后相随,恒也。"

事物的一切性质都是以相对的形式存在的。运用相对联想,你可以由"快"想到"慢",由"大"想到"小",由"黑"想到"白"……

相对联想应用了逆向思维,因而可能会得出荒谬的、不合常理的结论。但是,更多时候,这种思考方法可以出其不意地解决问题,让人豁然开朗。

20世纪40年代,美国纽约市中心的一家银行贷款部发生了一件奇怪的事。

一位衣着光鲜的老人拎着一个大皮包来到贷款部的柜台前要求贷款,营业员对他说:"先生,只要您能提供相应的担保借多少都可以。"

老人问:"我只借1美元可以吗?"

"只借1美元?"贷款部的营业员惊愕地张大了嘴巴。

营业员想这个老人并不像故意找茬或开玩笑的样子,他可能在试探我们的工作质量和服务效率吧?

营业员便装出高兴的样子说:"当然,只要有担保,无论借多少都行。"

老人从大皮包中取出一大堆股票、债券等放在柜台上,说:"我用这些做担保可以吗?"

营业员清点了一下:"先生,总共200万美元,做担保足够了。请办理手续吧,年息为6%的利息。您只要在1年内归还货款,我们就把这些做担保的股票和证券还给您。"

手续很快办完了,老人离开之前营业员忍不住问:"先生,我实在不明白,既然您拥有200万美元的财富,为什么只借1美元呢?"

老人笑了笑说:"现在手续办好了,我不妨把实情告诉你。我有事要外出一年,这些票券需要找个安全的地方保管,但是请人保管或租金库的保险箱,费用都很昂贵。所以我想到以担保的形式将这些东西寄存在贵行,既安全费用又低,存1年才不过6美分。"

营业员恍然大悟。

这位精明的老人就是运用了相对联想思考法,由寄存想到了与之相反的保管形式——担保,看似荒唐,但是非常有效。

相对联想就是让我们把正反两方面的事物放在一起进行考虑,一正一反,对比鲜明,可以是属性相反、结构相反或功能相反。通过对比,可以使事物的特征更加明显,往往能引起人们的注意。比如日本一家玩具厂生产的黑色"抱娃"不受欢迎,厂长运用相对联想,想到了一个主意:把黑色"抱娃"放在模特雪白的手腕上。这样一来果然非常醒目,很快就打开了市场。

法国作家左拉的小说《陪衬人》也是对相对联想的巧妙运用。小说中描写了杜朗多先生利用对比联想在金融交易场中发财致富的故事。

杜朗多先生是个经纪人,对美学一窍不通。有一天,他居然贴出广告,声称专为小姐和夫人们开设一个"陪衬人代办所"。这些"陪衬人"实际上都是廉价招募来的相貌丑陋的女佣人,杜朗多根据各人的特点对她们进行分类,然后定价出租。他们的服务内容主要是陪伴主顾以便衬托其美貌。

不难想象,女士们为了满足虚荣心和炫耀的欲望纷纷前来租用"陪衬人",一时间"代办所"门庭若市、生意兴隆,杜朗多很快就成了百万富翁。

虽然杜朗多不懂美学,但是他清楚美丑是相对的概念,一个长得丑的小姐,在比她更丑的人的衬托下会显得漂亮些。

■丰富的想象不仅可以获得全新的认知,还可能引发解决问题的新方法。

用常规的方法应付非常规的问题必定会感到很困难，当你遇到难于解决的问题时，不妨运用相对联想，从常规的思考相反的方向寻找解决的办法。

很久以前，牧场上有一位老人，他有两个儿子和一群骏马，每个儿子各有一匹心爱的马。老人临终前，留下遗嘱：让两个儿子赛马，谁赢了就由谁继承那群骏马。他规定了赛马的地点，但是比赛规则有点不同寻常——谁的马跑得慢谁就赢了。

老人去世之后，兄弟俩遵照老人的遗嘱准备赛马。二人都站在起点，谁都不想跑在前面，因而谁也不撒缰绳，两匹马从早到晚站立不动。第二天照旧如此，眼看夕阳又要下山了，这时从远方来了一位智者，看见两人呆呆地骑马站成一排，觉得奇怪，就上前询问。明白了事情的原委之后，智者笑了笑说："这很容易解决。你们换骑对方的马进行比赛不就行了？"两人觉得这个主意不错，高兴地采纳了他的建议，很快就有了比赛结果。

兄弟俩换骑对方的马之后，为了让自己的马跑得慢，就会尽量让对方的马跑得快。幸亏他们遇到了一个善用相对联想思考的聪明人，否则他们永远也比不出胜负。

相对联想的意义还体现在相对的作用过程，由甲可以得到乙，那么反过来，由乙应该也可以得到甲。比如，大家知道金刚石的成分是碳，1799 年，摩尔沃成功地把金刚石转化为石墨。有人运用相对联想提出，石墨也应该能够转化为金刚石。最终实验证明了金刚石和石墨之间可以相互转化。

相对联想对我们的思维能力具有一定的挑战性，它要求我们全面地看问题，同时把握问题的正反两方面。

要想提高相对联想的能力，首先，要丰富自己的知识，拓展思维的广度和深度；其次，要善于转换思维角度，利用思考对象的对立面实现自己的目的；此外，还要敢于突破常规的思维模式，才能找到解决问题的新方案。

苹果树下有一个滑轮，滑轮上有一根长绳子。绳子的一旁是狐狸，另一旁是猴子。它们达成协议：谁先攀上滑轮摘到苹果，谁就赢。猴子忙得满头大汗，可是它却输了。为什么？

答案：
猴子先拽的绳子，它使劲拽绳子的过程中把狐狸拉了上去。

第十二节　飞越联想

飞越联想也叫做自由联想，是指不受任何限制的联想，它要求思考者展开充分的想象，把两个或多个看似毫不相关的事物联系起来，从事物内部找到解决问题的方法。善于运用飞越联想的人就能体会到这样做的价值。比如，你能把绷带与输油管联系起来吗？

思维风暴

日本的一支南极探险队在基地遇到了一个难题,他们需要把基地的汽油输送到探险船上,但是输油管的长度不够。面对这个问题,大家一筹莫展。这时,队长西崛荣三郎有了主意。首先,他想到可以把长方体的冰块做成管子。在南极找到适合做管子的冰块并不难,但是如何才能穿透一个很长的冰块又不至于使它破裂呢?西崛荣三郎继续发挥联想,把医疗用的绷带缠在铁管子上,然后在绷带上浇水,等水结成冰之后,再把铁管抽出来,这样就可以做成一个冰管子了。

西崛荣三郎发挥了丰富的想象力,借助南极的冰,把绷带和输油管联系了起来,解决了问题。

飞越联想就是让我们超越常规的限制,解放思维,最大限度地开发思维空间。如果你允许自己的思维进行大胆的想象,也许能发现一些别人发现不了的东西。

20世纪50年代,苏联的绘画艺术兴起,很多青年都投身于绘画事业。那时一位叫普法利的学生放弃了自己所学的地质工程专业,决定学习油画艺术。为了增加见识、开阔眼界他经常参观各种油画展。在参观一个油画展时,他被一幅风景画深深吸引住了,画面是一片光秃秃的山峦,整个画面透出荒凉、神秘、诡谲的气氛。普法利觉得这幅画似乎隐藏了什么,他联想到画中的气氛可能与某种矿物质有关,但是沉思良久也想不出所以然来。

他想找那幅画的作者帮他解开谜团,不幸的是那位画家在不久前去世了。几经周折,他找到了画家的遗孀,从她那里借到了画家的创作日记。根据日记中的描述,他找到了那幅画反映的实际地点,那是西伯利亚的一个人迹罕至的地方。在寸草不生的山边,他发现了一个奇特的小湖,湖水发出银色的光芒。走近一看,那根本不是湖,而是一个天然水银矿,静止的"湖水"全都是水银。他恍然大悟,原来画面中的荒凉神秘气氛是由水银造成的,由于有这么多的水银,草木根本无法生长。

普法利竟然从一幅画中发现了一个水银矿,他正是结合自己的专业知识发挥了飞越联想。为什么他能够看到那幅画的与众不同之处呢?因为他有地质工程方面的专业知识。这个案例告诉我们,要想具有出色的联想能力,必须丰富自己的知识。只有具备足够多的知识,我们的思维才能四通八达地展开自由联想。

飞越联想并不是胡猜乱想,要想让自己的"白日梦"变得有价值,就要在想象的过程中注意逻辑的必然性。著名作家凡尔纳被誉为科幻小说之父,他有着不同寻常的联想

■ 飞越想象能将任何看似毫无关联的事物联系在一起。

能力。在现实中还没有出现潜水艇、雷达、导弹、直升机等事物的时候,他就通过想象在自己的科幻小说中描述了这些东西。

运用飞越联想,我们可以通过一些看似与我们无关的现象,了解到与我们密切相关的事实真相。

第一次世界大战期间,德国著名的女间谍玛塔·哈里奉命接近法军最高统帅部的重要官员莫尔根,并窃取他保管的英国19型坦克设计图。莫尔根是一个丧偶多年的老头,玛塔很快就赢得了莫尔根的爱慕。在完成任务期限的最后一个晚上,她用安眠药使莫尔根熟睡,然后展开了行动。终于她在一幅油画后面发现了一个保险柜,可是她不知道密码。她试拨了几个号码之后,发现自己不能用这种笨方法。

莫尔根的记忆力已经衰退了,他一定会在某个地方留下记号,让自己能记起六位数的密码。玛塔开始在房间里搜索与数字有关的任何东西,最后她的目光停留在一个挂钟上。挂钟已经不走了,指针停留在9点35分15秒。93515,只有5个数字。当她要寻找别的线索的时候,脑袋里灵光一闪,9点不也是21点吗?这样就有6位数了。213515,她兴奋地拨了这个号码。果然,保险柜打开了。她取出图纸,按时完成了任务。

创造力与想象力密不可分,超凡的想象力往往能开创出一片新的天地。飞越联想就是让我们尽可能地发挥想象,把不相关的事物联系起来,从中引发新的设想。

环球航空公司请建筑大师伊罗·萨里在纽约肯尼迪机场建造一座风格独特的建筑。伊罗·萨里构思了很长一段时间,也没想到满意的方案。有一天,他正准备吃早餐,突然看到桌子上的一个柚子。柚子的外形引起了他的兴趣,他拿起柚子左看右看,柚子的形状真的很美,做一个这样的建筑怎么样呢?想到这里,他连饭都没顾上吃,拿着柚子走进了设计室,尽情发挥想象,把他在柚子上看到的美体现在建筑上。当这座建筑竣工的时候,他赢得了广泛的赞誉。那是一座完全流体的式样,让人想到鸟的飞翔。

想象力是创造的源泉,大胆的想象和联想也许会得出一些荒唐的设想,但是从长远来看训练想象和联想,对提高思维能力是有帮助的。

第九章

类比思维

第一节　类比法的运用

类比思维是指把两个或两类事物进行比较，并进行逻辑推理，找出两者之间的相似点和不同点，然后运用同中求异或异中求同的思维方法进行发明和创造。

类比思维可以分为直接类比、间接类比、幻想类比、因果类比、仿生类比和综摄类比。在以后的章节中我们将逐一介绍。

类比思维的意义就是在比较中进行创新，具体表现在两个方面：

第一，发现未知属性，如果其中的一个对象具有某种属性，那么就可以推测另外一个与之类似的对象也具有这种属性。比如，橘子和橙子在外观上很相似，已知橘子的味道是酸酸甜甜的，由此可以推断橙子的味道也是酸酸甜甜的。

第二，把一个事物的某种属性应用在与之类似的另一事物上，可以带来新的功能。如果其中一个对象的属性能带来某种功能，那么如果我们赋予另一个对象同样的属性，就能得到类似的功能。比如，茅草的锯齿状叶片能够划破手指，把铁片做出锯齿状的边就发明了锯子，可以锯断大树。

类比思维是创造学领域里的一种重要的思维方法，在日常生活和科学研究中的应用都很广泛。可以说类比思考法把世间万物都囊括在了思考范围之内，因而能大大拓展我们的视野，有利于开拓新的思路。很多重大的发现和发明都是通过类比思维得到的。

地质学家李四光经过长期考察，发现我国东北松辽平原的地质结构和中东的地质结构很相似。中东地区盛产石油，那么松辽平原是不是也蕴藏着大量石油呢？李四光运用类比思考法推断这是很可能的。经过一番勘探，最终发现了大庆油田。

需要注意的是，进行类比的两个事物之间应该具有较多的共同属性，已知的共同属性与我们推断的属性之间应该有密切的联系。这样才能保证推断的结论具有较高的可靠性。

农民雷安军是栽培大棚蔬菜的能手。有一天他给塑料大棚培土的时候，看到快要拉秧的西红柿冒出了几个小腋芽。由此他联想到青椒老了以后，去掉老枝叶，还能发芽开花结果，这种栽培方法叫做残株再植。西红柿和青椒都属于茄科植物，是不是西红柿也可以残株栽植呢？他试着把西红柿的老枝叶剪掉，然后悉心照料，及时浇水施肥。一个星期之后，果然长出了新枝叶，又过了些时候就开花结果了。这种方法使西红柿的生产期延长了两个多月，大大提高了产量。残株栽植带来的成果大约占到总产量的1/5。

雷安军运用了类比法，把西红柿和青椒联系起来，发现适用于青椒的原理同样适用于西红柿。类比思考法给他带来了丰厚的回报。如果雷安军把残株栽植的原理应用在黄瓜上，可能就不会产生什么效果了。虽然都是蔬菜，但是黄瓜属于葫芦科，青椒属于茄科，不具备太多的可比性。

运用类比法进行思维要求我们从事物的对比中找到相似点和不同点，这就要掌握同种求异和异中求同的思维方法。

1. 同中求异

同中求异就是找到两个类似事物之间的区别，利用不同点进行发明创造。不同点可以给大脑带来新的思考角度，需要我们运用新的知识进行分析和观察，以摆脱传统思维模式的束缚，在思考对象中寻找新的属性和功能。

2. 异中求同

异中求同就是在不同的事物之间找到共同之处，利用相似点进行发明创造。我们把熟悉的某种事物的属性或功能应用在陌生的具有共同之处的事物上，会使陌生的问题变得更容易处理。

虽然太阳每天东升西落是我们再熟悉不过的事实，但是直到20世纪30年代人们才弄明白太阳为什么会持续不断地发光发热。

大概100年前，科学家们根据能量守恒与转化定律提出，太阳中的分子在引力的作用下向中心坍缩，在坍缩过程中分子的动能转化为光和热。但是经过计算之后，人们发现这种假设并不成立，如果是因为分子运动释放热量，太阳只能发光发热几亿年，事实上太阳已经存在了几十亿年了。

20世纪30年代，随着对原子核认识的加深，人们发现很轻的原子核在极高的温度下互相靠近的时候会发生聚变，形成新的原子核并释放出巨大的能量。美国物理学家贝特把核聚变的现象与太阳发光发热的现象进行类比，找到了太阳能够持久发光发热的原因：在太阳内部高达2000万度的高温下，氢原子聚变为氦原子，在聚变过程中释放出巨大的能量。根据核聚变的原理计算出的太阳能量释放值与观测到的数值一致。

熟练掌握类比思维之后，你就能完善对事物的认识，从看似不相关的事物中找到各种隐蔽的关系，然后利用这些关系展开设想进行推理，从中找到解决问题的新方法。

■ 质疑是创新的起点。

第二节 直接类比

直接类比就是在自然界或社会现象中寻找与思考对象类似的事物，在原型和已知成果的激发下产生灵感，找到解决问题的新方法。

这种类比法主要是把事物中显而易见的外在结构作为思考点，比如在荷叶结构的启发下发明雨伞。

传说雨伞是木匠的祖师鲁班发明的。鲁班曾在路边建造了很多亭子，方便过路人在亭子里休息，雨天的时候可以避雨，晴天的时候可以遮阳。有一次，他在雨天遇到一个急着赶路的人。那人怕耽误时间，只在亭子里待了一会儿就又冒雨前行了。鲁班心想，如果有一种能够随身携带的亭子就好了。

有一天，鲁班看到一群孩子在水边玩耍，每人头上戴着一片荷叶。他想到荷叶既能遮阳又能挡雨，不就是一个移动的亭子吗？回家之后，他先用竹子做了一个支架，然后在顶上蒙上了一块羊皮，模仿荷叶的结构制作了一把伞。后来，为了方便携带，他又发明了能开能合的伞。

直接类比在科学研究、工程设计等方面的应用很广。运用直接类比，你可以尝试把自然界中或社会中的各种现象和原理为我所用，让它们在你的研究领域内发挥作用。

19世纪20年代，英国要在泰晤士河下面修建地下隧道。传统的地下施工方法是"支护施工法"，这种方法施工进度非常慢，而且经常遇到塌方事故。工程师布鲁内尔为解决如何更好地在地下施工的问题大伤脑筋。

有一天，布鲁内尔无意中看到一只舟木虫在挖橡树，它先用嘴挖出树屑，然后将自身的硬壳挺进去再继续深挖前进。他突然想到，这和挖隧道不是一样的道理吗？如果先将一个空心钢柱体打入松软岩层中，然后在这个"构盾"的保护下进行施工，不就安全多了吗？他把这个设想付诸实践，于是就有了世界上著名的"构盾施工法"。

此外，医疗设备听诊器也是借助直接类比发明的。

19世纪的某一天，一位贵族小姐来找雷内克医生看病，只见她面容憔悴，手捂胸口，好像病得不轻。听她讲述完症状之后，雷内克认为她可能得了心脏病。但是要想确诊，还得听心肺的声音。那时的做法是隔一条毛

■雷内克在给病人诊断病情。

巾把耳朵贴在病人的胸廓上进行诊断，但这种方法显然不适合用在贵族小姐身上。

雷内克心想能不能用别的办法呢？他想到前些天在街上看到的一件事：几个孩子在木料堆上玩，一个孩子用铁片敲打木料的一端，让另一个孩子在另一端听有趣的声音，雷内克一时兴起，也听了听。想到这里他灵机一动，马上找来一张厚纸，将纸紧紧地卷成一个圆筒，一头按在小姐心脏的部位，另一头贴在自己的耳朵上。果然，小姐心脏跳动的声音连其中轻微的杂音都被他听得一清二楚。他高兴极了，告诉小姐的病情已经确诊，并且一会儿可以开好药方。

随后，他请人制作了一个中空的木管，长 30 厘米，口径 0.5 厘米，这就是世界上第一个听诊器。

你能用一只手把鸡蛋捏碎吗？也许你想象不到薄薄的蛋壳却能承受很大的力。英国消防队员为了试验鸡蛋的受力，曾把一辆消防车停在草地上，伸直救火梯子，消防队员从离地 21 米高的救火梯顶端向草地扔下 10 个鸡蛋，出乎意料的是只破了 3 个。有人做试验发现当鸡蛋均匀受力时，可以承受 34.1 千克的力。鸡蛋具有如此大的承受力，是与它特有的蛋形曲线和科学的结构分不开的。一个鸡蛋长为 4 厘米，而蛋壳厚度只有 0.38 毫米，厚度与长度之比为 1：130。

奇妙的蛋壳引起了建筑学家的关注，它以最少的材料营造出最大的空间，而且能承受强大的外界冲击力。建筑学上把这种具有曲线的外形、厚度很小、能承受很大的外界压力的结构叫薄壳结构。直到 1924 年，德国的半圆球形的蔡斯工厂天文馆才真正采用了薄壳结构。之前，人们并不敢把屋顶建得太薄。1925 年德国耶拿斯切夫玻璃厂厂房采用了球形薄壳，直径为 40 米，壳的厚度只有 60 毫米，采用钢筋混凝土为建筑材料，厚度与跨度之比为 1：667。建筑师运用直接类比的方法把这种结构应用在建筑上，现在像鸡蛋那样的建筑已经很普遍了。

直接类比需要我们具备很好的观察能力，大自然处处向我们显示了神奇，但是这需要我们去发现。一双善于发现的眼睛可以帮我们找到自然界和生活中对我们有用的属性，然后应用于更广泛的领域中，从而给我们带来更大的价值。

开动你的脑筋

你知道还有什么东西是人们运用直接类比发明的吗？将你所知道的写下来。

1. _____

2. _____

3. _____

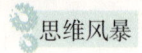

第三节　间接类比

间接类比是指把不同类的事物放在一起进行比较的创新方法。当我们寻找解决问题的方法时，如果找不到同类事物进行对比，这时就可以运用间接类比。间接类比虽然不像直接类比那样应用广泛，但是它可以扩大类比范围，使更多的事物进入我们的思考领域。这样可以帮助我们开拓思路，产生新的创造活力。

空气中的负离子有很好的医疗作用，可以消除疲劳、延年益寿，对治疗哮喘、高血压、心血管病也有很好的辅助作用。但是自然界中的负离子只在高山、森林、海滩、湖畔处较多，人们只能在度假的时候才能享受。为了让人们在日常生活中也能享受负离子的功用，科研人员运用间接类比的方法研制出用水冲击的方法产生负离子，后来又发明了电子冲击法。市场上销售的负离子发生器就是运用的这个原理。

从这个案例中我们可以看出间接类比的特点，即我们希望得到某种有益的属性，但是又不可能全盘模仿，只能通过另一个途径达到这个目的。

此外，间接类比还表现为同一原理在不同领域的应用。比如，瑞士科学家阿·皮卡尔运用间接类比法发明了世界上第一个能够自由游动的潜水器。

阿·皮卡德本来是研究大气平流层的专家，他设计的平流层气球曾飞到 15 690 米的高空。后来，他想到大气和水都是流体，大气的原理应该也能适用与海水。于是他想用平流层气球的原理改进深潜器。那时的深潜器既不能自由行动也不能自行浮出水面，必须依靠钢缆吊入水中，这样就使它的活动范围大大地受到限制，最深只能达到水下 2 000 米。

平流层气球的原理很简单，在气球中充满比空气轻的气体，利用气球的浮力使吊在下面的载人舱升上高空。皮卡尔想到，如果在深潜器上加一个浮筒，不就可以像气球一样自行上浮了吗？他设计一个船形的浮筒，里面充满密度比海水轻的汽油，为深潜器提供浮力。同时他还设计了一个钢制潜水球，在里面放入铁砂作为压舱物，使深潜器沉入海底。这样就不需要借助钢缆了，潜水器可以在任何深度的海洋中自由游动。后来，

■ 不怕做不到，只怕想不到，只要你敢于想象，就能够取得成功，把"不可能"变成"能"。

第一篇 思维影响人生：改变人生的10种黄金思维

他设计了一艘"的里斯特号"潜水器，能够潜到世界上最深的洋底。

世界上很多道理都是相通的，某一领域的经典原理同样适用于另一个领域。运用间接类比我们可以打开思路，从一个崭新的角度看待我们熟悉的问题，从而获得解决问题的新方法。比如物理学中的惯性原理运用在乐器演奏中，可以更加自如地运气，使口腔和手指的动作更加轻松流畅，演奏出更加精彩的乐曲。

阿基米德曾说："如果给我一个支点，我就可以撬动地球。"这是物理学上非常简单的杠杆原理。运用间接类比，我们可以把这个原理应用在企业管理中责任、权限和利益的关系中。企业管理的成败主要取决于责任、权限和利益三者是否平衡。管理的过程就是透过责任人驾驭生产力要素来实现预定的生产目标。当我们准备把一项任务交给某人做的时候，首先要考虑他是否能够承担相应的责任，这个责任类似于杠杆的支点，责任越重大，支点离施力点越远，就越不容易撬起来。其次要考虑利益与权力的匹配关系，假定权力不变，就保证了支点到受力点的距离不变，那么利益越大，撬起来越容易。因此在一般情况下，企业中薪水越高的人承担的责任越大，他们的办事效率也是较高的。

随着时间的推移，人们逐渐发现各个领域中很多经过实践检验的、具有永恒价值的原理并不仅仅在已知的领域内发挥作用。间接类比思考法就是让我们把不同领域内的事物进行比较，从一类事物中抽取出能够对两类事物都能发挥作用的原理，应用在另一类事物上，给我们带来新的启发和创意。

在进行间接类比训练的时候，你可以随便选取两个不相干的事物，然后把其中一个事物的某个特征应用到另一事物，看看能得到什么结果。当你用间接类比处理问题的时候，应该以思考对象为中心，把自然科学和社会科学中的各种理论与思考对象相匹配，看是不是能从中得到新的解决问题的思路。

运用间接类比的意义在于使某一理论或事物的某一特征在更大的范围内发挥作用。看到事物的某一特征之后，我们要问问自己，这个特征还能在哪些领域应用？还能给我们带来什么好处？

开动你的脑筋

在日常的学习、工作、生活中，你有运用过间接类比解决问题的经历吗？如果有，请写下来。

1. _____
_____
2. _____
_____
3. _____
_____

第四节 幻想类比

幻想类比是指把思考对象与超现实的理想、梦幻和完美的事物进行类比，从而得到新颖创意的思考方法。

这种思考法有两条思考路径，一条是用神话故事或科幻小说中的事物与现实中的事物进行类比，对现实中的事物进行改进，赋予它前所未有的特性和功能。

古代的神话故事是当时的人们在与大自然作斗争的过程中不能解决问题时产生的幻想，如今在科学技术日益发达的今天，幻想反而带给人们很多启发意义。

有一个物理学家正在研究如何发明能够扩大电压的变压器。

一次偶然的机会，他看到了传说中雷公的画像，画像中的雷公身穿虎皮、背负大鼓、手持铁锤，形象非常威武庄严。

他看到虎皮的花纹是黄色杂有黑色的条纹，忽然头脑中有了主意："把电线按照虎皮花纹那样排列成一个线圈，而电流通过线圈要产生磁场，磁场又能转化成电能，那么对于强如闪电般的瞬间电流，岂不可产生强大的电阻吗？"

在这个想法的引导下，经过不断研究，他终于发明了变电器。

这位物理学家正是运用了幻想对比找到了解决问题的突破口。

另一条是从眼前的事物着手进行幻想，创造出新的事物。威廉·戈登就曾经指出："当问题在头脑中出现时，有效的做法是，想象最好的可能事物，即一个有帮助的世界，让最能满意的可能见解来引导最漂亮的可能解法。"

人们想当然地认为文学家、艺术家利用幻想类比是理所当然的，而科学家或工程师则不应让白日梦占据自己的头脑。

相对来说，科学家和工程师确实需要具有更好的逻辑思维能力，但是这并不意味着幻想对他们没有作用。

事实上，科技工作者应当而且必须给予自己幻想的空间和自由才能得到突破性的发明和发现。

威廉·戈登说："他必须恰当地想象关于问题的最好（幻想）解法，而暂时忽视由常规解法的结论所确定的定律。只有以这种方式他才能构造出理想的图像。"

比如，伽利略看到一个孩子在玩放大镜，运用幻想类比他想到是不是可以制作

■伽利略正向教皇展示他的望远望。

一种可以看到遥远的太空的镜子。1609年10月,他制作了能放大30倍的望远镜。伽利略用自制的望远镜观察夜空,第一次发现了月球表面高低不平,覆盖着山脉并有火山口的裂痕。此后又发现了木星的4个卫星、太阳黑子的运动,并得出了太阳在转动的结论。

在进行幻想类比思考训练的时候,我们要让大脑尽可能地打开思路发挥想象,不受任何逻辑和常规思路的限制。这对寻找解决问题的方法是非常有益的。

比如,大家知道由于上游和下游的水位落差很大,船在从上游驶到下游,或从下游驶到上游的时候都很困难。那么,请思考如何使船从上游平稳地行驶到下游。

运用幻想类比思考法,首先你要把自己当作无所不能的天神或超人,你具有改造自然的超能力,至少你可以用想象力解决问题。然后,请你运用神奇的幻想寻找可能的解决问题的办法。于是,你发挥自己的超能力,让船从空中飘向下游,或者潜入水底避过激流。显然,这些办法在现实中的可操作性很差,但是我们可以从中抽取一个有价值的原理——避开激流,使船只平稳过渡。

现在我们可以针对这个原理继续发挥想象,怎样使船平稳过渡呢?使上游水位与下游水位持平就可以了,这时我们得到一个主意——让船驶进一个像连通器一样的闸室,两侧用墙将水挡住,底部设有阀门。从上游到下游的船驶入闸室之后,打开下游方向的阀门,水位就会缓缓降低,直到与下游的水位持平。同理,从下游到上游的船进入闸室之后,将上游方向的阀门打开,水位就会上升,直到与上游的水位持平。你会发现运用幻想类比法,很轻松地就把这个问题解决了。

第五节　因果类比

因果类比是指两个事物的各种属性之间可能存在同一种因果关系,我们根据已知的一个事物的因果关系推出另一个事物的因果关系。

比如,泡沫塑料的质量很轻,而且具有良好的隔热、隔音的性能,使它具有这种特性的原因是在合成树脂中加入了发泡剂。有人运用因果类比,由此想到如果在水泥中加入发泡剂是不是也能具有同样的特性呢?经过反复试验,人们最后终于发明了既质轻又隔热、隔音的气泡混凝土。

在这个案例中,我们可以看出因果类比思考法的思考过程。首先,我们从某一事物中看到了某种有价值的特性或功能,然后我们推导出这种特性是怎样发生的,以及如何才能得到这种特性。接着,我们为了使另一类事物也获得这种特性,将已知的因果关系套用在我们关注的事物上。当然,这种思考法只是提出一种创造性的假设,带有一定的预测性,因此,还需要通过试验来印证因果关系在另一类事物上是否成立。

业余天文学家威廉·赫歇尔1781年发现了天王星,但是进一步的观测证实天王星的实际运行轨道与预测的轨道存在偏差。1846年天文学家发现了海王星,但是海王星的存在只能部分解释天王星的实际轨道与预测轨道的差异。19世纪末的天文学家猜测，在海王星的轨道范围之外，还应该有一个比海王星还远的行星，它的引力干扰着天王星的运动。于是人们开始寻找这个位置的行星，到1930年，这颗新行星终于被劳威尔天文台的唐包夫（C.Tomaugh）发现了，命名为冥王星。

天文学家之所以预测到还有一颗未知行星在影响天王星的运行轨道，是因为他们掌握了已知的行星运行规律。按理说应该能够准确地预测行星轨道，既然实际轨道出现了偏差，可能的原因就是受到未知天体的影响。他们把这种因果关系套用在天王星身上，推测出它可能受到另外一颗行星引力的作用，所以运行轨道会出现偏差。

因果对比在科学研究和发明创造中应用很广泛，它可以帮我们找到解决问题的更好的途径。比如用在河蚌体内培植珍珠的原理来培植牛黄，大大提高了牛黄的产量。

牛黄原是一种昂贵的中药，它是牛的胆结石，只能从屠宰场上偶然得到，但产量很小，所以非常珍贵。后来人们利用产生胆结石的原理，把牛、羊、猪的胆汁提取出来研制人工牛黄，但是这种人工牛黄的临床医疗功效很差，医学专家不得不继续寻找新的解决办法。某药品公司的科研人员想到，河蚌经过人为的"插片"植入砂粒，河蚌会分泌出黏液将砂粒包住慢慢形成珍珠，如果把"插片法"应用在牛身上，是不是也能产生牛黄呢？该公司马上进行立项研究，选择失去医用价值的残菜牛做实验，在牛胆囊中置入异物。经过一段时间之后，果然从中培育出了胆结石。这种人工牛黄跟天然牛黄的医疗效果一模一样。

在这个案例中，医疗专家就是运用了因果类比，把胆结石的形成过程与珍珠的形成过程进行了对比，既然用"插片法"可以培植珍珠，那么也应该能够培植牛黄。

只要你肯用心观察，就能发现事物之间类似的因果关系，然后把已知的积极有效的因果关系应用在你所关心的问题上，从而得到解决问题的新方法。

因果类比思考法在日常生活中，在我们追求成功的道路上也有重要的指导意义。市面上有很多介绍成功人士如何取得成功的书籍。把别人的成功的方法应用在自己身上，既然别人用这种方法可以成功，那么自己用这种方法是不是也能成功呢？模仿是一条安全而高效的成功捷径。你参照成功者的做法，借鉴使他们获得成功的经验，不用花费像他们那样多的时间和精力，就可以获得像他们那样的成就。

成功学大师安东尼·罗宾曾说："如果你想成功，你只要能找出一种方式去模仿那些成功者，便能如愿。"他曾与美国陆军签订协议，帮助陆军进行射击训练。他找来几名神射手，并找出他们成为神射手的原因所在，建立正确的射击要领。然后用射击高手的经验对新手进行一天半的课程训练。课后进行测试，所有人都及格，而列为优秀等级的人数竟是以往平均达到人数的3倍多。

在训练因果对比的过程中，我们要善于分析一些积极的效果是怎样产生的，这是一个由果溯因的过程，然后思考在哪些事物中也具备类似的因果关系，赋予该事物类似的原因，看看是否能得出积极的、对我们有用的结果。这种方法还可以帮助我们通过简单的常见的事物的因果关系来理解复杂事物的因果关系。

比如，在一节物理课上，老师用水流和电流进行对比，很容易地让学生理解了电流产生的条件。水流动的条件，首先要有水，其次要有落差，在地球引力作用下向下流动。与此类似，要想产生电流，首先要有自由电荷，然后自由电荷在电场中，受电场力的作用才能"流动"，电荷之所以会定向流动。跟水流的原因类似，是因为有电势差（电压）的原因。

第六节　仿生类比

我们不再对周围的生命感到惊讶了，觉得一切都那么理所当然。但是，鸽子、猎豹、蜜蜂、苍蝇、毛毛虫……它们真的像我们想象的那么简单吗？为什么鸟儿的身体具有如此完美的曲线？为什么蜘蛛能编织出经纬度恰到好处的网？为什么蝙蝠能在夜间自由飞翔？

这些神奇的生物引起了科学家的兴趣。在20世纪60年代出现了仿生学这门科学，这是专门研究如何在工程上应用生物功能的学科。仿生类比思考法就是对仿生学的应用，旨在把生物的结构和功能应用在机械设计、工程原理等方面，从而产生新的功能和技术，创造出新的发明。比如，雷达是以蝙蝠为原型发明的。此外，人们还以人类的手臂为原型制作了机械手，以蜻蜓的翅膀为原型开发出了一种超轻的高强度材料……

一些我们平日里毫不在意的小生物，也许能给我们带来重大的启发。

苍蝇是细菌的传播者，是人类最深恶痛绝的害虫之一。但是我们应用形象思考之后，可以把苍蝇身体的独特的结构和功能应用起来。苍蝇的楫翅是"天然导航仪"，人们模仿它制成了"振动陀螺仪"。这种仪器安装在火箭和高速飞机上，可以实现自动驾驶。苍蝇的眼睛是一种"复眼"，由3 000多只小眼组成，人们模仿复眼制成了由上千块小透镜组成的"蝇眼透镜"。蝇眼透镜作为一种新型的光学元件，在很多领域都有价值。比如用"蝇眼透镜"做镜头可以制成"蝇眼照相机"，一次就能照出千百张相同的相片。这种照相机已经用于印刷制版和大量复制电子计算机的微小电路等方面，大大提高了工作效率。

其实人类很早就向动物学习了，比如向鸟学习筑巢，向青蛙学习游泳。但是直到20世纪60年代，人们才开始有意识地研究生物的构造、行为和习性，把其中的自然原理利用起来。

在进行仿生类比思维训练的时候，我们可以从生物的构造、行为和习性三方面着手来发现生物中对我们有价值的地方：以生物的构造为出发点进行类比思考，人们模仿蜂巢结构建

■仿生眼镜。

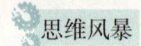

造的墙壁，大大减轻了建筑物的自重；以生物的行为出发点进行类比思考，医学专家通过研究袋鼠的育儿行为，研制出模仿袋鼠育儿袋的装置，拯救了很多早产的婴儿；以生物的习性为出发点进行类比思考，英国的一位人类学家从猩猩每天要吃的阿斯辟里亚灌木的树叶中提炼出高效杀菌剂。

此外，根据萤火虫发明日光灯也是对仿生类比思考法的一次典型的运用。

在众多的发光动物中，萤火虫发出冷光（发出的光不产生热）不仅具有很高的发光效率，而且发出的冷光一般都很柔和，很适合人类的眼睛，光的强度也比较高。科学家研究发现，萤火虫的发光器位于腹部，由发光层、透明层和反射层3部分组成。发光层拥有几千个发光细胞，细胞中含有荧光素和荧光酶两种物质。在荧光酶的作用下，荧光素与细胞内的水分和氧气化合便发出荧光。萤火虫之所以能发光，实质上是它把化学能转变成了光能。随后，人们根据对萤火虫的研究发明了日光灯，其发光原理是通电后灯丝发热，使灯管中的水银蒸发成气体释放出大量电子，电子的高速撞击产生紫外线，紫外线作用于灯管内壁的荧光粉则会发出自然而柔和的灯光。

尽管人类自称为万物之灵，使自然界发生了翻天覆地的变化，制造了很多巧夺天工的物品，但是在大自然面前我们不得不承认，生物具有的功能比迄今人类制造的任何一种机械都要完美。因此人们为了提高各种仪器、装置和机械的性能不得不向生物学习。

仿生学也是与控制论有密切关系的一门学科，而控制论主要是将生命现象和机械原理加以比较，进行研究和解释的一门学科。生物体的结构与功能在机械设计方面给了人类很大启发，把两者进行类比，我们可以得到改进机械设计的新思路。我们可以把生物的感觉功能与信息接受系统进行类比，把生物的神经功能与信息传递系统进行类比，把生物的造型与机械的结构进行类比等等。比如，将海豚的体形或皮肤结构应用到潜水艇的设计原理上，可以使潜水艇在水底行驶的时候避免产生紊流。

仿生学问世的时间虽然不长，但是已经带给人类客观的研究成果，大大开阔了人类的思维广度。把生物的功能与机械设计和工程原理进行类比，为我们开辟了独特的技术发展的道路。

开动你的脑筋

除了本书所介绍的人们运用仿生类比所进行的发明创造外，你还知道什么物品是对仿生类比的运用吗？请写下来。

1. _____
   _____
2. _____
   _____
3. _____
   _____

第七节　综摄类比

综摄类比是由美国麻省理工大学的教授威廉·戈登于1944年提出的利用外物启发思考的思维方法。戈登发现很多创新发明不是来源于缜密的判断推理等逻辑思考，而是受到日常生活中各种外部事物的启发而产生的。这些外部事物包括花鸟鱼虫等自然现象，吃穿住行等社会现象以及神话传说等幻想中的事物，范围非常广泛。综摄类比就是以这些外部事物或已有的成果为媒介，通过"异质同化"和"同质异化"两大原则进行思考，利用其激发出来的灵感进行创造发明或解决问题的方法。

"异质同化"是指把陌生的事物转化为熟悉的事物。这样在遇到陌生的问题时，就能迅速接受它，并使它变得容易处理。"同质异化"是指把熟悉的事物当成完全陌生的事物。这样可以让我们从一个新的角度或运用新的知识进行分析和观察，以摆脱固有思维模式的束缚，产生出新的设想。

两大思考原则体现在两个思维阶段中：了解问题阶段和解决问题阶段。在了解问题阶段我们需要运用"异质同化"的思考原则，即变陌生为熟悉；在解决问题的阶段我们需要运用"同质异化"的思考原则，即变熟悉为陌生。两个思维阶段确实有不同的思维特点，在创造性过程中发挥着不同的作用。

在了解问题阶段主要用分析的方法，全面地认识问题，并把握问题的主要方面和各个细节。人们本能地排斥任何陌生的东西，只有把陌生的事物与熟悉的事物联系起来，加深对陌生事物的了解，才能把它纳入可以接受的思维模式中。需要注意的是，虽然尽可能多地掌握它的细节和信息是有益的，但是如果过分沉湎于问题细节的分析，就会舍本逐末，贻误发明创造。了解问题的目的只在于明确思考对象，确定发明课题。

在解决问题阶段要求我们用全新的视角看待问题，跳出常规的思维模式，摆脱习惯的束缚，把习以为常的事物当作陌生的东西。把自己想象成一个刚刚来到地球的外星人，你看到的一切都是新鲜的、陌生的。在这个阶段，思考者可以选择世间万物作为解决问题的类比对象，威廉·戈登给我们指出了训练这种思考方法的3种类比技巧：

1. 亲身类比

这种方法是让我们把自己想象成思考对象，简单的引导形式是："如果我是它，那么……"体验如果自己变成该事物会有什么感受。这种类比是用来解决技术问题的，比如，把自己想象成一种机械，如果你想让自己的关节更灵活更轻松，你就会想到应该加一点润滑油……这种类比需要我们投入到一种角色中去，把思考对象的问题当作"自身"的问题进行思考，利用人类的感情来体验和洞察技术领域里的抽象的问题。这种类比对于打破常规，把熟悉的事物变为陌生的事物非常有效。

2. 比喻类比

比喻类比的应用范围很广泛，可以把不同类的事物联系起来。例如我们说A像B，那么不仅A获得了B的属性，而且B也获得了A的属性。青年像八九点钟的太阳一样朝气蓬勃，八九点钟的太阳也像青年一样富有活力。两者之间确实有一些相似之处，但是不可否认它

们之间还有很多不同的地方。这些不同可以产生张力,有助于把熟悉的事物变为陌生的事物,使大脑产生新的联想和想象,找到解决问题的灵感。

比喻类比的激发点主要体现在直观的外部结构和功能方面。很多发明创造都是通过这种方法获得的,比如人们通过模拟蝙蝠发明了雷达,通过模拟船的舵柄发明了左轮手枪等等。前面提到的直接类比、间接类比和仿生类比都可以通过这种方式进行训练。

3. 象征类比

运用这种方法我们可以在古代传说、小说、科幻作品、童话、寓言中寻找与思考对象类似的事物。激发点体现在事物的内部逻辑关系方面,比如电脑是对人脑的模拟。运用这种训练方法的时候,我们可以这样问自己:"如果问题出现在小说或童话世界里,会变成什么样子呢?"以此在幻想的情景中寻找解决问题的方法。

综摄法作为一种思考工具,以讨论小组的形式来应用更有效。各种不同知识背景的有创造潜力的人员组织在一起,通过互相启发、互相补充的讨论,能够激发出更多、更奇妙的创造性设想。要想发挥综摄类比思考法的长处,讨论小组的成员需要具备较强的创新思维能力和敢于冒险的精神,此外还要有强烈的好奇心,最好还要有擅长比喻的能力。讨论小组还需要一名具有组织能力的主持人,负责把握会议方向,引导成员得出解决问题的方法,总结会议成果。

综摄类比法的操作步骤如下:

1. **明确问题**:对思考对象和思考目标进行陈述,问题可以由外部提供,也可以由思考者自己确定。

2. **分析问题**:对给定的问题进行解释,使陌生的问题变为熟悉的问题。把握问题的主要方面和枝节问题,确定思考方向。从不同角度深入理解问题,摆脱已知定律和常规思维的束缚,找到影响问题的根本所在。

3. **引导问题**:运用亲身类比、比喻类比、象征类比这三种类比技巧引出解决问题的新思路。

4. **解决问题**:是指把通过亲身类比、比喻类比和象征类比所得到的想法与思考的目标结合起来,形成新颖的、有效的解决问题的方法。通过对类比事例的分析得出理论上的抽象结果,然后从这个抽象结果中得出解决问题的具体方案。

第十章

U 形思维

第一节 以退为进的迂回法

国际体育比赛中曾发生过这样一件事，在一次保加利亚队和捷克斯洛伐克队的篮球比赛中，离比赛结束还剩下 8 秒钟的时候，保队仅领先一个球。按照规定，保队在这一场球赛中，必须至少赢 3 个球才能不被淘汰。这时，保队的一个队员突然向本方的篮内投入一个球。双方的队员和场外的观众一下子都愣了，不知这是怎么回事。过了好一会儿，大家才明白过来，并报以热烈的掌声。

这位保队队员为什么要向本方的球篮投进一个球？他是怎么想的呢？

他的思考过程大致说来是这样的：保队要想不被淘汰，必须再赢两个球，要有可能再赢两个球，就得延长比赛时间，要延长比赛时间，就要在终场时把比分拉平，要在终场时把比分拉平，那就只有现在向本方篮内投进一个球。

果然，保队这个队员刚一投进这个球，裁判就宣布进行加时比赛。在随后的比赛中，保队士气高涨，轻松拿下 3 个球，赢得了比赛的胜利。

这位保加利亚队员运用的思维方式就是 U 形思维法，是一种以退为进的迂回策略。

U 形思维法指的是在解决某个问题的思考活动遇到了难以消除的障碍时，可谋求避开或越过障碍而解决问题的思维方法，这是创造者常常用到的一个方法，对于发明创新和解决问题有很强的启发作用。

1943 年 2 月，希特勒调集 4 个德国师、1 个意大利师的联合特种部队以及南斯拉夫的傀儡军队，集中围攻铁托领导的南斯拉夫西波斯尼亚和中波斯尼亚解放区，企图消灭铁托率领的这支民族解放部队。

为粉碎纳粹的阴谋，铁托率领由 4 个师组成的突击队，并掩护 4000 名伤员，向东南方向突围，转移到门的哥罗地区。全军在铁托的领导下尽力牵制德军的力量。而转移行动成功的关键，是必须安全渡过涅列特瓦河。铁托的突击部队被德军堵在河的左岸，对岸的阻击火力很猛，而且敌军部队正加紧对铁托部队进行包围。

为尽快过河，突击部队几次向桥头发起攻击，但都被德军的密集火力击退，形势十分危急。这时，铁托一反常规果断命令："炸桥！"突击队员在桥头埋下炸药，"轰"的一

思维风暴

■ 博弈。

声巨响,大桥塌了一段。

也许你会产生疑问,铁托的部队不是要过桥吗?为什么自己反倒把桥炸了?

原来,铁托的做法是为了迷惑敌人,炸桥后,铁托命令部队迅速撤退。德军这时似乎恍然大悟,以为铁托的部队不是要过河,而是要在河的左岸进行活动,所以才炸掉大桥,以阻止德军过河进攻。德军连忙转到下游的渡口过河追赶突击队。看到德军上当后,铁托命令突击队突然神速折回桥头。这时,德军只顾追击铁托的部队,河对岸已没有一个德军把守。突击队挖好工事,建立桥头阵地,做好阻击纳粹兵的准备。同时,铁托命令突击队以最快的速度,借助原来的旧桥墩,连夜在断桥处搭起一座简便的吊桥,将坦克、大炮等重武器丢到河里,人员携带轻便武器,扶着轻伤员,抬着重伤员,闪电般地渡过涅列特瓦河,进入门的哥罗地区。当德军发现被狂轰滥炸的山谷空空如也,根本不见铁托部队踪影时,才恍然大悟:突击部队先炸桥,是为了转移视线、迷惑他们,掩盖过桥的真实意图,使德军判断失误;然后又佯装撤离,采用调虎离山之计诱敌上当,当德军中计离开大桥后,突击部队就可以从容不迫地搭桥过河。

可是,此时的醒悟已经晚了,当突击部队过河后,铁托便命令把大桥全部炸掉,彻底阻止了德军的追击。

胜敌自有妙计,强攻不如智取。将在智而不在勇。军事谋略创新始终是指挥员的第一职责。铁托的高明之处就在于他运用了 U 形思维,让思维来一个 180 度的大转弯,并以这种 U 形思维为基础巧施连环计:

先炸桥——后搭桥——再过桥——最后再炸桥。

U 形思维中的退并不是真正的软弱、败退,而是一种迂回的策略,"退"是为了下一步的"进",退一小步,是为了能进一大步。这才是 U 形思维的真谛。

第二节 两点之间最短距离未必是直线

有两只蚂蚁想翻越一段墙,寻找墙那头的食物。

一只蚂蚁来到墙脚就毫不犹豫地向上爬去,可是当它爬到大半时,就由于劳累、疲倦而跌落下来。可是它不气馁,一次次跌下来,又迅速地调整一下自己,重新开始向上爬去。另一只蚂蚁观察了一下,决定绕过墙去。很快地,这只蚂蚁绕过墙来到食物前,开始享受起来。

第一只蚂蚁仍在不停地跌落下去又重新开始。

很简单的故事,却向我们揭示了一个道理:两点之间最短距离未必是直线。在遇到问题时,我们基本会有两种方法去解决:以直线方法或以迂回的方法。通常,直线方法是我们的首选,因为我们认为两点之间直线最短。但是,许多问题的求解靠直线方法是难以如愿的,这时,采用迂回的U形思维去观察思考,或许能使问题迎刃而解。

U形思维,常常是创新者用来解决难题的一种思考手段。

全自动洗碗机是一种先进的厨房家用电器,是发明家适应生活现代化的创新杰作。然而,当美国通用电气公司率先将全自动洗碗机摆在电器商场的货架上后,却出人意料地遭到冷遇。

无论使用任何手段的广告宣传,人们对洗碗机还是敬而远之。从商业渠道传来的信息也极为不妙,新研发的洗碗机眼看就要夭折在它的投放期内。

经过市场调查发现,原来是消费者的传统观念在起作用。人们普遍认为,连十来岁的孩子都能洗碗,自动洗碗机在家中几乎没有什么用,即使用它也不见得比手工洗得好。机器洗碗先要做许多准备工作,增添了不少麻烦,还不如手工洗来得快。而且,自动洗碗机这种华而不实的"玩意儿"将损害"能干的家庭主妇"的形象。一部分人则不相信自动洗碗机真的能把所有的碗洗干净,认为机器太复杂,维护修理肯定困难。还有一些人虽然欣赏洗碗机,但认为它的价格让人不能接受。

顾客是"上帝",他们不购买你的新产品,你总不能强迫他们购买吧。在无可奈何的情况下,公司只好请教市场营销设计专家,看他们有何金点子。智囊们经过一番分析推敲,终于想出一个新办法:建议将销售对象转向住宅建筑商。

起初,人们对该建议普遍持怀疑态度,建筑商并不是洗碗机的最终消费者,他们乐意购买吗?在通用电气公司的公关人员的说服下,建筑商同意做了一次市场实验。他们在同一地区,对居住环境、建造标准相同的一些住宅,一部分安装有自动洗碗机,一部分不装。结果,安装有洗碗机的房子很快卖出或租出去了,其出售速度比不装洗碗机的房子平均要快两个月。这一结果令住宅建筑商受到鼓舞。当所有的新建住房都希望安装自动洗碗机时,通用电气公司生产的自动洗碗机的销售便十分畅通了。

从这个故事中,我们可以发现两条思路:其一,将洗碗机直接向家庭顾客推销,效果不佳;其二,将洗碗机安装在住宅里,借助房产销售卖给了家庭用户,结果如愿以偿。前者是直线思维,后者是U形思维。

运用U形思维的基本特点就是避直就曲,通过拐个弯的方法,规避摆在正前方的障碍,走一条看似复杂的曲线,却可以尽快到达目的地。这是U形思维的智慧,也是U形思维的魅力所在。

第三节　变通思维的奇妙作用

1945年战败的德国一片荒凉,一个德国年轻人在街上发现——当时德国人处于"信息荒",国民对信息的获得非常饥渴。于是他决定卖收音机!可是,当时在联军占领下的德国,不但禁止制造收音机,连销售收音机也是违法的。这名年轻人就将组成收音机的所有零件、

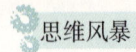

线路全部配备好，附上说明书，一盒一盒以"玩具"卖出，让顾客动手组装。这一思路果然产生奇效，一年内卖掉了数十万盒，奠定了西德最大电子公司的基础，这年轻人名叫马克斯·歌兰丁。

歌兰丁所使用的方法巧妙地解决了"信息封锁"的难题，这个神奇的方法便是变通思维的运用。

变通思维是U形思维的一种表现形式，是指在思考问题时，当一条路走不通或者付出的机会成本太大时，不妨改变一下思路，从原有的思维框框中跳出来，进入到一个新的思维框架中去思考的一种思维方法。

变通思维方法的主要特征是：新的思考路子与原有的思考路子基本上没有什么联系，是一种另起炉灶，因转换角度而形成的新的思路。一般来说，变通思维用好了，就会起到一种"山重水复疑无路，柳暗花明又一村"的奇妙作用。

近年来，我国列车连续实施提速，极大地提高了铁路运能。然而列车提速受各种因素影响与制约，其中之一就是列车速度越高，左右横向晃动就越厉害，乘客会感到很不舒服。尤其是机车

■ "山重水复疑无路，柳暗花明又一村"。不要在关着的门前自怨自艾，要想办法去找到另一扇打开的门。

的剧烈晃动对车内的设备损害很大，可导致底梁开裂等灾难性事故，并加剧钢轨磨损，严重威胁行车安全。

为什么会出现这种现象呢？科技人员从建立和分析机车的动力学模型入手，对机车的承载结构进行研究。发现主要原因是支撑车体的圆柱形二系弹簧抗弯刚度太小，横向刚度偏低，不足以抵挡机车因高速行驶而产生的横向力的威胁。

火车高速行驶不安全的原因找到了，但是问题又出来了，怎么样才能使弹簧承受住火车高速行驶而产生的横向力的冲击呢？按照传统思维考虑问题，无非是改变弹簧的材料，或者把弹簧做大做粗些，但这些都不能解决问题。此事怎么办呢？一些科技人员变通了思路终于想出了一个绝妙的方法：就是将圆柱形弹簧改换成圆锥形弹簧，再配合其他措施，就可有效解决高速列车晃动的难题。

这一由我国科技人员独创的圆锥形列车专用弹簧，抗弯、抗剪、抗扭和抗疲劳性能以及横向、纵向刚度，均比传统的圆柱形弹簧优越。而比起昂贵精密的空气弹簧，它制造容易，维修方便，成本低廉；比起橡胶堆弹簧，它使用寿命长，耐温能力强。圆锥形弹簧完全适合速度高、质量大、振动频率低的电力机车、内燃机车及高速客车等。

变通思维的关键是要学会变，路走不通时要变，路不好走的时候也要变，不能一条路走到黑，也不能做事一根筋。

变通思维不但在发明创造中有着广泛的应用，在处理日常事务中也是一个常用的思维

方法。我们知道,八面玲珑的人是不会死守教条的,他们的特点就是善于变通。灵活变通已成为在人生战场上立足的必备技能。

美国辛辛那提大学的乔治·古纳教授,在他讲授秘书学时提供了这样一个案例。

有一天,一家公司的经理突然收到一封非常无礼的信,信是一位与公司交往很深的代理商写来的。

经理怒气冲冲地把秘书叫到自己的办公室,向秘书口述了这样一封信:"我没有想到你会这样给我写信,你的做法深深伤害了我的感情。尽管我们之间存在一些交易,但是按照惯例,我还是要把这件事情公布出去。"

经理叫秘书立即将信打印出来并马上寄出。

对于经理的命令,这位秘书可以采用以下4种方法:

第一种是"照办法"。也就是秘书按照老板的指示,遵命执行,马上回到自己的办公室把信打印出来并寄出去。

第二种是"建议法"。如果秘书认为把信寄走对公司和经理本人都非常不利,那么秘书应该想到自己是经理的助手,有责任提醒经理,为了公司的利益,哪怕是得罪了经理也值得。于是秘书可以这样对经理说:"经理,别理这封信,撕了算了。何必生这样的气呢?"

第三种是"批评法"。秘书不仅没有按照经理的意见办理,反而向经理提出批评说:"经理,请您冷静一点,回一封这样的信,后果会怎样呢?在这件事情上,难道我们不应该反省反省?"

第四种是"缓冲法"。就在事情发生的当天下班时,秘书把打印出来的信递给已经心平气和的经理说:"经理,您看是不是可以把信寄走了?"

乔治·古纳教授在教学中选择了"缓冲法"。

他的理由是:第一种"照办法",对于经理的命令忠实地执行,作为秘书确实需要这种品质,但是"忠实照办",仍然可能是失职。第二种"建议法",这是从整个公司利益出发的;对于秘书来说,这种富于自我牺牲的精神是难能可贵的,可是,这种行为超越了秘书应有的权限。第三种"批评法",这种方法的结果是秘书干预经理的最后决定,是一种越权行为。而第四种"缓冲法",则是一种最折中的、于经理于该秘书都无不利的方法,这是善于变通在工作中的体现,反映了一个下属机敏灵活的处事头脑和审时度势的工作能力。

在工作、生活中,我们会遇到各种各样的困难,甚至会被一些两难问题束缚住手脚,要打破困窘的处境,首先就要将自己从"心灵之套"中解脱出来,只要有了变通的理念,就一定能够找到巧妙的方法。

第四节　此路不通绕个圈

当你走在路上,眼看就要到达目的地了,这时车前突然出现一块警示牌,上书四个大字:此路不通!这时你会怎么办?

有人选择仍走这条路过去,大有不撞南墙不回头之势。结果可想而知,已言明"此路不通"，那个人只能在碰了钉子后灰溜溜地调转车头，返回。这种人在工作中常常因"一根筋"思想而多次碰壁，消耗了时间和体能，却无法将工作效率提高一丁点，结果做了许多无用功。

有人选择驻足观望，不再向前走，因为"此路不通"。却也不调头，想法有二：一是认为自己已经走了这么远，再回头有不甘且尚存侥幸心理；二是想如果回头了其他的路也不通怎么办？结果驻足良久也未能前进一步。这种人在工作中常常会因懦弱和优柔寡断而丧失机会，业绩没有进展不说，还会留下无尽的遗憾。

还有另一类人，他们会毫不犹豫地调转车头，去寻找另外一条路。也许会再次碰壁，但他们仍会不断地进行尝试，直到找到那条可以到达目的地的路。这种人是生活与工作中真正的勇者与智者，他们懂得变通，直到寻找到解决问题的办法，并且往往能够取得不错的成绩。

有这样一则故事。

有一个律师得了重病，已经无药可救，而独生子此刻又远在异乡，不能及时赶回来。

当他知道自己死期将近时，怕仆人侵占财产，篡改自己的遗嘱，便立下了一份令人不解的遗嘱：我的儿子仅可从财产中选择一项，其余的皆送给我的仆人。

律师死后，仆人便高高兴兴地拿着遗嘱去寻找主人的儿子。

律师的儿子看完了遗嘱，想了一想，就对仆人说："我决定选择一样，就是你。"这样，聪明的儿子立刻得到了父亲所有的财产。

如果你是律师，你会怎么做呢？担心仆人侵占自己的财产，但说教、阻止、威胁等手段都无法起到很好的作用，这时该怎么做？其实，故事中的律师就是采取了迂回的方法，以退为进，放长线钓大鱼，先给对方尝点甜头，稳住对方，才能攻无不克。

面对问题、障碍时，不妨绕个圈，从另一个方向入手解决问题，也许会收到不错的效果。

有两家酒店正好开在一条街上，且对街而望，为了抢生意，拉顾客，两家的店主争相在门口贴广告来拉生意。一家店主在门口贴出广告称：本店以信誉担保，出售的散酒全是陈年佳酿，绝不掺水。他十分得意，认为另一家店不可能做出比自己更好的广告了。另一家的店主见状，思索片刻，提笔在自家门口上写下了另一则广告：本店素来出售的是掺水一成的陈年

佳酿，如有不愿掺水者请预先声明，但饮后醉倒与本店无关。说自己的酒不掺水的那家店主不禁洋洋自得，他认为另一家店主实在太傻，竟然告诉别人自己的酒里掺水。谁知，路上行人到此驻足后，纷纷到"掺水一成"的酒店喝酒进餐，而不去那家"绝不掺水"的酒店买酒。

其实同样做广告，前者有些言过其实，将话说满了，反而让人无法相信。后者如果想在广告中直言自己比前者更好似乎已经不可能，于是换个方向，往后退一步，承认自己在酒中掺了水，但与此同时也巧妙地赞誉了自己的商品。

"此路不通"就绕个圈，"这个方法不行"就换个方法，应该成为每个人的生活理念。管理大师彼得斯在写出风靡全球的《追求卓越》一书之前，曾在麦肯锡顾问公司担任顾问，他属于那种有独立见解的人，因此，在公司里有段时间属于非主流派人物。后来，他改变方法，决定由外而内建立自己的信誉。其具体做法是：对一些员工不太愿意去的外地，主动去了解情况，并和有关人士接触。这样一来，不仅能够获得新资讯，而且，仅仅一句"我实地看过了，并且就在昨天"就能增加自己说话的分量，在公司里树立自己的扎实的形象与信誉。有了这样到外界去掌握第一手资料的意识，他就拥有了其他员工不具备的优势。还使他的书更有新鲜感和权威性，更能够得到别人的承认。

在煤油炉出现之前，人们生火做饭都是使用木炭和煤。

美国一家销售煤油炉和煤油的公司，为引起人们对煤油炉和煤油的消费兴趣，在报纸上大肆宣传它的好处，但收效甚微，人们继续使用木炭和煤，煤油炉和煤油仍然无人问津。

面对积压的煤油炉和煤油，公司老板决定转换策略。他吩咐下属将煤油炉免费赠送到各家各户，不取分文。就这样，收到煤油炉的住户们尝试着使用它，而没有收到的纷纷打电话向公司询问，并索要煤油炉，在很短的时间内，积压的煤油炉赠送一空。

公司员工们十分不解老板的做法，还有的人怀疑老板是不是急"疯"了。谁知过了不久，就有一些顾客上门来，询问购买煤油的事；再后来，竟有顾客要求购买煤油炉。原来，人们在使用煤油炉后，发现其优越性较之木炭和煤十分明显。家庭主妇们在炉里原有的煤油用完后，仍然希望继续使用煤油炉，但这时公司不会再白送煤油了，只好掏钱向公司购买。在循环往复中，这家公司的煤油炉自然久销不衰。

这个案例，也是U形思维"此路不通绕个圈"的体现。一个卓越的人，必是一个注重思考、思维灵活的人。当他发现一条路走不通或太挤时，就能够及时转换思路，改变方法，以退为进，寻找一条更加通畅的路。这一点思维特质，就是需要我们用心学习的。

第五节　顺应变化才能驾驭变化

生活中的小事总会给我们带来许多启示。程亮从一次垂钓中就学到了不少东西。

程亮选了一处有树荫的凉爽处，架好渔竿，上好鱼饵便抛线等待。等了好长时间，却总也不见鱼上钩。而相隔5米远处的一位老者一个上午已经钓到了4条大鱼。程亮便过去

向老者请教,老者听明程亮来意,笑着对他说:"小伙子,钓鱼可是一门学问呀!春钓滩、夏钓湾,鱼饵鱼线要常更换。"于是,老者向他介绍了钓鱼的经验,告诉他钓什么样的鱼,就要用什么样的鱼饵、什么样的线。线多长要随水深水浅而变化,鱼饵在钩上的摆放也要根据情况而定。即使钓同一种鱼,随着季节的变化,方法也不一样,春天有春天的方法,夏天有夏天的方法,冬天有冬天的方法……

临分别时,老者说了一句让程亮终生受益的话:"小伙子!鱼是不会听从你的安排的,它不会照着你的意思上钩。你想钓上它来,就必须改变自己,让你的方式适应鱼的习性。"

钓鱼确实是一门学问。人在岸上,鱼在水里,人怎样才能让鱼上钩呢?要让鱼上钩,就必须先了解鱼的习惯,它喜欢吃什么鱼饵、喜欢怎样吃、喜欢什么时候吃……掌握了这些情况之后,我们就要改变自己,让自己的方法尽量去适应鱼的生活习惯,这样一来,鱼就会咬钩,就会被我们钓上来。

任何事情都不会按照我们的主观意志去发展变化。我们要获得成功,就得首先去认识事物的性质和特点,然后再根据实际情况来调整改变自己的思路和行为方式。只有如此,我们才能在顺应事物变化的同时,驾驭变化,走向成功。如果我们想当然地凭自己的想法去办事,这就像钓鱼不知道鱼的习性一样,注定要徒劳无功。

所以,做一切事、解决一切问题,我们都必须随着客观情况的变化而不断地调整自己,不断地采取与之相适应的方法。

几年前,有两个人在北京各自开了一家川菜馆。起初两家餐馆的生意都不错,但两位老板的思路和想法却迥然不同。一位老板总认为川菜是多年流传下来的特色菜,绝不可以更改,一改便没了特色。因此,这家餐馆总是按部就班地经营着自己的老川菜。另一位老板心眼活,他发现北京的餐饮业竞争逐渐激烈起来,喜欢老川菜的人口味也在变化。于是,他便吸收粤菜和湘菜的一些特点推出了新派川菜。这种菜肴既不失川菜的特色,又满足了人们口味的变化,因此,生意越做越火,在北京很快就有了三家连锁店。而那一位固守老川菜思路的老板仍旧维持原样,几年下来还是原地踏步,没有任何发展。

从这两位餐馆老板的故事,我们可以看出,后一位老板之所以成功,就因为他能看清川菜在当地的发展趋势,并顺应了这一趋势,改变了自己的思路和经营方式;而前一位老板之所以没有发展,就在于他没有认识到大众口味的变化,没有去改变自己、顺应变化。

U形思维的表现就是灵活变化,要成功地驾驭变化,就要求我们能够顺应变化,并先从改变自身开始,进而达到自己的目的。

第一篇 思维影响人生：改变人生的10种黄金思维

第六节　别走进思维的死胡同

生活中，许多人都为遇到的问题而困扰不已。习惯性的思维模式使他常常抓住一种思路不放手，大有不撞南墙不回头之势。最终，将自己逼进了思维的死胡同，无论怎样努力，都是在原地打转，而不能前进一点。

而思维灵活的人士都会针对问题的不同性质而转变思维方法，他们的思维时常是活跃的，自然，这样的人更容易取得成功。

小刘下岗后一直找不到好的工作。一天，他在漫不经心地翻阅报纸时，一则广告闯入他的眼帘，广告上写着"英雄不问出处"六个大字。那是一家报社招聘编辑、记者的广告。

小刘心想：我是他们所说的英雄吗？虽然小刘只有初中文凭，但他在不同的报纸上发表过30多万字的作品，所以他信心满满的。

但是，当小刘前去应聘时，却遭遇对方索要文凭，小刘哪里有什么文凭？他不解地问："不是英雄不问出处吗？"那位同志很奇怪地看了他一眼，然后朝他后面喊"下一位"，就再也不理睬他了，他只得扫兴而归。

虽说因为文凭的事情小刘碰了不少壁，但这一次小刘偏不信这个邪，他发誓非进那家报社不可。从那以后，小刘开始大量向那家报社投稿，丝毫不计较稿费的高低。由于这家报社开了不少副刊，小刘悉心加以研究后，专门为他们量身定做，所以他的作品几乎篇篇被采用，甚至还创造过这样的"奇迹"：有一次，他们的副刊总共只有7篇稿子，其中3篇是小刘的"大作"，只是署名不一样。

于是小刘的作品被这家报社的编辑竞相争抢，常常是刚应付完文学版的差事，杂文版的差事又来了。有时候他的创作速度稍慢一点，那些编辑就会心急火燎地打电话催稿。

有一天，这家报社的一个编辑找到他，透露了他们即将扩版急需人才的消息，希望他能前去应聘。小刘对他说自己没有文凭。那位编辑表示相信小刘的水平，并说只要他想去，他就跟领导提一下。

第二天，那位编辑就给小刘打来电话，向他转达了他们领导的意思：如果他愿意，现在就可以去上班。

从这个故事中我们可以看到：当你不能通过直接的方式达到目的时，为什么不选择另一条迂回曲折的道路呢？那是比钻进死胡同要强许多的。

不懂"迂回"的人就像是被关在房间里的昆虫，会拼命地飞向玻璃窗，但每次都碰到玻璃上，在上面挣扎好久恢复神志后，它会在房间里绕上一圈，然后仍然朝玻璃窗上飞去，它也许不明白那是一个永远也飞不出去的死胡同。

许多时候，我们又何尝不像那只昆虫？一直在原地转圈，却不肯尝试另外一种途径。殊不知，另外的方法可以巧妙地解除我们的困境，引领我们踏上成功的通途。

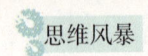

有一位退休老人，在一所学校附近买了一栋简陋的住宅，打算在那里安度晚年。

有三个无聊的年轻人，经常在闲着无事的时候用脚踢房屋周围的垃圾桶。附近的居民深受其害，对他们的恶作剧多次阻止，结果都无济于事。时间长了，只好听之任之。

这位老人受不了这种噪音，决定想办法让他们停止。

有一天，当这三个年轻人又在狠狠踢垃圾桶的时候，老人来到他们面前，对他们说："我特别喜欢听垃圾桶发出来的声音，所以，你们能不能帮我一个忙？如果你们每天都来踢这些垃圾桶，我将天天给你们每人50便士的报酬。"

年轻人很高兴地同意了，于是他们更加使劲地踢垃圾桶。

过了几天，这位老人愁容满面地找到他们，说："通货膨胀减少了我的收入，从现在起，我恐怕只能给你们每人30便士了。"

这三个年轻人有点不满意，但还是接受了老人的条件，每天下午继续踢垃圾桶，可是没有从前那么卖力了。几天以后，老人又来找他们。"瞧！"他说，"我最近没有收到养老金支票，所以每天只能给你们10便士了，请你们千万谅解"。

"10便士！"一个年轻人大叫道，"你以为我们会为了区区10便士浪费我们的时间？不成，我们不干了！"

从此以后，老人和邻居都过上了安静的日子。

该怎样让这些血气方刚的年轻人停止踢垃圾桶，不再制造噪音呢？是冲出去将这些人训斥一顿，还是苦口婆心教育他们这样已经妨碍了他人的休息？恐怕这些通常人们所想到的办法都没什么效果，甚至强制性的命令只会让他们变本加厉、适得其反。

但是老人却出人意料地想出了一个好点子，起初奖励他们踢垃圾桶的行为，这是老人"退"的策略，之后逐渐降低奖励额度，也降低了年轻人的热情，从而达到了使年轻人主动放弃这一行为的结果。

U形思维从其根本特征上讲，就要求我们的思路会转弯。我们都知道，在U形管中，是不存在死胡同的，所以，我们在学习运用U形思维为人处世时，切忌将自己的思维禁锢在死胡同中，而应开拓自己的思路，思路打开了，前面的路也变得广阔了。

第七节　放弃小利益，赢得大收获

一个年轻人非常羡慕一位富翁一生中在生意场上取得的成就，于是他跑到富翁那里询问他成功的诀窍。

当年轻人把来意对富翁讲了以后，富翁什么也没说，转身到起居室拿来了一个大西瓜。青年迷惑不解地看着，只见富翁把西瓜切成了大小不等的三块。富翁把西瓜放在青年面前说："如果每块西瓜代表一定程度的利益，你会如何选择呢？"说完，就指着切好的西瓜让青年随手挑一块儿。

青年眼睛盯着最大的那块说："当然是最大的那块儿了。"

"那好，请用吧。"富翁笑了笑说，然后顺便把最大的那块西瓜递给青年，自己却拿起了最小的那块。在青年还在享用最大的那一块西瓜的时候，富翁已经吃完了最小的那块。接着，富翁微笑着拿起剩下的一块，还故意在青年眼前晃了晃，大口吃了起来。

其实那块最小的和最后一块加起来要比最大的那一块大得多。

青年明白了富翁的意思，虽然富翁吃的西瓜没有自己的大，却比自己吃的要多。

富翁这种"放弃小利益，赢得大收获"的做法正是巧妙运用U形思维的结果，暂时的退只是为了下一步的进，而且是更大步伐的前进。

日本丰田汽车公司曾为了确保在日本的销售市场，深谋远虑，从解决城市的汽车与道路的矛盾入手，先后成立了"丰田交通环境保护委员会"，在东京车站和品川车站首次修建"人行道天桥"；还投资3亿日元在东京设立了120处电子计算机交通信号系统，使交通拥挤现象得到缓解；另外还投资创立了汽车学校培养更多人学会开车；还为儿童修建了汽车游戏场，从小培养他们的驾驶本领。良苦用心最终如愿以偿，汽车销量日益增多，公司效益也相当可观。

丰田缘何营销成功？一言以蔽之：采取"放弃小利益"的以迂为直的营销策略。此招，乍一看，似乎他们所做的种种事都是"赔本买卖"，投入了大量资金"做好事"，却不提"卖车"，其实，此乃"醉翁之意不在酒"，这是一种迂回战术。小的投入获取的将是大的回报。

这个事例告诉我们，在利益面前切不可"近视"，只看到眼前的小利，而丢掉长远的利益。短期的投入，看似与收入不成正比，但时机成熟时，必会获得回报。

美国有一家经营新型剃须刀的公司，曾答应经营客户通过新闻等媒体为新剃须刀大力促销。然而，后来这家公司由于内部亏损即将倒闭而被另一公司买下，由于当时审查广告的机构对剃须刀是否是医疗用品争论不休，宣传活动被迫取消。为此客户声明要退回剃须刀。收回剃须刀，对一个刚刚收买来的毫无经济实力的公司来说，无疑是一个沉重的打击，这意味着将危害到公司的贷款合约，被银行抽回资金；然而不收回剃须刀，则与客户建立的关系将毁于一旦。在进退两难之际，公司新的负责人为了不失掉最大潜在客户，只好采取"退"的决策，同意收回剃须刀，同时积极与银行交涉，力争把损失减到最低限度。按正常发展速度估计，同意退回后，还需经过大致两个月的文书往返，到那时回来的退货已经少了很多，再加上退货之后，还有一个月才需要退还货款，到3个月后，公司一切都已走上了正轨，有能力消化这些损失。和银行方面达成协议之后，结果如预料的那样。3年后，公司业务蒸蒸日上，良好的信誉使这家客户占公司业务的50%，而不是原来的20%。这就是退一步虽失小利，终获大利。

运用U形思维，它的要领在于不计当前利益，着重长远利益，吃小亏，占大便宜。所有的退却都是为将来更大的发展做铺垫。生活中有些人只顾眼前收获而没有长远打算，这是一种不明智的行为。有时，一些弯路是必走的，迂回而行比盲目向前要可靠得多。

第八节　把自己的位置放低一点

俗话讲：退一步路更宽。事实上，退是另一种进。

工作中，应该学会把自己的位置放低一点，从基本工作做起，增强业务能力，积累经验，为自己的事业成功创造条件，一鸣惊人。

刚刚大学毕业的乔治想要进入一家大型的机械公司，但是该公司对人才的要求很高，没有经验的大学生很难被录用。

他先找到公司人事部，提出愿意为该公司无偿提供劳动力，请求公司分派给他任何工作，他愿意不计任何报酬来完成。公司起初觉得这简直不可思议，但考虑到不用任何花费，也用不着操心，于是便分派他去打扫车间里的废铁屑。之后的一年时间里，乔治勤勤恳恳地重复着这种简单但是劳累的工作。为了糊口，下班后他还要去酒吧打工。这样虽然得到老板及工人们的好感，但仍然没有一个人提到录用他的问题。

有一段时间，公司的许多订单纷纷被退回，理由均是产品质量有问题，为此公司将蒙受巨大的损失。公司董事会为了挽救危机，紧急召开会议商议解决，当会议进行一大半还未见眉目时，乔治进入会议室。在会上，乔治把这一问题出现的原因作了令人信服的解释，并且就工程技术上的问题提出了自己的看法，随后拿出了自己对产品的改造设计图。这个设计恰到好处地保留了原来机械的优点，同时克服了已出现的弊病。总经理及董事们见到这个编外清洁工如此精明在行，便询问他的背景以及现状。乔治将自己的意图和盘托出，董事们一致决定，聘请乔治为公司负责生产技术问题的副总经理。

原来，乔治在做清扫工时，利用清扫工到处走动的特点，细心察看了整个公司各部门的生产情况，并一一作了详细记录，发现了存在的技术性问题并设计了解决办法。为此，他花了近一年的时间搞设计，做了大量的统计数据，为最后的一展才华奠定了基础。

只有志向远大，才可能成为杰出人物。但要成为杰出人物，光是心高气盛还远远不够，还必须从最基础的事情做起。在你默默无闻不被人重视的时候，不妨试着暂时降低一下自己的物质目标、经济利益或事业野心，做好一个普通人的普通事，这样你的视野将更开阔，或许会发现许多意想不到的机会。

一位留美计算机博士学成后在美国找工作。因为有个吓人的博士头衔，求职的标准当然不能低。结果他连

■开始把自己的位置放得越低，最后站得的位置就会越高。

连碰壁，很多公司都没聘他。想来想去，他决定收起所有的学位证明，以一种最低的身份去求职。

不久他就被一家公司录用为程序输入员。这对他来说是大材小用，但他仍然干得认认真真，一点儿也不马虎。不久老板发现他能看出程序中的错误，不是一般的程序输入员可比的。这时他亮出了学士证，老板给他换了个与大学毕业生相称的工作。

过了一段时间，老板发现他时常提出一些独到的有价值的建议，远比一般大学生要强，这时他亮出了他的硕士证书，老板见后又提升了他。

再过一段时间，老板觉得他还是与别人不一样，就对他"质询"，此时他才拿出了博士证书。这时老板对他的水平已有了全面的认识，毫不犹豫地重用了他。这位博士最后的职位，也就是他最初理想的目标。

很多刚走上工作岗位的人，不懂得这种心理，往往希望从一开始就引人注目，夸耀自己的学历、本事、才能，即使别人相信你，在形成心理定式之后，如果你工作稍有差错或失误，往往就被人瞧不起。所以，有"心机"的人，刚走上工作岗位时不会过早地暴露自己，当他默默无闻的时候，会因一点成绩一鸣惊人，这就是U形思维，以退为进的妙处。

第九节　不要与强者正面交锋

以卵击石的成语相信大家都听说过。稍有生活常识的人都会知道鸡蛋碰石头的后果是什么。与强者正面交锋的唯一结果只有惨败。当年红军第五次反"围剿"之时，国民党的军事实力异常强大，但共产党的领导权却被博古、李德掌握，毛泽东被排除在军事领导的核心之外。博古、李德步步为营，层层设垒。实力弱小的红军与强大的国民党军队展开了气势恢弘的阵地战，与国民党正面交锋的结果是，第五次反"围剿"失败，湘江一战，红军损失惨重，几近覆亡。是最后的遵义会议和长征挽救了革命。

成语"螳臂当车"说的就是与强者正面交锋实在是可笑至极。任何物体靠近螳螂的时候，即使靠近它的是一辆车子，它也照样挥动镰刀似的臂，奋力抵抗，却不知自己将要葬身于这个庞然大物之下了。

春秋时期，在如今河南省境内有两个诸侯国，一个是郑国，一个是息国。公元前712年，息国向郑国发动了战争。这两个诸侯国虽然都很小，但息国的人力与物力比郑国要少得多，军力也要弱得多。战争自然以息国的失败而告终。事后，一些有见识的人分析，息国快要灭亡了。他们的根据是：息国一不考虑自己的德行如何，二不估量自己的力量是否能取胜，三不同亲近的国家笼络好关系，四不把自己向郑国进攻的道理讲清楚，五不明辨失败的罪过和责任是谁。犯了这五条错误，还要出师征伐别国，结果当然是遭到失败。果然，不久，息国被楚国攻灭。这个故事表明，自不量力去与强者争夺，只能自取灭亡。

面对比自己强大的势力，不能硬拼，而需要运用U形思维法，采取韬光养晦策略，一旦暴露出自己的心迹，很可能给自己带来灾难，因为强者要想消灭弱者是轻而易举的。

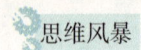

所以，为了有效地打击对手，首先要有效地隐蔽自己、保护自己，也就是要做出假象来迷惑敌人，让他朝着自己希望的方向去行动。己方强时，不急于攻取，须以恭维的言辞和丰厚之礼示弱，使对手骄傲，待其暴露缺点，有机可乘时再击破之。

北宋丁谓任宰相时期，把持朝政，不许同僚在退朝后单独留下来向皇上奏事。王曾非常乖顺，从没有违背他的意图。

一天，王曾对丁谓说："我没有儿子，老来感觉孤苦。想要把亲弟弟的一个儿子过继来为我传宗接代，我想当面乞求皇上的恩泽，又不敢在退朝后留下来向皇上启奏。"

丁谓说："就按照你说的那样去办吧！"

王曾趁机单独拜见皇上，迅速提交了一卷文书，同时揭发了丁谓的行为。丁谓刚起身走开几步就非常后悔，但是已经晚了。

没过几天，宋仁宗上朝，丁谓就被贬到崖州去了。

王曾能顺服丁谓的苛求，而终于实现揭发丁谓的目的，不能不归于静观其变之功。

《阴符经》说："性有巧拙，可以伏藏。"它告诉我们，善于伏藏是事业成功和克敌制胜的关键。一个不懂得伏藏的人，即使能力再强，智商再高也难战胜敌人。这里的伏藏说的就是韬光养晦策略。

所以，面对强者，要避开其锋芒行事，这既是保全自己，又可以给打败对手创造机会，在与强者较量中一定要注意运用U形思维，韬光养晦！绝对不能干"螳臂当车"的蠢事。如果没有实力对付对手，就还要继续隐藏下去，修炼内功，等待时机。

第十节　阳光比狂风更有效

深秋的一个早上，狂风与太阳闲来无事，便谈论起各自的力量，它们都对自己的力量感到满意，彼此不服，都认为自己的力量比对方大。它们争来争去也没有什么结果，最后它们决定让事实来说话：谁能把行人的衣服脱下来，谁就胜利了。太阳一口答应，狂风自以为威力无比，便要求先让自己展示，太阳微微一笑，便躲进了云层。

狂风先是大吸一口气，然后迅猛喷出。只见天昏地暗，飞沙走石，连秋后枝头的残叶也被席卷一空，一片片飞向高空久久不能落下。它看到自己的威力如此之大，不禁有些扬扬得意，觉得脱下行人的衣服应该绰绰有余。不料，路上的行人却紧紧裹住了自己的衣服。狂风见状，刮得更加猛烈，还直往行人的脖子里钻，企图把衣服也给吹坏。行人冷得发抖，围上了围巾，又添加了更多的衣服。狂风一会儿就吹疲倦了，但却未见一个行人的衣服被自己脱下来，无奈只好让位给了太阳。

太阳不紧不慢从云端露出了笑脸，它开始把温暖的阳光洒向大地，气温渐渐升高起来，行人感觉有些热，便脱掉了添加的衣服；接着太阳又把强烈的光直射向众人，行人们开始汗流浃背，渐渐地忍受不了，于是脱光了衣服，纷纷跳到旁边的河里洗澡去了。狂风见状，只好羞愧地向太阳认输。

这个故事向我们讲述了这样一个道理：在与别人的交往中，如果想让对方认同自己的观点，就不要采取过于强硬的态度，采用U形思维，退一步，用柔和的策略，得到的效果会更好。

美国总统威尔逊说过："假如你握紧两只拳头来找我，我想我可以告诉你，我会把拳头握得更紧；但假如你找我来，说道：'让我们坐下商谈一番，假如我们之间的意见有不同之处，看看原因何在，主要的症结在什么地方？'我们会觉得彼此的意见相去不是十分远。我们的意见不同点少，相同点多，并且只需彼此有耐性、诚意和愿望去接近，我们相处并不是十分难的。"

工程师李强嫌房租太高了，要求减低一点，但是他晓得房东是一个极固执的人。他说："我写给房东一封信说，等房子合同期满我就不继续住了，但实际上我并不想搬家，假如房租能减低一点我就继续租下去。但恐怕很难，别的住户也曾经交涉过都没成功。许多人对我说房东是一位很难对付的人。可是我对自己说：'我正在学习如何待人这一课，所以我将要在他身上试一下，看看有无效果。'

"结果，房东接到我的信后，便带着他的租赁契约来找我，我在家亲切招待他。一开始并不说房租太贵，我先说如何喜欢他的房子，请相信我，我确实是'真诚的赞美'。我表示佩服他管理这些房产的本领，并且说我真想再续住一年，但是我负担不起房租。

"他好像从来不曾听见过房客对他这样说话。他简直不知道该怎样处置。随后他对我讲了他的难处，以前有一位房客给他写过40封信，有些话简直等于侮辱，又有一位房客恐吓他说，假如他不能让楼上住的一个房客在夜间停止打鼾，就要把房租契约撕碎。他对我说：'有一位像你这样的房客，心里是多么舒服。'继之不等我开口，他就替我减去一点房租。我想能多减点，我说出所能负担的房租数目来，他二话不说就答应了。

"临走的时候，他又转身问我房子有没有应该装修的地方。假如我也用其他房客的方法要求他减房租，我敢说肯定也会像别人一样遭到失败。我之所以胜利，全赖这种友好、同情、赞赏的方法。"

阳光比狂风更有效，这一点在企业管理中也是适用的。如何让员工全心全意地为自己做事，是每一个企业管理者都在思索的事情。此时，委婉的柔和策略比直接的严加管束要有效得多。如狂风一样严酷，只会让员工更加警戒和反感；如太阳般的温暖，则会让员工丢掉所有的"装甲"，一心一意地为公司做事。

第十一节　一屈一伸的弹性智慧

俗话说："大丈夫能屈能伸。"在生活事业处于困难、低潮或逆境、失败时，运用U形思维，掌握"屈"的智慧，往往会收到意想不到的效果，反之，该屈时不屈，必然遭到沉重打击。

中国古代文化的经典著作《周易》提出"潜龙勿用"的思想。即在一定条件下，寻找时机，卷土重来。孔子在《易传·系辞》中，则以尺蠖爬行与龙蛇冬眠作比喻，进一步解释什么叫"潜龙勿用"，他说："尺蠖之屈，以求伸也；龙蛇之蛰，以存身也。"这些道理告诉我们，屈是伸的基础，不会屈就不可能伸，经受不了委屈的人，最终也成不了多大的气候。

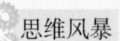

中国古代的名将韩信,家喻户晓,妇孺尽知,其武功盖世,称雄一时。他还未成名之前,并不恃才傲物,目中无人。相反,倒是谦和柔顺,豁达大度。

有一天,韩信正在街上行走。忽然,前面冲出三四个地痞流氓。只见他们抱着肩膀,叉着双腿,趾高气扬地眯着眼睛斜视韩信。韩信先是一惊,随即便抱拳拱手道:"各位仁兄,莫非有什么事吗?"

其中一个撇了撇嘴,怪笑道:"哈哈,仁兄?倒挺会说话,哈哈,我们哥们儿是有点事找你,就看你敢不敢做啦!"

韩信依然很平静地说道:"噢?不知是什么事,蒙各位抬举竟然看得起不才韩信?"

那些人都哈哈大笑起来,刚才说话那人说:"哈哈哈,什么抬不抬的,我们不是要抬你,而是要揍你,哈哈哈!"

其他人也跟着阴阳怪气地笑着,指着韩信嘲笑他。

韩信看看他们,依旧平心静气地问:"各位,不知小可哪里得罪了大家,你我远日无仇,近日无冤,为何要揍小可,实在令在下如堕雾中,摸不着头脑。"

那人怪笑三声,说:"不为什么,只是听说你的胆子很大,今天我们几个想见识见识,看你到底有多大的胆子,是不是比我们哥们儿胆子还要大?"

韩信一听,这不是没事找事嘛,故意为难自己,他心中很是气愤。却又忍住了怒火,面上赔笑道:"各位各位,想是有人信口误传,我韩某人哪里有什么胆子,又岂能跟你们相提并论,我没有胆子,没有胆子。"

那群人轻蔑地望着韩信,听他这样说,依然不肯放他过去。那领头之人,"当啷"一声将宝剑抽出来,往韩信面前一扔,将头向前一伸,对韩信说:"看你老实,今天我们不动手,你要有胆子,你把剑拿起来,砍我的脑袋,那就算你小子有种。要不然嘛,你就乖乖地从我的胯下钻过去,哈哈哈!"

韩信望望地上的亮闪闪锋利的宝剑,又看了看面前叉腿仰头而立的地痞头头,皱了皱眉,围观的人早已议论纷纷,都非常气愤,让韩信拿剑宰了这狂妄的小子。

韩信暗暗咬咬牙,却并未去拿那剑,而是缓缓伏身下去,从那人的胯下爬了过去。众人无不惊愕,连那群流氓也站在那里发呆。韩信则立即起身掸尽尘土,头也不回,扬长而去。

从那以后,那群流氓再也没找过韩信的麻烦。而韩信后来功成名就,又提拔当年的那个流氓做了小小的官吏,那人自然是感恩戴德,尽心尽力。

试想当时,如果韩信火冒三丈,一怒之下拾剑杀了那个人,那么必然会有一场恶战。胜负难料不说,纵使是韩信胜了,也免不得要吃官司,平空出横祸,怕是英年早逝,误了锦绣前程。

冯梦龙曾经说过,温和但不顺从,叫做委蛇;隐藏而不显露,叫做缪数;心有诡计但不冒失,叫做权奇。不会温和,干事总会遇到阻碍,不可能顺当;不会隐蔽,便会将自己暴露无遗,四面受敌,什么事也干不成;不会用诡计,就难免碰上厄运。所以说,术,使人神灵;智,则使人理智节制。

由此可见U形思维的力量,伸是进取的方式,屈是保全自己的手段。人只有先学会保护自己,才能期望更好地发展自己。能屈能伸是一种战术,只要掌握技巧和分寸,便会无往而不胜。

第二篇

思维导图：
21世纪风靡全球的革命性思维工具

第一章
思维导图概述

第一节　揭开思维导图的神秘面纱

思维导图由世界著名的英国学者东尼·博赞发明。思维导图又叫心智图,是把我们大脑中的想法用彩色的笔画在纸上。它把传统的语言智能、数字智能和创造智能结合起来,是表达发散性思维的有效图形思维工具。

思维导图自一面世,即引起了巨大的轰动。

作为21世纪全球革命性思维工具、学习工具、管理工具,思维导图已经应用于生活和工作的各个方面,包括学习、写作、沟通、家庭、教育、演讲、管理、会议等,运用思维导图带来的学习能力和清晰的思维方式已经成功改变了2.5亿人的思维习惯。

英国人东尼·博赞作为"瑞士军刀"般思维工具的创始人,因为发明"思维导图"这一简单便捷的思维工具,被誉为"智力魔法师"和"世界大脑先生",闻名世界。作为大脑和学习方面的世界超级作家,东尼·博赞出版了80多部专著或合著,系列图书销售量已

达到 1000 万册。

思维导图是一种革命性的学习工具，它的核心思想就是把形象思维与抽象思维很好地结合起来，让你的左右脑同时运作，将你的思维痕迹在纸上用图画和线条形成发散性的结构，极大地提高你的智力技能和智慧水准。

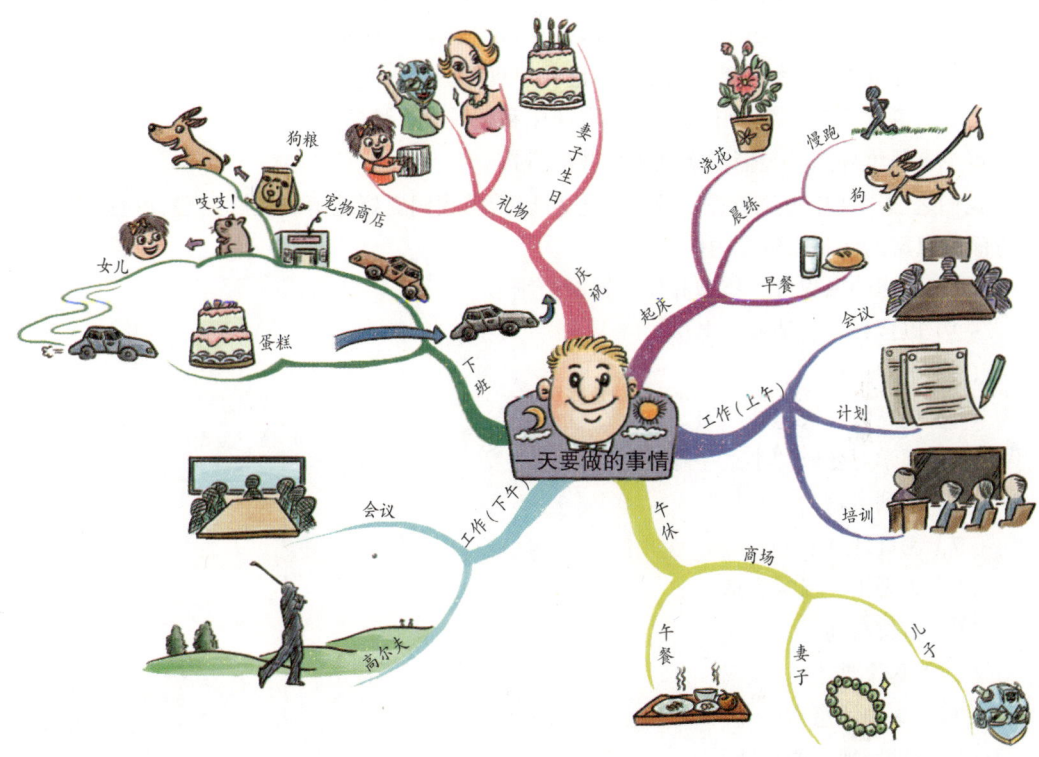

在这里，我们不仅是介绍一个概念，更要阐述一种最有效最神奇的学习方法。不仅如此，我们还要推广它的使用范围，让它的神奇效果惠及每一个人。

思维导图应用得越广泛，对人类乃至整个宇宙产生的影响就越大。

而你在接触这个新东西的时候会收获一种激动和伟大发现的感觉。

思维导图用起来特别简单。比如，你今天一天的打算，你所要做的每一件事，我们可以用一张从图中心发散出来的每个分支代表今天需要做的不同事情。

简单地说，思维导图所要做的工作就是更加有效地将信息"放入"你的大脑，或者将信息从你的大脑中"取出来"。

思维导图能够按照大脑本身的规律进行工作，启发我们抛弃传统的线性思维模式，改用发散性的联想思维思考问题；帮助我们作出选择、组织自己的思想、组织别人的思想，进行创造性的思维和脑力风暴，改善记忆和想象力等；思维导图通过画图的方式，充分地开发左脑和右脑，帮助我们释放出巨大的大脑潜能。

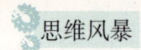

第二节 让 2.5 亿人受益一生的思维习惯

随着思维导图的不断普及,世界上使用思维导图的人数可能已经远远超过 2.5 亿。

据了解,目前许多跨国公司,如微软、IBM、波音正在使用或已经使用思维导图作为工作工具;新加坡、澳大利亚、墨西哥早已将思维导图引入教育领域,收效明显,哈佛大学、剑桥大学、伦敦经济学院等知名学府也在使用和教授"思维导图"。

可见,思维导图已经悄悄来到了你我的身边。

我们之所以使用思维导图,是因为它可以帮助我们更好地解决实际问题,比如,在以下方面可以帮助你获取更多的创意:

(1)对你的思想进行梳理并使它逐渐清晰;
(2)以良好的成绩通过考试;
(3)更好地记忆;
(4)更高效、快速地学习;
(5)把学习变成"小菜一碟";
(6)看到事物的"全景";
(7)制订计划;
(8)表现出更强的创造力;
(9)节省时间;
(10)解决难题;
(11)集中注意力;
(12)更好地沟通交往;
(13)生存;
(14)节约纸张。

第三节 怎样绘制思维导图

其实,绘制思维导图非常简单。思维导图就是一幅幅帮助你了解并掌握大脑工作原理的使用说明书。

思维导图就是借助文字将你的想法"画"出来,因为这样才更容易记忆。

绘制过程中,我们要用到颜色。因为思维导图在确定中央图像之后,有从中心发散出来的自然结构;它们都使用线条、符号、词汇和图像,遵循一套简单、基本、自然、易被大脑接受的规则。

颜色可以将一长串枯燥无味的信息变成丰富多彩的、便于记忆的、有高度组织性的图画,接近于大脑平时处理事物的方式。

"思维导图"绘制工具如下:

(1) 一张白纸;

(2) 彩色水笔和铅笔数支;

(3) 你的大脑;

(4) 你的想象!

这些就是最基本的工具,当然在绘制过程中,你还可以拥有更适合自己习惯的绘图工具,比如成套的软芯笔、色彩明亮的涂色笔或者钢笔。

东尼·博赞给我们提供了绘制思维导图的 7 个步骤,具体如下:

(1) 从一张白纸的中心画图,周围留出足够的空白。从中心开始画图,可以使你的思维向各个方向自由发散,能更自由、更自然地表达你的思想。

如图:

(2) 在白纸的中心用一幅图像或图画表达你的中心思想。因为一幅图画可以抵得上 1000 个词汇或者更多,图像不仅能刺激你的创意性思维,帮助你运用想象力,还能强化记忆。

(3) 尽可能多地使用各种颜色。因为颜色和图像一样能让你的大脑兴奋。颜色能够给你的思维导图增添跳跃感和生命力,为你的创造性思维增添巨大的能量。此外,自由地使用颜色绘画本身也非常有趣。

(4) 将中心图像和主要分支连接起来,然后把主要分支和二级分支连接起来,再把三级分支和二级分支连接起来,依此类推。

我们的大脑是通过联想来思维的。如果把分支连接起来,你会更容易地理解和记住许多东西。把主要分支连接起来,同时也创建了你思维的基本结构。

其实,这和自然界中大树的形状极为相似。树枝从主干生出,向四面八方发散。假如大树的主干和主要分支、或主要分支和更小的分支以及分支末梢之间有断裂,那么它就会出现问题!

(5) 让思维导图的分支自然弯曲,不要画成一条直线。曲线永远是美的,你的大脑会对直线感到厌烦。美丽的曲线和分支,就像大树的枝杈一样更能吸引你的眼球。

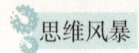

（6）在每条线上使用一个关键词。所谓关键字，是表达核心意思的字或词，可以是名词或动词。关键字应该是具体的、有意义的，这样才有助于回忆。

单个的词语使思维导图更具有力量和灵活性。每个关键词就像大树的主要枝杈，然后繁殖出更多与它自己相关的、互相联系的一系列次级枝杈。

当你使用单个关键词时，每一个词都更加自由，因此也更有助于新想法的产生。而短语和句子却容易扼杀这种火花。

（7）自始至终使用图形。思维导图上的每一个图形，就像中心图形一样，可以胜过千言万语。所以，如果你在思维导图上画出了10个图形，那么就相当于记了数万字的笔记！

以上就是绘制思维导图的7个步骤，不过，这里还有几个技巧可供参考：

把纸张横放，使宽度变大。在纸的中心，画出能够代表你心目中的主体形象的中心图像。再用水彩笔任意发挥你的思路。

先从图形中心开始画，标出一些向四周放射出来的粗线条。每一条线都代表你的主体思想，尽量使用不同的颜色区分。

在主要线条的每一个分支上，用大号字清楚地标上关键词，当你想到这个概念时，这些关键词立刻就会从大脑里跳出来。

运用你的想象力，不断改进你的思维导图。

在每一个关键词旁边，画一个能够代表它、解释它的图形。

用联想来扩展这幅思维导图。对于每一个关键词，每一个人都会想到更多的词。比如

你写下"橙子"这个词时,你可以想到颜色、果汁、维生素C,等等。

根据你联想到的事物,从每一个关键词上发散出更多的连线。连线的数量根据你的想象可以有无数个。

第四节　教你绘制一幅自己的思维导图

思维导图就是一幅帮助你了解并掌握大脑工作原理的使用说明书,并借助文字将你的想法"画"出来,便于记忆。

现在,让我们来绘制一幅"如何维护保养大脑"的思维导图。

你可以试着按以下步骤进行:

准备一张白纸(最好横放),在白纸的中心画出你的这张思维导图的主题或关键字。主题可以用关键字和图像(比如在这张纸的中心可以画上你的大脑)来表示。

用一幅图像或图画表达你的中心思想(比如你可以把你的大脑想象成蜘蛛网)。

使用多种颜色(比如用绿色表示营养部分,红色表示激励部分)。

连接中心图像和主要分支,然后再连接主要分支和二级分支,接着再连二级分支和三级分支,依次类推(比如"营养"是主要分支,"维生素"、"蛋白质"等是二级分支,"维生素A"、"B族维生素"、"卵磷脂"等是三级分支等)。

用曲线连接。每条线上注明一个关键词(比如"滋润"、"创造力"等)。

多使用一些图形。

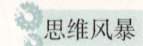

好了，按照这几个步骤，这张思维导图你画好了吗？

下面就是编者绘制的一张"如何维护保养大脑"的思维导图，仅供大家参考。

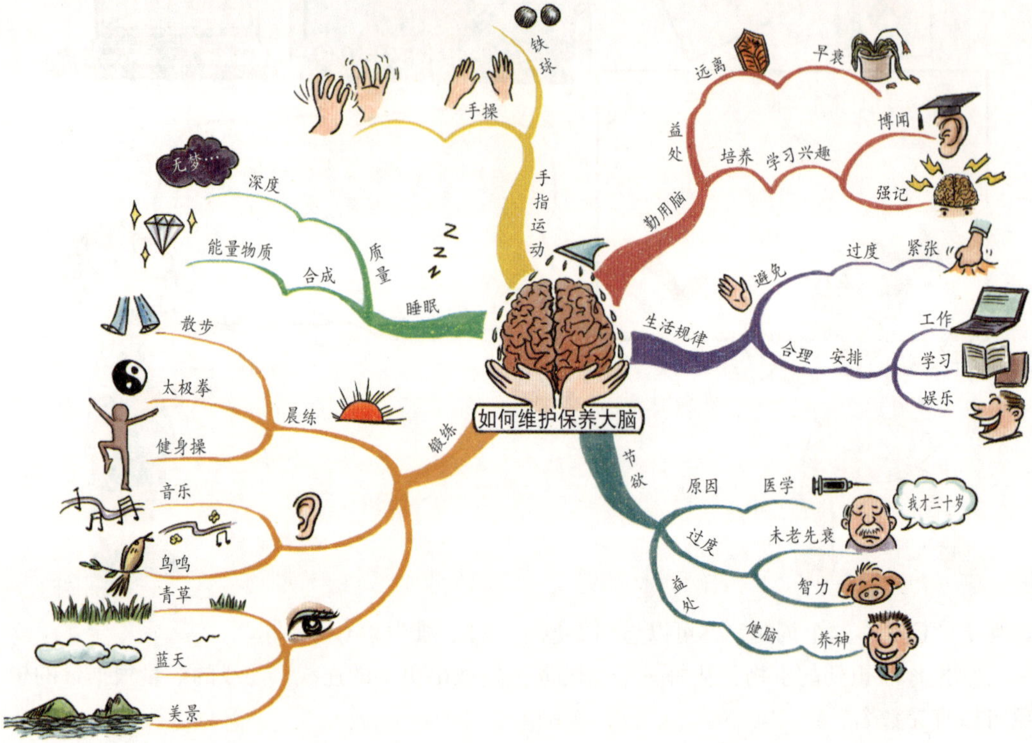

第二章

由思维导图引发的大脑海啸

第一节　认识大脑从认识大脑潜力开始

你了解自己的大脑吗？

你认为自己大脑潜力都发挥出来了吗？

你常常认为自己很笨吗？

生活中，总有一些人认为自己很笨，没有别人聪明。但是他们不知道，自己之所以没能取得好成绩、甚至取得成功，是因为只使用了大脑潜力的一小部分，个人的能力并没有全部发挥出来。

现在社会发展速度极快，不论在学习或其他方面，如果我们想表现得更出色，那么就必须重视我们的大脑，让大脑发挥出更大的潜力。遗憾的是，很少有人重视这一点。

其实，你的大脑比你想象的要厉害得多。

近年来，对大脑的开发和研究引起了很多科学家的注意，他们做了很多有益的探索，也取得了很多新的科研成果。过去10年中，人类对大脑的认识比过去整个科学史上所认识的还要多得多。特别是近代科技上所取得的惊人成就，使我们能够借助它们得以一窥大脑的奥秘。

他们一致认为，世界上最复杂的东西莫过于人的大脑。人类在探索外太空极限的同时，却忽略了宇宙间最大的一片未被开采过的地方——大脑。我们对大脑的研究还远远不够，还有很多未知的领域，而且可以肯定我们对大脑的研究和开发将会极大地推动人类社会的进步。

那么，就让我们先来初步认识一下我们的头脑——这个自然界最精密、最复杂的器官：

人脑由三部分组成：即脑干、小脑和大脑。

脑干位于头颅的底部，自脊椎延伸而出。大脑这一部分的功能是人类和较低等动物（蜥蜴、鳄鱼）所共有的，所以脑干又被称为爬虫类脑部。脑干被认为是原始的脑，它的主要功能是传递感觉信息，控制某些基本的活动，如呼吸和心跳。

脑干没有任何思维和感觉功能。它能控制其他原始直觉，如人类的地域感。在有人过度接近自己时，我们会感到愤怒、受威胁或不舒服，这些感觉都是脑干发出的。

小脑负责肌肉的整合，并有控制记忆的功能。随着年龄的增长和身体各部分结构的成熟,小脑会逐渐得到训练而提高其生理功能。对于运动,我们并没有达到完全控制的程度,这就是小脑没有得到锻炼的结果。你可以自己测试一下:在不活动其他手指的情况下,试着弯曲小拇指以接触手掌,这种结果是很难达到的,而灵活的大拇指却能十分轻松地完成这个动作。

大脑是人类记忆、情感与思维的中心,由两个半球组成,表面覆盖着2.5~3毫米厚的大脑皮层。如果没有这个大脑皮层,我们只能处于一种植物状态。

大脑可分成左、右两个半球,左半球就是"左脑",右半球就是"右脑",尽管左脑和右脑的形状相同,二者的功能却大相径庭。左脑主要负责语言,也就是用语言来处理信息,把我们通过五种感官(视觉、听觉、触觉、味觉和嗅觉)感受到的信息传入大脑中,再转换成语言表达出来。因此,左脑主要起处理语言、逻辑思维和判断的作用,即它具有学习的本领。右脑主要用来处理节奏、旋律、音乐、图像和幻想。它能将接收到的信息以图像方式进行处理,并且在瞬间即可处理完毕。一般大量的信息处理工作(例如心算、速读等)是由右脑完成的。右脑具有创造性活动的本领。例如,我们仅凭熟悉的声音或脚步声,即可判断来人是谁。

有研究证明,我们今天已经获取的有关大脑的全部知识,可能还不到必须掌握的知识的1%。这表明,大脑中蕴藏着无数待开发的资源。

如果把大脑比喻成一座冰山的话,那么一般人所使用的资源还不到1%,这只不过是冰山一角;剩下99%的资源被白白闲置了,而这正是大脑的巨大潜能之所在。

科学也证明,我们的大脑有2000亿个脑细胞,能够容纳1000亿个信息单位,为什么我们还常常听一些人抱怨自己学得不好,记得不牢呢?

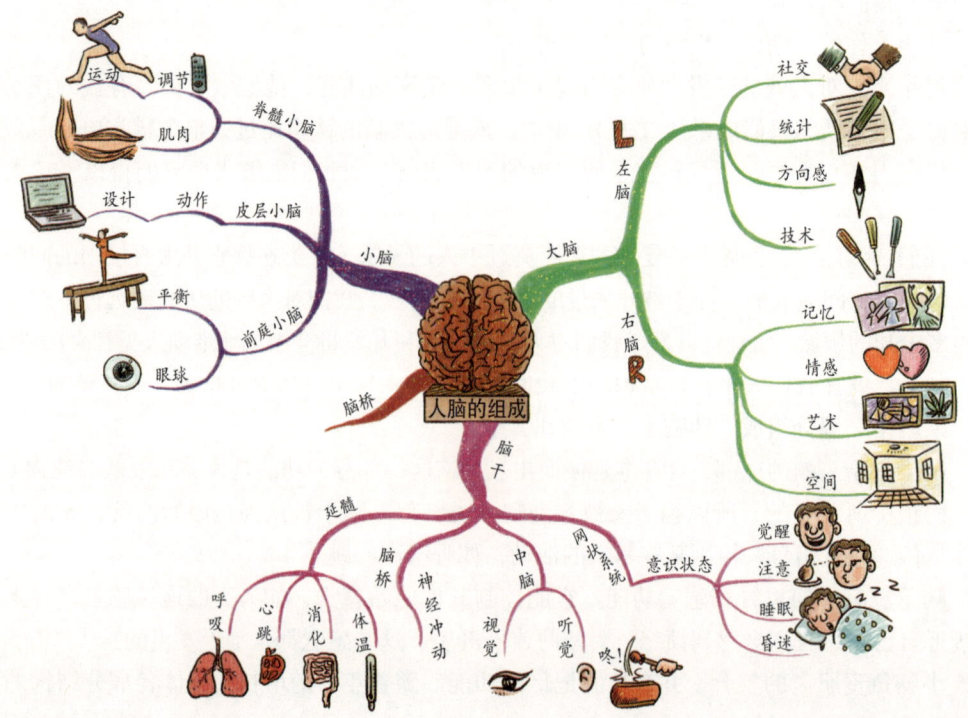

我们的思考速度大约是每小时480英里，快过最快的子弹头列车，为什么我们不能思考得更迅速呢？

我们的大脑能够建立100万亿个联结，甚至比最尖端的计数机还厉害，为什么我们不能理解得更完整更透彻呢？

而且，我们的大脑平均每24小时会产生4000种念头，为什么我们每天不能更有创造性地工作和学习呢？

其实，答案很简单。我们只使用了大脑的一部分资源，按照美国最大的研究机构斯坦福研究所的科学家们所说，我们大约只利用了大脑潜能的10%，其余90%的大脑潜能尚未得到开发。

我们不妨大胆假设一下，假如我们能利用脑力的20%，也就是把大脑潜能提高一倍的话，你的外在表现力将是多么惊人！

或许我们已经知道，我们的大脑远比以前想象的精妙得多，任何人的所谓"正常"的大脑，其能力和潜力远比以前我们所认识到的要强大得多。

现在，我们找到了问题的原因，那就是我们对自己所拥有的内在潜力一无所知，更不用说如何去充分利用了。

第二节　启动大脑的发散性思维

思维导图是发散性思维的表达，作为思维发展的新概念，发散性思维是思维导图最核心的表现。

比如下面这个事例。

在某个公司的活动中，公司老总和员工们做了一个游戏：

组织者把参加活动的人分成了若干个小组，每个小组选出一个小组长扮演"领导"的角色，不过，大家的台词只有一句，那就是要充满激情地说一句："太棒了！还有呢？"其余的人扮演员工，台词是："如果……有多好！"游戏的主题词设定为"马桶"。

当主持人宣布游戏开始的时候，大家出现了一阵惯性的沉默，不一会儿，突然有人开口："如果马桶不用冲水，又没有臭味有多好！"

"领导"一听，激动地一拍大腿："太棒了！还有呢？"

另外一个员工接着说："如果坐在马桶上也不影响工作和娱乐有多好！"

又一位"领导"也马上伸出大拇指："太棒了！还有呢？"

"如果小孩在床上也能上马桶有多好！"

……

讨论进行得热火朝天，各人想法天马行空，出乎大家的意料。

这个公司的管理人员对此进行了讨论，并认为有三种马桶可以尝试生产并投入市场：一种是能够自行处理，并能把废物转化成小体积密封肥料的马桶；一种是带书架或耳机的马桶；还有一种是带多个"终端"的马桶，即小孩老人都可以在床上方便，废物可以通过"网络"传到"主"马桶里。

这个游戏获得了巨大的成功，其中便得益于发散性思维的运用。

针对这个游戏，我们同样可以利用思维导图表示出来（见下图）。

大脑作为发散性思维联想机器，思维导图就是发散性思维的外部表现，因为思维导图总是从一个中心点开始向四周发散的，其中的每个词汇或者图像自身都成为一个子中心或者联想，整个合起来以一种无穷无尽的分支链的形式从中心向四周发散，或者归于一个共同的中心。

我们应该明白，发散性思维是一种自然和几乎自动的思维方式，人类所有的思维都是以这种方式发挥作用的。一个会发散性思维的大脑应该以一种发散性的形式来表达自我，它会反映自身思维过程的模式，给我们更多更大的帮助。

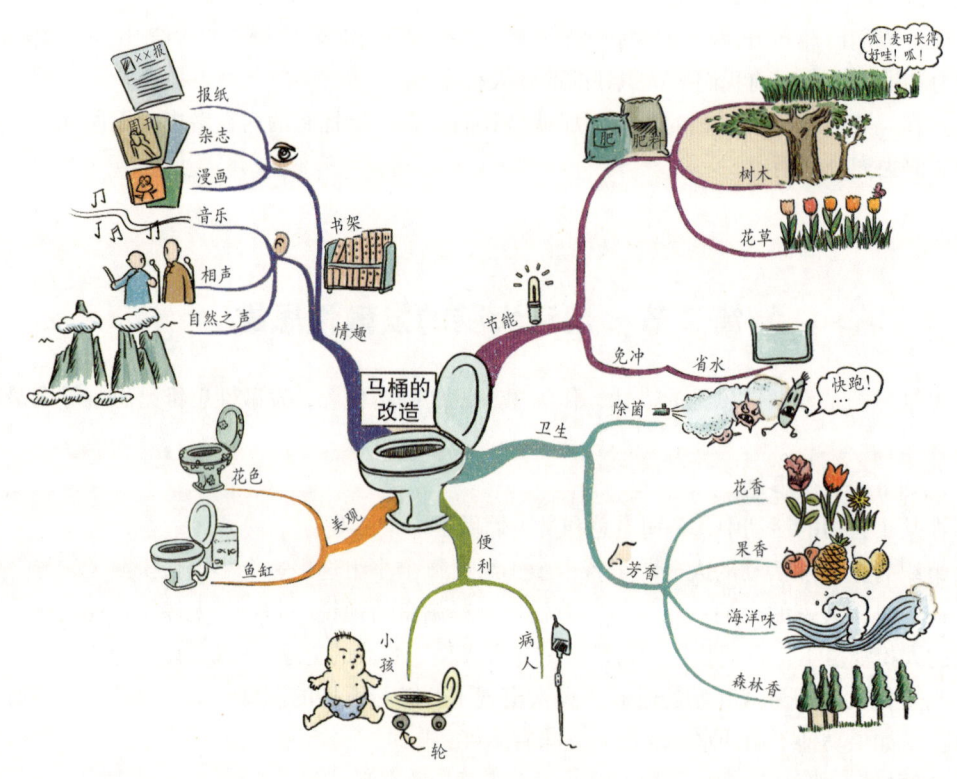

第三节 思维导图让大脑更好地处理信息

让大脑更好更快地处理各种信息，这正是思维导图的优势所在。使用思维导图，可以把枯燥的信息变成彩色的、容易记忆的、高度组织的图，它与我们大脑处理事物的自然方式相吻合。

思维导图可以让大脑处理起信息更简单有效。

从思维导图的特点及作用来看，它可以用于工作、学习和生活中的任何一个领域里。

比如，作为个人：可以用来进行计划，项目管理，沟通，组织，分析解决问题等；作为一个学习者：可以用于记忆，笔记，写报告，写论文，作演讲，考试，思考，集中注意力等；作为职业人士：可以用于会议，培训，谈判，面试，掀起头脑风暴等。

利用思维导图来应对以上方面，都可以极大地提高你的效率，增强思考的有效性和准确性以及提升你的注意力和工作乐趣。

比如，我们谈到演讲。

起初，也许你会怀疑，演讲也适合做思维导图吗？

没错！你用不着担心思维导图无法使相关演讲信息顺利过渡。一旦思维导图完成，你所需要的全部信息就都呈现出来了。

其实，我们需要做的只是决定各种信息的最终排列顺序。一幅好的思维导图将有多种可选性。最后确定后，思维导图的每个区域将涂上不同的颜色，并标上正确的顺序号。继而将它转化为写作或口头语言形式，将是很简单的事，你只要圈出所需的主要区域，然后按各分支之间连接的逻辑关系，一点一点地进行就可以了。

按这种方式，无论多么烦琐的信息，多么艰难的问题都将被一一解决。

又比如，我们在组织活动或讨论会时需用的思维导图。

也许我们这次需要处理各种信息，解决很多方面的问题。当我们没有想到思维导图的时候，往往会让人陷入这样的局面：每个人都在听别人讲话，每个人也都在等别人讲话，目的只是为等说话人讲完话后，有机会发表自己的观点。

在这种活动或讨论会上，或许会发生我们不愿看到的结果，比如，大家叽叽喳喳，没有提出我们期望的好点子，讨论来讨论去没有解决需要解决的问题，最后现场不仅没有一点秩序，而且时间也白白地浪费了。

这时，如果活动组织者运用思维导图的话，所有问题将迎刃而解。活动组织者可以在会议室中心的黑板上，以思维导图的基本形式，写下讨论的中心议题及几个副主题。让与会者事先了解会议的内容，使他们有备而来。

组织者还可以在每个人陈述完他的看法之后，要求他用关键词的形式，总结一下，并指出在这个思维导图上，他的观点从何而来，与主题思维导图的关联等等。

这种使用思维导图方式的好处显而易见：

（1）可以准确地记录每个人的发言；

（2）保证信息的全面；

（3）各种观点都可以得到充分的展现；

（4）大家容易围绕主题和发言展开，不会跑题；

（5）活动结束后，每个人都可记录下思维导图，不会马上忘记。

这正是思维导图在处理大量信息面前的好处，在讨论会上，可以吸引每个人积极地参与目前的讨论，而不是仅仅关心最后的结论。

利用思维导图这种形式可以全面加强事物之间的内在联系，强化人们的记忆、使信息井然有序，为我所用。

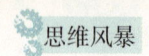

在处理复杂信息时，思维导图是你思维相互关系的外在"写照"，它能使你的大脑更清楚地"明确自我"，因而更能全面地提高思维技能，提高解决问题的效率。

第四节　大脑是人体最重要的保护对象

几乎每个人都知道，大脑实在是太重要了。

它是人体最重要的器官，它为我们人类创造了无尽的创意和价值……

大脑对人体是如此重要、如此宝贵，但它也很娇嫩，容易受到伤害：大脑只有1400克左右的重量，80%都是水；它虽然只约占人体总重量的2%，却要使用我们呼吸进来的20%的氧气。

大脑需要的能量很大，却不能储备能量，它每1秒钟要进行10万种不同的化学反应，消耗的氧气和葡萄糖分别占全身供应量的20%～25%，每分钟需要动脉供血800～1200毫升，而且脑组织中几乎没有氧和葡萄糖的储备，必须不停地接受心脏搏出的动脉血液来维持正常的功能。

大脑需要通畅的血管，以供给足够的血液。若脑缺血30秒钟则神经元代谢受损，缺血2分钟神经细胞代谢将停止。

尽管每个人都有坚实的颅骨，像一个天然的头盔保护着我们的大脑，大脑仍然容易受到各种外伤。50岁以下的人中，脑外伤是常见的致死和致残原因，脑外伤也是35岁以下男性死亡的第二位原因（枪伤为第一位）。大约一半的严重脑外伤患者不能存活。

即使颅骨没有被穿透，头部遭遇外力打击时大脑也难以避免受到损伤；突然的头部加速运动，与猛击头部一样可引起脑组织损伤；头部快速撞击不能移动的硬物或突然减速运动也是常见的脑外伤原因。受撞击的一侧或相反方向的脑组织与坚硬而凸起的颅骨发生碰撞时极易受到损伤。

大脑每天都在为我们工作，不仅能有效地制作思维导图，还能轻松地为我们解决各种问题。

在日常生活中，我们该如何维护、保养好我们的大脑呢？

首先，我们要认识到保护自己的大脑不受伤害是头等重要的事情，特别要注意使自己的大脑不受外伤是保证你处于最佳状态的一个关键。所以，我们在日常的工作生活中，要特别注意保护大脑，尤其在进行踢足球、滑冰、玩滑板、驾驶等容易伤及大脑的活动中小心谨慎，使它免受外力的侵害。

比如在运动中尽量避免碰撞到头部，在驾驶汽车时要系安全带，开摩托车时要戴头盔等。头部一旦受伤，要到正规的医疗部门诊治，不能因为没有流血或者自己觉得不严重而掉以轻心。

其次，保护你的大脑不受情感创伤的侵害。情感创伤就像身体创伤一样，能够干扰大脑的正常发育以及给大脑带来负面的改变。比如遭遇地震、火灾、交通事故或者被抢劫、枪击等以后，受害者的情感会受到强烈的刺激，如果不能及时给予心理治疗和适当的药物治疗，大脑的功能就会受到伤害。

再次，保护你的大脑不受有毒物质的侵害。众所周知，酗酒、吸烟、吸毒对大脑有很大的毒害作用，我们一定要远离毒品、尼古丁和酒精。同时我们还要知道有很多药物对大脑也会起到毒害作用：比如某类止痛片、某类减肥药和抗焦虑药物等，所以我们在服药时要特别慎重，尽量减少药物对大脑的伤害。

据此，我们绘制了一幅保护大脑的思维导图：

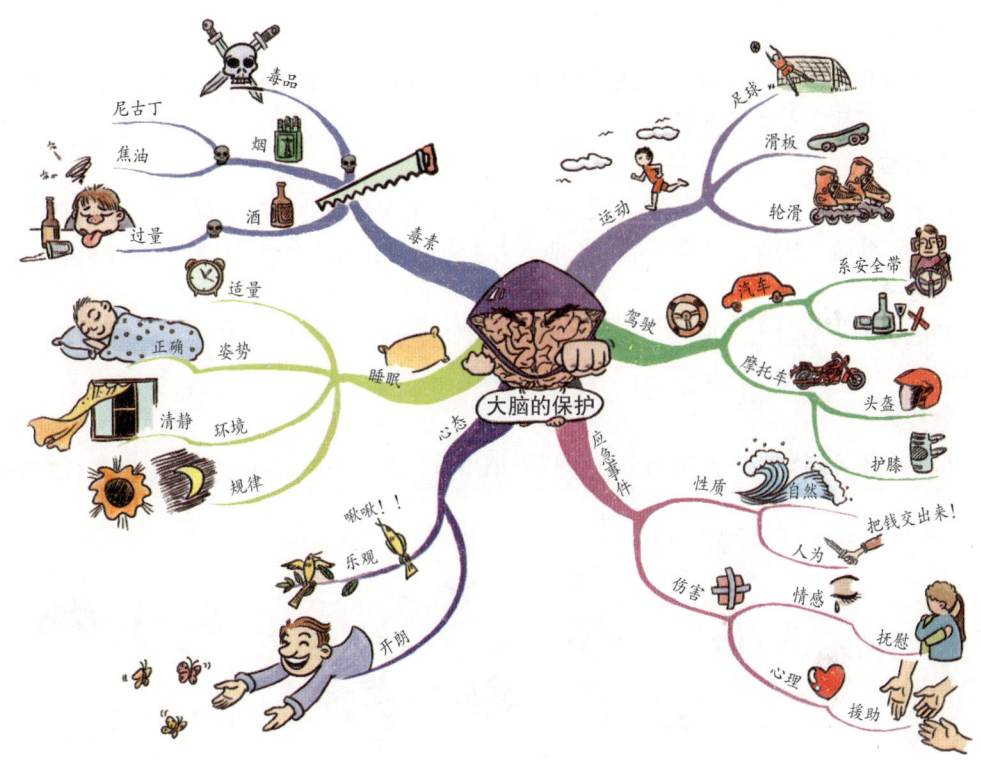

第五节　建立良好的生活方式

良好的生活方式对于保护大脑，维持大脑的正常运转，以及进行创造性思维活动具有重要的意义。

简要说来，良好的生活方式包括：起居有时、饮食有节、生活规律、适当运动、保持积极乐观的心态、要戒烟限酒等。

与之相反，如果我们的生活无规律——尤其睡眠不足，喜欢吃含有有害物质的垃圾食品和没有营养价值的快餐食品，很少参加户外活动，身体患病不及时医治，吸烟酗酒，甚至赌博吸毒，都会对大脑形成不利的因素，甚至造成损伤。只有保证大脑健康，才能让自己清醒思考，明白做事。生活中，哪些生活方式会影响大脑的健康呢？

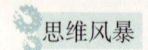

日常生活中，人们的用脑习惯和生活因素，对大脑智力和思维有着不利的影响。具体表现在以下几个方面：

懒用脑

科学证明，合理地使用大脑，能延缓大脑神经系统的衰老，并通过神经系统对机体功能产生调节与控制作用，达到健脑益寿之目的。否则，对大脑和身体的健康不利。

乱用脑

这主要表现在用脑过于焦虑和紧张，或者是不切实际的担忧，对身体和大脑均有损害。

病用脑

人在身体不舒服或生病时，继续用脑，不仅会降低学习和工作效率，还会造成大脑的损害，而且不利于身体的康复。

饿用脑

很多人习惯了早晨不吃早餐，使上午的学习或工作一直处于饥饿状态，自然血糖不能正常供给，继而大脑营养供应不足。长期下去，会对大脑的健康和思维功能造成影响。

睡眠差

睡眠有利于消除大脑疲劳，如果经常睡眠不足，或者睡眠质量不高，对大脑都是一个不良刺激，容易使大脑衰老。

蒙头睡

很多人不知道蒙头睡觉的害处，所以习惯用被子蒙住头。实际上，被子中藏有大量的

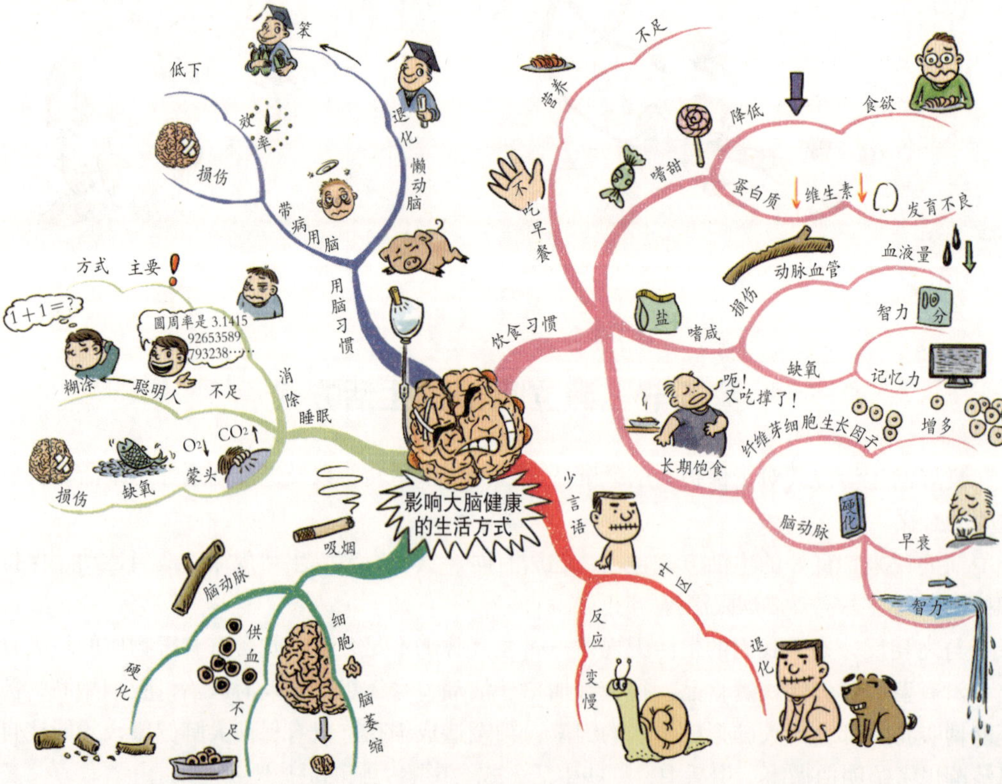

二氧化碳，被子中二氧化碳浓度在不断增加，氧的浓度在不断下降，空气变得相对污浊，势必对大脑造成损害。

建立良好的生活方式，不仅能保证大脑的健康，而且能有效地挖掘大脑潜能，顺利进行创造性思维活动。

建立良好的生活方式，在于提高对大脑智能的认识，养成良好的生活习惯，长期坚持下去，方能收到理想的效果。

第六节　及时供给正确的"大脑食物"

大脑每天都在为我们工作，它需要不断地补充正确的"大脑食物"，因为大脑中有上万亿个神经细胞在时刻不停地进行着繁重的活动，这些食物是大脑正常运转的保证。

一般来说，供给大脑低能量食物，它就会运行不力；供给高能量的食物，它就能流畅、高效地工作。所以，我们应该知道哪些是大脑所需的"大脑食物"。

葡萄糖

大脑有个特点，就是它不能自己储存糖原。大脑在思考的时候会消耗大脑中的葡萄糖。实验证明，缺乏葡萄糖会影响大脑的思考和记忆能力。

要想大脑正常运转，就需要不断地给它供应糖原。大脑每小时需要消耗4～5克糖，每天需要100～150克的糖。当血糖下降时，脑的耗氧量下降，轻者会感到疲倦，不能集中精力学习，重者会昏迷。

这种现象容易发生在不吃早餐者身上。

新鲜水果和蔬菜、谷类、豆类含有丰富的葡萄糖。

维生素

维生素是人体生理代谢过程正常进行所不可缺少的有机化合物。人体不能自己合成维生素，人所需要的维生素主要从食物中获取。

各种维生素对脑的发育和脑的机能有不同的作用。维生素C、维生素E和B族维生素可以避免大脑功能受损。

维生素E非常重要，它可以保护神经细胞膜和脑组织免受破坏脑里的自由基的侵袭，是大脑的保护剂。

维生素A可以保护大脑神经细胞免受侵害。

维生素C被称为脑力泵，对脑神经调节有重要作用，是最高水平的脑力活动所必需的物质，可以提高约5个智商指数。

维生素E含量丰富的食物有坚果油、种子油、豆油、大麦芽、谷物、坚果、鸡蛋及深色叶类蔬菜。

对于学习者而言，维生素B_1对保护良好的记忆，减轻脑部疲劳非常有益，学生及脑力劳动者应注意及时补充。富含维生素B_1的食物较多，如面粉、玉米、豆类、西红柿、辣椒、梨、苹果、哈密瓜等。

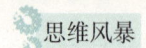

富含维生素A的食物有动物的肝脏、鱼类、海产品、奶油和鸡蛋等动物性食物，富含维生素C的食物一般是新鲜的蔬菜水果，如苹果、鲜枣、橘子、西红柿、土豆、甘薯等。

乙酰胆碱和卵磷脂

有关专家研究指出，大脑记忆力的强弱与大脑中乙酰胆碱含量密切相关。比如一个人在考试前约一个半小时进食富含卵磷脂的食物，可使人的发挥更好。实验也表明，卵磷脂可使人的智力提高25%。富含卵磷脂的食物有蛋黄、大豆、鱼头、芝麻、蘑菇、山药和黑木耳、谷类、动物肝脏、鳗鱼、赤腹蛇、眼镜蛇、红花籽油、玉米油、向日葵等。

在这方面，胆碱含量丰富的食物有：大麦芽、花生、鸡蛋、小牛肝、全麦粉、大米、鳟鱼、薄壳山核桃等。

蛋白质

蛋白质是构成大脑的基本物质之一，充分的蛋白质是大脑功能的必需品。

鱼是补充蛋白质的最好、最重要的健脑食品。蛋白质中的酪氨酸和色氨酸也对大脑起着影响作用。在海产品、豆类、禽类、肉类中含有大量酪氨酸，这是主要的大脑刺激物质；而在谷类、面包、乳制品、土豆、面条、香蕉、葵花籽等食品中含有丰富的色氨酸，虽然也是大脑所需要的食物，但往往在一定时间内有直接抑制脑力的作用，食后容易引起困倦感。

矿物质

矿物质是调节大脑生理机能的重要物质，一定矿物质也是活跃大脑的必要元素。钠、锌、镁、钾、铁、钙、硒、铜可以防止记忆退化和神经系统的衰老，增强系统对自由基的抵抗力。

许多水果、蔬菜都含有丰富的矿物质。

　　比如缺铁就会导致记忆力下降，延迟理解力和推理能力的发展，损害学习和记忆，使学习成绩下降；缺钠会减少大脑信息接收量；锌能增强记忆力和智力，缺锌可使人昏昏欲睡，委靡不振；缺钾会厌食、恶心、呕吐、嗜睡；钙可以活跃神经介质，提高记忆效率，缺钙会引起神经错乱、失眠、痉挛；缺镁，人体卵磷脂的合成会受到抑制，引起疲惫、记忆力减退。

　　当你知道了我们所需的"大脑食物"之后，你不妨试着用自己的理解、用思维导图的形式把它画出来。

第三章

风靡全球的头脑风暴法

第一节　何谓头脑风暴法

美国学者 A.F. 奥斯本提出了头脑风暴法。

头脑风暴法原指精神病患者头脑中短时间出现的思维紊乱现象，病人会产生大量的胡思乱想。奥斯本借用这个概念来比喻思维高度活跃，因打破常规的思维方式而产生大量创造性设想的状况。

头脑风暴的目的是激发人类大脑的创新思维以及能够产生出新的想法、新的观念。

讲到头脑风暴还要提到一个人，那就是英国的大文豪萧伯纳，他曾经就交换苹果的事情，提出这样的理论：

假如两个人来交换苹果，那每个人得到的也就是一个苹果，并没有损失也没有收获，但是假如交换的是思想，那情况是绝对的不一样了。

假设两个人交换思想，两个人的脑子里装的可就是两个人的思想了。对于萧伯纳的理论，A.F. 奥斯本大表赞同。他认为，应该让人们的头脑来一次彻底性的革命，卷起一次风暴。

有这样一个案例：

美国北方每年的冬天都十分地寒冷，尤其是进入 12 月之后，大雪纷飞。这对当地的通讯设备影响严重，因为大雪经常会压断电线。

以往人们为了解决这一问题，都会想出各种各样的办法，但是没有一种能够成功，基本上都是刚开始有些效果，到最后还是没有办法战胜自然环境。

奥斯本是一家电讯公司的经理，他为了能解决大雪经常性的阻断通讯设备的数据传输，召开了一次全体职工的会议，目的就是想让大家开脑筋，畅所欲言，能够解决问题。

他要求大家首先要独立思考，参加会议的人员要解放自己的思想，不要考虑自己的想法是多么可笑抑或是完全行不通；

其次，大家发言之后，其他人不要去评论这个想法是好还是不好，发言的人只管自己发言，而评断想法值不值得借鉴的话，最后交给高层的组织者；

再次，发言者不要过多地考虑发言的质量，也就是自己提出来的想法到底有多大的可行性，这次会议的重点就是看谁说得多。

第二篇 思维导图：21世纪风靡全球的革命性思维工具

最后，就是要求发言的人能够将多个想法拼接成一个，优化资源，尽可能的想出一个效果最为突出的解决办法。

说完规定之后，参加会议的员工便积极地议论起来，大家纷纷出招。有的人说要是能够设计一种给电线用的清扫积雪的机器就好了。可是怎么才能爬到电线上去，难道是坐飞机拿着扫把扫吗？这种想法提出来之后，大家心里都觉得不切实际。

过了一会儿，又有人通过上面提出的坐飞机扫雪想到可不可以利用飞机飞行的原理，让飞机在电线的上空飞行，通过飞机的旋桨的震动，把电线上的积雪扫落下来。就这样，大家通过联想飞机除雪的点子，又接着发散思维想到用直升机等七八种新颖的想法。就这样仅仅一个小时的时间，参加会议的员工就想到90多种解决的办法。

不久公司高层根据大家的想法找到了专家，利用类似于飞机震动的原理设计出了一种类似于"坐飞机扫雪"原理的除雪机，巧妙地解决了冬天积雪过厚，影响通讯设备正常工作的问题，还很聪明地避开了采用电热或电磁那种研制时间长、费用高的方案。

从研发除雪机的案例可以看到，这种互相碰撞的能够激起脑袋中的关于创造性的"风暴"，也就是所谓的头脑风暴，英文是brainstorming。虽然其原意是精神病人的胡言乱语，但是通过奥斯本的引用和应用，得到了广泛的发展和实施。

中国有句古话："三个臭皮匠，顶个诸葛亮。"对于那些天资一般的人，如果进行这

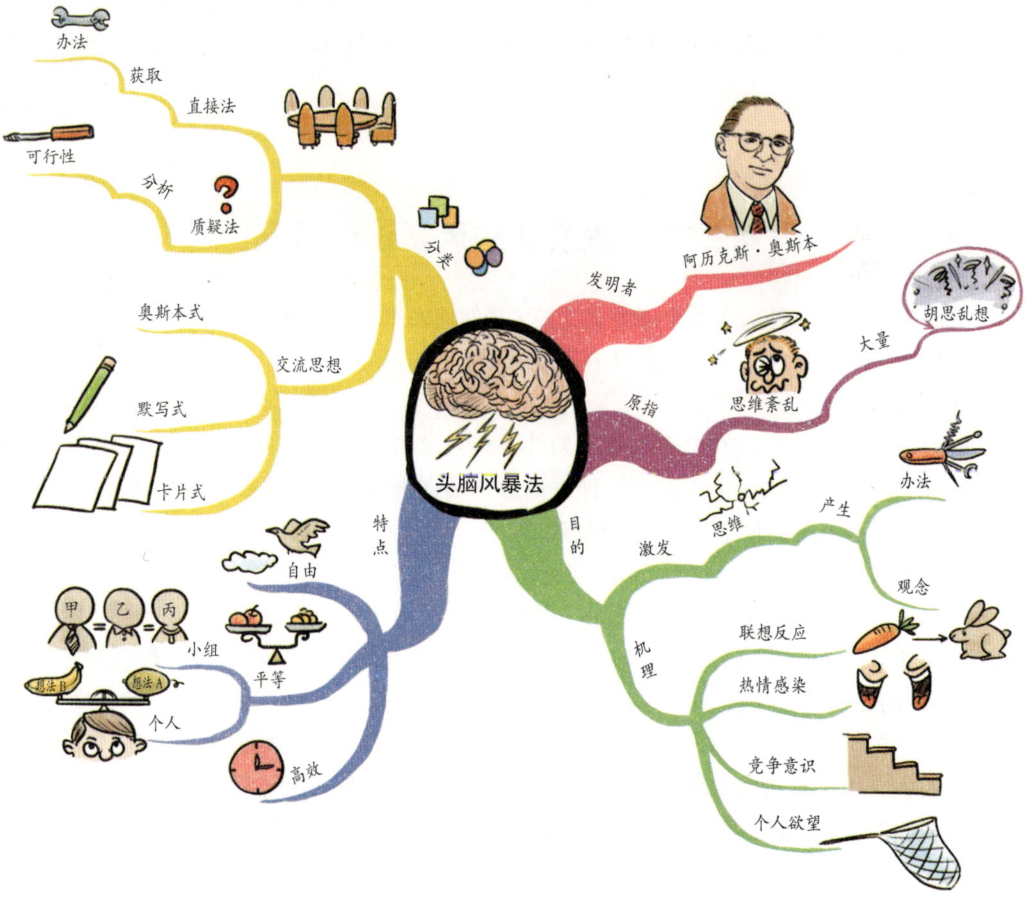

样的互相补充，一样是可以做出不同凡响的成绩的。也正是奥斯本的头脑风暴的方法，从另外一个角度证明通过头脑风暴这种互相帮助、互相交流的形式，可以集思广益得到不同凡响的效果。

如果我们要用思维导图法来表示的话，头脑风暴法可作为核心词汇放在中间。接下来，作为思维导图的二级分支，头脑风暴法按照不同的性质又可分成不同的类别。按照交流思想的形式可以分成：智力激励法、默写式智力激励法、卡片式智力激励法，等等。

如果按照头脑风暴会议的处理形式分类的话，又可以分为直接和质疑的两种。前者是指在群体激发头脑思维的时候，仅仅考虑的是产生出更多更新颖的办法和想法，而不会去质疑或是否定某一个想法；而后者质疑的头脑风暴法，就是去之糟粕，取之精华，最终找到可行的方案和办法。

说到分类，又不得不提出另外一个问题——如何解决群体思维。

群体思维是指在多数人商讨决策的时候，由于个人心理因素的问题，往往会产生大多数人同意于某个决策而忽视了头脑风暴的本身。这样的话就会大大降低头脑风暴的创造力，同时也影响了决策的质量。

而头脑风暴法就是这样一个可以减轻群体心理弊端，从而达到提高决策质量的目的，保证了群体决策的创造性。

头脑风暴法的具体执行就是由相关的人员召开会议。在开会之前，与会的人员已经清楚本次的议题，同时告之相应的讨论规则。确保在相当轻松融洽的环境内进行。在过程中不要急于表达评论，使大家能够自由地谈论。

第二节　激发头脑风暴法的机理

头脑风暴作为一种新兴的思维方式，它又是如何发挥自己的优点，受到众人青睐的呢？通过奥斯本的研究发现，可以得出以下几个因素：

环境因素

针对一个问题，往往在没有约束的条件下，大家会十分愿意说出自己的真实想法，并很热情地参与到大家的讨论中。而这种讨论通常是在十分轻松的环境下进行的。这样的话会更大限度发挥思维的创造性，得到很好的效果。

链条反应

所谓的链条反应是指在会议进行的过程中，往往通过一个人的观点可以衍生出与之相关的多种甚至创新上更加出奇的想法。这是因为人类在遇到任何事物的时候，都会条件反射，联系到自身的情况进行联想式的发散思维。

竞争情节

有时候，也会出现大家争先恐后的发言情况。那是因为在这种特定的环境下，由于大家的思想都十分的活跃，再加上有一种好胜心理的影响，每个人的心理活动的频率会十分高，而且内容也会相当的丰富。

质疑心理

这是另外一个群众性的心理因素，简单地说就是赞同还是不赞同的问题，当某一个人的观念提出后，其他人在心理上有的是认同的，有的则是非常的不赞同。表现在情绪上无非是眼神和动作，而表现在行动上就是提出与之不同的想法。

第三节　头脑风暴法的操作程序

首先我们具体说一说如何利用头脑风暴法举行一次思想交流的会议。

1. 准备开始阶段

我们要确定此次会议的负责人，然后制定所要研究的议题是什么，抓住议题的关键。

与此同时要敲定参加会议的人员人数，5～10人为最好。等确认好人数和议题之后，就可以选择会议的时间、场所。然后准备好会议的相关资料通知与会人员参加会议就可以了。

在会议开始阶段，不宜上来就让大家开始讨论。这样的话，与会人员还未进入状态的情况下，讨论的效果不会很好，气氛也不会很融洽。所以我们先要暖场，和大家说一些轻松的话题，让彼此之间有些交流沟通，不会显得生分。

在大家逐渐进入状态后，就可以开始议题了。

此时，主持人要明确地告诉参加会议的人员，本次的议题是什么。

这段时间不要占用得太多，以简洁为主。因为过多的描述在一定程度上会干扰大脑的思考。之后大家就可以开始讨论了。

在进行一段时间的讨论后，大家往往会有更多的关于议题的想法，但弊端是，有可能只是围绕着一个方向发散思维。这时主持人可以重新明确讨论议题，使大家在回味讨论的情况下重新出发，得到不同的方向。

2. 自由发言阶段

也叫畅谈阶段。畅谈阶段的准则是不允许私下互相交流，不能评论别人的发言，简短发言等。在这种规定之下，主持人要发挥自己的能力，引导大家进入一种自由的讨论状态。

此外要注意会议的记录。随着会议的结束，会议上提出的很多新颖的想法要怎么处理呢？

以下是一些处理方法：

在会议结束的一两天内，主持人还要回访参加会议的人员，看是否还有更加新颖的想法之后整理会议记录等。然后根据解决方案的标准，对每一个问题进行识别，主要是根据是否有创新性，是否

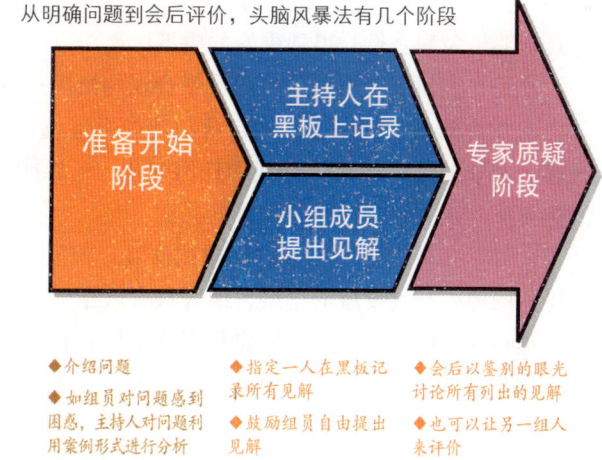

从明确问题到会后评价，头脑风暴法有几个阶段

◆ 介绍问题
◆ 如组员对问题感到困惑，主持人对问题利用案例形式进行分析
◆ 指定一人在黑板记录所有见解
◆ 鼓励组员自由提出见解
◆ 会后以鉴别的眼光讨论所有列出的见解
◆ 也可以让另一组人来评价

■ 头脑风暴法

有可施行性进行筛选。经过多次的斟酌和评断，最后找到最佳方案。这里说的最佳方案往往是一个或多个想法的综合。

除了头脑风暴法之外，其实还有很多种类似于这样的优势组合，下面我们就来看另外几种头脑风暴法，即美国人卡尔·格雷高里创立的7*7法、日本人川田喜一的KJ法、兰德公司创立的德尔菲法。

而这些方法主要有以下过程：

首先从组织上讲，参加的人员不要太多，5～10人最好，而且参加者不要是同一专业或是同一部门的人员。

而这些与会的人员如何选定呢？不妨建立一个专家小组来进行选定，而这个专家小组不但负责挑选参加会议的人员还要监督会议。

选择参加人员的主要标准：

（1）如果彼此之间互相认识，不能有领导参加，不能有级别的压力。应从同一职别中选择；

（2）如果参加的人互相不认识，那就可以不用考虑同一职位了。但是在会议上不能够透露出来职位大小，因为这样也会造成与会人员的压力；

（3）对应不同的议题，要选择不同程度的人员。而专家组的人员最好是阅历比较丰富，层次比较高的人，因为这样的话，会保证决策结果的可行性高。

下面就具体谈谈专家人员的组成成分：

首先主持人应该是懂得方法论的人，这样会更好地调动会议气氛；参加会议的人员应该是涉及讨论议题领域的专家，这样针对性就会很强；后期分析创新思维的人，应该是专业领域更高级别的专家，他们会从非常专业的角度来客观正确地分析这些想法。最后可以决策最终可执行方案的人，应该是具备更高的逻辑思维能力的专家。

为什么对于专家组的要求这么高呢？那又为什么不同能力的专家负责不同的事情呢？

这是因为在头脑风暴的会议上，与会者大都是思维敏捷的人。他们往往在别人发言的时候，心里已经开始想到其他的设想了。所以在这种高频率的情况下，需要这种专家的参与，并且能够集大家之长，得到更好的决策。

说完专家组了，再谈谈头脑风暴会议的指挥——主持人。

主持人的要求应该是从他自身敏捷的思维说起。主持人不但要了解和熟悉头脑风暴的程序以及如何处理会议中出现的任何问题，还要能激发大家对议题的兴趣，懂得多用些询问的方法，让大家有种争分夺秒的感觉。

此外，主持人还要负责开场时的暖场，鼓励与会者的发言，引导参加会议的人员往更远更广的地方开始发散的思维，因为只有这样，方案出现的概率才会越大。

值得注意的是主持人的职责仅限于会议开始之初。

因为接下来更重要的工作就是如何记录，如果有条件的话应该准备录音笔，尽量不落下每个细节。

收集上来的想法和观点就可以通过分析组来进行系统化的处理。

系统化处理的流程如下：

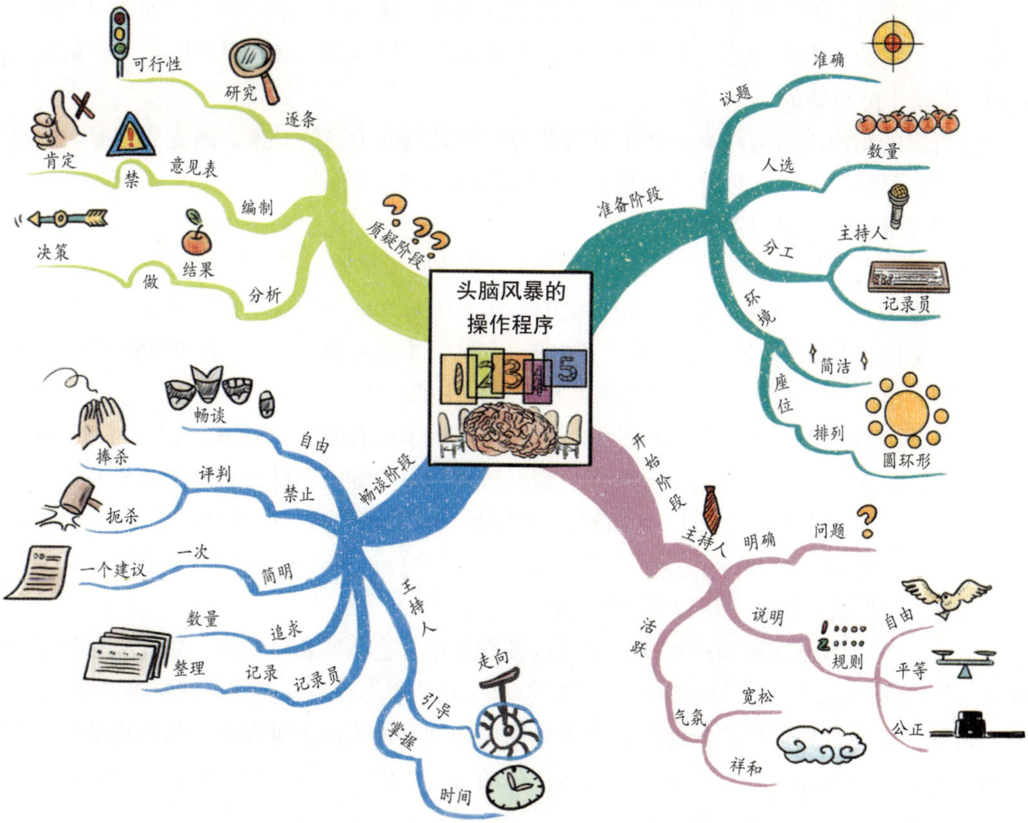

（1）简化每一个想法，简言之就是总结出关键字进行列表；
（2）将每个设想用专业的术语标记出关键点；
（3）对于类似的想法，进行综合；
（4）规范出如何评价的标准；
（5）完成上面的步骤之后，重新做一次一览表。

3. 专家组质疑阶段

在统计归纳完成之后，就是要对提出的方案进行系统性的质疑加以完善。这是一个独立的程序。此程序分为三个阶段：

第一个阶段：将所有的提出的想法和设想拿出来，每一条都要有所质疑，并且要加上评论。怎么评论呢？就是根据事实的分析和质疑。值得提出的是，通常在这个过程中，会产生新的设想，主要就是因为设想无法实现，有限制因素。而新的议题就要有所针对地提出修改意见。

第二个阶段：和直接头脑风暴的原则一样，对每个设想编制一个评论意见的一览表。主持人再次强调此次议题的重点和内容，使参加者能够明白如何进行全面评论。对已有的思想不能提出肯定意见，即使觉得某设想十分可行也要有所质疑。

整个过程要一直进行到没有可质疑的问题为止，然后从中总结和归纳所有的评价和建议的可行设想。整个过程要注意记录。

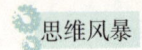

第三个阶段：对上述所提出的意见再次进行删选，这个过程是十分重要的，因为在这个过程中，我们要重新考虑所有能够影响方案实施的限制因素，这些限制因素对于最终结果的产生是十分重要的。

分析组的组成人员应该是一些十分有能力，而且判断力高的专家，因为假如有时候某些决策要在短时间内出来的话，这些专家就会派上很大的用处。

关于评价标准，我们先看个案例：

美国在制定科技规划中，曾经请过50名专家用头脑风暴的形式举行了为期两周的会议，而这些专家的主要任务就是对于事先提出的关于美国长期的科技规划提出些批评。最终得到的规划文件，其内容只是原先文件的有25%~30%。由此可见，经过一系列的分析和质疑，最后找到一组可行的方案，这就是头脑风暴排除折中的方法。

此外，值得我们注意的是，影响头脑风暴实施的因素还有时间、费用以及参与者的素质。

此处可作为思维导图的二级分支。头脑风暴成功的关键是探讨方式以及放松心理压力等。要在一个公平公正的情况下，才能有无差别的交流，思想碰击也就更大了。

首先，与会者能够在一个公平公正的前提下进行交流，不要受任何因素的影响，从各个方面进行发散式的思维，可以大胆地发言。

其次，就是不要在现场就对提出的观点进行评论，也不要私自交流。要充分保证会议现场自由畅谈的状态，这样与会的人员才能够集中精力思考议题，能够得到更多的想法。

再次，不允许任何形式的评论，因为评论会抑制其他人的思维发散，从而影响整个会议的发展趋势。可能有些人会谦虚地表达自己的意思，但是一旦受到质疑，就会造成发言人的心理压力，得不到更多的提议了。

最后，就是在头脑风暴的会议上一定不要限制数量。本着多多益善的原则，在不评论的前提下都留到最后进行分析。这样数量越多，质量也就会提高，这是一个普遍的道理。

第四节　头脑风暴法活动注意事项

参与会议的人员需要注意以下事项：

（1）要对整个会议进行初步的设想，对于你要参加的议题要有所了解。不要觉得你的发言就能得到所有人的赞同。

（2）不要对参加会议的人员有个人情绪，对每个人的发言都要公平，不要以个人的原因而去质疑或是指责别人的想法。

（3）为了使与会者不受任何的影响，最好在一个十分安静的房间内举行会议，使大家不受外界因素的干扰。

（4）要对自己有心理暗示。你的提议不是没有用的，恰恰相反，也许正是你的提议成为最后的决案。

（5）假如你的提议没有被选中或是得不到别人的认同，也不要失落，不要去坚持。把它看作是整个头脑风暴的原材料。

（6）在你思考了一段时间后，很有可能你的脑力已经坚持不住了。你可以选择出去散步，吃点东西等，缓解自己的这种压力，从而整理思绪重新参与到团队中来。

最后，要学会记笔记，因为有些细节很可能在你听的时候就遗漏掉了，所以用笔记录是十分重要的步骤。千万不要忽略了这一步。

以上即是进行头脑风暴法的注意事项，如果想使头脑风暴保持高的绩效，必须每个月进行不止一次的头脑风暴。

头脑风暴思维法为我们提供了一种有效的就特定主题集中注意力与思想进行创造性沟通的方式，无论是对于学术主题探讨或日常事务的解决，都不失为一种可资借鉴的途径。

学会如何进行头脑风暴，可以帮助我们激发自身的创造力，把我们的最好的创意变成现实，并享受创新思维的无限乐趣，让生活更有意义。

第四章

获取超级记忆

第一节　不可回避的遗忘规律

在日常生活中，我们对经历过的事情、体验过的情感、思考过的问题等，都会在大脑中留下一定的痕迹。这些痕迹在日后一定的条件下，就可能重新被"激活"，使我们重现当时的情境或体验。

假如，某天有人问你："你能记得回家的路线吗？"

也许你会反驳道："一只小狗都认得回家的路，难道我会不认得吗？"

倘若又有人问你："如果你想记住你爸爸的生日，能记得住吗？"

你可能回答说："当然没问题啦，一次记不住，可以两次……一天记不住，可以两天……"

如果以上两个问题你都回答了"是的！"那么就表示你与我们达成了共识。从理论与实践上来说，每个人都可以记住任何他想要记住的东西，只有当大量记忆的时候，才会出现"部分遗忘"的情况。

记忆的对立面就是遗忘。

在认识遗忘之前，我们应对记忆有个大致了解。

记忆是大脑对于过去经验中发生过的事情的反映，是对过去感知过的事物在大脑中留下的痕迹，记忆是智力活动的仓库。

简而言之，记忆就是把需要记忆的元素形成一种链接，是学习的过程。随着脑科学的发展，人们对记忆不断有新的认识，对记忆分类也不断出现新的方法。

经典的分类是将人类的记忆按照记忆发生和保持的时间的长短分为即时记忆、短期记忆、长期记忆。

即时记忆

即时记忆又称瞬间记忆，通常情况下，多数人并不会特别注意它。对即时记忆的最佳描述是：用它来记忆一些立即要做反应的信息。

即时记忆经常被应用于我们的生活中，比如当你在通讯录上逐一打电话给自己朋友时，每个电话号码的记忆只维持到接通为止；比如读者在读书时，对每个字的记忆也只维持到能将下一个字的意思连贯起来为止。

但如果有人问，在这段文章中，"我"这个字出现了多少次，就多半答不出来。但是对上面这些字读者必须记住一段时间，否则就不能了解它们所在句子的意思。这种将信息维持到足以完成工作的时间，就是即时记忆的特性。

或许我们会有这样的经历，走路时，看到沿途的建筑物、风景、奔驰而过的汽车，穿梭的行人，可爱的小狗，听到各种不同的声音，这些都作为短时记忆进入脑海。

只要不是特别引人注目的事情或事件，就会很快忘记。听见身后的汽车鸣笛便躲开，看见前面有水洼就绕着走，诸如此类的事情都没必要长时记忆，因此瞬间记忆在生活中是不可忽视的。

短期记忆

短期记忆是一个中继站，等待记忆的内容在这里可以被有意识地保存着，并为进入长时记忆做好准备。不过，短期记忆的容量是很有限的。

有时，我们为了能够将某些材料记住长达几个小时，譬如一份简单的报告、一部准备第二天演讲的稿子、一篇即将讨论的学习主题等，我们必须通过巩固程序，将即时记忆过渡到短期记忆的阶段。

其实，这就是我们在巩固进入大脑的东西，并让这部分信息的印象停留在脑海中超过30秒的时间。这种记忆被人们称为短期记忆。

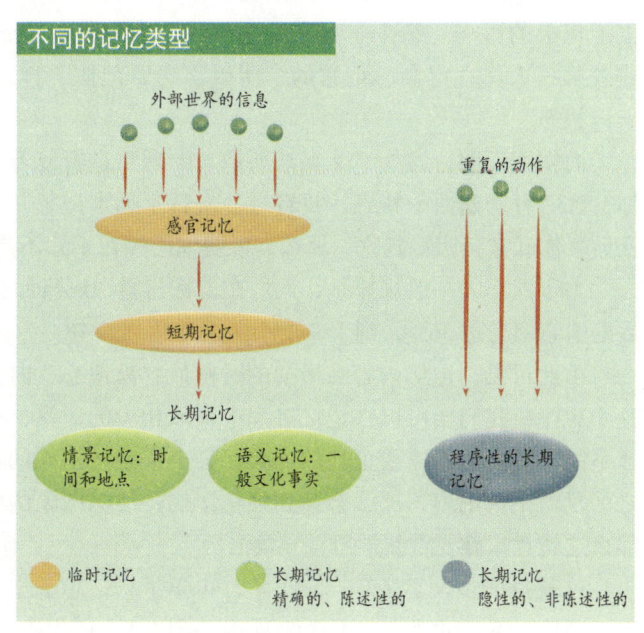

■ 为了描述记忆的类型，心理学家设计了一个空间模型，如同一张房屋地图，每个房间代表一种记忆类型。

长期记忆

长期记忆与短期记忆有个最显著的差别，就是信息容量非常大，而且信息可以在这里被长期保存。长期记忆所保存的信息并不是一成不变的，也会随着时间的流逝而发生一定程度的变化。

各种信息在长期记忆系统中的组织情况决定了从长期记忆中寻找信息的难易程度。组合信息的技巧有很多，最重要的是要有一个基本认识：组织信息远比取出信息时的工作重要。

有时你会觉得很难记起一天或一周前所学的东西，主要的原因便是没有系统地把学到的东西加以组织，再输入记忆系统。假如你这样做了，记忆时就不会那么难了。总而言之，要增进记忆，首先要改善对信息的组织能力。

以上就是记忆的三种分类。

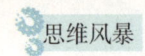

对记忆有所认识以后，我们继续回到遗忘上。我们把对于识记过的事物，不能回忆，则称为遗忘；如果既无法回忆又无法认知，则称为完全遗忘。

也可以说，遗忘是指记忆元素之间的链接淡化甚至消失，导致你对某东西再也不能回忆起来。

遗忘也分为暂时遗忘与完全遗忘。

记忆和遗忘与人类生活息息相关，无时无刻不在影响和改变着我们的生活。

记忆在每个人身上的表现是不同的，有的人过目不忘，有的人则相对弱些。我们都会有这样的经历，如果一个东西多次出现在眼前浮现在脑海，那么我们对它的印象就深一些，反之就会自然遗忘，记忆与遗忘就如同自由和约束的关系一样，如果没有遗忘，便无所谓记忆。德国心理学家艾宾浩斯提出了著名的"艾宾浩斯遗忘原理"，对人类的记忆产生了积极的影响。举个学习中的小例子，如果你在记忆单词时，只记忆了一次，第二天或者第三天你肯定会忘记它的。所以，想要记住一样东西必须反复的复习记忆，以达到牢记状态。

而实践证明，遵循"艾宾浩斯遗忘原理"进行复习和记忆，耗时将会是最少的。或许你会说"有些东西很特别，我看过一次就永远牢记了"，事实上是由于它的特殊性，因此在后来你经常会回忆起它，那么，说明你已经在不知不觉中复习了它。

关于遗忘的一般规律是，人们在记忆材料20分钟之后，遗忘率就会达到42%，1小时后的遗忘率高达56%，到了9个小时之后达到64%。

由此可见，记忆内容在最初的时候最容易遗忘，时间愈久，则遗忘的速度越慢。掌握这个规律，我们便可以在记忆过程中采取相应的对策，在遗忘内容之前适时地加以复习。在不同的时间复习需要记忆的内容，会产生截然不同的记忆效果，如果是抢在遗忘的高峰之前复习记忆内容，那么会达到强化记忆、加深印象的效果；如果是在遗忘了以后复习，那么这就意味着要重新学习，导致浪费。

这就是许多人学了忘，忘了学，再学了忘，忘了学，进入了一种魔鬼怪圈的原因。进入怪圈后，不断的遗忘成了恶性循环，所以就会产生害怕和厌恶学习的心理。

思维导图记忆术作为一种全新的记忆技巧，弥补了遗忘带给人类的种种缺陷。

第二节　改变命运的记忆术

记忆无时无刻不在与人们的生活、学习发生着紧密的联系。没有记忆人就无法生存。

历史上，从希腊社会以来，就有一些不可思议的记忆技巧流传下来，这些技巧的使用者能以顺序、倒序或者任意顺序记住数百数千件事物，他们能表演特殊的记忆技巧，能够完整地记住某一个领域的全部知识等等。

后来有人称这种特殊的记忆规则为"记忆术"。随着社会的发展，人们逐渐意识到这些方法能使大脑更快、更容易记住一些事物，并且能使记忆保持得更长久。

实际上，这些方法对改进大脑的记忆非常明显，也是大脑本来就具有的能力。

有关研究表明，只要训练得当，每个正常人都有很高的记忆力，人的大脑记忆的潜力是很大的，可以容纳下5亿本书那么多的信息——这是一个很难装满的知识库。但是由于种种原因，人的记忆力没有得到充分的发挥，可以说，每个人可以挖掘的记忆潜力都是非常巨大的。

思维导图，最早就是一种记忆技巧。

从以上章节介绍中，我们已经了解到，人脑对图像的加工记忆能力大约是文字的1000倍。让你更有效地把信息放进你的大脑，或是把信息从你的大脑中取出来，一幅思维导图是最简单的方法——这就是作为一种思维工具的思维导图所要做的工作。

在拓展大脑潜力方面，记忆术同样离不开想象和联想，并以想象和联想为基础，以便产生新的可记忆图像。

我们平时所谈到的创造性思维也是以想象和联想为基础。两者比较起来，记忆术是将两个事物联系起来从而重新创造出第三个图像，最终只是达到简单地要记住某个东西的目的。

思维导图记忆术一个特别有用的应用是寻找"丢失"的记忆，比如你突然想不起了一个人的名字，忘记了把某个东西放到哪去了等等。

在这种情况下，对于这个"丢失"的记忆，我们可以采用思维的联想力量，这时，我们可以让思维导图的中心空着，如果这个"丢失"的中心是一个人名字的话，围绕在它周围的一些主要分支可能就是像性别、年龄、爱好、特长、外貌、声音、学校或职业以及与对方见面的时间和地点等等。

通过细致的罗列，我们会极大地提高大脑从记忆仓库里辨认出这个中心的可能性，从而轻易地确认这个对象。

据此，编者画了一幅简单的思维导图：

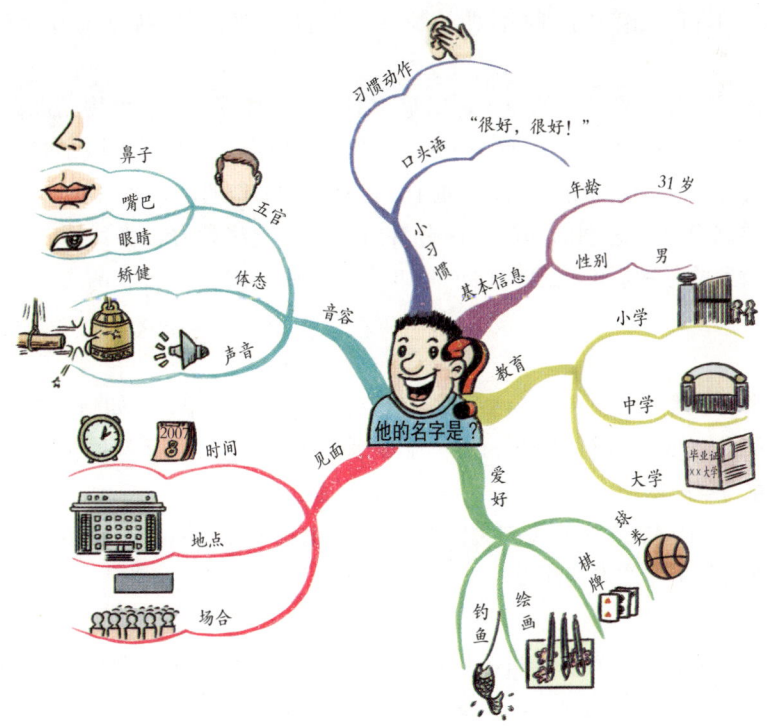

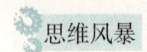

受此启发,你也可以回想自己曾经忘记的人和事,借助思维导图记忆术把他们一一"找"回来。

如果平时,我们尝试把思维导图记忆术应用到更广的范围的话,那么就会有效地解决更多的问题。

思维导图记忆术需要不断地练习,让它潜移默化你的生活、学习和工作,才会发生更大的效用,甚至彻底改变你的人生。

第三节　记忆的前提:注意力训练

中国有个寓言《学弈》,大意说的是两个人同向当时的围棋高手奕秋学围棋,"其一人专心致志,惟奕秋之为听;一人虽听之,一心以为有鸿鹄将至,思援弓缴而射之。虽与之俱学,弗若之矣。为是其智弗若与?曰:非然也"。

意思是说,这两个虽一起学习,但一个专心致志,另一个则总是想着射鸟,结果二人的棋术进展可想而知。

这则寓言告诉我们,学习成绩的差距并不是由于智力,而是由注意程度的差距造成的。只有集中注意力,才能获得满意的学记效果;如果在学记时分散注意力,即使是花费很长时间,也不会有明显的学记效果。有很多青少年不知道这个道理,也常常因注意力不集中苦恼,下面简单介绍几种训练注意力的方法:

训练1:

把收音机的音量逐渐关小到刚能听清楚时认真地听,听3分钟后回忆所听到的内容。

训练2:

在桌上摆三四件小物品,如瓶子、铅笔、书本、水杯等,对每件物品进行追踪思考各两分钟,即在两分钟内思考与某件物品的一系列有关内容,比如思考瓶子时,想到各种各样的瓶子,想到各种瓶子的用途,想到瓶子的制造,造玻璃的矿石来源等。

这时,控制自己不想别的物品,两分钟后,立即把注意力转移到第二件物品上。开始时,较难做到两分钟后的迅速转移,但如果每天练习10多分钟,两周后情况就大有好转了。

训练3:

盯住一张画,然后闭上眼睛,回忆画面内容,尽量做到完整,例如画中的人物、衣着、桌椅及各种摆设。回忆后睁开眼睛再看一下原画,如不完整,再重新回忆一遍。这个训练既可培养注意力集中的能力,也可提高更广范围的想象能力。

或者,在地图上寻找一个不太熟悉的城镇,在图上找出各个标记数字与其对应的建筑物,也能提高观察时集中注意力的能力。

训练4:

准备一张白纸,用7分钟时间,写完1~300这一系列数字。测验前先练习一下,感到书写流利、很有把握后再开始,注意掌握时间,越接近结束速度会越慢,稍微放慢就会写不完。一般写到 199 时每个数不到 1 秒钟,后面的数字书写每个要超过 1 秒钟,另外换行书写也需花时间。

测验要求:能看清所写的字,不至于过分潦草;写错了不许改,也不许做标记,接着写下去;到规定时间,如写不完必须停笔。

结果评定:第一次差错出现在 100 以前为注意力较差;出现在 101～180 间为注意力一般;出现在 181～240 间是注意力较好的;超过 240 出差错或完全对是注意力优秀。总的差错在 7 个以上为较差,错 4～7 个为一般,错 2～3 个为较好;只错一个为优秀。如果差错在 100 以前就出现了,但总的差错只有一两次,这种注意力仍是属于较好的。要是到 180 后才出错,但错得较多,说明这个人易于集中注意力,但很难维持下去。在规定时间内写不完则说明反应速度慢。

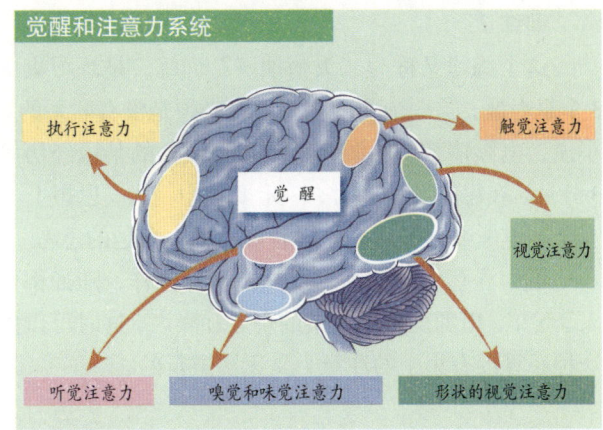

■ 觉醒和警醒能保证大脑对突然出现的不可预料的事做出反应。另外,大脑对每个感觉领域都保持着特别的注意力,而集中注意力能让我们调动显著能力去实现一个确定的行为和应对明显的矛盾冲突。

将测验情况记录,留与以后的测验作比较。

训练 5:

假设你在读一本书、看一本杂志或一张报纸,你对它并不感兴趣,突然发现自己想到了大约 10 年前在墨西哥看的一场斗牛,你是怎样想到那里去的呢?看一下那本书你或许会发现你所读的最后一句话写的是遇难船发出了失事信号,集中分析一下思路,你可能会回忆出下面的过程:

遇难船使你想起了英法大战中的船只,有的人得救了,其他的人沉没了。你想到了死去的 4 位著名牧师,他们把自己的救生圈留给了水手。有一枚邮票纪念他们,由此你想到了其他的一些复印邮票硬币和 5 分镍币上的野牛,野牛又使你想到了公牛以及墨西哥的斗牛。这种集中注意力的练习实际上随时随地都可以进行。

经常在噪音或其他干扰环境中学习的人,要特别注意稳定情绪,不必一遇到不顺心的干扰就大动肝火。情绪不像动作,一旦激发起来便不易平静,结果对注意力的危害比出现的干扰现象更大。要暗示自己保持平静,这就是最好的集中注意力训练。

训练 6:

从 300 开始倒数,每次递减 3 位数。如 300、297、294,倒数至 0,测定所需时间。

要求读出声,读错的就原数重读,如 "294" 错读为 "293" 时,要重读 "294"。

测验前先想想其规律。例如,每数 10 次就会出现一个 "0"(270、240、210……),个位数出现的周期性变化。

结果评定:2 分钟内读完为优秀,2.5 分钟内读完为较好,3 分钟内读完为一般,超过 3 分钟为较差。这一测验只宜自己与自己比较,把每次测验所需时间对比就行了。

训练 7：

这个练习又称为"头脑抽屉"训练，是练习集中注意力的一种重要方法。请自己选择3个思考题，这3个题的主要内容必须是没有联系的。如：科研课题、数学课题、工作计划、小说、电影情节、旅游活动或自身成长的某段经历等都可以。题目选定后，对每个题思考3分钟。在思考某一题时，一定要集中精力，思想上不能开小差，尤其不能想其他两个问题。一个题思考3分钟后，立即转入对下一个题的思考。

集中注意力的训练形式可以多种多样，随处都可因地制宜进行训练。例如，有时在等人、候车，周围是各种繁杂的现象和噪声，这时可以做一些背书训练或两位数的乘、除心算，这种心算没有集中的注意力是无法进行的。

第四节 记忆的魔法：想象力训练

一个人的想象力与记忆力之间具有很大的关联性，甚至在有些时候，回忆就是想象，或者说想象就是回忆。如果一个人具有十分活跃的想象力，他就很难不具备强大的记忆力，良好的记忆力往往与强大的想象力联系在一起。

因此，要训练我们的记忆力，可以从训练我们的想象力着手。

训练 1：

向学前班的孩子学习，培养你的想象力，如问自己一个问题：花儿为什么会开？

你猜小朋友们会怎么回答呢？

第一个孩子说："她睡醒了，想看看太阳。"

第二个孩子说："她伸伸懒腰，就把花骨朵顶开了。"

第三个孩子说："她想和小朋友比比，看谁穿得更漂亮。"

第四个孩子说："她想看看，小朋友会不会把她摘走。"

这时，一个孩子问老师一句："老师，您说呢？"

这时候，如果你是老师该怎么回答才能不让孩子失望呢？

如果你是个孩子，你又认为答案会是什么呢？

其实，只要你不回答："因为春天来了。"那你的想象力就得到了锻炼。

你也可以随便拿出一张画，问自己："这是什么？"

一块砖。

别的呢？一扇窗。

别的呢？事实上，从侧面看，这是字母 n。或者，另一个字母，如，F。

别的呢？一个侧面看到的数字。

别的呢？任何一个从上端看的三维数字，包括 2，3，5，6，7，8，9，0。

别的呢？任何一个装在盒子里的物体。

别的呢？一个特殊尺寸的空白屏幕（垂直方向）。

别的呢……

每个事物都可能成为其他所有的事物，高度创造性的大脑是没有逾越不了的障碍的。自由联想是天才最好的朋友。天才的感知力就是在每个事物中看到其他所有的事物！这就是为什么天才能看到普通人看不到的实质。

训练2：
从剧本或诗歌中读一段或几段，最好是那些富有想象的段落，例如下文：

茂丘西奥，她是精灵们的媒婆，
她的身体只有郡吏手指上一颗玛瑙那么大。
几匹蚂蚁大小的细马替她拖着车子，
越过酣睡的人们的鼻梁……
有时奔驰过廷臣的鼻子，
就会在梦里寻找好差事。
他就会梦见杀敌人的头，
进攻、埋伏、锐利的剑锋、淋漓的痛饮……
忽然被耳边的鼓声惊醒，
咒骂了几句，
又翻了个身睡去了。

把书放到一边，尽量想象出你所读的内容，这不是重复和记忆。如果10行或12行太多了，就取三四行，你实际的任务是使之形象化，闭上眼睛你必须看到精灵们的媒婆，你必须想象出她的样子只有一颗玛瑙那么大，你必须看到廷臣在睡觉，精灵们在他的鼻子上奔驰，你必须想出士兵的样子并看到他杀敌人的头。你要听到他的祷词，祷词的内容由你设想。

你是否已经读过了《罗密欧与朱丽叶》这本书的前一部分或几行文字？现在把书放在一边，想出你自己的下文来。当然，做这个练习时你不能先知道故事的结尾。你要假设自己是作者，创造出自己的下文来，你要想象出人物的形象，让他们做些事情，并想象出他们做事时的形态样子，直至你心目中的形象和亲眼所见一样清楚为止。

训练3：
用3分钟时间，将下面15组词用想象的方法联在一起进行记忆。

老鹰——机场	轮胎——香肠	长江——武汉
闹钟——书包	扫帚——玻璃	黄河——牡丹
汽车——大树	白菜——鸡蛋	月亮——猴子
火车——高山	鸡毛——钢笔	轮船——馒头
马车——毛驴	楼梯——花盆	太阳——番茄

通过以上三个方面的训练，可以提高我们的想象力，以至于有效提高我们的记忆力。

第五节　记忆的基石：观察力训练

记忆就像一台存款机要先有存款才能取款。记忆也先要完成记忆的输入过程，之后你才能将这部分信息或印象重现出来。

这样就有一个存入多少、存什么的问题，也就是你记忆的哪方面的内容以及真正记忆了多少或是印象有多深，这就有赖于观察力了！

进行观察力训练，是提高观察力的有效方法。下面介绍几种行之有效的训练方法：

训练1：

选一种静止物，比如一幢楼房、一个池塘或一棵树，对它进行观察。按照观察步骤，对观察物的形、声、色、味进行说明或描述。这种观察可以进行多次，直到自己能抓住主要观察物的特征为止。

这幅图片中分布着15个海洋生物，它们通过伪装来隐藏自己。你能把它们全部找出来吗？在自然界中，某些动物通过模拟其他生物的形态来躲避天敌。

答案：

训练2：

选一个目标，像电话、收音机、简单机械等，仔细把它看几分钟，然后等上大约一个钟头，不看原物画一张图。把你的图与原物进行比较，注意画错了的地方，最后不看原物再画一张图，把画错了的地方更正过来。

训练3：

画一张中国地图，标出你所在的那个省的省界，和所在的省会，标完之后，把你标的与地图进行比较，注意有哪些地方搞错了，不过地图在眼前时不要去修正，把错处及如何修正都记在脑子里，然后丢开地图再画一张。错误越多就越需要重复做这个练习。

在你有把握画出整个中国之后就画整个亚洲，然后画南美洲、欧洲以及其他的洲。要画得多详细由你自己决定。

训练4：

以运动的机器、变化的云或物理、化学实验为观察对象，按照观察步骤进行观察。这种观察特别强调知识的准备，要能说明运动变化着的形、声、色、味的特点及其变化原因。

训练5：

随便在书里或杂志里找一幅图，看它几分钟，尽可能多观察一些细节，然后凭记忆把它画出来。如果有人帮助，你可以不必画图，只要回答你朋友提出的有关图片细节的问题就可以了。问题可能会是这样的：有多少人？他们是什么样子？穿什么衣服？衣服是什么颜色？

有多少房子？图片里有钟吗？几点了？等等。

训练 6：

把练习扩展到一间房子。开始是你熟悉的房间，然后是你只看过几次的房间，最后是你只看过一次的房间，不过每次都要描述细节。不要满足于知道在西北角有一个书架，还要回忆一下书架有多少层，每层估计有多少书，是哪种书，等等。

第六节　右脑的记忆力是左脑的 100 万倍

关于记忆，也许有不少人误以为"死记硬背"同"记忆"是同一个道理，其实它们有着本质的区别。死记硬背是考试前夜那种临阵磨枪，实际只使用了大脑的左半部，而记忆才是动员右脑积极参与的合理方法。

在提高记忆力方面，最好的一种方法是扩展大脑的记忆容量，即扩展大脑存储信息的空间。有关研究也表明，在大脑容纳信息量和记忆能力方面，右脑是左脑的一百万倍。

首先，右脑是图像的脑，它拥有卓越的形象能力和灵敏的听觉，人脑的大部分记忆，也是以模糊的图像存入右脑中的。

其次，按照大脑的分工，左脑追求记忆和理解，而右脑只要把知识信息大量地、机械地装到脑子里就可以了。右脑具有左脑所没有的快速大量记忆机能和快速自动处理机能，后一种机能使右脑能够超快速地处理所获得的信息。

这是因为，人脑接受信息的方式一般有两种，即语言和图画。经过比较发现，用图画来记忆信息时，远远超过语言。如果记忆同一事物时，能在语言的基础上加上图或画这种手段，信息容量就会比只用语言时要增加很多，而且右脑本来就具有绘画认识能力、图形认识能力和形象思维能力。

如果将记忆内容描绘成图形或者绘画，而不是单纯的语言，就能通过最大限度动员右脑的这些功能，发挥出高于左脑的一百万倍的能量。

另外创造"心灵的图像"对于记忆很重要。

那么，如何才能操作这方面的记忆功能，并运用到日常生活中呢？现在开始描述图像法中一些特殊的规则，来帮助你获得记忆的存盘。

1. 图像要尽量清晰和具体

右脑所拥有的创造图像的力量，可以让我们"想象"出图像以加强记忆的存盘，而图像记忆正是运用了右脑的这一功能。研究已经发现并证实，如果在感官记忆中加入其他联想的元素，可以加强回忆的功能，加速整个记忆系统的运作。

所以，图像联想的第一个规则就是要创造具体而清晰的图像。具体、清晰的图像是什么意思呢？比方我们来想象一个少年，你的"少年图像"是一个模糊的人形，还是有血有肉、呼之欲出的真人呢？如果这个少年图像没有清楚的轮廓，没有足够的细节，那就像将金库密码写在沙滩上，海浪一来就不见踪影了。

下面，让我们来做几个"心灵的图像"的创作练习。

创造"苹果图像"。在创作之前,你先想想苹果的品种,然后想到苹果是红色绿色或者黄色,再想一下这颗苹果的味道是偏甜还是偏酸。

创造一幅"百合花图像"。我们不要只满足于想象出一幅百合花的平面图片,而要练习立体地去想象这朵百合花,是白色还是粉色;是含苞待放还是娇艳盛开。

创造一幅"羊肉图像"。看到这个词你想到了什么样的羊肉呢?是烤全羊,是血淋淋的肉片,还是放在盘子里半生不熟的羊排?

创作一幅"出租车图像"。你想象一下出租车是崭新的德国奔驰,老旧的捷达,还是一阵黑烟(出租车已经开走了)?车牌是什么呢?出租车上有人吗?乘客是学生还是白领?

这些注重细节的图像都能强化记忆库的存盘,大家可以在平时多做这样的练习来加强对记忆的管理。

2. 要学会抽象概念借用法

如果提到光,光应该是什么样的图像呢?这时候我们需要发挥联想的功能,并且借用适当的图像来达成目的。光可以是阳光、月光,也可以是由手电筒、日光灯、灯塔等反射出来的……美味的饮料可以是现榨的新鲜果蔬汁、也可以是香醇可口的卡布奇诺、还可以是酸酸甜甜的优酪乳……法律可以借用警察、法官、监狱、法槌等。

3. 时常做做"白日梦"

当我们的身体和精神在放松的时候,更有利于右脑对图像的创造,因为只有身心放松时,右脑才有能量创造特殊的图像。当我们无聊或空闲的时候,不妨多做做白日梦,当我们在全身放松的状态下时所做的白日梦,都是有图像的,那是我们用想象来创造的很清晰的图像。因此应该相信自己有这个能力,不要给自己设限。

4. 通过感官强化图像

即我们熟知的五种重要的感官——视觉、听觉、触觉、嗅觉、味觉。

另外,夸张或幽默也是我们加强记忆的好方法。如果我们想到猫,可以想到名贵的波斯猫,想到它玩耍的样子。如果再给这只可爱的猫咪加点夸张或幽默的色彩呢?比如,可

■演奏小提琴不仅需要听觉记忆,还需要触觉和视觉记忆的参与。

■品尝酒分3个步骤进行,视觉方面的判断(颜色、稠度等)以及香味和口感,但对其认识多归于嗅觉。

以把猫想象成日本卡通片中的机器猫，或者把猫想象成黑猫警长，猫会跟人讲话，猫会跳舞等。这些夸张或者幽默的元素都会让记忆变得生动逼真！

总之，图像具有非常强的记忆协助功能，右脑的图像思维能力是惊人的，调动右脑思维的积极性是科学思维的关键所在。

当然，目前发挥右脑记忆功能的最好工具便是思维导图，因为它集合了图像、绘画、语言文字等众多功能于一身，具有不可替代的优势。

被称作天才的爱因斯坦也感慨地说："当我思考问题时，不是用语言进行思考，而是用活动的跳跃的形象进行思考。当这种思考完成之后，我要花很大力气把它们转化成语言。"

国际著名右脑开发专家七田真教授曾说过："左脑记忆是一种'劣质记忆'，不管记住什么很快就忘记了，右脑记忆则让人惊叹，它有'过目不忘'的本事。左脑与右脑的记忆力简直就是1∶100万，可惜的是一般人只会用左脑记忆！"

我们也可以这样认为，很多所谓的天才，往往更善于锻炼自己的左右脑，而不是单独左脑或者右脑；每个人都应有意识地开发右脑形象思维和创新思维能力，提高记忆力。

第七节　思维导图里的词汇记忆法

思维导图更有利于我们对词汇的理解和记忆。

不论是汉语词汇还是外语词汇，我们都需要大量地使用它们。但我们很多人面临的一个普遍问题是，怎样才能更好更快地记住更多的词汇。

对词汇本身来说，它具有很大的力量，甚至可以称作魔力。法国军事家拿破仑曾说："我们用词语来统治人民。"

在这里，我们以英语词汇为例，帮助学习者利用思维导图更高效快捷地学习。

1. 思维导图帮助我们学习生词

我们在英语词汇学习中，往往会遇到大量的多义词和同音异义词。尽管我们会记住单词的某一个意思，可是当同样的单词出现在另一个语言场合中时，对我们来说就很有可能又会成为一个新的单词。

面对多义词学习，我们可以借助思维导图，试着画出一个相对清晰的图来，以帮助我们更方便地学习。例如，"buy"（购买）这个单词，可以作为及物动词和不及物动词来使用，还可以作为名词来使用。

所以，将其当作不同的词性使用时，它就具有不同的意思和搭配用法。而据此，我们可以画出"buy"的思维导图，帮助我们归纳出其在字典中所获信息的方式，进而用一种更加灵活的方式来学习单词。

如果我们把"buy"的学习和用法用思维导图的形式表示出来，不仅可以节省我们学习单词的时间，提高学习的效率，更会大大促进学习的能动性，提高学习兴趣。

2. 思维导图与词缀词根

词缀法是派生新英语单词的最有效的方法，词缀法就是在英语词根的基础上添加词缀

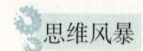

的方法。比如"-er"可表示"人",这类词可以生成的新单词,比如,driver 司机,teacher 教师,labourer 劳动者,runner 跑步者,skier 滑雪者,swimmer 游泳者,passenger 旅客,traveller 旅游者,learner 学习者/初学者,lover 爱好者,worker 工人等等,所以,要扩大英语的词汇量,就必须掌握英语常用词缀及词根的意思。

思维导图可以借助相同的词缀和词根进行分类,用分支的形式表示出来,并进行发散、扩展,从而帮助我们记忆更多的词汇。

3. 思维导图和语义场帮助我们学习词汇

语义场也是一种分类方法,研究发现,英语词汇并不是一系列独立的个体,而是都有着各自所归属的领域或范围的,他们因共同拥有某种共同的特征而被组建成一个语义场。

我们根据词汇之间的关系可以把单词之间的关系划分为反义词、同义词和上下义词。上义词通常是表示类别的词,含义广泛,包含两个或更多有具体含义的下义词。下义词除了具有上义词的类别属性外,还包含其他具体的意义。如:chicken — rooster, hen, chick; animal — sheep, chicken, dog, horse。这些关系同样可以用思维导图表现出来,从而使学习者能更加清楚地掌握它们。

4. 思维导图还可以帮助我们辨析同义词和近义词

在英语单词学习中,词汇量的大小会直接影响学习者听说读写等其他能力的培养与提高。尽管如此,已被广泛使用的可以高效快速地记忆单词词汇的方法并不是很多。本节提出利用思维导图记忆单词的方法,希望对学习词汇者能有所帮助。毫无疑问,一个人对积极词汇量掌握的多少,有着至关重要的作用。然而,学习积极词汇的难点就在于它们之中有很多词不仅形近,而且在用法上也很相似,很容易使学习者混淆。

如果我们考虑用思维导图的方式,可以进行详细的比较,在思维导图上画出这些单词的思维导图,不仅可以提高学生的记忆能力,对其组织能力及创造能力也有很大的帮助。可以说,词汇的学习有很大的技巧,也有可以凭借的工具,其中最有效的记忆工具便是思维导图。在这里,我们介绍的只是思维导图能够帮助我们记忆词汇的一些方面,其他的还有记忆性关键词与创意性关键词等词汇记忆方法,在这里,我们就不详细讲解了。

第八节　不想遗忘,就重复记忆

很多学生都会有这样的烦恼,已经记住了的外语单词、语文课文,数理化的定理、公式等,隔了一段时间后,就会遗忘很多。怎么办呢?解决这个问题的主要方法就是要及时复习。德国哲学家狄慈根说,重复是学习之母。

复习是指通过大脑的机械反应使人能够回想起自己一点也不感兴趣的、没有产生任何联想的内容。艾宾浩斯的遗忘规律曲线告诉我们:记忆无意义的内容时,一开始的 20 分钟内,遗忘 42%;1 天后,遗忘 66%;2 天后,遗忘 73%;6 天后,遗忘 75%;31 天后,遗忘 79%。古希腊哲学家亚里士多德曾说:"时间是主要的破坏者。"

我们的记忆随着时间的推移逐渐消失，最简单的挽救方法就是重习，或叫做重复。我国著名科学家茅以升在83岁高龄时仍能熟记圆周率小数点以后100位的准确数值，有人问过他，记忆如此之好的秘诀是什么，茅先生只回答了7个字"重复、重复再重复"。可见，天才并不是天赋异禀，正如孟子所说："人皆可以为尧舜。"佛家有云："一阐提人亦可成佛"。只要勤学苦练，也是可以成为了不起的人的。

为了考试还是为了生活

通常在考试的前一天晚上学生们都临阵磨枪，但是这种强制性和高密度的学习效果却非常有限。以下是两种学习状态的比较：

临阵磨枪	长期学习
在短时间内学习	有充足的时间分阶段学习
极少重复	大量地重复
重复的时间间隔很短	重复的时间间隔适当
刺激物的过度使用，咖啡、香烟、维生素C等	饮食均衡
在意识上缺乏准备，因而产生压力	由于准备良好，信心十足
疲劳和缺乏睡眠	睡眠充足，精力充沛

虽然重复能有效增进记忆，但重复也应当讲究方法。

一般，要在重复第三遍之前停顿一下，这是因为凡在脑子中停留时间超过20秒钟的东西才能从瞬间记忆转化为短时记忆，从而得到巩固并保持较长的时间。当然，这时的信息仍需要通过复习来加强。

那么，每次间隔多久复习一次是最科学的呢？

一般来讲，间隔时间应在不使信息遗忘的范围内尽可能长些。例如，在你学习某一材料后一周内的复习应为5次。而这5次不要平均地排在5天中。信息遗忘率最大的时候是：早期信息在记忆中保持的时间越长，被遗忘的危险就越小。所以在复习时的初期间隔要小一点，然后逐渐延长。

我们可以比较一下集合法和间隔法记忆的效果。

如要记住一篇文章的要点，你又应怎样记呢？

你可以先用"集合法"，即把它读几遍直至能背下来，记住你所耗费的时间。在完成了用"集合法"记忆之后，我们看看用"间隔法"的情况。这回换成另一段文章的要点：看一遍之后目光从题上移开约10秒钟，再看第二遍，并试着回想它。

如果你不能准确地回忆起来，就再将目光移开几秒钟，然后再读第三遍。这样继续着，直至可以无误地回忆起这几个词，然后写出所用时间。

两种记忆方法相比较，第一种的记忆方式虽然比第二种方法快些，但其记忆效果可能并不如第二种方法。许多实验也都显示出间隔记忆要比集合记忆有更多的优点。

心理学家根据阅读的次数，研究了记忆一篇课文的速度：如果连续将一篇课文看6遍和每隔5分钟看一遍课文，连看6遍，两者相比较，后者记住的内容要多得多。

心理学家为了找到能产生最好效果的间隔时间，做过许多的实验，已证明理想的阅读间隔时间是10分钟至16小时不等，根据记忆的内容而定。10分钟以内，非一遍记忆效果并不太好，超过16小时，一部分内容已被忘却。

间隔学习中的停顿时间应能让科学的东西刚好记下。这样，在回忆印象的帮助下你可以在成功记忆的台阶上再向前迈进一步。当你需要通过浏览的方式进行记忆时，如要记一些姓名、数字、单词等，采用间隔记忆的效果就不错。假设你要记住18个单词，你就应看一下这些单词。在之后的几分钟里自己也要每隔半分钟左右就默念一次这些单词。

这样，你会发现记这些单词并不太困难。第二天再看一遍，这时你对这些单词可以说就完全记住了。

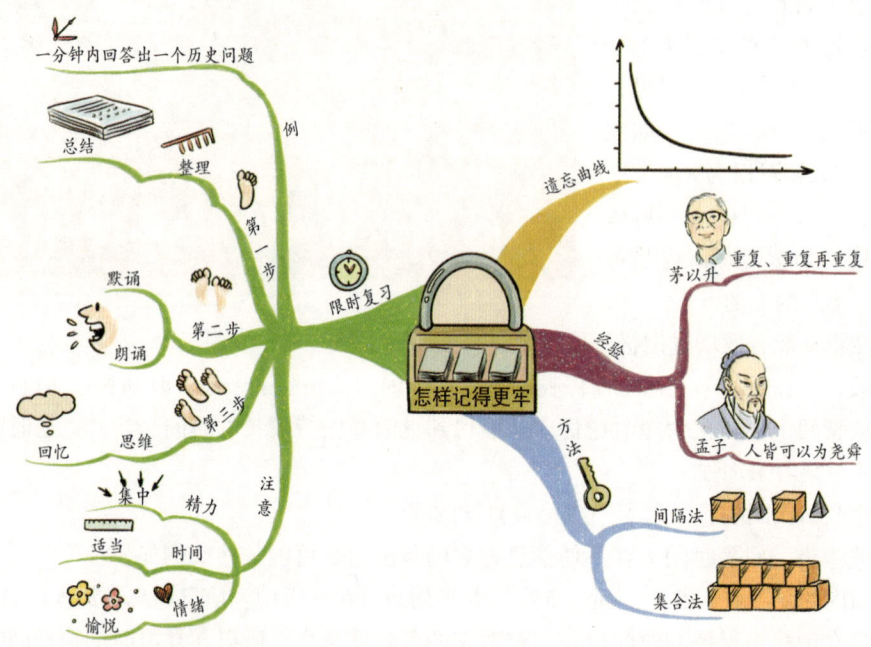

在复习时你可以采用限时复习训练方法：

这种复习方法要求在一定时间内规定自己回忆一定量材料的内容。例如，一分钟内回答出一个历史问题等。这种训练分3个步骤：

第一步，整理好材料内容，尽量归结为几点，使回忆时有序可循。整理后计算回忆大致所需的时间；

第二步，按规定时间以默诵或朗诵的方式回忆；

第三步，用更短的时间，以只在大脑中思维的方式回忆。

在训练时要注意两点：

首先，开始时不宜把时间卡得太紧，但也不可太松。太紧则多次不能按时完成回忆任务，就会产生畏难的情绪，失去信心；太松则达不到训练的目的。训练的同时还必须迫使自己注意力集中，若注意力分散了将会直接影响反应速度，要不断暗示自己。

其次，当训练中出现不能在额定时间内完成任务时，不要紧张，更不要在烦恼的情况下赌气反复练下去，那样会越练越糟。应适当地休息一会儿，想一些美好的事，使自己心情好了再练。

总之，学习要勤于复习，勤于复习，记忆和理解的效果才会更好，遗忘的速度也会变慢。

第九节　思维是记忆的向导

思考是一种思维过程，也是一切智力活动的基础，是动脑筋及深刻理解的过程。而积极思考是记忆的前提，深刻理解是记忆的最佳手段。

在识记的时候，思维会帮助所记忆的信息快速地安顿在"记忆仓库"中的相应位置，与原有的知识结构进行有机结合。在回忆的时候，思维又会帮助我们从"记忆仓库"中查找，以尽快地回想起来。思维对记忆的向导作用主要表现在以下几点：

概念与记忆

概念是客观事物的一般属性或本质属性的反映，它是人类思维的主要形式，也是思维活动的结果。概念是用词来标志的。人的词语记忆就是以概念为主的记忆，学习就要掌握科学的概念。概念具有代表性，这样就使人的记忆可以有系统性。如"花"的概念包括了各种花，我们在记忆菊花、茶花、牡丹花等的材料时，就可以归入花的要领中一并记住。从这个角度讲，概念可以使人举一反三，灵活记忆。

理解与记忆

理解属于思维活动的范围，它既是思维活动的过程，是思维活动的方法，又是思维活动的结果。同时，理解还是有效记忆的方法。理解了的事物会扎扎实实地记在大脑里。

思维方法与记忆

思维的方法很多，这些方法都与记忆有关，有些本身就是记忆的方法。思维的逻辑方法有科学抽象、比较与分类、分析与综合、归纳与演绎及数学方法等；思维的非逻辑方法有潜意识、直觉、灵感、想象和形象思维等。多种思维方法的运用使我们容易记住大量的信息并获得系统的知识。

此外，思维的程序也与记忆有关。思维的程序表现为发现问题、试作回答、提出假设和进行验证。

那么，我们该怎样来积极地进行思维活动呢？

多思

多思指思维的频率。复杂的事物，思考无法一次完成。古人说："三思而后行"，我们完全可以针对学习记忆来个"三思而后行，三思而后记。"反复思考，一次比一次想得深，一次有一次的新见解，不停止于一次思考，不满足于一时之功，在多次重复思考中参透知识，把道理弄明白，事无不记。

苦思

苦思是指思维的精神状态。思考，往往是一种艰苦的脑力劳动，要有执著、顽强的精神。《中庸》中说，学习时要慎重地思考，不能因思考得不到结果就停止。这表明古人有非深思透顶达到预期目标不可的意志和决心。据说，黑格尔就有这种苦思冥想的精神。有一次，他为思考一个问题，竟站在雨里一个昼夜。苦思的要求就是不做思想的怠惰者，经常运转自己的思维机器，并能战胜思维过程中所遇到的艰难困苦。

■ 国际象棋大师卡斯帕罗夫对几千种棋局了如指掌，这种靠多年经验获得的后天性才能使他能够在几秒钟内分析每局棋的每一步。

精思

精思指思维的质量。思考的时候，只粗略地想一下，或大概地考量一番，是不行的。朱熹很讲究"精思"，他说："……精思，使其意皆若出于吾之心。"换一种说法，精思就是要融会贯通，使书的道理如同我讲出去的道理一般。思不精怎么办？朱熹说："义不精，细思可精。"细思，就是细致周密、全面地思考，克服想不到、想不细、想不深的毛病，以便在思维中多出精品。

巧思

巧思指思维的科学态度。我们提倡的思考，既不是漫无边际的胡思乱想，也不是钻牛角尖，它是以思维科学和思维逻辑作为指南的一种思考。即科学的思考，我们不仅要肯思考，勤于思考，而且要善于思考，在思考时要恰到好处地运用分析与综合、抽象与概括、比较与分类等思维方式，使自己的思考不绕远路，卓越而有成效。

要发展自己的记忆能力，提高自己的记忆速度，就必须相应地去发展思维能力，只有经过积极思考去认识事物，才能快速地记住事物，把知识变成对自己真正有用的东西。掌握知识、巩固知识的过程，也就是积极思考的过程，我们必须努力完善自己的思维能力，这无疑也是在发展自己的记忆力，加快自己的记忆速度。

第五章

超级记忆的秘诀

第一节　超右脑照相记忆法

著名的右脑训练专家七田真博士曾对一些理科成绩只有 30 分左右的小学生进行了右脑记忆训练。所谓训练，就是这样一种游戏：摆上一些图片，让他们用语言将相邻的两张图片联想起来记忆，比如"石头上放着草莓，草莓被鞋踩烂了"等等。

这次训练的结果是这些只能考 30 分的小学生都能得 100 分。

通过这次训练，七田真指出，和左脑的语言性记忆不同，右脑中具有另一种被称做"图像记忆"的记忆，这种记忆可以使只看过一次的事物像照片一样印在脑子里。一旦这种右脑记忆得到开发，那些不愿学习的人也可以立刻拥有出色记忆力，变得"聪明"起来。

同时，这个实验告诉我们，每个人自身都储备着这种照相记忆的能力，你需要做的是如何把它挖掘出来。

现在我们来测试一下你的视觉想象力。你能内视到颜色吗？或许你会说："噢！见鬼了，怎么会这样。"请赶快先闭上你的眼睛，内视一下自己眼前有一幅红色、黑色、白色、黄色、绿色、蓝色然后又是白色的电影银幕。

看到了吗？哪些颜色你觉得容易想象，哪些颜色你又觉得想象起来比较困难呢？还有，在哪些颜色上你需要用较长的时间？

请你再想象一下眼前有一个画家，他拿着一支画笔在一张画布上作画。这种想象能帮助你提高对颜色的记忆，如果你多练习几次就知道了。

当你有时间或想放松一下的时候，请经常重复做这一练习。你会发现一次比一次更容易地想象颜色了。当然你可以做做白日梦，从尽可能美好的、正面的图像开始，因为根据经验，正面的事物比较容易记在头脑里。

你可以回忆一下在过去的生活中，一幅让你感觉很美好的画面：例如某个度假日、某种美丽的景色、你喜欢的电影中的某个场面等等。请你尽可能努力地并且带颜色地内视这个画面，想象把你自己放进去，把这张画面的所有细节都描绘出来。在繁忙的一天中用几分钟闭上你的眼睛，在脑海里呈现一下这样美好的回忆，如此你必定会感到非常放松。

当然，照相记忆的一个基本前提是你需要把资料转化为清晰、生动的图像。

清晰的图像就是要有足够多的细节，每个细节都要清晰。

比如，要在脑中想象"萝卜"的图像，你的"萝卜"是红的还是白的？叶子是什么颜色的？萝卜是沾满了泥还是洗得干干净净的呢？

图像轮廓越清楚，细节越清晰，图像在脑中留下的印象就越深刻，越不容易被遗忘。

再举个例子，比如想象"公共汽车"的图像，就要弄清楚你脑海中的公共汽车是崭新的还是又老又旧的？车有多高、多长？车身上有广告吗？车是静止的还是运动的？车上乘客很多很拥挤，还是人比较少宽宽松松？

生动的图像就是要充分利用各种感官，视觉、听觉、触觉、嗅觉、味觉，给图像赋予这些感官可以感受到的特征。

想象萝卜和公共汽车的图像时都用到了视觉效果。

在这两个例子中也可以用到其他几种感官效果。

在创造公共汽车的图像时，也可以想象：公共汽车的笛声是嘶哑还是清亮？如果是老旧的公共汽车，行驶起来是不是吱呀有声？在创造萝卜的图像时，可以想象一下：萝卜皮是光滑的还是粗糙的？生萝卜是不是有种细细幽幽的清香？如果咬一口，又会是一种什么味道呢？

有时候我们也可以用夸张、拟人等各种方法来增加图像的生动性。

比如，"毛巾"的图像，可以这样想象：这条毛巾特别长，可以从地上一直挂到天上；或者，这条毛巾有一套自己的本领：那就是会自动给人擦脸等。

经过上面的几个小训练之后，你关闭的右脑大门或许已经逐渐开启，但要想修炼成"一眼记住全像"的照相记忆，你还必须要进行下面的训练：

（1）一心二用（5分钟）。

"一心二用"训练就是锻炼左右手同时画图。拿出一根铅笔。左手画横线，右手画竖线，要两只手同时画。练习一分钟后，两手交换，左手画竖线，右手画横线。一分钟之后，再交换，反复练习，直到画出来的图形完美为止。这个练习能够强烈刺激右脑。

你画出来的图形还令自己满意吗？刚开始的时候画不好是很正常的，不要灰心，随着练习的次数越来越多，你会画得越来越好。

（2）想象训练（5分钟）。

我们都有这样的体会，记忆图像比记忆文字花费时间更少，也更不容易忘记。因此，在我们记忆文字时，也可以将其转化为图像，记忆起来就简单得多，记忆效果也更好了。

想象训练就是把目标记忆内容转化为图像，然后在图像与图像间创造动态联系，通过这些联系能很容易地记住目标记忆内容及其顺序。正如本书前面章节所讲，这种联系可以采用夸张、拟人等各种方式，图像细节越具体、清晰越好。但这种想象又不是漫无边际的，必须用一两句话就可以表达，否则就脱离记忆的目的了。

如现在有两个水杯、两只蘑菇，请设计一个场景，水杯和蘑菇是场景中的主体，你能想象出这个场景是什么样的吗？越奇特越好。

对于照相记忆，很多人不习惯把资料转化成图像，不过，只要能坚持不懈地训练就可以了。

第二节　进入右脑思维模式

我们的大脑主要由左右脑组成，左脑负责语言逻辑及归纳，而右脑主要负责的是图形图像的处理记忆。所以右脑模式就是以图形图像为主导的思维模式。进入右脑模式以后是什么样子呢？

简单来说，就是在不受语言模式干扰的情况下可以更加清晰地感知图像，并忘却时间，而且整个记忆过程会很轻松并且快乐。和宗教或者瑜伽所追求的冥想状态有关，可以更深层次地感受事物的真相，不需要语言可以立体、多元化、直观地看到事物发生发展的来龙去脉，关键是可以增加图像记忆和在大脑中直接看到构思的图像。

想使用右脑记忆，人们应该怎样做呢？

由于左右侧的活动与发展通常是不平衡的，往往右侧活动多于左侧活动，因此有必要加强左侧活动，以促进右脑功能。

在日常生活中我们尽可能多使用身体的左侧，也是很重要的。身体左侧多活动，右侧大脑就会发达。右侧大脑的功能增强，人的灵感、想象力就会增加。比如在使用小刀和剪

子的时候用用左手，拍照时用左眼，打电话时用左耳。

还可以见缝插针锻炼左手。如果每天得在汽车上度过较长时间，可利用它锻炼身体左侧。如用左手指钩住车把手，或手扶把手，让左脚单脚支撑站立。或将钱放在自己的衣服左口袋，上车后以左手取钱买票。有人设计一种方法：在左手食指和中指上套上一根橡皮筋，使之成为8字形，然后用拇指把橡皮筋移套到无名指上，仍使之保持8字形。

依此类推，再将橡皮筋套到小指上，如此反复多次，可有效地刺激右脑。此外，有意地让左手干右手习惯做的事，如写字、拿筷、刷牙、梳头等。

这类方法中具有独特价值而值得提倡的还有手指刺激法。苏联著名教育家苏霍姆林斯基说："儿童的智慧在手指头上。"许多人让儿童从小练弹琴、打字、珠算等，这样双手的协调运动，会把大脑皮层中相应的神经细胞的活力激发起来。

还可以采用环球刺激法。尽量活动手指，促进右脑功能，是这类方法的目的。例如，每捏扁一次健身环需要10～15千克握力，五指捏握时，又能促进对手掌各穴位的刺激、按摩，使脑部供血通畅。

特别是左手捏握，对右脑起激发作用。有人数年坚持"随身带个圈（健身圈），有空就捏转，家中备副球，活动左右手"，确有健脑益智之效。此外，多用左、右手掌转捏核桃，作用也一样。

正如前文所说，使用右脑，全脑的能力随之增加，学习能力也会提高。

你可以尝试着在自己喜欢的书中选出20篇感兴趣的文章来，每一篇文章都是能读2～5分钟的，然后下决心开始练习右脑记忆，不间断坚持3～5个月，看看效果如何。

第三节　给知识编码，加深记忆

红极一时的电视剧《潜伏》中有这样一段，地下党员余则成为了与组织联系，总是按时收听广播中给"勘探队"的信号，然后一边听一边记下各种数字，再破译成一段话。你一定觉得这样的沟通方式很酷，其实我们也可以用这种方式来学习，这就是编码记忆。

编码记忆是指为了更准确而且快速地记忆，我们可以按照事先编好的数字或其他固定的顺序记忆。编码记忆方法是研究者根据诺贝尔奖获得者美国心理学家斯佩里和麦伊尔斯的"人类左右脑机能分担论"，把人的左脑的逻辑思维与右脑的形象思维相结合的记忆方法。

反过来说，经常用编码记忆法练习，也有利于开发右脑的形象思维。其实早在19世纪时，威廉·斯托克就已经系统地总结了编码记忆法，并编写成了《记忆力》一书，于1881年正式出版。编码记忆法的最基本点，就是编码。

所谓"编码记忆"就是把必须记忆的事情与相应数字相联系并进行记忆。

例如，我们可以把房间的事物编号如下：1——房门、2——地板、3——鞋柜、4——花瓶、5——日历、6——橱柜、7——壁橱。如果说"2"，马上回答"地板"。如果说："3"，马上回答"鞋柜"。这样将各部位的数字号码记住，再与其他应该记忆的事项进行联想。

开始先编10个左右的号码。先对脑子里浮现出的房间物品的形象进行编号。以后只要想起编号，就能马上想起房间内的各种事物，这只需要5～10分钟即可记下来。在反复练习过程中，对编码就能清楚地记忆了。

这样的练习进行得较熟练后，再增加10个左右。如果能做几个编码并进行记忆，就可以灵活应用了。你也可以把自己的身体各部位进行编码，这样对提高记忆力非常有效。

作为编码记忆法的基础，如前所述，就是把房间各部位编上号码，这就是记忆的"挂钩"。

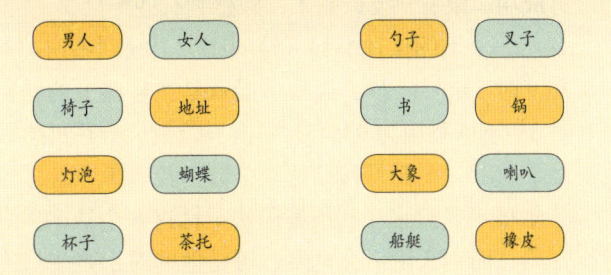

■极有可能那些联系小的组合（比如书——锅）比联系大的组合（比如男人——女人）更难被记住。

请你把下述实例，用联想法联结起来，记忆一下这件事：1——飞机、2——书、3——橘子、4——富士山、5——舞蹈、6——果汁、7——棒球、8——悲伤、9——报纸、10——信。

先把这件事按前述编码法联结起来，再用联想的方法记忆。联想举例如下：

（1）房门和飞机：想象入口处被巨型飞机撞击或撞出火星。

（2）地板和书：想象地板上书在脱鞋。

（3）鞋柜和橘子：想象打开鞋柜后，无数橘子飞出来。

（4）花瓶和富士山：想象花瓶上长出富士山。

（5）日历和舞蹈：想象日历在跳舞。

（6）橱柜和果汁：想象装着果汁的大杯子里放的不是冰块，而是木柜。

（7）壁橱和棒球：想象棒球运动员把壁橱当成防护用具。

（8）画框和悲伤：画框掉下来砸了脑袋，最珍贵的画框摔坏了，因此而伤心流泪。

（9）海报和报纸：想象报纸代替海报贴在墙上。

（10）电视机和信：想象大信封上装有荧光屏，信封变成了电视机。

如按上述方法联想记忆，无论采取什么顺序都能马上回忆出来。

这个方法也能这样进行练习，先在纸上写出1～20的号码，让朋友说出各种事物，你写在号码下面，同时用联想法记忆。然后让朋友随意说出任何一个号码，如果回答正确，画一条线勾掉。

据说，美国的记忆力的权威人士、篮球冠军队的名选手杰利·鲁卡斯，能完全记住曼哈顿地区电话簿上的大约3万多家的电话号码。他使用的就是这种"数字编码记忆法"。

第一次世界大战期间代号为H-21的著名女间谍哈莉在法国莫尔根将军书房中的秘密金库里，偷拍到了重要的新型坦克设计图。

当时，这位贪恋女色的将军让哈莉到他家里居住，哈莉早弄清了将军的机密文件放在书房的秘密金库里，往往在莫尔根熟睡以后开始活动。但是非常困难的是那锁用的是拨号盘，必须拨对了号码，金库的门才能打开，她想，将军年纪大了，事情又多，近来特别健忘，

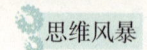

也许他会把密码记在笔记本或其他什么地方。哈莉经过多次查找都没有找到。

一天夜晚，她用放有安眠药的酒灌醉了莫尔根，蹑手蹑脚地走进书房，金库的门就嵌在一幅油画后面的墙壁上，拨号盘号码是6位数。她从1到9逐一通过组合来转动拨号盘，都没有成功。眼看快要天亮了，她感到有些绝望。

忽然，墙上的挂钟引起了她的注意，她到书房的时间是深夜2时，而挂钟上的指针指的却是9时35分15秒。这很可能就是拨号盘上的秘密号码，否则挂钟为什么不走呢？但是9时35分15秒应为93515，只有五位数。哈莉再想，如果把它译解为21时35分15秒，岂不是213515。她随即按照这6个数字转动拨号盘，金库的门果然开了。

莫尔根年老健忘，利用编码法记忆这6个数字，只要一看到钟上指针的刻度，便能推想出密码，而别人绝不会觉察。可是他的对手是受过专门训练的老手，她以同样的思维识破了机关。这是一个利用编码从事特种工作的故事。

掌握了编码记忆的基本方法后，只要是身边的事物都可以编上号码进行记忆，把记忆内容回忆起来。

第四节　用夸张的手法强化印象

开发右脑的方法有很多，荒谬联想记忆法就是其中的一种。我们知道，右脑主要以图像和心像进行思考，荒谬记忆法几乎完全建立在这种工作方式的基础之上，从所要记忆的一个项目尽可能荒谬地联想到其他事物。

古埃及人在《阿德·海莱谬》中有这样一段："我们每天所见到的琐碎的、司空见惯的小事，一般情况下是记不住的。而听到或见到的那些稀奇的、意外的、低级趣味的、丑恶的或惊人的触犯法律的等异乎寻常的事情，却能长期记忆。因此，在我们身边经常听到、见到的事情，平时也不去注意它，然而，在少年时期所发生的一些事却记忆犹新。那些用相同的目光所看到的事物，那些平常的、司空见惯的事很容易从记忆中漏掉，而一反常态、违背常理的事情，却能永远铭记不忘，这是否违背常理呢？"

古埃及人当时并不懂得记忆的规律才有此疑问。其实，在记忆深处对那些荒诞、离奇的事物更为着迷……这就是荒谬记忆法的来源，概括地讲，荒谬联想指的是非自然的联想，在新旧知识之间建立一种牵强附会的联系。这种联系可以是夸张，也可以是谬化。

例如把自己想象成外星人。在这里，夸张，是指把需要记忆的东西进行夸张，或缩小、或放大、或增加、或减少等。谬化，是指想象得越荒谬、越离奇、越可笑，印象越深刻。

荒谬记忆法最直接的帮助是你可以用这种记忆法来记住你所学过的英语单词。例如你用这种方法只需要看一遍英语单词，当你一边看这些单词，一边在头脑中进行荒谬的联想时，你会在极短的时间内记住近20个单词。

例如，记忆"Legislate（立法）"这个单词时，可先将该词分解成leg、is、late三个字母，然后把"Legislate"记成"为腿（Leg）立法，总是（is）太迟（late）"。这样荒谬的联想，以后我们就不容易忘记。关于学习科目的记忆方法，我们在后面章节中会提到。在这一节中，我们从最普通的例子说明荒谬联想记忆应如何操作。

以下是20个项目，只要应用荒谬记忆法，你将能够在一个短得令人吃惊的时间内按顺序记住它们：

地毯　纸张　瓶子　椅子　窗子　电话　香烟　钉子　鞋子　马车　钢笔　盘子
胡桃壳　打字机　麦克风　留声机　咖啡壶　砖　床　鱼

你要做的第一件事是，在心里想到一张第一个项目的图画"地毯"。你可以把它与你熟悉的事物联系起来。实际上，你要很快就看到任何一种地毯，还要看到你自己家里的地毯。或者想象你的朋友正在卷起你的地毯。

这些你熟悉的项目本身将作为你已记住的事物，你现在知道或者已经记住的事物是"地毯"这个项目。现在，你要记住的事物是第二个项目"纸张"。你必须将地毯与纸张相联想或相联系，联想必须尽可能地荒谬。如想象你家的地毯是纸做的，想象瓶子也是纸做的。

接下来，在床与鱼之间进行联想或将二者结合起来，你可以"看到"一条巨大的鱼睡在你的床上。

现在是鱼和椅子，一条巨大的鱼正坐在一把椅子上，或者一条大鱼被当作一把椅子用，你在钓鱼时正在钓的是椅子，而不是鱼。

椅子与窗子：看见你自己坐在一块玻璃上，而不是在一把椅子上，并感到扎得很痛，或者是你可以看到自己猛力地把椅子扔出关闭着的窗子，在进入下一幅图画之前先看到这幅图画。

窗子与电话：看见你自己在接电话，但是当你将话筒靠近你的耳朵时，你手里拿的不是电话而是一扇窗子；或者是你可以把窗户看成是一个大的电话拨号盘，你必须将拨号盘移开才能朝窗外看，你能看见自己将手伸向一扇窗玻璃去拿起话筒。

电话与香烟：你正在抽一部电话，而不是一支香烟，或者是你将一支大的香烟向耳朵凑过去对着它说话，而不是对着电话筒，或者你可以看见你自己拿起话筒来，一百万根香烟从话筒里飞出来打在你的脸上。

香烟与钉子：你正在抽一颗钉子，或你正把一支香烟而不是一颗钉子钉进墙里。

钉子与打字机：你在将一颗巨大的钉子钉进一台打字机，或者打字机上的所有键都是钉子。当你打字时，它们把你的手刺得很痛。

打字机与鞋子：看见你自己穿着打字机，而不是穿着鞋子，或是你用你的鞋子在打字，你也许想看看一只巨大的带键的鞋子，是如何在上边打字的。

鞋子与麦克风：你穿着麦克风，而不是穿着鞋子，或者你在对着一只巨大的鞋子播音。

麦克风和钢笔：你用一个麦克风，而不是一支钢笔写字，或者你在对一支巨大的钢笔播音和讲话。

钢笔和收音机：你能"看见"一百万支钢笔喷出收音机，或是钢笔正在收音机里表演，或是在大钢笔上有一台收音机，你正在那上面收听节目。

收音机与盘子：把你的收音机看成是你厨房的盘子，或是看成你正在吃收音机里的东西，而不是盘子里的。或者你在吃盘子里的东西，并且当你在吃的时候，听盘子里的节目。

盘子与胡桃壳："看见"你自己在咬一个胡桃壳，但是它在你的嘴里破裂了，因为那是一个盘子，或者想象用一个巨大的胡桃壳盛饭，而不是用一个盘子。

胡桃壳与马车：你能看见一个大胡桃壳驾驶一辆马车，或者看见你自己正驾驶一个大的胡桃壳，而不是一辆马车。

马车与咖啡壶：一只大的咖啡壶正驾驶一辆小马车，或者你正驾驶一把巨大的咖啡壶，而不是一辆小马车，你可以想象你的马车在炉子上，咖啡在里边过滤。

咖啡壶和砖块：看见你自己从一块砖中，而不是一把咖啡壶中倒出热气腾腾的咖啡，或者看见砖块，而不是咖啡从咖啡壶的壶嘴涌出。

这就对了！如果你的确在心中"看"了这些心视图画，你再按从"地毯"到"砖块"的顺序记20个项目就不会有问题了。当然，要多次解释这点比简简单单照这样做花的时间多得多。在进入下一个项目之前，只能用很短的时间再审视每一幅通过精神联想的画面。

这种记忆法的奇妙是，一旦记住了这些荒谬的画面，项目就会在你的脑海中留下深刻的印象。

第五节　造就非凡记忆力

成功学大师拿破仑·希尔说，每个人都有巨大的创造力，关键在于你自己是否知道这一点。

在当今各国，创造力备受重视，被认为是跨世纪人才必备的素质之一。什么是创造力？创造力是个体对已有知识经验加工改造，从而找到解决问题的新途径，以新颖、独特、高效的方式解决问题的能力。人人都有创造力，创造力的强弱制约着、影响着记忆力的强弱，创造力越强，记忆的效率就越高，反之则低。

这是因为要有效记忆就必须要大胆地想象，而生动、夸张的想象需要我们拥有灵活的创造力，如果创造力也得到了很大的锻炼，记忆力自然会随着提升。

创造力有以下3个特征：

变通性

思维能随机应变，举一反三，不易受功能固着等心理定式的干扰，因此能产生超常的构想，提出新观念。

流畅性

反应既快又多，能够在较短的时间内表达出较多的观念。

独特性

对事物具有不寻常的独特见解。

我们可以通过以下几种方法激发创造力，从而增强记忆力：

问题激发原则

有些人经常接触大量的信息，但并没有把所接触的信息都存储在大脑里，这是因为他们的头脑里没有预置着要搞清或有待解决的问题。如果头脑里装着问题，大脑就处于非常敏感的状态，一旦接触信息，就会从中把对解决问题可能有用的信息抓住不放，从而加大了有效信息的输入量，这就是问题激发。

使信息活化

信息活化就是指这一信息越能同其他更多的信息进行联结，这一信息的活性就越强。储存在大脑里的信息活性越强，在思考过程中，就越容易将其进行重新联结和组合。促使信息有活性的主要措施有：

（1）打破原有信息之间的关联性；
（2）充分挖掘信息可能表现出的各种性质；
（3）尝试着将某一信息同其他信息建立各种联系。

信息触发

人脑是一个非常庞大而复杂的神经网络，每一次的信息存储、调用、加工、联结、组合，都促使这种神经在一定程度上发生了变化。变化的结果使得原来不太畅通的神经通道变得畅通一些，本来没有发生联结的神经细胞突触联结了起来，这样一来，神经网络就变得复杂，神经元之间的联系就更广泛，大脑也就更好使。

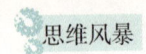

同时，当某些神经元受信息的刺激后，它会以电冲动的形式向四周传递，引起与之相联结的神经元的兴奋和冲动，这种连锁反应，在脑皮质里形成了大面积的活动区域。

可见，"人只有在大量的、高档的信息传递场中，才能使自己的智力获得形成、发展和被开发利用。"经常不断地用各种各样的信息去刺激大脑，促进创造性思维的发展和提高，这就是信息触发原理。

总之，创造力不同于智力，创造力包含了许多智力因素。一个创造力强的人，必须是一个善于打破记忆常规的人，并且是一个有着丰富的想象力、敏锐的观察力、深刻的思考力的人。而所有这些特质，都是提升记忆力所必需的，毋庸置疑，创造力已经成为创造非凡记忆力的本源和根基。

对于如何激活自己的创造力，你可以加上自己的思考，试着画出一幅个性思维导图来。

第六节　神奇比喻，降低理解难度

比喻记忆法就是运用修辞中的比喻方法，使抽象的事物转化成具体的事物，从而符合右脑的形象记忆能力，达到提高记忆效率的目的。人们写文章、说话时总爱打比方，因为生动贴切的比喻不但能使语言和内容显得新鲜有趣，而且能引发人们的联想和思索，并且容易加深记忆。

比喻与记忆密切相关，那些新颖贴切的比喻容易纳入人们已有的知识结构，使被描述的材料给人留下难以忘怀的印象。其作用主要表现在以下几个方面：

1. 变未知为已知

例如，孟繁兴在《地震与地震考古》中讲到地球内部结构时曾以"鸡蛋"作比："地球内部大致分为地壳、地幔和地核三大部分。整个地球，打个比方，它就像一个鸡蛋，地壳好比是鸡蛋壳，地幔好比是蛋白，地核好比是蛋黄。"这样，把那些尚未了解的知识与已有的知识经验联系起来，人们便容易理解和掌握。

再如沿海地区刮台风，内地绝大多数人只是耳闻，未曾目睹，而读了诗人郭小川的诗歌《战台风》后，便有身临其境之感。"烟雾迷茫，好像十万发炮弹同时炸林园；黑云乱翻，好像十万只乌鸦同时抢麦田"；"风声凄厉，仿佛一群群狂徒呼天抢地咒人间；雷声呜咽，仿佛一群群恶狼狂嚎猛吼闹青山"；"大雨哗哗，犹如千百个地主老爷一齐挥皮鞭；雷电闪闪，犹如千百个衙役腿子一齐抖锁链"。

这些比喻，把许多人未能体验过的特有的自然现象活灵活现地表达出来，开阔了人们的眼界，同时也深化了记忆。

2. 变平淡为生动

例如朱自清在《荷塘月色》中写到花儿的美时这么说："层层的叶子中间，零星地点缀着些白花，有袅娜地开着的，有羞涩地打着朵儿的，正如粒粒的明珠，又如碧天里的星星。"

有些事物如果平铺直叙，大家会觉得平淡无味，而恰当地运用比喻，往往会使平淡的事物生动起来，使人们兴奋和激动。

3. 变深奥为浅显

东汉学者王充说："何以为辩，喻深以浅。何以为智，喻难以易。"就是说应该用浅显的话来说明深奥的道理，用易懂的事例来说明难懂的问题。

运用比喻，还可以帮助我们很快记住枯燥的概念公式。例如，有人讲述生物学中的自由结合规律时，用篮球赛来作比喻加以说明：赛球时，同队队员必须相互分离，不能互跟。这好比同源染色体上的等位基因，在形成F1配子时，伴随着同源染色体分开而相互分离，体现了分离规律。赛球时，两队队员之间，可以随机自由跟人。这又好比F1配子形成基因类型时，位于非同源染色体上的非等位基因之间，则机会均等地自由组合，即体现了自由组合规律。篮球赛人所共知，把枯燥的公式比作篮球赛，自然就容易记住了。

4. 变抽象为具体

将抽象事物比做具体事物可以加深记忆效果。如地理课上的气旋可以比成水中旋涡。某老师在教聋哑学校学生计算机时，用比喻来介绍"文件名"、"目录"、"路径"等概念，将"文件"和"文件名"形象地比做练习本和在练习本封面上写姓名、科目等；把文字输入称为"做作业"。各年级老师办公室就像是"目录"；如果学校是"根目录"的话，校长要查看作业，先到办公室通知教师，教师到教室通知学生，学生出示相应的作业，这样的顺序就是"路径"。这样的形象比喻，会使学生觉得所学的内容形象、生动，从而增强记忆效果。

又如，唐代诗人贺知章的《咏柳》诗：

碧玉妆成一树高，万条垂下绿丝绦。
不知细叶谁裁出，二月春风似剪刀。

春风的形象并不鲜明，可是把它比做剪刀就具体形象了。使人马上领悟到柳树碧、柳枝绿、柳叶细，都是春风的功劳。于是，这首诗便记住了。

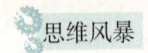

运用比喻记忆法，实际上是增加了一条类比联想的线索，它能够帮助我们打开记忆的大门。但是，应该注意的是，比喻要形象贴切，浅显易懂，这样才便于记忆。

第七节　另类思维创造记忆天才

"零"是什么，是一个很有趣味性的创造性思维开发训练活动。"零"或"0"是尽人皆知的一种最简单的文字符号。这里，除了数字表意功能以外，请你发挥创造性想象力，静心苦想一番，看看"0"到底是什么，你一共能想出多少种，想得越多越好，一般不应少于30种。

为了使你能尽快地进入角色，现作如下提示：有人说这是零，有人说这是脑袋，有人说这是地球，有人说这是宇宙。几何教师说"是圆"，英语老师说"是英文字母O"，化学老师讲"是氧元素符号"，美术老师讲"画的是一个蛋"。幼儿园的小朋友们认为"是面包圈"、"是铁环"、"是项链"、"是孙悟空头上的金箍"、"是杯子"、"是叔叔脸上的小麻坑"……

另类思维就是能对事物作出多种多样的解释。

之所以说另类思维创造记忆天才，是因为所谓"天才"的思维方式和普通人的传统思维方式是不同的。一般记忆天才的思维主要有以下几个方面：

思维的多角度

记忆天才往往会发现某个他人没有采取过的新角度。这样培养了他的观察力和想象力，同时也能培养思维能力。通过对事物多角度的观察，在对问题认识得不断深入中，就记住了要记住的内容。

大画家达·芬奇认为，为了获得有关某个问题的构成的知识，首先要学会如何从许多不同的角度重新构建这个问题，他觉得，他看待某个问题的第一种角度太偏向于自己看待事物的通常方式，他就会不停地从一个角度转向另一个角度，重新构建这个问题。他对问题的理解和记忆就随着视角的每一次转换而逐渐加深。

善用形象思维

伽利略用图表形象地体现出自己的思想，从而在科学上取得了革命性的突破。天才们一旦具备了某种起码的文字能力，似乎就会在视觉和空间方面形成某种技能，使他们得以通过不同途径灵活地展现知识。当爱因斯坦对一个问题做过全面的思考后，他往往会发现，用尽可能多的方式（包括图表）表达思考对象是必要的。他的思想是非常直观的，他运用直观和空间的方式思考，而不用沿着纯数学和文字的推理方式思考。爱因斯坦认为，文字和数字在他的思维过程中发挥的作用并不重要。

天才设法在事物之间建立联系

如果说天才身上突出体现了一种特殊的思想风格，那就是把不同的对象放在一起进行比较的能力。这种在没有关联的事物之间建立关联的能力使他们能很快记住别人记不住的东西。德国化学家弗里德里·凯库勒梦到一条蛇咬住自己的尾巴，从而联想到苯分子的环

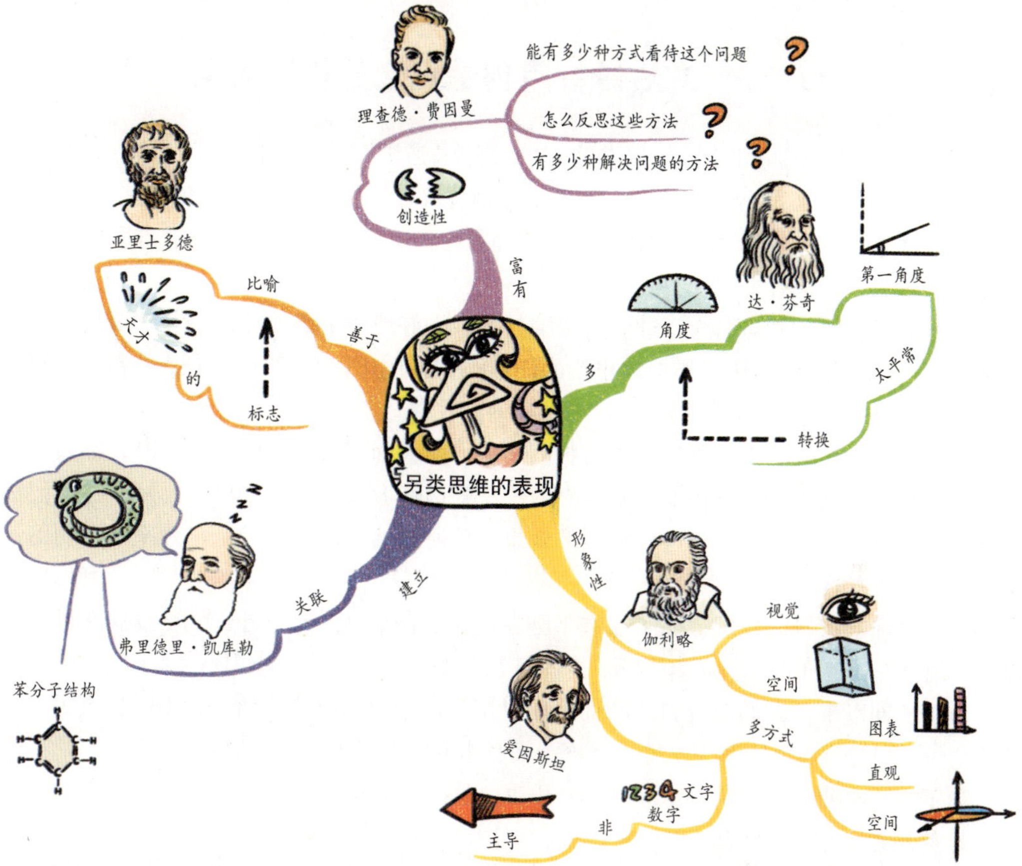

状结构。

天才善于比喻

亚里士多德把比喻看作天才的一个标志。他认为，那些能够在两种不同类事物之间发现相似之处并把它们联系起来的人具有特殊的才能。如果相异的东西从某种角度看上去确实是相似的，那么，它们从其他角度看上去可能也是相似的。这种思维能力加快了记忆的速度。

创造性思维

我们的思维方式通常是复制性的，即，以过去遇到的相似问题为基础。

相比之下，天才的思维则是创造性的。遇到问题的时候，他们会问："能有多少种方式看待这个问题？""怎么反思这些方法？""有多少种解决问题的方法？"他们常常能对问题提出多种解决方法，而有些方法是非传统的，甚至可能是奇特的。

运用创造性思维，你就会找到尽可能多的可供选择的记忆方法。

诺贝尔奖获得者理查德·费因曼在遇到难题的时候总会萌发出新的思考方法。他觉得，自己成为天才的秘密就是不理会过去的思想家们如何思考问题，而是创造出新的思考方法。你如果不理会过去的人如何记忆，而是创造新的记忆方法，那你总有一天也会成为记忆天才。

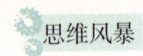

第八节　左右脑并用创造记忆的神奇效果

左右脑分工理论告诉我们，运用左脑，过于理性；运用右脑，又容易流于滥情。从IQ（学习智能指数）到EQ（心的智能指数），便是左脑型教育沿革的结果；而将"超个人"这种所谓的超常现象，由心理学的层面转向学术方面的研究，更代表了人们有意再度探索全脑能力的决心。

若能持续地进行右脑训练，进而将左脑与右脑好好地、平衡地加以开发，则记忆就有了双管齐下的可能：由右脑承担形象思维的任务，左脑承担逻辑思维的重任，左右脑协调，以全脑来控制记忆过程，自然会取得出人意料的高效率。

发挥大脑右半球记忆和储存形象材料的功能，使大脑左右两半球在记忆时，都共同发挥作用，使大脑主动去运用它本身所独有的"右脑记忆形象材料的效果远远好于左脑记忆抽象材料的效果"这一规律。这样实践的效果，理所当然地会使人的记忆效率事半功倍，实现提升记忆力的目的。

另据生理学家研究发现，除了左右半脑在功能上存在巨大差异外，大脑皮层在机能上也有精细分工，各部位不仅各有专职，并有互补合作、相辅相成的作用。

由于长期以来，人们对智力的片面运用以及不良的用脑习惯的结果，不仅造成了大脑部分功能负担过重，学习和记忆能力下降，而且由此影响了思维的发展。

为了扭转这种局面，就需要运用全脑开动，左右脑并用。

1. 使左右半脑交叉活动

交叉记忆是指记忆过程中，有意识地交叉变换记忆内容，特别是交叉记忆那些侧重于形象思维与侧重于抽象逻辑思维的不同质的学习材料，以使大脑较全面发挥作用。记忆中，还可以利用一些相辅相成的手段使大脑两半球同时开展活动。

2. 进行全脑锻炼

全脑锻炼是指在记忆中，要注意使大脑得到全面锻炼。大脑皮层在机能上有精细的分工，但其功能的发挥和提高还要靠后天的刺激和锻炼。由于大脑皮层上有多种机能中枢，要使这些中枢的机能都发展到较高水平，就应在用脑时注意使大脑得到全面的锻炼。

比如在记忆语言时，由于大脑皮层有4个有关语言的中枢——说话中枢、书写中枢、听话中枢和阅读中枢，所以为了使这些中枢的机能都得到锻炼，就应当在记忆时把说、写、听、读这几种方式结合起来，或同时进行这几种方式的记忆。

我们以学习语言为例，说明如何左右脑并用。为了学会一门语言，一方面必须掌握足够的词汇，另一方面，必须能自动地把单词组成句子。词汇和句子都必须机械记忆，如果你的记忆变成推理性的或逻辑性的记忆，你就失去了讲一种外语所必需的流畅，进行阅读时，成了一字字地翻译了。这种翻译式的分析阅读是左脑的功能，结果是越读越慢，理解也就更难，全靠死记住某个外语单词相应的汉语单词是什么来分析。

发挥左右脑功能并用的办法学语言是用语言思维，例如，学英语单词"bed"时，应该在头脑中浮现出"床"的形象来，而不是去记"床"这个字。为什么学习本国语言容易呢？

因为你从小学习就是从实物形象入手，说到"暖水瓶"，谁都会立刻想起暖水瓶的形象来，而不是浮现出"暖水瓶"三个字形来，说到动作你就会浮现出相应的动作来，所以学得容易。我们学习外语时，如能让文字变成图画，在你眼前浮现出形象来——这就让右脑起作用了。每个句子给你一个整体的形象，根据这个形象，通过上下文来判别，理解就更透了。

教育学、心理学领域的很多研究结果也显示，充分利用左右脑来处理多种信息对学习才是最有效的。

关于左右脑并用，保加利亚的教育家洛扎诺夫创造的被称之为"超级记忆法"的记忆方法最具有代表性。这种方法的表现形式中最引人入胜的步骤之一，是在记忆外语的同时，播放与记忆内容毫无关系的动听的音乐。洛扎诺夫解释说，听音乐要用右脑，右脑是管形象思维的，学语言用左脑，左脑是管逻辑思维的。他认为，大脑的两半球并用比只用一半要好得多。

第九节　快速提升记忆的9大法则

在学习过程中，每一个学习者都会面临记忆的难题，在这里，我们介绍了一个记忆9大法则，以便帮助我们更好地提高记忆力，获得学习高分。

记忆的9大法则如下：

1. 利用情景进行记忆

人的记忆有很多种，而且在各个年龄段所使用的记忆方法也不一样，具体说来，大人擅长的是"情景记忆"，而青少年则是"机械记忆"。

比如每次在考试复习前，采取临阵磨枪、死记硬背的同学很多。其中有一些同学，在小学或初中时学习成绩非常好，但一进了高中成绩就一落千丈。这并不是由于记忆力下降了，而是随着年龄的增长，擅长的记忆种类发生了变化，依赖死记硬背是行不通了。

2. 利用联想进行记忆

联想是大脑的基本思维方式，一旦你知道了这个奥秘，并知道如何使用它，那么，你的记忆能力就会得到很大的提高。

我们的大脑中有上千亿个神经细胞，这些神经细胞与其他神经细胞连接在一起，组成了一个非常复杂而精密的神经回路。包含在这个回路内的神经细胞的接触点达到1000万亿个。突触的结合又形成了各种各样的神经回路，记忆就被储存在神经回路中，这些突触经过长期的牢固结合，传递效率将会提高，使人具有很强的记忆力。

3. 运用视觉和听觉进行记忆

每个人都有适合自己的记忆方法。视觉记忆力是指对来自视觉通道的信息的输入、编码、存储和提取，即个体对视觉经验的识记、保持和再现的能力。

视觉记忆力对我们的思维、理解和记忆都有极大的帮助。如果一个人视觉记忆力不佳，就会极大地影响他的学习效果。

相对视觉而言，听觉更加有效。由耳朵将听到的声音传到大脑知觉神经，再传到记忆中枢，这在记忆学领域中叫"延时反馈效应"。比如，只看过歌词就想记下来是非常困难的，但要是配合节奏唱的话，就很快能够记下来，比起视觉的记忆，听觉的记忆更容易留在心中。

4. 使用讲解记忆

为了使我们记住的东西更深，我们可以把自己记住的东西讲给身边的人听，这是一种比视觉和听觉更有效的记忆方法。

但同时要注意，如果自己没有清楚地理解，就不能很好地向别人解释，也就很难能深刻地记下来。所以首先理解你要记忆的内容很关键。

5. 保证充足的睡眠

我们的大脑很有意思，它也必须需要充足的睡眠才能保持更好的记忆力。有关实验证明，比起彻夜用功、废寝忘食，睡眠更能保持记忆。睡眠能保持记忆，防止遗忘，主要原因是因为在睡眠中，大脑会对刚接收的信息进行归纳、整理、编码、存储，同时睡眠期间进入大脑的外界刺激显著减少，我们应该抓紧睡前的宝贵时间，学习和记忆那些比较重要的材料。不过，既不应睡得太晚，更不能把书本当作催眠曲。

有些学习者在考试前进行突击复习，通宵不眠，更是得不偿失。

6. 及时有效地复习

有一句谚语叫"重复乃记忆之母"，只要复习，就会很好地记住需要记住的东西。不过，有些人不论重复多少遍都记不住要记住的东西，这跟记忆的方法有关，只要改变一下方法就会获得另一种效果。

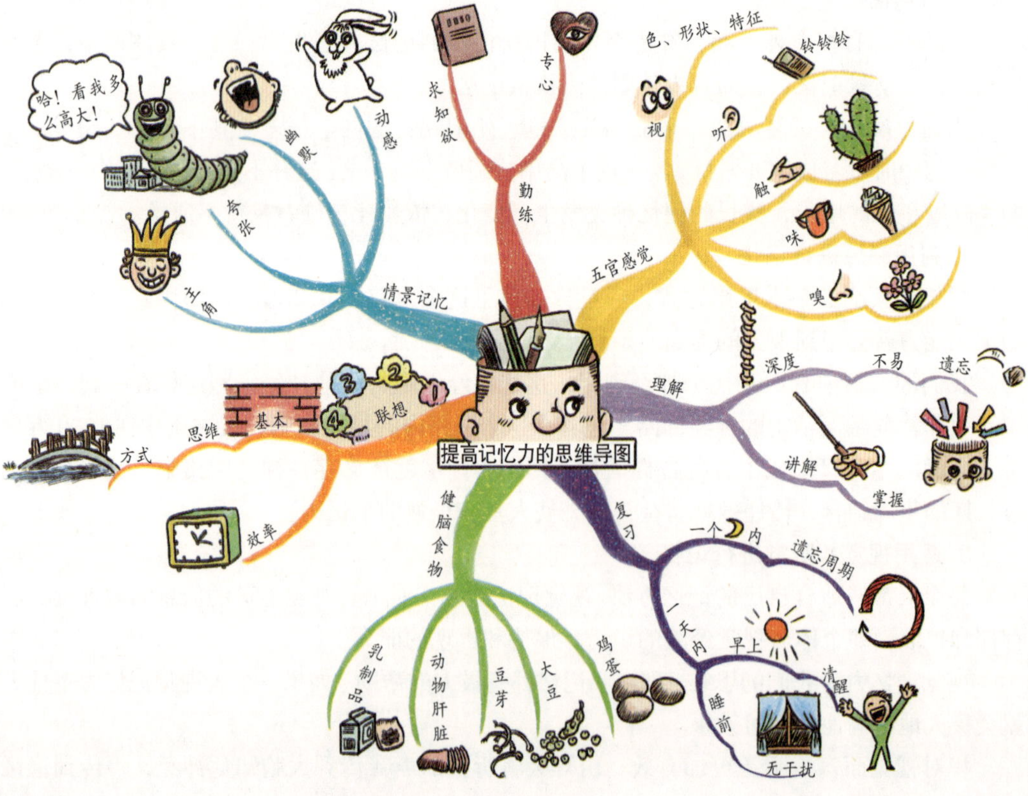

7. 避免紧张状态

不少人都会有这种经历，突然要求在很多人面前发表讲话，或者之前已经做了一些准备，但开口讲话时还是会紧张，甚至突然忘记自己要讲解的内容。虽然说适度的紧张会提高记忆力，但是过度紧张的话，记忆就不能很好地发挥作用。

所以，我们在平时应该多训练自己当众演讲，以减少紧张的次数。

8. 利用求知欲记忆

有人认为，随着年龄的增长，我们的记忆力会逐渐减退，其实，这是一种错误的认识。记忆力之所以会减退，与本人对事物的热情减弱，失去了对未知事物的求知欲有很大的关系。

对一个善于学习的人来说，记忆时最重要的是要有理解事物背后的道理和规律的兴趣。一个有求知欲的人即便上了年纪，他的记忆力也不会衰退，反而会更加旺盛。

9. 持续不断地进行记忆努力

要想提高自己的记忆力，需要不断地锻炼和练习，进行有意识地记忆。比如可以对身边的事物进行有意识的提问，多问几个"为什么"，从而加深印象，提升记忆能力。

第六章

引爆记忆潜能

第一节　你的记忆潜能开发了多少

俄国有一位著名的记忆家，它能记得15年前发生过的事情，他甚至能精确到事情发生的某日某时某刻。你也许会说"他真是个记忆天才！"其实，心理学家鲁利亚曾用数年时间研究他，发现他的大脑与正常人没有什么两样，不同的只是他从小学会了熟记发生在身边的事情的方法而已。

每个人读到这里都会觉得不可思议。其实，人脑记忆是大有潜力可挖的。你也可以向这位记忆家一样，而这绝对不是信口开河。

现代心理学研究证明，人脑由140亿个左右的神经细胞构成，每个细胞有1000～10000万个突触，其记忆的容量可以收容一生之中接收到的所有信息。即便如此，在人生命将尽之时，大脑还有记忆其他信息的"空地"。一个正常人头脑的储藏量是美国国会图书馆全部藏书的50倍，而此馆藏书量是1000万册。

人人都有如此巨大的记忆潜力，而我们却整天为误以为自己"先天不足"而长吁短叹、怨天尤人，如果你不相信自己有这样的记忆潜力的话，你可以做下面的实验证明。

请准备好钟表、纸、笔，然后记忆下面的一段数字（30位）和一串词语（要求按照原文顺序），直到能够完全记住为止。写下记忆过程中重复的次数和所花的时间等。4小时之后，再回忆默写一次（注意：在此之前不能进行任何形式的复习），然后填写这次的重复次数和所花的时间。

数字：109912857246392465702591436807
词语：恐惧　马车　轮船　瀑布　熊掌　武术　监狱　日蚀　石油　泰山
学习所用的时间：
重复的次数：
默写出错率：
此时的时间：
4小时后默写出错率：

现在再按同样的形式记忆下面的两组内容，统计出有关数据，但必须使用提示中的方法来记忆。

数字：1871053412798265877663890278643

■神经图像表明，西姆·伯罕除了利用程序记忆外，还用了情景记忆来实现对几乎无限量的数字和字母的记忆。

［提示：使用谐音的方法给每个数字确定一个代码字，连成一个故事。故事大意：你原来很胆小，服了一种神奇的药后，大病痊愈，从此胆大如斗，连杀鸡这样的"大事"也不怕了，一刀砍下去，一只矮脚鸡应声而倒。为了庆祝，你和爸爸，还有你的一位朋友，来到酒吧。你的父亲饮了63瓶啤酒，大醉而归。走时带了两个西瓜回去，由于大醉，全都丢光了。现在，你正给你的这位朋友讲这件事，你说："一把奇药（1871），令吾杀死一矮鸡（0534127），酒吧（98），尔来（26），吾爸吃了63啤酒（58766389），拎两西瓜（0278），流失散（643）。"］

词语：火车 黄河 岩石 鱼翅 体操 惊讶 煤炭 茅屋 流星 汽车

［提示：把10个词语用一个故事串起来，请在读故事时一定要像看电视剧一样在脑中映出这个故事描述的画面来。故事如下：一列飞速行驶的"火车"在经过"黄河"大桥时撞在"岩石"上，脱轨落入河中，河里的"鱼"受惊之后展"翅"飞出水面，纷纷落在岸上，活蹦乱跳，像在做"体操"似的。人们目睹此景大为"惊讶"，驻足围观。有几个聪明人拿来"煤炭"，支起炉灶来煮鱼吃。煤不够了就从"茅屋"上扒下干草来烧。鱼刚煮好，不料，一颗"流星"从天而降砸在炉上。陨石有座小山那么大，上面有个洞，洞中开出一辆"汽车"来，也许是外星人的桑塔纳吧。］

学习所用的时间：

重复的次数：

默写出错率：

此时的时间：

4小时后默写出错率：

通过比较两次学习的效果，可以看出：使用后面提示中的记忆方法来记忆时，时间短，记忆准确，效果持久。

其实，许多行之有效的记忆训练方法还鲜为人知，本书就将为你介绍很多有效的训练方法。如果你能掌握并运用好其中的一个方法，你的记忆就会被强化，一部分潜能也就会被开发出来而产生很可观的实际效果；如果你能全面地掌握并运用好这些训练方法，使它

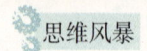

们在相互协同中产生增值效应,那么你的记忆力就会有惊人的长进,近于无穷的潜能也会释放出来。多数人自我感觉记忆不良,大都是记忆方法不当所造成的。

所以,我们要相信自己的大脑,它就犹如照相底片,等待着信息之光闪现;又如同浩瀚的汪洋,接纳川流不息的记忆之"水"——无"水"满之患;还好像没有引爆的核材料,一旦引爆,它会将蕴藏的超越其他材料万亿倍的核热潜能释放出来,让你轻而易举地腾飞,铸就辉煌,造福人类和自己。

当然,值得注意的是,虽然记忆大有潜力可挖,但是也不要滥用大脑。因为脑是一个有限的装置——记忆的容量不是无限的,一瞥的记忆量很有限。过频地使用某些部位的脑神经细胞,时间一久,还会出现功能降减性病变(主症是效率突减),脑细胞在中年就不断地死亡而数量不断地减少,其功能也由此而衰退……

故此,不要"锥刺骨,头悬梁"地去记忆那些过了时的、杂七杂八、无关紧要、结构松散、毫无生气、可用笔记以及其他手段帮助大脑记忆的信息。

第二节　明确记忆意图,增强记忆效果

美国心理学家威廉·詹姆斯说:"天才的本质,在于懂得哪些是可以忽略的。"

很多人可能都有这样的体会:课堂提问前和考试之前看书,记忆效果比较好,这主要是因为他们记忆的目的明确,知道自己该记什么,到什么时候记住,并知道非记住不可。这种非记住不可的紧迫感,会极大地提高记忆力。

原南京工学院讲师韦钰到德国进修,靠着原来自修德语的一点基础,仅用了四个月的时间就攻下了德语关,表现出惊人的记忆能力。这种惊人的记忆力与"一定要记住"的紧迫感有关,而这种紧迫感又来自韦钰正确的学习目的和研究动机。

韦钰的事例证明,记忆的任务明确,目的端正,就能发掘出各种潜力,从而取得较好的记忆效果。有时,重要的事情遗忘的可能性比较小,就是这个道理。

不少人抱怨自己的记忆能力太差,其实这主要是在于学习的动机和目的不端正,学习缺乏强大的动力,不善于给自己提出具体的学习任务,因此在学习时,就没有"一定要记住"的紧迫感,注意力就不容易集中,使得记忆效果很差。

反之,有了"一定要记住"的认识,又有了"一定能记住"的信心,记忆的效果一定会好的。

基于以上原因,我们在记忆之前应给自己提出识记的任务和要求。例如,在读文章之前,预先提出要复述故事的要求;去动物园之前,要记住哪些动物的外形、动作及神态,回来后把它们画出来,贴在墙壁上。这就调动了在进行这些活动中观察、注意、记忆的积极性。

另外,光有目的还不行,如很多人在考试之前,花了很多时间记忆学习,但考试之后,他努力背的那些知识很快就忘记了,因此,记忆时提出的目的还应该是长远的、有意义的、有价值的、有一定难度的。

记忆目标是由记忆目的决定的。要确定记忆目标,首先要明确记忆的目的,即为了什么去进行记忆,然后根据记忆目的确定具体的记忆任务,并安排好记忆进程。对于较复杂的、

需要较长时间来进行记忆的对象来说，应把制定长远目标和制定短期目标相结合，把长远目标分成若干不同的短期目标，通过跨越一个个短期目标去实现长远目标。

明确记忆目标，主要不是一个记忆的技巧问题，而是人的记忆动机、态度、意志的问题。在强大的动机支配下，用认真的态度和坚强的意志去记忆，这就是明确记忆目标的实质。我们懂得记忆的意义后，便会对记忆产生积极的态度。

确定记忆意图还要注意以下两个方面：

要注意记忆的顺序

例如，记公式时首先要理解公式的本质，而后通过公式推导来记住它，再运用图形来记住公式，最后是通过做类型题反复应用公式，来强化记忆。有了这样一个记忆顺序，就一定会牢记这些数学公式。

记忆目标要切实可行

在记忆学习中，确立的目标不仅应高远，还要切实可行。因为只有切实的目标才真正会激发人们为之奋斗的热情，才使人有信心、有把握地把目标变为现实。

总之，要使自己真正成为记忆高手，成为记忆方面的天才，你首先要做的就是要有一个明确的记忆意图。

第三节　记忆强弱直接决定成绩好坏

记忆力直接影响我们的学习能力，没有记忆，学习就无法进行。英国哲学家培根说过，一切知识，不过是记忆。记忆方法和其中的技巧，是学生提高学习效率、提升学习成绩的关键因素，没有记忆提供的知识储备，没有掌握记忆的科学方法，学习不可能有高效率。现在学生的学习任务繁重，各种考试应接不暇，如果记不住知识，学习成绩可想而知，一考试头脑就一片空白，考试只能以失败告终。

如果我们把学习当作是一场漫长的征途，那么记忆就像是你的交通工具，交通工具的速度直接关系到你学习成绩的好坏，即它将直接决定你学习效率的高低。俗话说得好，牛车走了一年的路程，还比不上飞船1小时走得远。在竞争日益激烈的今天，谁先开发记忆的潜力，谁就成为将来的强者。

美国心理学家梅耶研究认为，学习者在外界刺激的作用下，首先产生注意，通过注意来选择与当前的学习任务有关的信息，忽视其他无关刺激，同时激活长时记忆中的相关的原有知识。新输入的信息进入短时记忆后，学习者找出新信息中所包含的各种内在联系，并与激活的原有的信息相联系。最后，被理解了的新知识进入长时记忆中储存起来。

在特定的条件下，学习者激活、提取有关信息，通过外在的反应作用于环境。简言之，新信息被学习者注意后，进入短时记忆，同时激活的长时记忆中的相关信息也进入短时记忆。新旧信息相互作用，产生新的意义并储存于长时记忆系统，或者产生外在的反应。

具体地说，记忆在学习中的作用主要有以下几点：

1. 学习新知识离不开记忆

学习知识总是由浅入深，由简单到复杂，是循序渐进的。我们说，在学习新知识前，应该先复习旧知识，就是因为只有新旧知识相联系，才能更有效地记住新知识。忘记了有关的"旧"知识，却想学好新知识，那就如同想在空中建楼一样可笑。如果学习高中"电学"时，初中"电学"中的知识全都忘记了，那么高中的"电学"就很难学习下去。一位捷克教育家说："一切后教的知识都根据先教的知识。"可见，记住先教的知识对继续学习有多么重要。

2. 记忆是思考的前提

面对问题，引起思考，力求加以解决，可是一旦离开了记忆，思考就无法进行，问题也自然解决不了。假如在做求证三角形全等的习题时，却把三角形全等的判定公理或定理给忘了，那就无法进行解题的思考。人们常说，概念是思维的细胞，有时思考不下去的原因是由于思考时把需要使用的概念和原理遗忘了。经过查找或请教又重新回忆起来之后，中断的思考过程就可以继续下去了。宋代学者张载说过："不记则思不起。"这话是很有道理的。如果感知过的事物不能在头脑中保存和再现，思维的"加工"也就成了无源之水，无米之炊了。

3. 记忆好有助于提高学习效率

记忆力强的人，头脑中都会有一个知识的贮存库。在新的学习活动中，当需要某些知识时，则可随时取用，从而保证了新知识的学习和思考的迅速进行，节省了大量查找、复习、重新理解的时间，使学习的效率大大提高。

一个善于学习的人在阅读或写作时，很少翻查字典，做习题时，也很少翻书查找原理、定律、公式等，因为这些知识已牢牢地贮存在他的大脑中了，而且可以随时取用。

不少人解题速度快的秘密在于，他们把常用的运算结果，常用的化学方程式的系数等已熟记在头脑中，因此，在解题时就不必在这些简单的运算上费时间了，从而可以把时间更多地用在思考问题上。由于记得牢固而准确，所以也就大大减少了临时运算造成的差错。

许多学习成绩差的人就是由于记忆缺乏所造成的。有科学研究表明，学习成绩差一些的人在记忆时会遇到两种问题：第一，与学习成绩优良的学生相比，学习成绩差一些的人在记忆任务上有困难。第二，学习成绩差一些的学生的记忆问题可能是由于不能恰当地使用记忆策略。

尽管记忆是每个人所具有的一种学习能力，但科学有效的记忆方法并不是每一个学习者都能掌握的。一些学习者会根据课程的学习目的和要求，选择重点、选择难点，然后根据记忆对象的实际情况运用一些记忆方法进行科学记忆，并在自己的学习活动中总结出适合自己学习特点的方法，巩固学习效果，达到学有所成，学有所用。

第四节 寻找记忆好坏的衡量标准

人人需要记忆，人人都在记忆，那么怎样衡量记忆的好坏呢？心理学家认为，一个人记忆的好坏，应以记忆的敏捷性、持久性、正确性和备用性为指标进行综合考察。

1. 敏捷性

记忆的敏捷性体现记忆速度的快慢，指个人在单位时间内能够记住的知识量，或者说记住一定的知识所需要的时间量。著名桥梁学家茅以升的记忆相当敏捷，小时候看爷爷抄古文《东都赋》，爷爷刚抄完，他就能背出全文。若要检验一个人记忆的敏捷性，最好的方法就是记住自己背一段文章所需的时间。

2. 持久性

记忆的持久性是指记住的事物所保持时间的长短。不同的人记不同的事物时，其记忆的持久性是不同的。东汉末年杰出的女诗人蔡文姬能凭记忆回想出400多篇珍贵的古代文献。

3. 正确性

记忆的正确性是指对原来记忆内容的性质的保持。如果记忆的差错太多，不仅记忆的东西失去价值，而且还会有坏处。

4. 备用性

记忆的备用性是指能够根据自己的需要，从记忆中迅速而准确地提取所需要的信息。大脑好比是个"仓库"，记忆的备用性就是要求人们善于对"仓库"中储存的东西提取自如。有些人虽然记忆了很多知识，但却不能根据需要去随意提取，以至于为了回答一个小问题，需要背诵不少东西才能得到正确的答案。就像一个杂乱无章的仓库，需要提货时，保管员手

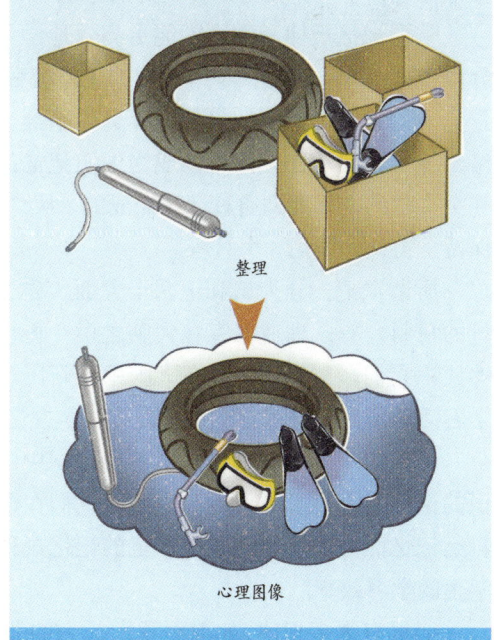

借助心理成像法寻找物品

我们常常借助组合和心理成像法寻找我们很少使用的物品。例如，把潜水鞋和潜水镜放在纸箱里，然后把纸箱放在车库里的一个打气筒和旧轮胎旁。你可以把这些不同的元素联系起来创建一幅心理图像：气筒在为轮胎打气，潜水鞋和潜水镜靠在慢慢鼓起来的轮胎上。

整理

心理图像

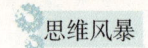

忙脚乱，一时无法找到一样。

记忆指标的这四个方面是相互联系的，也是缺一不可的。忽视记忆指标的任何一个方面都是片面的。记忆的敏捷性是提高记忆效率的先决条件。只有记得快，才能获得大量的知识。

记忆的持久性是记忆力良好的一个重要表现。只有记得牢，才可能用得上。记忆的正确性是记忆的生命。只有记得准，记忆的信息才能有价值，否则记忆的其他指标也就相应地贬值。记忆的备用性也是很重要的。有了记忆的备用性，才会有智慧的灵活性，才能有随机应变的本领。

衡量一个人记忆的好坏除了上面这四个指标外，记忆的广度也是记忆的一个重要的衡量标准。记忆的广度是指群体记忆对象在脑中造成一次印象以后能够正确复现的数量。

譬如，先在黑板或纸板上写出一些词语：钢笔、书本、大海、太阳、飞鸟、学生、红旗等，用心看过一遍后，再进行复述，复述的词语越多，记忆的广度指标就越高。测量一个人记忆的广度，典型的方法就是复述数字：先在纸上写出一串数字，看一遍后，接着复述，有人能说出8位数字，有人能说出12位，有人则只能说清4～5位，一般人能复述8～9位。说得越多，当然越好，但这只代表记忆的一个指标量。

总之，衡量记忆的好坏，应该综合考量，而不应该强调某方面或忽视某方面。

第五节　掌握记忆规律，突破制约瓶颈

减负一直以来都是一个热门话题，虽然减少课业量是一种减负方法，但掌握记忆规律，按记忆规律学习应该是一种更好的办法。

掌握记忆规律和法则就能更高效地学习，这对于青少年是十分重要的。记忆与大脑十分复杂，但并不神秘，了解他们的工作流程就能更好地加强自身学习潜质。

人的大脑是一个记忆的宝库，人脑经历过的事物，思考过的问题，体验过的情感和情绪，练习过的动作，都可以成为人们记忆的内容。例如英文学习中的单词、短语和句子，甚至文章的内容都是通过记忆完成的。从"记"到"忆"是有个过程的，这其中包括了识记、保持、再认和回忆4个过程。

所谓识记，分为识和记两个方面。先识后记，识中有记。所谓保持，是指将已经识记过的材料，有条理地保存在大脑之中。再认，是指识记过的材料，再次出现在面前时，能够认识它们。重现，是指在大脑中重新出现对识记材料的印象。这几个环节缺一不可。在学习活动中只要进行有意识的训练，掌握记忆规律和方法，就能改善和提高记忆力。

对于一些学习者来说，对各科知识中的一些基本概念、定律以及其他工具性的基础知识的记忆，更是必不可少。因此，我们在学习过程中，既要进行知识的传授，又要注意对自己记忆能力的培养。掌握一定的记忆规律和记忆方法，养成科学记忆的习惯，就能提高学生的学习效率。

记忆有很多规律，如前面我们提到的艾宾浩斯遗忘曲线就是其中一个很重要的规律，

我们可以根据这种规律进行及时适当的复习，适当过度学习，以使我们的记忆得以保持。

同时，也不可以一次记忆太多的东西，这就关系到记忆的广度规律。记忆力的广度性，指对于一些很长的记忆材料第一次呈现给你，你能正确地记住多少。记住的越多，你的记忆力的广度就越好。记忆的广度越来越大，记忆的难度就越来越大。如果你能记住的数字长度越长，你的记忆力的广度性就越好。

美国心理学家 G. 米勒通过测定得出一般成人的短时记忆平均值。米勒发现：人的记忆广度平均数为7，即大多数人一次最多只能记忆7个独立的"块"，因此数字"7"被人们称为"魔数之七"。我们利用这一规律，将短时记忆量控制在7个之内，从而科学使用大脑，使记忆稳步推进。

综上所述，记忆与其他一切心理活动一样是有规律的。我们应积极遵循记忆规律，使用科学的记忆方法去进行识记，从而不断提高自己的学习效果，增强学习的兴趣。

第六节　改善思维习惯，打破思维定式

思维定式就是一种思维模式，是头脑所习惯使用的一系列工具和程序的总和。

一般来说，思维定式具有两个特点：一是它的形式化结构；二是它的强大惯性。

思维定式是一种纯"形式化"的东西，就是说，它是空洞无物的模型。只有当被思考的对象填充进来以后，只有当实际的思维过程发生以后，才会显示出思维定式的存在，没有现实的思维过程，也就无所谓思维的定式。

思维定式的第二个特点是，它具有无比强大的惯性。这种惯性表现在两个方面：一是新定式的建立；二是旧定式的消亡。有时，人的某种思维定式的建立要经过长期的过程，而一旦建立之后，它就能够"不假思索"地支配人们的思维过程、心理态度乃至实践行为，具有很强的稳固性甚至顽固性。

人一旦形成了习惯的思维定式，就会习惯地顺着定式的思维思考问题，不愿也不会转个方向、换个角度想问题，这是很多人都有的一种愚顽的"难治之症"。

比如看魔术表演，不是魔术师有什么特别高明之处，而是我们的思维过于因袭习惯之式，想不开，想不通，所以上当了。比如人从扎紧的袋里奇迹般地出来了，我们总习惯于想他怎么能从布袋扎紧的上端出来，而不会去想想布袋下面可以做文章，下面可以装拉链。

人一旦形成某种思维定式，必然会对记忆力产生极大的影响。因为，思维定式使学生以较固定的方式去记忆，思维定式不仅会阻碍学生采用新方法记忆，还会大大影响记忆的准确性，不利于记忆效果和学习成绩的提高，例如，很多人都认为学习时听音乐会影响学习效果，什么都记不住，可事实上，有研究表明，选好音乐能够开发右脑，从而提高学习记忆效率。因此，青少年在学习记忆的过程中，应有意识地打破自己的思维定式。

那么，如何突破思维定式呢？

先看一幅思维导图：

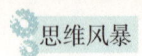

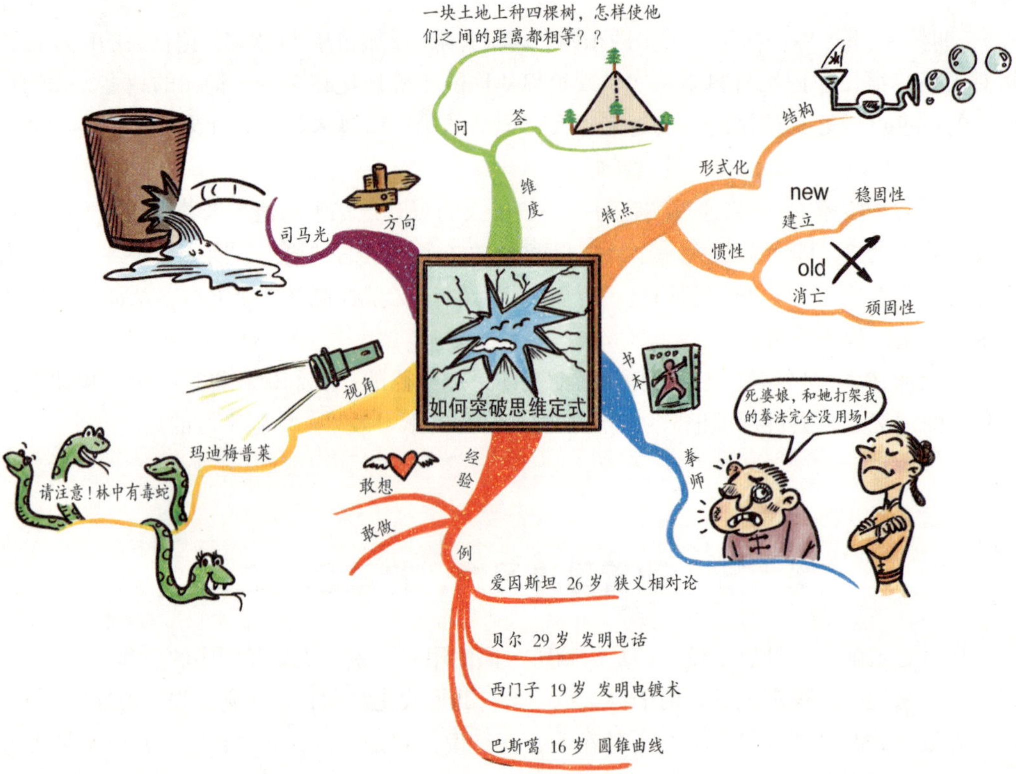

即，我们可从以下几个方面入手：

1. 突破书本定式

有位拳师，熟读拳法，与人谈论拳术滔滔不绝，拳师打人，也确实战无不胜，可他就是打不过自己的老婆。拳师的老婆是一位不知拳法为何物的家庭妇女，但每每打起来，总能将拳师打得抱头鼠窜。

有人问拳师："您的功夫都到哪里去了？"

拳师恨恨地说："这个死婆娘，每次与我打架，总不按路数出招，害得我的拳法都没有用场！"

拳师精通拳术，战无不胜，可碰到不按套路出招的老婆时，却一筹莫展。

"熟读拳法"是好事，但拳法是死的，如果盲目运用书本知识，一切从书本出发，以书本为纲，脱离实际，这种由书本知识形成的思维定式反而使拳师遭到失败。

"知识就是力量。"但如果是死读书，只限于从教科书的观点和立场出发去观察问题，不仅不能给人以力量，反而会抹杀我们的创新能力。所以学习知识的同时，应保持思想的灵活性，注重学习基本原理而不是死记一些规则，这样知识才会有用。

2. 突破经验定式

在科学史上有着重大突破的人，几乎都不是当时的名家，而是学问不多、经验不足的年轻人，因为他们的大脑拥有无限的想象力和创造力，什么都敢想，什么都敢做。下面这些人就是最好的例证：

爱因斯坦26岁提出狭义相对论；

贝尔29岁发明电话；

西门子19岁发明电镀术；

巴斯噶16岁写成关于圆锥曲线的名著……

3. 突破视角定式

法国著名歌唱家玛迪梅普莱有一个美丽的私人林园，每到周末总会有人到她的林园摘花、拾蘑菇、野营、野餐，弄得林园一片狼藉，肮脏不堪。管家让人围上篱笆，竖上"私人园林，禁止入内"的木牌，均无济于事。玛迪梅普莱得知后，在路口立了一些大牌子，上面醒目地写着："请注意！如果在林中被毒蛇咬伤，最近的医院距此15千米，驾车约半小时方可到达。"从此，再也没有人闯入她的林园。

这就是变换视角，变堵塞为疏导，果然轻而易举地达到了目的。

4. 突破方向定式

萧伯纳（英国讽刺戏剧作家）很瘦，一次他参加一个宴会，一位大腹便便的资本家挖苦他："萧伯纳先生，一见到您，我就知道世界上正在闹饥荒！"萧伯纳不仅不生气，反而笑着说："哦，先生，我一见到你，就知道闹饥荒的原因了。"

"司马光砸缸"的故事也说明了同样的道理。常规的救人方法是从水缸上将人拉出，即让人离开水。而司马光急中生智，用石砸缸，使水流出缸中，即水离开人，这就是逆向思维。逆向思维就是将自然现象、物理变化、化学变化进行反向思考，如此往往能出现创新。

5. 突破维度定式

只有突破思维定式，你才能把所要记忆的内容拓展开来，与其他知识相联系，从而提高记忆效率。

第七节　有自信，才有提升记忆的可能

自信，在任何时候都十分重要。古人行军打仗，讲求一个"势"字，讲求军队的士气、斗志，如果上自统帅，下至走卒都有一股雄心霸气，相信自己会在战斗中取胜，那么，他们就会斗志昂扬。

最重要的是，这样的"自信之师"是绝不会被轻易击垮的。有无自信，往往在一开始就注定了该事的成败。记忆也离不开自信，因为它是意识的活动，它的作用明显地取决于人的心理状况。这是因为人在处理事情时思维是分层的，由下到上包括环境层、行为层、能力层、信念层、身份层，很多事情的焦点是在身份上的。两个人做一件事效果可以千差万别，这是因为他们对自己的身份定位决定了一切。

人的行为可以改变环境，而获得能力可以改变行为模式，但如果没有信念，就不容易获得能力。记忆力属于能力层，如果要做改变，就要从根本上改变身份和信念。在这

个层次塔中，上面的往往容易解决下面的问题，如果能力出现问题，从态度上改变，能力的改变就会持久。如果不能从信念上根本改变，即使学会了记忆方法，也会慢慢淡忘不用。

一名研究人类记忆力的教授曾说："一开始的时候，对于要记忆的东西，我自信能记住。然而不久我就发现，事实并非如此。我总是试图记住所有的资料，但从未如愿过，甚至能牢记不忘的部分也越来越少了。这时，我就不由得产生了怀疑：我的记忆力是不是不够好呢？我是不是只能记住一丁点儿的东西而不是全部呢？能力受到怀疑时，自信心自然也就受到创伤，态度便不再那么积极了。再次记忆的时候对记不记得住、能记得住多少，就没什么底了，抱着能记多少就记多少的态度，结果呢？记住的东西更少了，准确度也差了。而且见了稍多要记忆的东西就害怕，记忆的效果自然就越来越低。没了自信，就没了那一股气。兴趣没有了，斗志没有了，记忆时似散兵游勇般弄得对自己越来越没自信。不相信自己能记住，往往就注定了你记不住。"

那么，这股自信应该建立在怎样的基础上呢？它要怎样培养并保持下去呢？关键就在于如何在记忆活动中用自信这股动力来加速记忆。

某位心理学专家说："自信往往取决于记忆的状况，取决于东西记住了多少。如果每次都能高质量地完成，自信心就会受到鼓舞而得到增强，并在以后发挥积极作用；反之，自信心就会逐渐减弱，甚至最后信心全无。"

因此，树立记忆自信的关键就在于：决心要记住它，并真正有效地记住它。

第八节　培养兴趣是提升记忆的基石

德国文学家歌德说："哪里没有兴趣，哪里就没有记忆。"这是很有道理的。兴趣使人的大脑皮层形成兴奋优势中心，能进入记忆最佳状态，调动大脑两个半球所有的内在潜力，充分发挥自己的创造力与记忆的潜能。所以说，"兴趣是最好的老师"。

达尔文在自传中写道："就我在学校时期的性格来说，其中对我后来发生影响的，就是我有强烈而多样的兴趣，沉溺于自己感兴趣的东西，深入了解任何复杂的问题。"

达尔文的事例说明，兴趣是最好的学习记忆动力。我们做任何事情，都需要一定的兴趣，没有兴趣去做，自然就很难做好。记忆有时候是一件很乏味甚至很辛苦的事，如果没有学习兴趣，不但很难坚持下去，而且其效果也必然会大打折扣。

兴趣可以让你集中注意力，暂时抛开身边的一切，忘情投入；兴趣能激发你思考的积极性，而且经过积极思考的东西能在大脑中留下思考的痕迹，容易记住；兴趣也能使你情绪高涨，可以激发脑肽的释放，而生理学家则认为，脑肽是记忆学习的关键物质。

英国戏剧大师莎士比亚天生就迷恋戏剧，对演戏充满了兴趣。他博闻强识，很快就掌握了丰富的戏剧知识。有一次，一个演员病了，剧院的老板就让他去当替补，莎士比亚一听，乐坏了，他用了不到半天的时间，就把台词全背了下来，演得比那个演员还好。

德国大音乐家门德尔松，在他17岁那年，曾经去听贝多芬第九交响曲的首次公演。等音乐会结束，回到家里以后，他立刻写出了全曲的乐谱，这件事震惊了当时的音乐界。虽然我们现在对贝多芬的第九交响曲早已耳熟能详，可在当时，首次聆听之后，就能记忆全曲的乐谱，实在是一件不可思议的事。

门德尔松为什么会这么神奇？原因就在于他对音乐的深深热爱。

兴趣促进了记忆的成功，记忆上的成功又会提高学习兴趣，这便是良性循环；反之，对某个学科厌烦，记忆必定失败，记忆的失败又加重了对这一学科的厌烦感，形成恶性循环。所以善于学习的人，应该是善于培养自己学习兴趣的人。

那么，如何才能对记忆保持浓厚的兴趣呢？以下几种建议，我们不妨去试一试：

（1）多问自己"为什么"；

（2）肯定自己在学习上取得的每一点进步；

（3）根据自己的能力，适当地参加学习竞赛；

（4）自信是增加学习兴趣的动力，所以一定要相信自己的能力；

■莫扎特7岁的时候就在整个欧洲巡回演出，被人们尊崇为神童。之后，他在意大利进修，并有可能在那里凭记忆写下了阿列格里的《上帝怜我》。

（5）不只是去做感兴趣的事，而要以感兴趣的态度去做一切该做的事。

不仅如此，我们还要在学习和生活中积极地去发现、创造乐趣。

如果你想知道苹果好不好吃，就不能单凭主观印象，而应耐着性子细细品尝，学习的时候也一样。背英文单词，你会觉得枯燥无味，但是坚持下去，当你能试着把课本上的中文翻译成英语，或结结巴巴地用英语同外国人对话时，你对它就会有兴趣了。

在跟同学辩论的时候，时而引用古人的一句诗词，时而引用一句名言，老师的赞赏和同学们的羡慕，会使你对读书越来越有兴趣。

我们还可以借助想象力创造兴趣，把枯燥的学习材料变得好玩又好记。

第九节　观察力是强化记忆的前提

我们都有这么一个经验，当我们用一个锥子在金属片上打眼时，劲使得越大，眼就钻得越深。

记忆的道理也是如此，印象越深刻，记得就越牢固。深刻的事件、深刻的教训，通常都带有难以抹去的印痕。如你看到一架飞机坠毁,这当然是记忆深刻的;又如你因大意轻信了某人,被骗去最心爱的东西,这也容易记得深刻。

但生活中许多事情并不是这样,它本身并没有什么动人的场面和跌宕的变化,我们要想从主观上获得强烈的印象,就要靠细致地观察。

观察能力是大脑多种智力活动的一个基础能力,它是记忆和思维的基础,对于记忆有着决定性的意义。因为记忆的第一阶段必须要有感性认识,而只有强烈的印象才能加深这种感性认识。眼睛接受信息时,就要把它印在脑海里。对于同一幅景物,婴儿的眼和成人的眼看来都是一样的,一个普通人及一个专家眼中所视的客体也是一样的,但引起的感觉却是大相径庭的。

达尔文曾对自己做过这样的评论:"我既没有突出的理解力,也没有过人的机智。只是在觉察那些稍纵即逝的事物并对其进行精细观察的能力上,我可能在众人之上。"

我们应该向达尔文学习,不管记忆最终会产生什么效果,前提是一定要进行仔细地观察,只有这样做才能在脑海中形成深刻的印象。而认真观察的先决条件,就是必须有强烈的目的。

我们观察某一事物时,常常由于每个人的思考方式不同,每个人观察的态度与方法及侧重点也不同,观察结果自然也不同,这又使最后记忆的结果不同。

在日常生活中,你可以经常做一些小的练习训练你的观察力,譬如读完一篇文章后,把自己读到的情节试着记录下来,用自己的语言将其中的场面描绘一番。这样你就可以测试自己是否能把最主要的部分准确地记录下来,从而在一定程度上锻炼自己的观察力,这种训练可以称之为"描述性"训练。为达到更好的训练效果,我们应该在平时处处留心,比如每天会碰到各种各样的人,当你见到一个很特别的人之后,不妨在心里描绘那人的特点。

或者,在吃午饭时我们仔细地观察盘子,然后闭上眼睛放松一会儿,我们就能运用记忆再复制的能力在内心里看到这个盘子。一旦我们在内心里看到了它,就睁开眼睛,把"精神"的盘子和实际的盘子进行比较,然后我们再闭上眼睛修正这个图像,用几秒钟的时间想象,然后确定下来,那么就能立刻校正你在想象中可能不准确的地方。

在训练自己的观察力时,我们还要谨记以下几点:

(1)不要只对刚刚能意识到的一些因素发生反应,因为事物的组成是复杂的,有时恰恰是那些不易被人注意的弱成分起着主导作用。如果一个人太过拘泥于事物的某些显著的外部因素,观察就会被表象所迷惑,深入不下去。

(2)不要只是对无关的一些线索产生反应,这样会把观察、思维引入歧途。

(3)不要为自己喜爱或不喜爱之类的情感因素所支配。与自己的爱好、兴趣相一致的,就努力去观察,非要搞个水落石出不可;反之,则弃置一旁。这样使人的观察带有很大的片面性。

(4)不要受某些权威的、现成的结论的影响,以至于我们不敢越雷池半步,甚至人云亦云。这种观察毫无作用。

综合以上因素,我们可以画出利用观察力强化记忆的思维导图。

第十节　想象力是引爆记忆潜能的魔法

为什么说想象力是引爆记忆潜能的魔法呢?

这是因为,客观事物之间有着千丝万缕的联系。如果我们通过想象把反映事物间的那种联系和人们已有的知识经验联系起来,就会增强记忆。可以说,一个人的想象力与记忆力之间具有很大的相关性。如果一个人的想象力非常活跃,那么他往往很容易具备强大的记忆力,即良好的记忆力往往与强大的想象力联系在一起。

而想象通常与具体的形象联系在一起。比如,爱的象征是一颗心,和平的象征是鸽子等等。

在记忆中,我们经常会碰到这样的情况:由于某样要记的东西对自己没有多大的实际意义,因此,也就没有什么兴趣去理解,此时只有靠死记硬背了,如电话号码、某个难读的地名译音。而死记硬背的效果是有限的,这时,你不妨运用一下想象力。

柏拉图这样说过:"记忆好的秘诀就是根据我们想记住的各种资料来进行各种各样的想象……"

想象无须合乎情理与逻辑,哪怕是牵强附会,对你的记忆只要有作用,都可以运用。比如你要记住你所遇到的某人的名字,那么,也可用此法。

爱迪生的朋友在电话中告诉他电话号码是24361,爱迪生立刻记住了。原来他发现这是由两打加19的平方组成的,所以一下子就记住了。当然这种联想要有广博的知识作为基础。

当我们有意锻炼自己的想象力时，不要担心自己大胆的、甚至是愚蠢的想象，更不要怕因此而招来的一些讽刺，最重要的是要让这些形象在脑中清清楚楚地呈现，尽力把动的图像与不同的事物联系起来。想象力不但可以使我们记忆的知识充分调动起来，进行综合，产生新的思维活动，而且只要经常运用想象力，你的记忆力就会得到很大的改善，知识也比以前记得更牢固。

第七章

用思维导图化解工作难题

第一节 如何突破工作中的"瓶颈"

　　工作一段时间后，往往会遇到一个"瓶颈"期。为了突破工作中的"瓶颈"，我们需要为自己进行准确的定位，调整心态，进而选择适合自己的充电方式。

　　如果我们善于使用思维导图的话，那么面对工作或生活中的任何瓶颈，我们都能理清、理顺，从而有效应对。

　　无论事业还是生活，每个人都会遇到"瓶颈期"。最糟糕的是，你并不知道这一次的"瓶颈期"有多长。于是有人戏称之为"悠长假期"。应该怎样度过这个"假期"呢？希望下面的这个小故事能够带给你启发。

　　在18世纪淘金热刚刚兴起的时候，南非的金矿还埋藏在一望无际的沙漠下。一个名叫乔治·哈里森的人来到南非，他对自己说，他要找到世界上最大的金矿。可是命运似乎并没有眷顾这名年轻人，十几年的时间过去了，乔治·哈里森连金矿的影子都没有看到，只是在一些小金矿作坊里没日没夜地干着最脏最累的活。

　　处于"瓶颈期"的他松懈下来，放弃了寻找金矿的任何准备。

　　在很偶然的机会，乔治·哈里森发现了一条长420公里，宽24公里的金脉，这也是目前世界上最大的金矿。

　　就在他感觉到喜从天降的时候，却发现自己不具备任何开采金矿的资本。万不得已，他只得出售了这条金矿的开采权，价格是10英镑！如此低廉的价格，等于白送了开采权。

　　命运和乔治·哈里森开了一个大玩笑。但是只要认真思考一下，就会发现乔治错过金矿的原因，就在于他忽略了"随时准备着"的准则，就算处于"瓶颈期"，在给自己放一个长假的时候，也不能对自己的技术、知识不闻不问。

　　在"瓶颈期"，每个人的苦闷大多是源于缺乏目标。

　　这时，我们首先需要做的是静下心来思考，给自己一个全新而准确的定位。这个定位就像一颗启明星，可以指引你前进的方向。

　　工作的瓶颈期会使我们有一些空余时间，不要让这些时间白白溜走，不妨动手学习一直很感兴趣却由于平日的忙碌而疏忽的东西。也许将来的某一阶段，你会发现在"瓶颈期"

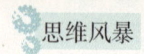

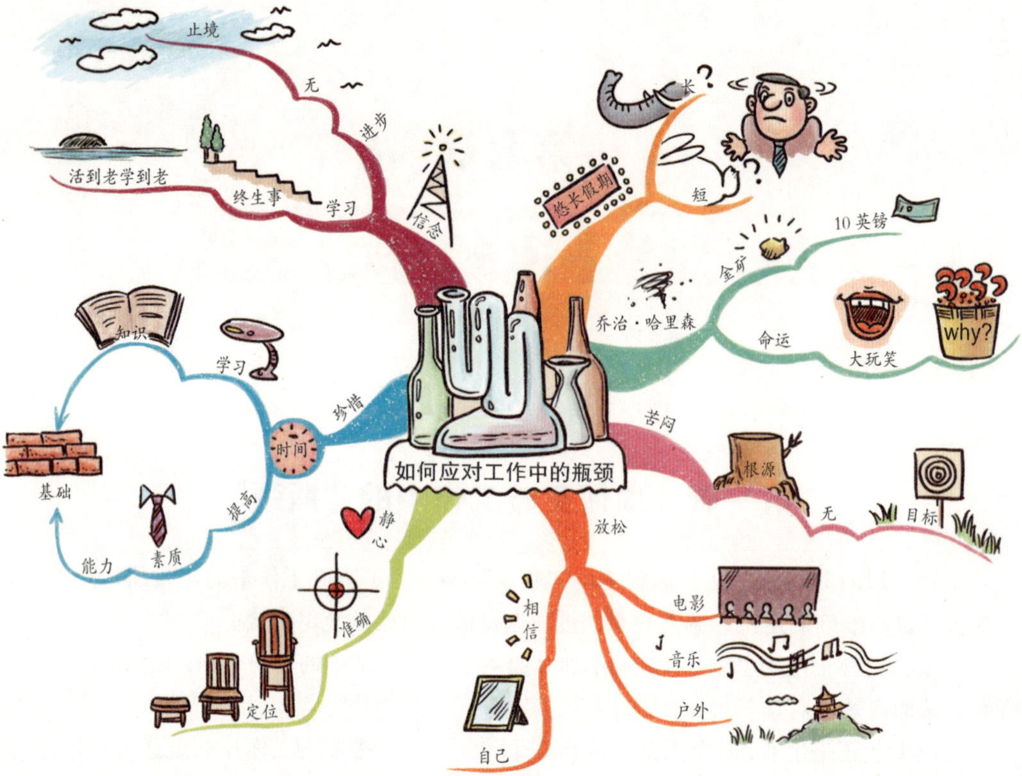

略显艰苦的"修炼"已经给你铺垫了厚实的基础。

下面这个故事中的主人公就是借助学习突破了他的工作瓶颈期,而且迎来了一个崭新的发展阶段。

王明是一家外贸公司的职员,他对自己的工作很不满。

在一次朋友聚会上,他十分生气地对好友张亮说:"我的老板真是有眼无珠,他从来都不重视我,我哪天非在他面前发火不可,然后离开公司。"

张亮听后,问王明:"你对你所在的公司完全了解了吗?对公司所做业务搞明白了吗?"

王明摇摇头,非常疑惑地看了看张亮。张亮接着说:"俗话说'君子报仇十年不晚'嘛!你不用着急辞职,我建议你把你们公司的业务流程先全部搞清,并认真学习那些你不会的东西,等什么都学会后再辞职不干也来得及。"

张亮见王明表情迷惑,就解释说:"你想想啊,公司是一个不用花钱就可以学习的地方,等你全部都学会了再辞职的话,就能给自己出气,还能有很多收获,岂不是一举两得吗?王明,难道你不这么认为吗?"张亮的建议王明谨记在心。此后,王明勤学默记,经常在别人下班之后,他还待在办公室中研究写商业文书的方法。

时间过得飞快,一年后,王明偶然遇到了张亮,张亮问他:"现在你应该把公司的事情学得差不多了吧?什么时候准备拍桌子辞职啊?"

不料王明却说:"但是,这半年来我感觉老板对我非常重视了,近来不断给我加薪,并委以重任,现在,我已经是公司最红的人了!"

从这个故事中,我们应该明白这样一个道理:现在已经步入终生学习的时代,学习是终生的事情,是没有时间的分隔、人员的界定和场所限制的,要想有所发展,就一定要时刻学习。

提高学习的能力要比学习知识重要得多,知识虽然也在时刻更新,但人们只有在提高了学习知识能力的同时才能更好地吸收新知识、运用新技能,以此提高自己的整体素质,才能适时地突破瓶颈。

第二节　如何跨越职业停滞期

工作中,突然出现的"职业停滞期"会让人陷入一种深深的"本领恐慌"中,要突破这种职业停滞期,我们要学会"自我革命",只有不断地突破自我,才能够不断成长。

在职场中,很多人会遭遇一种"职业停滞期"。

例如,有些人因为对自身没有很好的职业规划,接受新知识的态度也不是很积极,结果导致自己的创新能力跟不上新员工,眼看着身边的新员工一个个加薪、晋职,他们陷入一种深深的"本领恐慌"中。

然而面对自己职业上的停滞,他们更多的是埋怨企业没能给他们职位提升的空间,这种想法是不对的。"解铃还需系铃人",这时,需要我们进行"自我革命",只有不断地突破自我,才能够不断成长。

世界著名的信息产业巨子,英特尔公司的前总裁安迪·葛鲁夫,在功成身退之时,回顾自己创业的历史,曾深有感触地说:"只有那些危机感强烈、恐惧感强烈的人,才能生存下去。"

恐惧,无疑是一种不安的心志,而居安思危是使"惧"成为不惧的新起点。"惧"是审时度势的理性思考,是在超前意识前提下的反思,是不敢懈怠、兢兢业业、勇于进取的积极心志。

正是在这种惧者生存的经营理念下,英特尔在安迪·葛鲁夫的领导下,常能够适时地进行变革,最终成为全世界最大的芯片制造商。

"英特尔"成立时,葛鲁夫在研发部门工作。1979年,葛鲁夫出任公司总裁,刚一上任,他立即发动攻势,声称在一年内要从摩托罗拉公司手中抢夺2000个客户,结果"英特尔"最后共计赢得2500个客户,超额完成任务。

■《时代周刊》上的安迪·葛鲁夫

此项攻势源于其强烈的危机意识,他总担心英特尔的市场会被其他企业占领。

1982年,由于经济形势恶化,公司发展趋缓,他推出了"125%的解决方案",要求雇员必须发挥更高的效率,以战胜咄咄逼人的日本。他时刻担心,日本已经超过了美国。

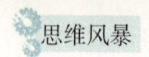

在销售会议上,可以看到身材矮小、其貌不扬的葛鲁夫。他的匈牙利口音使其吐词不清,他用拖长的声调说:"'英特尔'是美国电子业迎战日本电子业的最后希望所在。"

危机意识渗透到安迪·葛鲁夫经营管理的每一个细节中。1985年的一天,葛鲁夫与公司董事长兼CEO的摩尔讨论公司目前的困境。他问:"假如我们下台了,另选一位新总裁,你认为他会采取什么行动?"

摩尔犹豫了一下,答道:"他会放弃存储器业务。"葛鲁夫说:"那我们为什么不自己动手?"在1986年,葛鲁夫为公司提出了新的口号,"英特尔,微处理器公司"。

"英特尔"顺利地渡过了困难时期。其实,这皆赖于葛鲁夫那浓厚的危机观念。他始终认为,居安思危者方可生存,企业家一定要居安思危,保持忧患意识,企业方可长久。为了不让公司再度陷入困境,葛鲁夫让"英特尔"几近疯狂地投入到微处理器的战场之中。1992年,葛鲁夫让"英特尔"成为世界上最大的半导体企业。因为"英特尔"已不仅仅是微处理器厂商,它逐渐成了整个计算机产业的领导者。1994年,一个小小的芯片缺陷,一下子将葛鲁夫再次置于生死关头。12月12日,IBM宣布停止发售所有奔腾芯片的计算机。预期的成功变成泡影,雇员心神不宁。12月19日,葛鲁夫决定改变方针,更换所有芯片,并改进芯片设计。最终,公司耗费相当于奔腾5年广告费用的巨资完成了这一工作。但"英特尔"又一次活了下来,而且更加生气勃勃,是葛鲁夫的性格和他的危机观念挽救了公司。

如今,"英特尔"已经掌握了微处理器的市场,可在危机观念的指导下,它没有任何放松的迹象,葛鲁夫仍然没有沾沾自喜而就此松懈。在他的带领下,"英特尔"把利润中非常大的部分花在研发上,继续疯狂行径的葛鲁夫依旧视竞争者如洪水猛兽。葛鲁夫那句"只有恐惧、危机感强烈的人,才能生存下去"的名言已成为"英特尔"企业文化的象征。

曾看过一个关于"蝉猴"的故事。蝉猴是蝉的幼虫,在它成长为可以爬上树"歌唱"的蝉之前,要经过一次至关重要的蜕皮,如果不完成这次蜕变,它只能长眠于地下,永远也不能变成可以欢歌的蝉。

其实,蝉猴的经历也是我们每一个人甚至每一个企业的写照。危机是随时都会出现的,危机当前,逃避不是上策,只有勇敢地面对它,根据发展形势进行必不可少的变革,才是个人与企业长久发展之计。

第三节　如何缓解心理压力

今天,在工作强度日趋加大,市场竞争日趋激烈的情况下,不少人感到难以承受沉重的工作压力,并出现了明显的心理反应。在这种情况下,减压已经成为一个刻不容缓的问题。

2003年6月,温州市东方集团副总经理朱永龙因长期精神抑郁自杀身亡;

2003年8月,韩国现代集团董事长郑梦宪跳楼身死;

2005年4月,爱立信(中国)有限公司总裁杨迈由于心脏骤停在北京突然辞世;

……

中国约有70%的白领处于亚健康状态。

为什么会这样呢？一句话，都市节奏太快，职场压力太大。

所谓的压力是当我们去适应由周围环境引起的刺激时，我们的身体或精神上的生理反应。一般而言，98%的压力来自芝麻小事，只有2%的压力可能造成生活上的大问题。

然而，这2%的压力却产生了98%的"负面性压力"。有人面对压力，会暴饮暴食、酗酒、吸毒，变成工作狂，但有人却会把压力视为机会，借着压力将自己转化得更成熟稳健。

不良压力危害人的生理和心理健康，威胁人生幸福，如何应对压力是一堂人生必修课。当面对压力时，你可以采用以下方法来化解压力、缓解压力：

1. 让心灵暂时出逃

工作无休止，事业无尽头，但是健康却是我们永恒的本钱。在这个日新月异的社会里，每个人都越来越看重自己的身份和事业，既想做白领、做主管、做老板，又要做好丈夫、好妻子、好父亲、好母亲。

这些来自职场和家庭的不同身份，就像一张无形的网，罩得人们喘不过气来。其实，你完全可以让自己停下来歇一歇。在办公室和家的两点一线之外，找一个让心灵暂时出逃的地方，将人生重负稍放片刻，在那里虚度一下光阴。出来之后，你也许就会觉得，迎接你的，是又一个生机勃勃的明天。

2. 提高你的抗压力

提高抗压能力的第一步是要有意识地塑造自己良好的性格，对待事情，要能拿得起，放得下，保持情绪的稳定性。这样当压力到来时，就不会有大起大落的不适应感。

■当你感觉健康状况有所改善的时候，放松下来，尽情享受你的排毒计划。

再者，要意志坚定、胸怀坦荡、心境豁达，凡事不钻牛角尖。

最后要善于处理人际关系。今天，每个人都面临事业、学术、婚姻、住房、医疗、利益分配等诸多问题，在这些关系个人利益的问题中，人际关系显得尤为重要。

3. 饮食得当，缓解心理压力

营养学家和心理学家经过几十年的潜心研究，发现食物因素对人的心理状态包括情绪状态有较大的影响。在一定情况下，选择最佳食物，可以缓解心理压力和负担。

例如，含糖量高的食物对忧郁、紧张和易怒行为或心理状态有缓解作用。因此，如果你遇到难题，思虑过度或紧张不安，甚至发生严重失眠的话，建议在睡觉前喝点脱脂牛奶或加蜂蜜的麦粥，并吃些香蕉。这些食物会帮助你安定心情、顺利入眠，并且会睡得更香。

4. 勤做缓解压力操

步骤一：两手慢慢平伸，手握拳头，慢慢用力，包括上臂、前臂、拳头。慢慢用力，再用力，感觉肌肉的紧绷，达到自己可以承受的极致。然后慢慢放松，两手慢慢放下；

步骤二：身体坐正，下巴往胸前压，两肩往后拉，然后往前压，再用力往后拉，用力，慢慢放松，动作要慢；

步骤三：眉毛上扬，用力往上扬，用力，再用力，然后慢慢松开；

步骤四：鼻子、嘴巴、眼睛用力往脸中间挤，慢慢用力，然后慢慢放松；

步骤五：嘴唇紧闭，用力咬紧牙齿，慢慢用力，然后慢慢放松；

步骤六：嘴巴张开，舌头抵住下齿龈，嘴巴用力张开，舌头用力抵住，再用力，慢慢放松；

步骤七：身体坐直，身体往后仰，用力往后仰，再用力，慢慢回复原来位置，慢慢做两个深呼吸。

5. 香气疗法

香气治疗法目前在日本颇为流行，它不是简单地买回一些植物汁或者植物油来享受其芬芳就完事，而是有越来越多的商家开始利用这种香气为人们提供治疗服务，据说该治疗可以起到缓和人们紧张情绪和改进人际关系的神奇功效。

很多美容院都已开展了这项服务。当然，如果没有条件的话，那么养几盆有香味的花，每天早晚跑去阳台各闻一次，然后做做伸展运动，也许压力也会随之一扫而光。

6. 听自己最喜欢的歌

音乐同样具有安定情绪和抚慰的功效。想尽情地发泄一番，那就听一听摇滚乐；想理清一下情绪，那就听听古典音乐。你可以买上一两张新碟，把自己关在房间里戴上耳机，你就可以尽情地沉浸在音乐王国里面了。

7. 有空常做深呼吸

呼吸并不只有维持生命的作用，吐纳之法还可以清新头脑，平静思绪。所以当你因压力太大而心跳加快时，不妨试着放松身心，做几个深呼吸。

8. 在想象中减压

听起来很新鲜，其实研究证明想象能有效减轻压力。例如设想自己在草地漫步，闻到近处有兰花，踩着鹅卵石在没膝深的溪水中探行，躺在海滩上让潮水一遍一遍地冲刷。要注意想象一些声音、景象、气味等的细节。

第四节　如何摆脱不良的工作情绪

"雄鹰翱翔天空，难免折伤飞翼；骏马奔驰大地，难免失蹄折骨。"人的一生不可能一帆风顺，事事如意，我们在工作中也难免会遇到挫折。摆脱不良的工作情绪将有助于工作的顺利进行，并可以给你带来好的心境。

有的人在工作中遇到挫折后，就消沉、灰心、委靡不振，丧失信心，放弃了努力，甚至自怨自艾，自暴自弃。

长久的压抑甚至导致精神疾病，其实，在遇到挫折后，不妨冷静而理智地分析导致挫折的原因和过程，从中找到较好的解决办法。

下面介绍几种摆脱不良工作情绪的方法：

（1）沉着冷静，不慌不怒。

（2）增强自信，提高勇气。

（3）审时度势，迂回取胜。所谓迂回取胜，即目标不变，方法变了。

（4）再接再厉，锲而不舍。当你遇到挫折时，要勇往直前。你的既定目标不变，努力的程度加倍。

（5）移花接木，灵活机动。倘若原来太高的目标一时无法实现，可用比较容易达到的目标来代替，这也是一种适应的方式。

（6）寻找原因，理清思路。当你受挫时，先静下心来把可能产生的原因寻找出来，再寻求解决问题的方法。

（7）情绪转移，寻求升华。可以通过自己喜爱的集邮、写作、书法、美术、音乐、舞蹈、体育锻炼等方式，使情绪得以调适，情感得以升华。

（8）学会宣泄，摆脱压力。面对挫折，不同的人有不同的态度。有人惆怅，有人犹豫，此时不妨找一两个亲近的人、理解你的人，把心里的话全部倾吐出来。

从心理健康角度而言，宣泄可以消除因挫折而带来的精神压力，可以减轻精神疲劳；同时，宣泄也是一种自我心理救护措施，它能使不良情绪得到淡化和减轻。

（9）必要时求助于心理咨询。当人们遭遇到挫折不知所措时，不妨求助于心理咨询机构。

心理医生会对你动之以情，晓之以理，导之以行，循循善诱，使你从"山重水复疑无路"的困境中，步入"柳暗花明又一村"的境界。

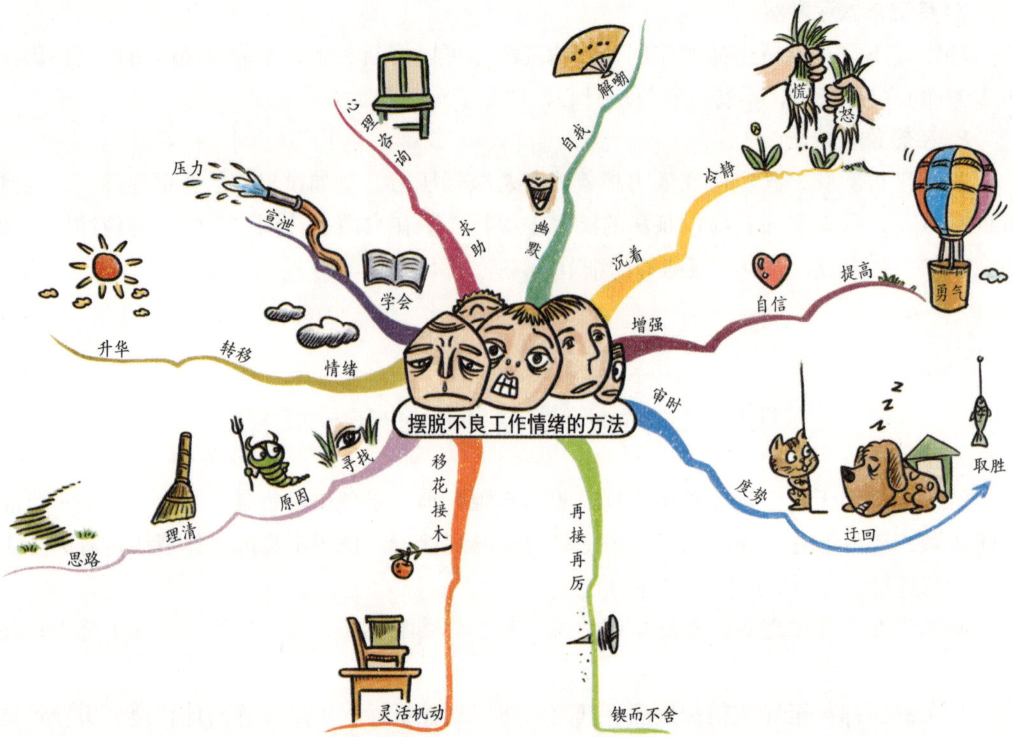

（10）学会幽默，自我解嘲。"幽默"和"自嘲"是宣泄积郁、平衡心态、制造快乐的良方。当你遭受挫折时，不妨采用阿Q的精神胜利法，比如"吃亏是福"、"破财免灾"、"有失有得"等来调节一下你失衡的心理。或者"难得糊涂"，冷静看待挫折，用幽默的方法调整心态。

对此，我们用思维导图画出摆脱不良工作情绪的方法，以时刻提醒自己。

第五节 如何保持最佳的工作状态

以最佳的工作状态工作不但可以提升我们的工作业绩，而且还可以带来许多意想不到的成果。良好的精神状态不是财富，但是它会带给我们财富，也会让我们得到更多的成功机会。

精神状态能如何影响工作，不是任何人都清楚，但是我们都知道没有人愿意跟一个整天提不起精神的人打交道，也没有哪一个领导愿意提拔一个精神委靡不振、牢骚满腹的员工。

微软的招聘官曾指出："从人力资源的角度来讲，我们愿意招的员工，他首先是一个非常有激情的人，对公司有激情、对技术有激情、对工作有激情。可能他在这个行业涉世不深，年纪也不大，但是他有激情，和他谈完之后，你会受到感染，愿意给他一个机会。"

刚刚进入公司的员工，自觉工作经验缺乏，为了弥补不足，常常早来晚走，斗志昂扬，就算是忙得没时间吃饭，依然很开心，因为工作有挑战性，感受也是全新的。

这种工作时激情四射的状态，几乎每个人在初入职场时都经历过。可是，这份工作激情来对工作的新鲜感，以及对工作中可预见问题的征服感，一旦新鲜感消失，工作驾轻就熟，激情也往往随之溜走。一切又开始平平淡淡，昔日充满创意的想法消失了，每天的工作只是应付完了即可。既厌倦又无奈，不知道自己的方向在哪里，也不清楚究竟怎样才能找回令自己心跳的激情。在领导的眼中也由一个前途无量的员工变成了一个比较称职的员工。

现今这个充满竞争的社会里，在以成败论英雄的工作中，谁能自始至终陪伴、鼓励、帮助我们呢？同事、亲人和朋友们，都不能做到这一点。唯有我们自己才能激励自己更好地迎接每一次的挑战。

所以要想变得积极起来完全取决于我们自己。

如果我们每天清晨始终以最佳的精神状态出现在办公室里，面带微笑问候一声同事，以昂扬的精神状态投入工作，感染周围的同事，工作时神情专注，走路时昂首挺胸，与人交谈时面带微笑……

愈是疲倦的时候，就要表现得愈好、愈显精神，让人完全看不出一丝倦容，这样会给周围的人来积极的影响。

良好的工作状态是我们责任心和上进心的外在表现，这正是领导期望看到的。在这个社会中，人们都承受着巨大的有形或者无形的压力。所以就算生活、工作不尽如人意，也不要愁眉不展、无所事事，要学会掌控自己的情绪，让一切变得积极起来。让我们始终对未来充满希望！明天会更好！如果我们乐观，一切事情都是亮色的，包括糟糕的事情，如果我们悲观，一切事情都是灰色的，包括美好的事情。

所以保持对工作的新鲜感是保证我们工作激情的有效方法。

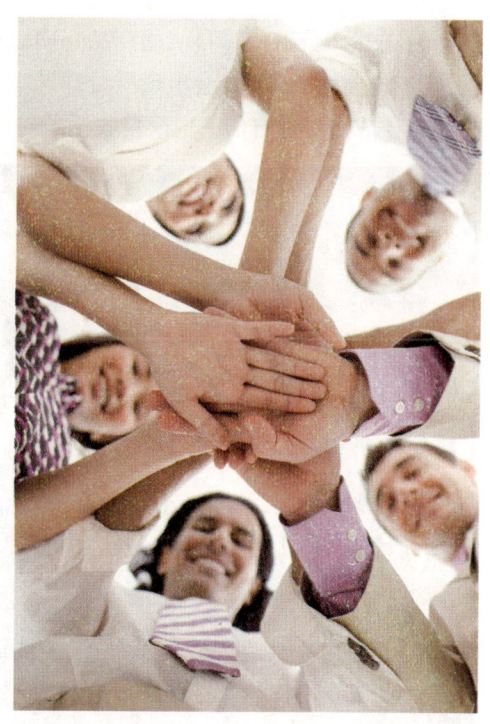

可是这做起来很难，不管什么工作都有从开始接触到全面熟悉的过程。要想保持对工作的恒久的新鲜感，可以从以下几方面着手：

首先必须改变工作只是一种谋生手段的认识，把自己的事业、成功和目前的工作连接起来；其次，保持长久激情的秘诀，就是给自己不断树立新的目标，挖掘新鲜感，把曾经的梦想捡起来，寻找机会去实现它。审视自己的工作，看看有哪些事情可以更好地处理，然后把想法实施到工作中，认同企业文化培养归属感，对自己的企业和工作感到骄傲，在我们解决了一个又一个的问题后，自然就产生了一些小小的成就感，也会因此受到鼓舞，感觉生活是美好的，这种新鲜感觉就是让激情每天陪伴自己的最佳良药。最后要热爱工作并充满激情。不要扼杀对美好事物的追求和热情,对我们的工作倾入全部的热情,每天精神饱满地去迎接工作,以最佳的精神状态去发挥自己的才能,就能充分发掘自己的潜能。我们的内心同时也会变化,越发有信心,别人也就会认同我们存在的价值。

第六节　如何保持完美的职业形象

成功形象是一个人的无形资产,"看起来像个成功者和领导者",那么你的事业会为你敞开幸运的大门。

西方有句名言:"你可以先装扮成'那个样子',直到你成为'那个样子'。"如果你已经成为"那个样子",但没有扮成"那个样子",那么对你的成功事业就会带来一定的阻碍。先看一个事例。

我国东北盛产大豆,以其粒大、油多、脂肪丰富而闻名全国。改革开放后,一大批农民企业家迅速崛起,陈志贵就是其中的一个。他就地取材,以当地特产的优质大豆为原料,创办了一家豆粉饼加工厂。

由于经营得方,业务很快就做大了,不仅将客户发展到了全国,甚至还发展到了东南亚地区。

一天,陈志贵收到了一张来自香港的大订单,他亲自带领工人连夜加班,终于在规定的时间内完工,将货物发往了香港。但几天之后,香港公司却打来电话,说货物"有质量问题",要求退货。

陈志贵十分纳闷,自己的产品一向以质量过硬而赢得卓越信誉,况且,这批产品由自己亲自监工生产,怎么会出现质量问题呢?绝对不是质量问题,一定是其他环节上出现了问题!陈志贵十分自信,他简单收拾了一下行李,立即乘飞机飞往香港。

当西装革履、风度翩翩的陈志贵出现在香港公司的总经理面前时,对方竟然惊讶地张大了嘴巴。虽然还不明白退货的问题出在哪里,但感觉敏锐的陈志贵已从对方的细微变化中捕捉到了什么。

在以后两天的相处中,陈志贵不亢不卑,侃侃而谈,充分表现出一个现代企业家应有的气质和风度,最终不仅"质量问题"烟消云散,还和那位总经理成了好朋友,成为长期的商业伙伴。

但是"质量问题"始终是陈志贵心中的一个疑团,因为他和对方谈得多是企业管理和人生修养方面的问题,他们根本没有再提什么质量问题。直到多年之后，陈志贵向那位经理询问才得知真正原因。

原来，这批货是香港公司的一个部门经理向陈志贵订的货，但在向总经理汇报后，总经理得知这批货是由农民家庭加工生产时，脑海里凭空臆想出了一个土得掉渣的农民形象。他顾虑重重，对那批货看也不看，就做了退货的决定。但当形象鲜明、个性十足的陈志贵突然出现在他面前时，他才知道自己犯了个多么可笑的错误。

可见，成功形象是一个人的无形资产，"看起来像个成功者或者领导者"，那么你的事业会为你敲开幸运的大门，让你脱颖而出。

民主选举时，由于你"像个领导"，人们会投你一票；提拔领导时，由于你"像个领袖"，你会被领导和群众接受；对外进行商务交往时，由于你"像个成功的人"，人们愿意相信你的公司也是成功的，因而愿意与你的公司进行交易。

沈先生有很高的经商才能，从一家大公司辞职后他想开家公司。但是当他的公司开张时，生意却出奇惨淡，他的客户在他简陋的办公室中往往坐不到五分钟就起身告辞。

后来他在实力的虚实上做起文章来，以吸引入流的商人和客户。

他租用了一套还算像样的房子，将里面的家具放入仓库，从别处借来一套上档次的办公家具，精心布置一番，顿使办公室气派不凡。

他又从家中拿来一些商务方面的书，搁在书架上，而且专放些半新半旧的，这使人不致怀疑他在生意上的真才实学。他通过熟人买了一套计算机机壳，盖上好看的装饰布，只要人们不亲自操作，谁也不知道那是样子货。他花小钱认认真真地"包装"了他的公司。

不过，他的公司也有真正属于他的东西，就是传真机和电话机。以后，他的公司里生意人渐渐多了，他出色的谈判技巧配上有实力的表象，使人增加了对他的信任，终于他有了几个固定的客户。

就这样，他虚虚实实、真真假假、若有若无地与形形色色的商人打交道，并且战绩辉煌，有了相当可观的收入。他将公司搬进了一家饭店，办公室里的那台电脑也变成真的了。当沈先生经过一系列改变后，他就让人产生了"看起来像个成功人士"的感觉，这促使他迈出走向成功的关键的一步。

因为在人们的意识中，具备这种成功形象的人大都是已经成功的人，因此，"看起来像个成功者"能够让你感受成功者的自信，激励自己走向成功，模仿成功者的举止、行为，被人们首先认可是具有潜力的成功者。因而，当成功的机会到来时，你就是成功者！

为了取得成功，你必须在脑中"看"到你正在取得成功的形象，在脑中显现你充满自信地投身一项困难的挑战的形象。这种积极的自我形象反复在心中呈现，就会成为潜意识的一个组成部分，从而引导我们走向成功。

努力在外表塑造"像个成功人士"的例子数不胜数，因为他们深刻理解"看起来像个成功者"的形象对事业有多大的促进作用。

当然，看起来像个成功人士，不仅仅是指外表、谈吐和举止都要像个成功者，而且要有许多特质，这些特质是看不见摸不着的，但它却是成功的根本。这些特质包括：

（1）热情奔放。

成功者一直有一个理由，一个值得付出、激起兴趣且长踞心头的目标，驱使他们去实行、

去追求成长和更上一层楼。这目标给予他们开动成功列车所需的动力,使他们释放出真正的潜能——这就是热情。

(2)乐观向上的精神。

一个能够在一切事情不顺利时仍然微笑的人,比一个遇到艰难就垂头丧气的人,更具有胜利的条件。

(3)要有策略。

策略就是组合各种才能的计划,有策略才能使事情按部就班地完成。

(4)清楚的价值观。

看看那些真正的成功人士,他们虽然职业不同,但却有共同的道德根基,知道为人本分和当仁不让。所以要想成功,就得明白自己的价值观,这是极为重要的关键。

(5)精力充沛。

缺乏活力、步履蹒跚的人想进入卓越之林,那几乎是不可能的。精力充沛之人的四周,几乎整日充满各种各样的机会,忙得他们分身乏术。

(6)超凡的凝聚力。

差不多所有的成功者都有一种凝聚众人的超凡能力,这种能力能把不同背景、不同信仰的一群人集合在一起，建立共识，统一行动，这样才能保证事业成功。

（7）善于沟通。

能带动我们生活和工作的人，都是能与他人沟通的大师，他们具有传送见解、请求、消息的能力，所以能成为伟大的政治家、企业家等。成功者的特质，仿佛是由心中燃烧的火焰，驱使他们去追求成功。拥有成功特质的人，在不断实现自己理想的过程中，也广泛地赢得了世人的欢迎和瞩目。

第七节　有效晋升的完美方略

在日新月异的当今社会，随着科技的飞速发展，竞争日趋激烈。一个人要想在职场上稳坐钓鱼台，并且步步高升并非易事。但是，掌握了正确的方法，职场晋升不再是童话。

对于公司员工来说，晋升几乎是每个人永远追求的梦想。但是，晋升好运并非落在每一个人身上，而只青睐那些成绩出色、工作努力的员工，谁能成为同行的佼佼者，谁就能成为公司老板所青睐的对象。

其实，晋升如同其他事情一样，也需掌握一定的方法，如果使用的方法得当，那么，你将很快地达到你的晋升目标。下面的几种晋升策略也许会带给你一些体悟。

攻略一：毛遂自荐，学会推销自己

当今职场，每个人都要具有自我推销意识，尽力把自己的能力展现给上司和同事，让他们认同你。如果你有惊世之才，却不懂得去推销自己，犹如埋在地底下的一块宝石，无法让人欣赏你的光芒，等于是自我埋没。

当上司提出一项计划，需要员工配合执行时，你可以毛遂自荐，充分表现你的工作能力。

李坚在某研究所就职。一天，办公室主任请他看一份报告，并准备在此之后呈送所长。李坚看后认为："这个报告不行，如果依照它办理，将会导致失败。"他向所长大胆地提出了这一看法。所长说："既然他的不行，那么就请你拿出一份行的方案来吧！"

第二天，李坚拿出一份报告呈递所长，得到所长的大力赞赏。

一个月后，李坚就被提升为办公室主任，原主任也因此而被解雇。

在这个例子中，如果李坚不善于抓住向所长表现自己才能的机会，就很难得到所长的重用。

攻略二：主动去做上级没有交代的事

在现代职场里，有两种人永远无法取得成功：一种人是只做上级交代的事情，另一种人是做不好上级交代的事情。这两种人都

■敬业让你出类拔萃。

是首先被上级"炒鱿鱼"的人，或者是在卑微的工作岗位上耗费终生却毫无成就的人。

在现代职场，过去那种听命行事的工作作风已不再受到重视，主动进取、自动自发工作的员工将备受青睐。在工作中，只要认定那是要做的事，就立刻采取行动，马上去做，而不必等到上级的交代。

攻略三：敬业让你出类拔萃

无论从事什么职业，只有全心全意、尽职尽责地工作，才能在自己的领域里出类拔萃，这也是敬业精神的直接表现。

王凯大学毕业后被分配到一个研究所，这个研究所的大部分人都具备硕士和博士学位，王凯感到压力很大。经过一段时间的工作，王凯发现所里大部分人不敬业，对本职工作不认真，他们不是玩乐，就是搞自己的"第三产业"，把在所里上班当成混日子。

王凯反其道而行之，他一头扎进工作中，从早到晚埋头苦干，经常加班加点。王凯的业务水平提高很快，不久成了所里的"顶梁柱"，并逐渐受到所长的重用，时间一长，更让所长感到离开他就好像失去左膀右臂。不久，王凯便被提升为副所长，老所长年事已高，所长的位置也在等着王凯。

敬业不但能使企业不断发展，而且还能使员工个人事业取得成功。

攻略四：关键时刻，为上级挺身而出

琼斯是某学院的部门助理，他的上级博格负责管理学生和教职员工。糟糕的签到系统使许多班级拥挤不堪，而另一些班级却是人太少，面临被注销的危险。博格的工作遭到众

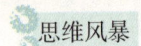

多师生的非议，承受着改进学生签到系统的压力。琼斯自告奋勇开发一个新的签到体系。博格高兴地同意了他的意见。经过艰苦工作，琼斯开发出一个准确高效的签到管理系统，不久后的一次组织机构改组中，博格升任主任，随即，琼斯被提升为副主任。

对于琼斯开发并成功地完成了这套系统，博格给予了高度赞扬。

一般来说，时刻和老板保持一致，并帮助老板取得成功的人往往会成为企业的中坚力量，并且会成为令人羡慕的成功人士。

当某项工作陷入困境之时，如果你能挺身而出，大显身手，定会让老板格外赏识；当老板生活上出现矛盾时，你若能妙语劝慰，也会令老板十分感激。此时，你不要变成一块木头，呆头呆脑、冷漠无能、畏首畏尾、胆怯懦弱。若那样的话，老板便会认为你是一个无知无识、无情无能的平庸之辈。

攻略五：不要抱怨分外的工作

在职场上，很多人认为只要把自己的本职工作做好，把分内的事做好，就可以万事大吉了。当接到上司安排的额外工作时，不是满脸的不情愿，就是愁眉不展、唠唠叨叨地抱怨不停。

抱怨分外的工作，不是有气度和有职业精神的表现。一个勇于负重、任劳任怨、被老板器重的员工，不仅体现在认真做好本职工作上，也体现为愿意接受额外的工作，能主动为上司分忧解难。因为额外工作对公司来说往往是紧急而重要的，尽心尽力地完成它是敬业精神的良好体现。

如果你想成功，除了努力做好本职工作以外，你还要经常去做一些分外的事。因为只有这样，你才能时刻保持斗志，才能在工作中不断地锻炼、充实自己，才能引起别人的注意。

攻略六：积极进取，赢得晋升

进取心代表着开拓精神，开拓精神则说明对现实有忧患意识，对未来有探险精神。这样的人才，老板将委以重任。

安于现状的人在老板的心中就是没有上进心的人，这种人也许循规蹈矩，不出差错，但公司不会需要太多这样的人。公司如果是以增长为目标，那么就需要不安于现状、放眼未来的员工。

绝大多数老板希望员工具有积极进取的冒险精神，明知山有虎，偏向虎山行。其实，也只有这样的人才可以令企业有更大的飞跃，那些安于现状的员工只能做"垫底"的功用，这种人令老板放心，但绝不会令老板欣赏。

攻略七：让老板知道你做了什么

你是不是每天全力以赴地工作，数年来如一日？不过，有一天你突然发现，纵使自己累得半死，别人好像都没发现，尤其是老板，似乎从来没当面夸奖或表扬过你。

这个问题可能不在老板，而是出在你自己身上。大多数的员工都有一种想法：只要我工作卖力，就一定能够得到应有的奖赏。但问题是：光会做没有用，做得再多也没有人知道。要想办法让别人，特别是你的老板知道你做了什么。

攻略八：做一名忠诚的员工

王双长相平平，学历不高，在一家进出口贸易公司做电脑打字员。那年，公司现金周

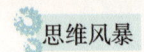

转困难,员工工资开始告急,人们纷纷跳槽。在这危急的时刻,王双没有走,而是劝说消沉的老板振作起来。在王双的努力下,公司谈成了一笔很大的服装业务,王双为公司拿到1000万美元的订单,公司终于有了起色。

后来,公司改成股份制,老板当了董事长,王双则成了新公司第一任总经理。有人问王双如何取得了这样的成就,王双说:"要说我个人如何取得了这样的成就只有两点:那就是一要用心,二没私心。"

不知王双的话对你是否有启发。现在很多人一边在为公司工作,一边在打着个人的小算盘,这样的人怎么能为公司的发展作出贡献呢?公司没有发展,个人又怎能成功呢?

任何一个老板都喜欢忠诚的员工,只有忠诚的员工才能获得老板的信任。如果员工不忠诚,老板就会有如坐针毡的感觉,一些重大的事情就不敢交给这样的员工去做,员工又怎能获得加薪与晋升的机会呢?

第八节　如何在竞争中夺取胜利

在竞争愈来愈激烈的现代职场,面对同样的竞争状态,有的人遭到了失败,有的人却能在竞争中脱颖而出。既然竞争是不可避免的,我们就要积极地面对竞争,以良好的心态去竞争。

在竞争愈演愈烈的现代社会中,同事之间不可避免地会出现或明或暗的竞争,表面上可能相处得很好,实际情况却并非如此。

你有时也许会有这样的困惑:上司对你印象不错,你自己的能力也不差,工作也很卖力气,但却总是迟迟到达不了成功的顶峰,甚至常常感到工作不顺心,仿佛时时处处有一只看不见的手在暗中扯你的后腿。百思而不得其解之后,你也许会灰心丧气颓然叹道:"唉,那是上帝之手吧!"其实,那只手就是同事的手。

美国斯坦福大学心理系教授罗亚博士认为,人人生而平等,每个人都有足够的条件成为主管,平步青云,但必须要懂得一些应对竞争的技巧。掌握了这些技巧,你的成功也许就能事半功倍。

1. 要有竞争意识

在工作中勤于上进和学有所长的人,有时会遇到这种情况:有些比自己条件差的人却先于自己取得了某种成功,或者比自己升迁得快,或者比自己更被老板赏识和器重。这究竟是怎么一回事呢?答案之一便是缺乏"竞争意识"。

人类自古至今,总是生活在各种各样的竞争之中,一个人要在职场生存和发展,就要有竞争意识,就要有一种比对手做得更好的意识。

勇于竞争和善于竞争,是使自己在人群中脱颖而出和在事业上卓尔不群的基本原因之一。一味埋头赶路而丝毫不顾及其他对手的情况,缺乏在社会上立足的竞争意识,你就很可能会成为在同一起跑线上起跑的落伍者。

2. 加强沟通,展现实力

工作是一股绳,员工就好比拧成绳子的每根线,只有各根线凝聚成一股力量,这股绳

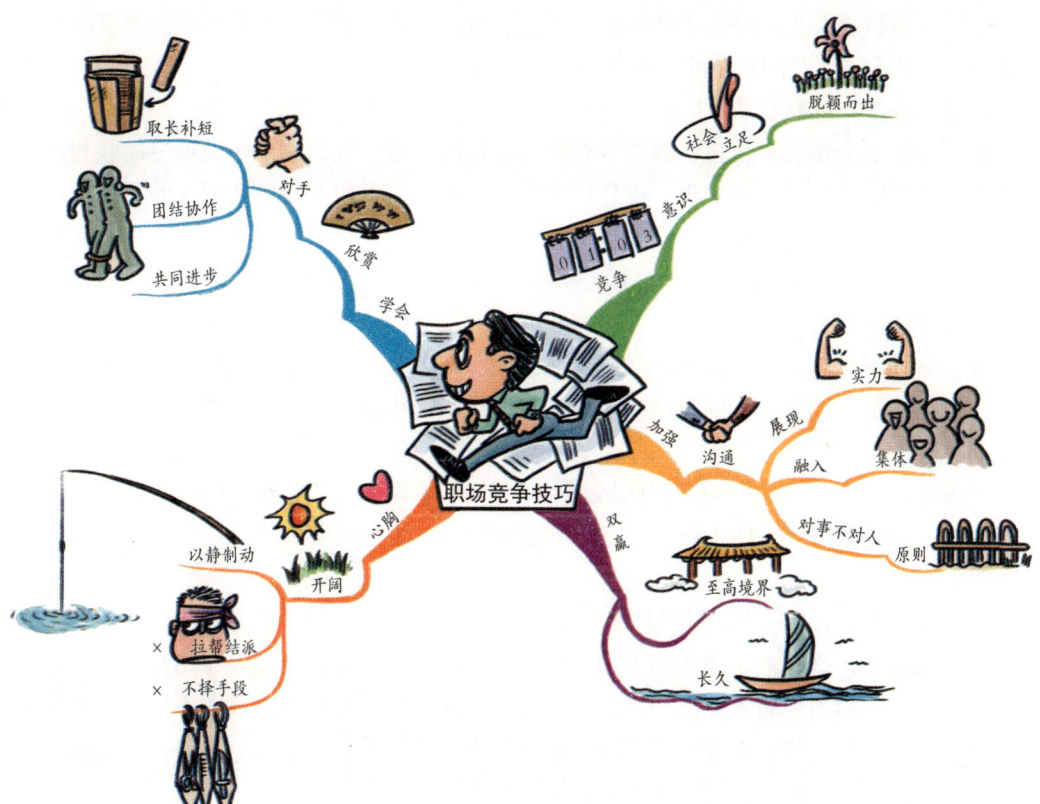

才能经受外力的撕扯。这也是同事之间应该遵循的一种工作精神或职业操守。生活中，有的企业因为内部人事斗争，不仅企业本身"伤了元气"，整个社会舆论也产生不良影响。作为一名员工，尤其要加强个体和整体的协调统一。

因为员工作为企业个体，一方面有自己的个性，另一方面，就是如何很好地融入集体，而这种协调和统一很大程度上建立于人的协调和统一之中。所以，无论自己处于什么职位，首先需要与同事多沟通，因为你个人的视野和经验毕竟有限，要避免给人留下"独断专行"的印象。

当然，同事之间有摩擦是难免的，我们应具有"对事不对人"的原则，及时有效地调解这种关系。不过从另一角度来看，此时也是你展现自我的好机会。用实力说话，真正令同事刮目相看。即使有人对你有些非议，此时也会"偃旗息鼓"。

3. 互惠互利，共筑双赢

一只狮子和一只野狼同时发现了一只山羊，于是商量共同去追捕那只山羊。它们配合得很默契，当野狼把山羊扑倒后，狮子便上前一口把山羊咬死。

但这时狮子起了贪念，不想和野狼共同分享这只山羊，于是想把野狼也咬死。野狼拼命抵抗，后来狼虽然被狮子咬死，但狮子自己也受了很重的伤，无法享受美味。

如果狮子不起贪念，和野狼共享那只山羊，那不就皆大欢喜了吗？何必争得个你死我活的"单赢"呢？

单赢不是赢，只有双赢互利才是真正的赢。战争的至高境界是和平，竞争的至高境界是合作。一名职业人士在进入职场伊始，就应当力求这样的结果。互惠互利，共筑双赢，这是与竞争对手寻求共同利益的最好办法。

4. 心胸开阔，以静制动

通常情况下，我们会将自己的竞争对手看作死敌，为了成为那个令人艳羡的胜利者，也许会不择手段地排挤竞争对手。或是拉帮结派，或是在上司面前历数别人的不是，或是设下一个又一个巧计使得对方"马失前蹄"……可悲的是，处心积虑的人往往并不能成为最终的赢家，除了收获沮丧和悔恨，再也得不到别的什么。

5. 学会欣赏你的竞争对手

张前应聘一家著名的广告公司，经过层层选拔，最终进入了复试，成了6位入围者之一。复试内容很简单：让每位入围者按要求设计一件作品并当众展示，让另外5人打分，写出相关的评语。

张前在评分时，对其中两人的作品非常佩服，怀着复杂的心情给他们打了高分，并写下了赞语。令他意外的是，他入选了！而更令他意外的是，他欣赏的那两人中只有一位入选！他不明白这是为什么。

该广告公司老总的一番话使他幡然醒悟。老总说："入围的6个人可以说都是佼佼者，专业水平都较高，这固然是重要的方面。但公司更为关注的是，入围者在相互评价中，是否能彼此欣赏。因为，庸才自以为是，看不见别人的长处，若对对方视而不见，那就显得心胸太狭隘了，从严格意义来说那不叫人才。落聘的几位虽然专业水平不错，但遗憾的是他们缺乏欣赏对手的眼光，而这点较专业水平其实更重要。"

在当前日趋激烈的就业竞争中，是否具有欣赏别人的眼光和接纳别人的胸襟，是非常重要的。因为有了这样的眼光和胸襟，才能取长补短，团结协作，共同进步。这也正是复合型人才必备的素养之一。

第九节　如何与他人协作

职场中，对于一个业务专精的员工来说，如果他仗着自己比别人优秀而傲慢地拒绝合作，或者合作时不积极，总倾向于一个人孤军奋战，这是十分可惜的。他其实可以借助其他人的力量使自己更优秀。

成功人士善于合作，因为他们知道一个人在孤岛上是无法生存下去的。所以，他们得出如下结论：一个人要取得成功，就必须学会与别人一道工作，并能够与别人合作。

事实上，那些基业长青的企业都拥有共创卓越的合作意识，甚至可以说，是否拥有这种合作精神乃是企业能否永续光辉的根本。因此，世界500强公司都在着力追求和培养把个人的创造力融入集体协作的合作精神。

然而却有一些职场中人，只工作不合作，宁肯一头扎进自己的专业之中，也不愿与周围的人有密切的交流。这样的人，想靠单打独斗把自己带到事业的顶峰是不可能的。因为，当你费了九牛二虎之力在专业上有所突破的时候，人家早已遥遥领先，你的心血也就随即变成"明日黄花"了。

当今时代是市场经济时代，市场经济是广泛的交往经济，离不开与各种类型人的合作；当今时代又是竞争时代，只有选择合作，才能成为最具竞争力的一族。

那么，我们该如何与别人进行合作呢？

1. 力所能及时，要主动向别人提供援助

可以说，在现代社会里，只靠自己独立就可完成的工作几乎是没有的。随着科技的迅猛发展，越来越多的工作是单个人所不能胜任的，因此，知识共享和合作精神成为对企业员工的基本要求。

任何事物都不可能十全十美，企业的规章制度也是如此，总有些事情是规章制度无法规定的，也一定会有一些意外的情况出现。此时，能否主动请缨，毫无怨言地接受任务，是优秀与平庸相区别的标志。一般说来，老板都会铭记员工对企业的超额付出，一有机会就会给予回报。

2. 积极参与到团队之中

在团体活动中，如果你总喜欢让别人出头露面，自己却静静地坐在那里，做一个感兴趣的旁观者。那么，你就无法培养自己的社交能力，赢得团体中其他成员对你的尊重，无法对团体的决定施加影响。既然你同样对团体的最终决策负有责任，无论你态度积极或保持沉默，你都可以贡献你的聪明才智。你应该创造积极的心理暗示。

第一步要意识到你的想法或许是不合理的，那些最担心"每个人将认为我是一个傻瓜，都会耻笑我"的人，一般来说是最有思想和见识的。实际上，往往是那些喋喋不休的人缺乏自律意识，善于空谈，徒有热情而无建树。

如果你感到忧虑和焦急，那么，你需要迫使自己迈出第一步。万事开头难，随着你不合理的怪念头的减退，以及你自信心的增强，你就能积极地参与到团体的活动中来，为团体的发展作出自己应有的贡献。

3. 由别人去做结论

平庸的合作者会急于切中他的主题，抢先作出结论，而优秀的合作者则首先创造一种互相信任和和谐的气氛，然后再提供自己的看法，而且仅仅是提供看法，而由别人做结论。

天锐公司需要添购一套自动化电镀设备，许多厂商闻讯纷纷前来介绍产品，负责电镀车间的老王因而不胜其扰。但是，有一家制造厂商就别出心裁，写来这样的一封信："我们工厂最近完成了一套自动化电镀设备，前不久才运到公司来。由于这套设备并非尽善尽美，为了能进一步改良，我们诚恳地请您前来指教。为了不耽误您的宝贵时间，请随时与我们联系，我们会马上开车接您。"

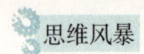

"接到这封信真使我惊讶。"老王说,"以前从没有厂商询问过我的意见,所以这封信让我觉得自己重要。"看了这套设备之后,没有人向他推销,而是老王自己向公司建议买下那套设备。

所以,要赢得合作,就不要把自己的意见强加于别人身上,而是由别人自己作出结论。

4. 要让对方具有责任感

心理学家分析说,每个人都愿意得到别人的注意,给人以好印象。广为人知的"赫尔逊工厂的试验"就是这种论断的典型例证。

一次,某人事关系专家在赫尔逊工厂做了一个试验,他首先选择一批姑娘参加试验小组。最初改善了试验小组的照明,生产搞上去了,但是,后来把照明恢复到原样,生产仍然上去了,从而得知照明并没有什么特别的效果。以后又进行了缩短工时的试验,生产还是上升了;增加休息时间后,生产又上升了。

以后,管理部门对试验小组又延长了劳动时间,这时的生产还是上升。尽管时间长了,但是姑娘们仍然辛勤劳动。看起来似乎没有什么特别的原因让姑娘们那么辛勤劳动。不论提供给她们的伙食好坏,生产效率都提高了。最后,这个谜终于被解开了:那就是姑娘们被选入试验小组,产生了责任感。

从前,没有什么人去理睬她们,但是,现在她们得到人们的重视。这正是让姑娘们更加努力的原因所在。

其实,保证你事业有成的方法之一是让与你共事的人喜欢你、欣赏你。只有善于合作,你周围上上下下的人才会希望你成功,并尽他们最大的努力来帮助你实现你的目标,同时也实现他们的目标。在团队成员的帮助下,你能最大限度地发挥自己的才能,并成为举足轻重的一员。

第十节 如何协调工作与生活

我们常常忙于工作而忽视生活,实际上,只有一个真正懂得生活之道的人才能够把握好生活的节奏,达到工作和生活的和谐。

世界上并不存在十全十美的工作,但富有意义的生活却掌握在我们每个人的手中。工作是工作,生活是生活,两者应该尽可能地区分开来。

邢立武和太太宋娇原来就职于一家国有企业,夫妻双方都有一份稳定的收入。每逢节假日,夫妻俩都会带着三岁的儿子到处游玩,一家三口其乐融融。

后来,经人介绍,邢立武和宋娇都各自跳槽去了外资企业。凭着出色的业绩,他俩都成了各自公司的骨干力量。夫妻俩白天拼命工作,有时忙不过来还要把工作带回家。

三岁的儿子只能被送到寄宿制幼儿园里。宋娇觉得自从自己和丈夫跳到体面又风光的外企之后,这个家就有点旅店的味道了。不知不觉中,孩子幼儿园毕业了,在毕业典礼上,她看到自己的儿子在台上蹦蹦跳跳的样子,竟然有点不认得这个懂事却可怜的孩子。

孩子跟着老师学习了那么多,可是在亲情的花园里,他却像孤独的小花。频繁的加班侵占了周末陪儿子的时间，以至于平时最疼爱的儿子在自己的眼中也显得有点陌生了。这一切都让宋娇陷入了一种迷惘和不安当中。

你是否和宋娇一样经常面临如何达到工作与生活和谐的困惑，而找不出合理的理由？面对生活，我们的内心会发出微弱的呼唤，只有躲开外在的嘈杂喧闹，静静聆听并听从它，你才会作出正确的选择，否则，你将在匆忙喧闹的生活中迷失，找不到真正的自我。

寻求一种简单的生活方式

过一种简单生活，这是一种全新的生活方式。首先是外部生活环境的简单化，因为当你不需要为外在的生活花费更多的时间和精力的时候，才能为你的内在生活提供更大的空间。其次是内在生活的调整和简单化，这时候你就可以更加深层地认识自我的本质。

现代医学证明，人的身体和精神是紧密联系在一起的，当人的身体被调整到最佳状态时，人的精神才有可能进入轻松时刻；而当人的身体和精神都进入佳境时，人的生命力才能更加旺盛，然后才能达到更上一层楼的境界。

你的生活节奏为什么总是那么快？你可不可以寻找一些更简单的生活方式？也许你早已经习惯了都市快节奏的生活，你不必离开它，更不必让生活后退，你只需换一个视角，换一种态度，改变那些需要改变的、繁杂的、无真实意义的生活，然后全身心地投入到自己的生活中。

跳出效率的"陷阱"

在快节奏的工作中，我们往往过于重视效率，而忽略了生活。太多机器按钮等我们去按，生活忙乱不堪，工作效率低下且毫无乐趣。

在效率的鞭策下，每个人都像机器一样忙得一刻也停不下来，这样的生活注定毫无幸福可言。事实上，以人的价值来看，我们应该依照人性来处理工作和生活的关系。

效率和花费的时间并不一定成正比。强迫自己工作再工作，只会耗损体力和创造力。我们需要暂停工作，让自己歇息一下。每当你放慢脚步，让自己静下来，就可以和内在的力量接触，获得更多能量重新出发。一旦我们能明白工作的过程比结果更令人满足这个道理，我们就更能够乐于工作了。

别把工作看得太重

一位积劳成疾的企业老板去医院看病，医生劝他要多多休息。这位老板愤怒地抗议说："我每天都有那么多工作等着去处理，晚上还要批阅大量的文件，哪有休息的时间啊？"

"为什么晚上还要批阅那么多文件呢？"医生诧异地问道。

"那些都是必须处理的急件。"老板不耐烦地回答。

"难道没人可以帮你的忙吗？"医生问。

"不行呀！只有我才能正确地批示呀！而且我还必须尽快处理完，要不然公司怎么办呢？"

"这样吧！现在我开一个处方给你，你是否能照着做呢？"医生有所决定地说道。

老板读了读处方的规定——每天散步两小时，每星期抽出半天的时间到墓地去一趟。

老板感到非常奇怪："为什么要在墓地待上半天呢？"

"因为……"医生不慌不忙地回答，"我是希望你放慢生活的节奏，瞧一瞧那些与世长辞的人的墓碑。你仔细考虑一下，他们生前也与你一样，觉得全世界的事都必须扛在双肩，

如今他们全都永眠于黄土之下了,也许将来有一天你也会加入他们的行列,然而整个地球的活动还是永恒不断地进行着,而其他世人则仍然像你一样继续工作。我建议你站在墓碑前好好地想一想这些摆在眼前的事实。"医生这番苦口婆心的劝谏终于敲醒了老板,他依照医生的指示,调慢了生活的步伐,将自己的大部分工作授权给了其他人。

他意识到了生命的真谛不在于急躁和焦虑,而在于平和地度过每一天,在这种想法的作用下,他的生活慢慢步入了正轨,事业也蒸蒸日上。

工作并不是生活的全部。一位真正懂得生活之道的人不应当把工作看得太重,以免为此背上太过沉重的包袱,这样你才能享受更轻松的生活和更高效的工作。

学会给自己适时减压

就像我们不能逃避工作一样,我们也无法逃避工作中的压力。其实,在工作中有压力并非坏事,因为人有一定的压力可以促使自己更加努力地寻求进步。

但是,压力过大则绝非好事,它会让我们陷入紧张、焦躁、疲劳的状态中,这时,工作不顺心,生活也就无法开心。所以我们要学会适当地缓解压力,释放压力,使压力保持在我们能承受的限度内,不要发生"水压过大胀爆水管"的可怕事故。

抛开一切,让自己闲一段

一位上班族曾在博客中描述过自己的一天:

6点半铃声响起,开始忙着起床,洗澡,穿职业装,吃早餐(如果有时间的话),抓起水杯和工作包(或者餐盒),跑向公交车站,挤进车内,接受每天被称为高峰时间的惩罚。

从上午9点到下午5点工作……装得忙忙碌碌,掩饰错误,微笑着接受不现实的最后期限。当"重组"或"裁员"的斧子(或者直接炒鱿鱼)落在别人头上时,自己长长地松了一口气。扛起额外增加的工作，不断看表，思想上和你内心的良知斗争，行动上却和你的老板保持一致。再次微笑。

下午5点整，再次跑向公交车站，挤了进去，接受一天之中的第二次高峰时间的惩罚。与配偶、孩子或室友友好相处。吃饭，看电视。

文章中描写的那种机械无趣的生活离我们并不遥远。每天，我们都在忙碌着，置身于一件件做不完的琐事和没有尽头的杂念中，整天忙忙碌碌，丝毫体验不到生活的乐趣。此时，我们就需要抛开一切，让自己放松下来，这样，你就会重新找到生活的意义和乐趣。

第十一节　如何打造职场人脉

在职场里，有人脉的人是最受欢迎的人，他所承受的压力比别人小，成功的概率也相对较高。卡耐基说："一个人的成功，只有15%是由于他的专业技术，而85%则要靠人际关系和他为人处世的能力。"良好的职场人脉，是一个人成功的基础和保证。

我们中国历来就有重视人际关系的传统，尤其强调人与人之间和睦相处，利益共享。据一份调查报告显示，在中国每100位头脑出众、业务过硬的人士中，就有67位因人际关系不畅而在事业中严重受挫，难以获得进一步的成功。

从如上的调查报告中，我们可以得出这样一个结论：人际关系的成功与否，在很大程度上决定着事业的成功与否。

没有好的人脉，就像在一片雷区里穿行，随时都有可能被地雷炸伤。那么，该如何打造我们的职场人脉呢？

1. 要有一颗感恩的心

感恩的心态有助于职场人脉的建立，有利于加强人与人之间的沟通。不知道感恩的人往往难以赢得别人的尊重、好感和支持。

小王是一家广告公司的策划人员，一次在工作中遇到一个难题，他的同事主动过来帮助他，同事一句提醒的话使他茅塞顿开，很快就完成了工作。小王对同事表示了感谢，并请这位同事喝酒。从此，他们的关系变得更近了，小王也因此在工作上获得了很大的成绩。

小王很有感触地说："是一种感恩的心态改变了我的人生。我对周围的点滴关怀和帮助都怀抱强烈的感恩之情，我竭力要回报他们。结果，我不仅工作得更加愉快，所获帮助也更多，工作更出色，我很快获得了公司加薪升职的机会。"

2. 突破沟通的障碍

在职场中，许多误会、矛盾乃至冲突都源于人际沟通障碍。"只有不说的事，没有说不清的事。"良好的沟通，不仅可以消除你与老板、客户、同事之间的障碍，而且还有利于建立良好的人际关系，为自己的成功打开心灵之门。

3. 每天巧妙赞美6个人

人人都愿意听好话。对于同事和下属，情况也是一样，一句发自内心的赞美之语，常常会产生很好的效果。

美国著名管理顾问艾伦曾为美国陆军部训练军官，谈起那段经历，她讲了这样一个小故事：

在上课的军官当中，有一位上校对于激励技巧很不以为然。在训练课程结束之后大约一个星期，这位上校负责一份重要的简报，由于他干得十分出色，他的上司想要赞赏他。上司找了一张黄色的图画纸，把它折成一张精美的卡片，外面写上"太棒了"，里面则写了几句赞赏的话，然后将上校叫来，并将那张卡片交给他。

上校读了那张卡片之后，呆呆地站在原地愣了一会儿，然后头也不抬地走出了上司的办公室。

上校的上司有点莫名其妙，心想：我是不是做错了什么？于是他悄悄尾随上校，结果，他看到上校拿着卡片逢人便炫耀一番。

故事还没完，那位上校后来把这招运用得比他的上司还好。他为自己设计并印刷了一批用来赞美别人的专用卡片。没过多久，他便成为所在部队中人缘最好的军官之一。

如果你能每天巧妙赞美6个人，你自然会成为一个拥有深厚人脉的职场成功人士。

4. 与人为善，友好相处

与人为善，友好相处，这是成功打造职场人脉的基础。在工作过程中，我们应该学会主动热情地与同事接近，表示一种愿意与人交往的愿望。如果没有这种表示，别人可能会以为你希望独处，不敢来打扰你。切忌不要显出孤芳自赏、自诩清高的态度，使人产生你高人一等的感觉。别忘了，不平等的态度永远不会赢得友谊。

5. 要有人情味儿

在工作中，每个人都有可能出现错误，碰到这种情况时，最好是对事不对人，做到对事无情，对人有情。对事无情反映了一个人一丝不苟的工作态度，对人有情则反映了一个人善于处理人际关系，有宽广的心胸。

三洋电器公司副社长后藤清一曾是松下电器的员工，有一次，后藤清一违反松下公司的规定，未经请示就擅自变更了承包定额的单价，被松下知道了。

晚上10点，后藤被松下叫去了。松下一边骂，一边用捅炉子的铁条使劲敲打火炉，松下发现铁条被敲断了，才大声命令说："你把它扫完了再回去。"

后藤有贫血的毛病，在这暴风雨般的斥责下，悔恨交加，当场昏倒了。

松下立即让人送后藤回家，并请后藤的夫人多多照顾他，第二天上班，松下就给后藤打电话："后藤吗？我没有什么特别的事，只想问一下，你现在没事了吧！"

后藤被感动了，紧紧握住话筒，被松下痛责的懊恼心情顿时全消。

对人有情，对事无情。比如你的下属有做得不对的地方，你就要从讲原则的角度出发，该批评的就批评，该处罚的就处罚，这样既不破坏规矩和制度，也能对其他人起警醒的作用。

天时、地利、人和是成功的三大要素。而其中"天时不如地利，地利不如人和"。要想在职场上取得成功，人脉是个不可忽视的因素。

在某种意义上，好的人脉是决胜职场的支撑点，如果你有好的人脉，你就可以得到别人的帮助与拥护，拥有这些，就会为你实现自己的理想起到推动作用。

第八章

画出高效学习力

第一节　4种方法帮助我们启动思考

生活中，很多人认为思考本身是很乏味的、抽象的、让人迷惑的，这与使人昏昏欲睡的认识不无关系。那么，思维导图在帮助并启动我们思考方面就显示出了特有的魅力与价值，成了帮助我们理清思路的创造性工具。

为了让我们神奇的大脑转动起来，保障我们每天顺畅地思考，并提高思考力，可以从以下几个方面入手。

1. 排除多余的干扰

当我们针对要解决的问题进行思考的时候，一定要避免不受其他次要想法的干扰，因为我们的大脑里每天都有数千个一闪而过的想法产生，其中很大一部分会起到干扰的作用，使我们难以清醒地专注于我们想要思考的问题。

如果采用思维导图的形式，可以在罗列关键词的同时，进行相互的比较和筛选，可以有效排除多余的干扰，让思考更集中。

2. 紧紧围绕主题

一般，我们一次只思考一个主题，这时，我们必须命令我们的大脑集中注意力。也许，这种命令在起作用前需要几分钟时间，需要我们耐心地帮助我们的大脑关注于我们思考的主题。

这样做的好处是，可以迅速激活我们的大脑，使它运转起来，获得我们想要的想法。

这个思考的主题可以作为思维导图的关键词放在节的中心位置。

3. 关心一下自己的感受

如果当你绞尽脑汁，还是很难围绕所要解决的问题启动思考时，那么，你可以尝试着关注一下自己的内心感受，把这些感受写在思维导图上。问问自己在思考过程中，产生了什么感受，并顺着这些感受展开与内心的对话，说不定会瞬间打开思路，获得意外的惊喜。

4. 养成随时思考的习惯

当思考成了一种习惯，无疑会对你有很大的帮助。让大脑经常处于工作状态，很容易发动你的思考过程，获得解决问题的有效方法。

平时，借助思维导图，你可以对身体发生的任何事情随时随地进行评价、质疑、比较和思考。利用思维导图无限发散的特性，可以让思维更清晰有力，哪怕是胡思乱想，也会为你所关注的问题找到满意的答案。

以上几种方法可以帮助我们训练思考。只有当我们的思考借助思维导图，并与思维导图完美地结合在一块的时候，才会更容易帮助我们获得源源不断的想法，这些想法不仅新奇而且富于创造力。

现在，请你针对如何启动自己的思考画一幅思维导图。

第二节　3招激活思维的灵活性

灵活思维的好处是，当我们遇到难题时，可以多角度思考，善于发散思维和集中思维，一旦发现按某一常规思路不能快速达到目的时，能立即调整思维角度，以期加快思维过程。

激活思维的灵活性，可以从下面3个方面入手：

1. 培养迁移能力

迁移，是指一种学习对另一种学习的影响。

我们更多地要用到的是知识迁移能力，即将所学知识应用到新的情境，解决新问题所体现出的一种素质和能力，形成知识的广泛迁移能力可以避免对知识的死记硬背，实现

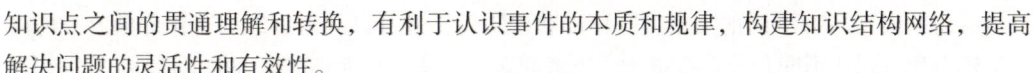

知识点之间的贯通理解和转换,有利于认识事件的本质和规律,构建知识结构网络,提高解决问题的灵活性和有效性。

思维的灵活性主要体现在解决问题时的迁移能力上,必须有意识地去培养自己的迁移能力,从而能够灵活地解决学习中的一些问题。

语文学习中,常常能遇到写人物笑的片段,比如《葫芦僧判断葫芦案》中的"笑",《红楼梦》第四十四回中每一个人的"笑",《祝福》中祥林嫂的"三笑",各自联系起来,分析比较,各自表现了人物的什么个性,同时揭示了什么主题等等。

通过这种训练,可以使分析作品中人物的能力和写作中刻画人物的水平大大提高。

2. 利用"一题多解"

这种方法在数学学习中经常使用,对"一题多解"的训练,是培养思维灵活的一种良好手段,这种训练能打通知识之间的内在联系,提高我们应用所学的基础知识与基本技能解决实际问题的能力,逐步学会举一反三的本领。

学会"一题多解"的思维方式,可以训练思维的灵活性,使自己在思考问题的起点、方向上及数量关系的处理上,不拘泥于一种方式,而是根据需要和可能,随时调整和转换。

3. 大量阅读不同体裁的文章

文章是作者进行创造性思维的成果。一篇文章的创造性,主要体现在它的构思和语言的运用上,体现在文章的思想观点和表达方式上。

不同体裁的文章,也各有各的特点,就是同一体裁中的同一内容的文章,风格也是各异。在阅读一篇优秀文章时,善于发现它们的不同,善于吸取它们各自的特点,对于训练自己的思维是有益的。

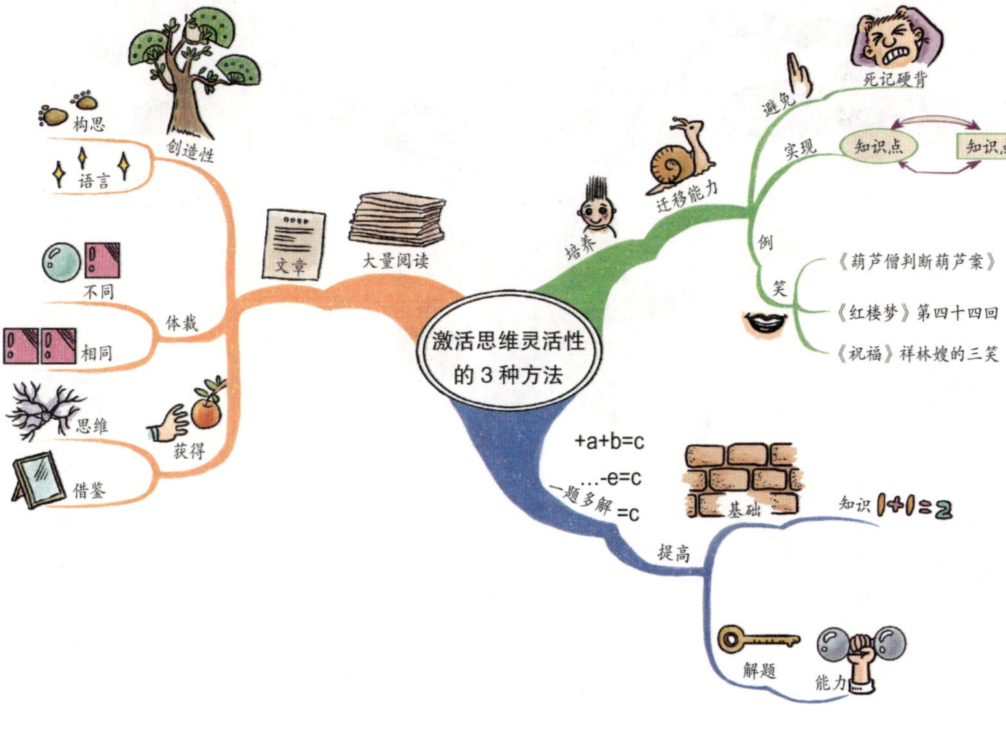

总之，多读各种不同的文章，既可以获得知识，又可以获得思维和写作的借鉴，可以从比较中学习到从不同角度观察事物、思考问题的方法，从而培养思维的灵活性。

培养思维的灵活性，要学会从不同的角度、不同的方向用多种方法来解决问题。要培养思维的灵活性，就要多动脑筋，加强学习，在实践中探索新思路、验证新方法，并及时总结、改进，就一定能增强思维的灵活性，搞高思维的应变能力。

针对3种行之有效的激活思维灵活性的方法，已用思维导图表示（见293页）。

第三节　5步让我们克服骄傲的毛病

学习中有一些人不能正确对待荣誉与成绩，有的拔尖逞能，有的盲目自满，有的沾沾自喜，有的把集体的成绩看成是个人的，有的瞧不起同学，等等。

这些骄傲自大的不良习惯，最终会影响自己的不断进步，甚至使自己脱离同学，脱离集体，失去目标，成为一个自私自利的小人。而当今社会对我们的要求是，要想取得学习上的高分，成就事业，就必须首先学会做人。因此我们应从小培养谦逊的品格使自己形成戒骄戒躁的良好习惯。

那么，怎样培养谦虚的习惯呢？

首先学习这幅思维导图：

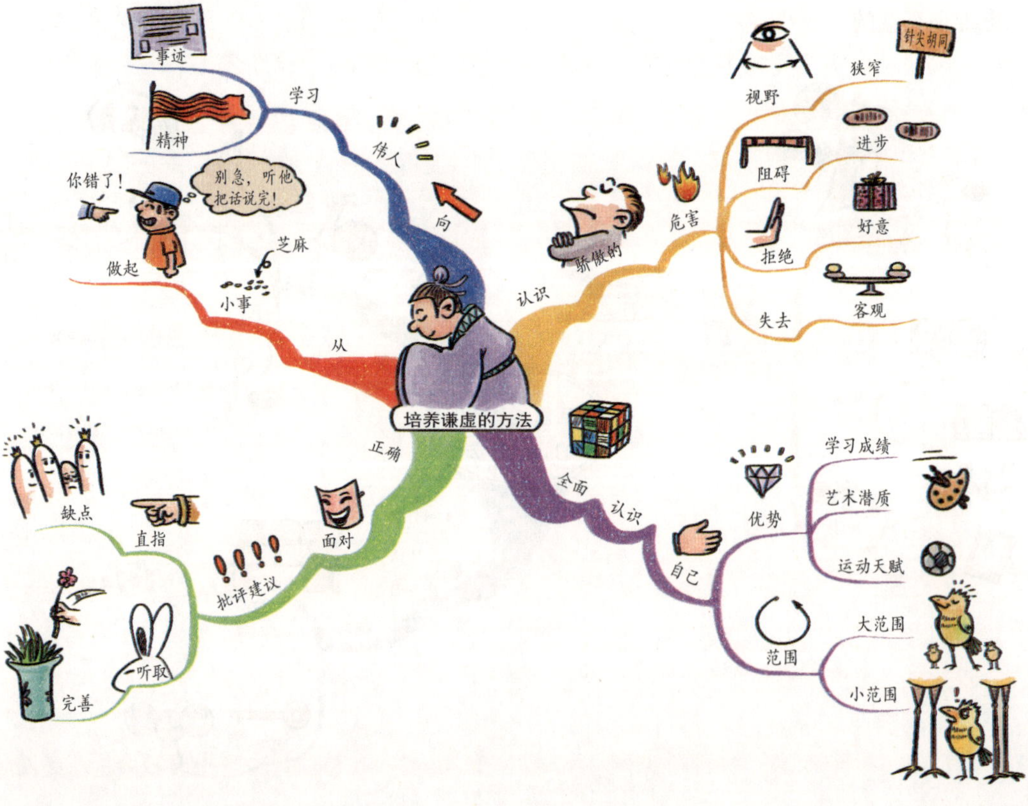

由图，我们可以看出，培养谦虚的好习惯有 5 种好方法：

1. 认识骄傲的危害

盲目骄傲自大的人就像井底之蛙，视野狭窄，自以为是，严重阻碍了自己继续前进的步伐。由于骄傲，你会拒绝有益的劝告和友好的帮助。而且由于骄傲，你们会失掉客观的标准。

骄傲是对自己的片面认识，是盲目乐观，常会让人不思进取。应该培养自己的自信心，但不能滋长骄傲自满的情绪。

2. 全面认识自己

骄傲的产生往往源于自己的某方面特长和优势，应该先分析这种骄傲的基础：是学习成绩比较好、有某方面的艺术潜质，还是有运动天赋，等等。然后应认识到，自己身上的这种优势只不过限定在一个很小的范围内，放在一个更大范围就会失去这种优势；正确的态度应该是积极进取，而不是骄傲懈怠；并且优势往往是和不足并存的，同时应该努力弥补自己的不足。

另外，应该开阔胸怀，走出自我的狭小空间，到更广阔的地方走走，陶冶情操，了解更多的历史名人的成就和才能，以丰富的知识充实头脑，让自己变骄傲为动力。

3. 正确面对批评建议

批评往往直指一个人的缺点，如果一个人能够接受批评，他就能够比较清楚地看到自己的缺点。对于我们来说，在评论自己时常会出现偏差，原因是"不识庐山真面目，只缘身在此山中"，若能经常听取别人的意见或建议，就能不断充实和完善自己。

谦虚不仅是一种美德，还是你无往不胜的美德。养成无论在任何时候都保持谦虚温和的良好习惯，是丰富和完善人生的一种要求。让我们永远做一个谦虚的人，一个学而不厌的人吧。

4. 从小事做起

戒骄戒躁、谦虚的习惯要从小事中培养，比如取得好成绩或得到别人的夸奖，都不应该骄傲，谨记"谦虚使人进步，骄傲使人落后"的座右铭。

5. 多向伟人学习

古今中外许多伟人都是十分谦虚的，像马克思等。可以向老师、家长请教这方面的事迹，也可以自己读一些这方面的故事，并时时提醒自己要向这些伟人学习。

第四节　6 步搞定英语听力

我们都知道，英语听力的好坏不仅对考试的成绩，而且对考试的信心、考试的情绪都有很大的影响。虽然多听有益，但也应该掌握一定的方法，方可取得高分。

在这里，我们主要讲怎样利用磁带练习听力：

1. 随时随地法

利用可以利用的每一分钟，无论是上学放学的路上、茶余饭后，还是睡前醒后都可以戴上耳机，随时随地地听。

2. 集中分段法

首先在某一段时间内，集中精力听一个内容，这一盘录音带没有听懂、听熟之前，先不听别的内容。其次可以把一天的时间分成若干段，每一段听不同的内容。

3. 先慢后快法

刚开始练习听力的时候，可以先听语速慢的录音带。然后再过渡到语速快的录音带。

4. 先中后外法

我们可以先听中国老师录的录音带，然后才过渡到外国人录的录音带，因为中国老师的录音我们听起来会更容易接受，可以看作是一个很好的过渡。

5. 词汇过关法

听录音带时，要听课文，也要听词汇。有时，听词汇比听课文更重要。如果每天都要听一遍中学课本的词汇册，时间一久，在脑子里就形成了"听觉记忆"，以后碰上听过的词，脑子里一下就能反映出来。就如同看熟了的电影，听了上句，都知道下句是什么是一个道理。

6. 自录自听法

通过这种方法可以检查自己的弱点，也可以借此增强自己的自信心。同时，还可以借此添上一点趣味性的东西。

综上，绘制如下思维导图：

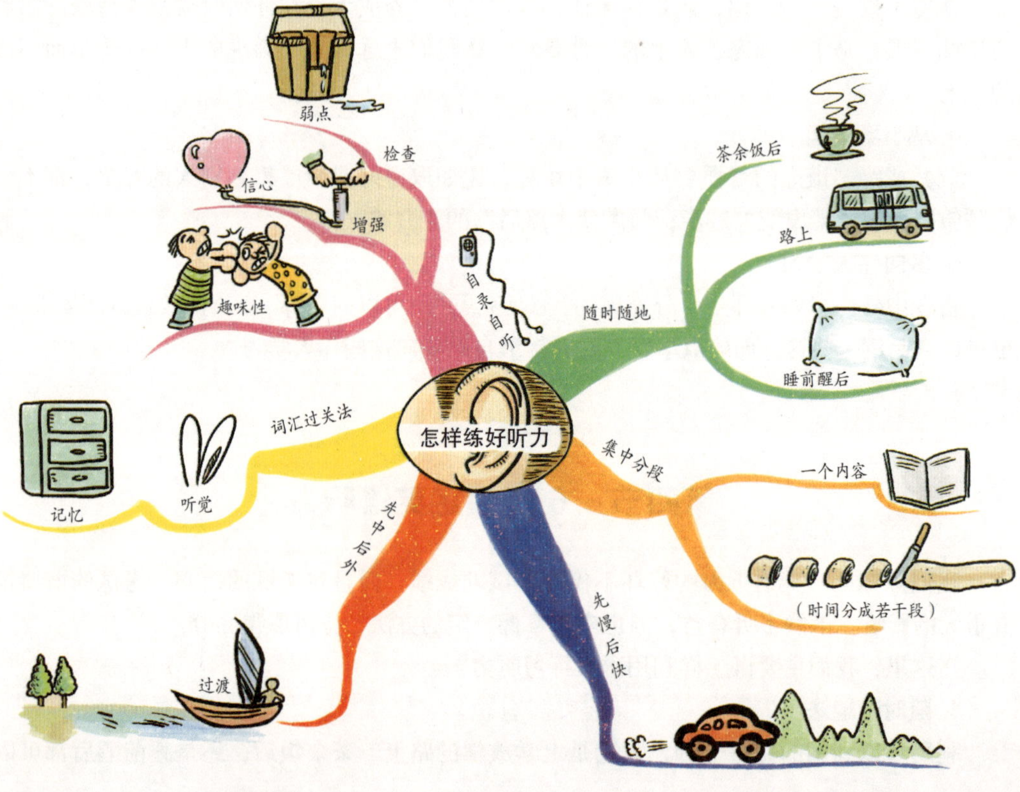

第五节　有效听课应注意的8个细节

高效的学习者听课都有一个特点,那就是"听课要听细节",具体可见下图:

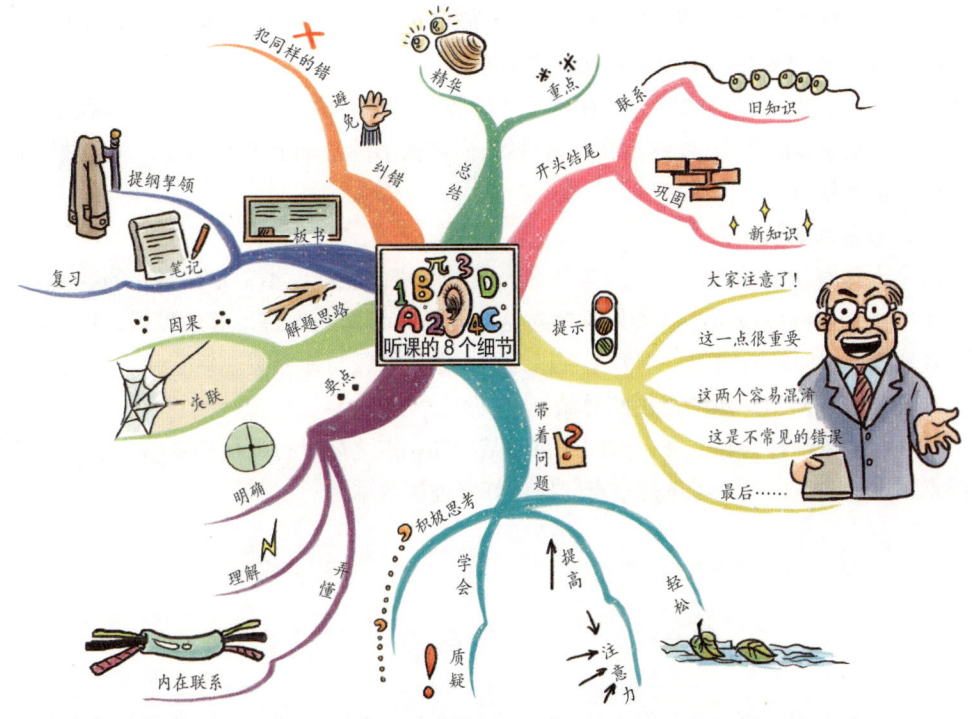

由图可知,有效听课的8个具体细节为:

1. 留意开头和结尾

老师在讲课时,开头一般是概括上节课的要点,指出本节课要讲的内容,把旧知识联系起来的环节,要仔细听清。老师在每节课结束前,一般会有一个小结,这也是听课的重点所在。

2. 留意老师讲课中的提示

我们在听课中,经常能听到老师提示大家:"大家注意了","这一点很重要","这两个容易混淆","这是不常见的错误","这些内容说明","最后"等等字眼,这些词句往往暗示着讲课中的要点,应该给予足够的重视。

3. 学会带着问题听课

善于学习的人几乎都有一个好习惯,即他们善于带着问题去听课。听课不是照搬老师的讲课内容,而应积极思考,学会质疑,解决困惑。带着问题去听课可以提高注意力效率,可以在听课的时候有所选择,大脑也不容易感到疲劳,不仅听课效率高而且会更轻松。

4. 留意教师讲解的要点

听课过程中,我们应该留意老师事先在备课中准备的纲要是什么,上课时,老师是怎

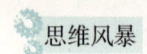

样围绕这个提纲进行讲解的。我们在力求抓住它、听懂它、理解它的同时，还可以通过听讲、练习、问答、看课本、看板书等途径，边听边明确要点和纲要，弄懂知识的内在联系。

5. 留心老师分析问题的思路

各学科知识之间都有前因后果、上关下联的逻辑关系，有时可以相互推理，思路互通。在理科中表现得比较明显，比如一个定理、一条定律、一道习题，都有具体的思维方法，我们用心留意老师分析问题的思路和方法，仔细揣摩，就能轻松获得灵活的思维能力，越学越出色。

6. 留意老师的板书归纳和反复强调的地方

不言而喻，反复强调的地方往往是重要的或难以理解的内容，板书归纳不仅重要，而且是具有提纲挈领的作用。要注意在听清讲解、看清板书的基础上思考、记忆，并且做好笔记，便于以后重点复习。

7. 留心老师如何纠错

每个人都有做错题的时候，当老师在为同学纠错的时候，不管是你做错的题或者是别人做错的题，你都应该留心。如果你能对这些容易做错的题保持足够的警惕，那么以后就能有效地避免犯同样的错误，千万不要以为别人做错的题与你无关。

8. 留意老师对知识点的概括和总结

几乎每个老师都会在上完一堂课或讲过某些知识点之后进行概括和总结，这些"总结"是课堂知识的精华，也是考试的重点，应该好好理解和掌握。

第六节　做好作业有6项注意

每一个善于学习的人在做作业时，都有自己的心得体会，一般而言，需要注意6个方面：

1. 作业要工整、简明、条理清楚

平时做作业时，应当养成良好的习惯。工整、简明、条理清楚的作业可以反映一个人一丝不苟的学习态度，可以避免出现不必要的差错，有利于检查时查找；另外复习时看起来也方便；老师批阅起来可以快得多。

2. 作业要保存好

如果你能按照知识系统，定期将作业分门别类地保存起来，放进卷宗或公文袋中，到复习时可随手拿来参看。作业是学生平时辛勤劳动的成果，不注意保存好，就等于把自己的劳动果实白白丢掉了。

3. 作业要独立完成

每一个高效的善学者都会自己独立完成作业。做作业的目的是巩固、提高和扩展所学知识，培养分析问题和解决问题的能力。课堂作业和家庭作业都是学习过程中必不可少的重要环节。如果不是自己独立完成作业，就难以发现学习中的薄弱环节和不足之处，容易养成依赖心理和投机取巧的坏毛病，当必须自己思考和解决问题时，就会不知从何下手。

4. 不拖沓作业

善学者从不会为每天大堆大堆的作业感到头疼。如果一个学生每天作业拖沓，那就糟了。

整天都在应付作业,玩的时间被挤掉了,生活和学习就会变得既劳累又无乐趣。

5. 切忌模仿做题

有一些学生喜欢模仿做题,所谓模仿做题就是指在做题过程中机械地套用老师的解题方法、解题格式,或者机械地套用公式、套用自己以前的解题经验,对做题过程所想到的、所写出的每一句话或者每一步心理活动过程都不明确。总的来说,只是模仿做题对我们收获不大。

6. 不搞题海战术

事实上,很多优等生都不是通过题海战术做出来的。无论在学校还是在家里,经常见到有些同学超负荷地做练习题,漫无边际、毫无目的。大量的练习题只会让我们思维混乱,晕头转向,难以应付。做习题应当有所选择。实际上,教科书上的作业练习和老师补充的练习,加上各级教学主管部门的各种复习材料,已足够学生的习题量了,根本不需要再去到处搜寻。

对此,如何做好作业,需要注意的6个地方可用下图表示:

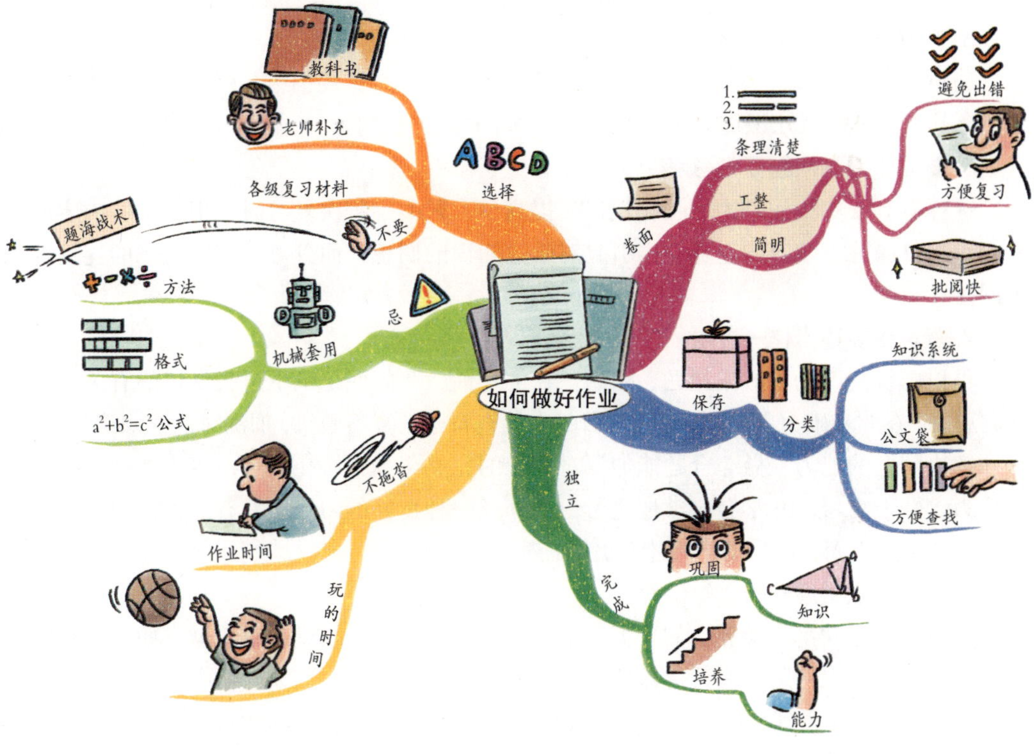

第七节　11种方法正确进行课后复习

在这里,介绍11种正确进行课后复习的方法:

1. 及时进行第一次复习

很多人都有这样的经验,对于刚刚学习过的知识,越早复习记忆越深刻。不论是在课堂上以各种机会和形式进行复习巩固,还是课后的精读、归纳整理、总结概括、研习例题、多做练习等等，都是及时复习的好做法。当天学的知识，要当天复习好。否则，内容生疏了，知识结构散了，就要花更多的时间重新学习。要明白，修复总比重建倒塌了的房子省事得多。

2. 尝试运用回忆

在课后试着把老师所讲的内容回忆一遍，如果记得不清可以随时翻看课本，然后再回忆。如此反复几次之后，才能把提纲编写得准确、完整。这种方法可以加强记忆和理解。

3. 多种感官参与复习

手、耳、口、脑、眼并用的情况下可以增强复习效果，不仅适用于文科类的学习与记忆，同样适合于理科。

4. 要紧紧围绕概念、公式、法则、定理、定律复习

思考它们是怎么形成与推导出来的，能应用到哪些方面，它们需要什么条件，有无其他说明或证明方法，它与哪些知识有联系……通过追根溯源，牢固掌握知识。

5. 复习要有自己的思路

通过一课、一节、一章的复习，把自己的想法、思路写成小结，列出表来，或者用提纲摘要的方法把前后知识贯穿起来，形成一个完整的知识网。

6. 复习中遇到问题要先思考

这样有利于集中注意力、强化记忆、提高学习效率。每次复习时先把上次的内容回忆一下，不仅保持了学习的连贯性，引起对学过知识的回想，而且可以加深记忆的连续性和牢固性。

7. 复习中要适当作一些题

可以围绕复习的中心来选题、做题。在解题前，要先回忆一下过去做过的有关习题的解题思路，在此基础上再做题。做题的目的是检查自己的复习效果，加深对已学知识的理解，培养解决问题的能力。做综合题能加深对知识的完整化和系统化理解，培养综合运用知识的能力。勤于复习，并学会科学地复习，并养成一种良好的习惯。只有这样，我们所学的知识才会更加牢固，以后的学习才会更加轻松。

8. 把知识点做成一张"知识网"

每科知识之间都有关联，如果孤立地去看所学的知识，很难理解透彻，如果能把知识点放在一张"知识网"中去看待，那样就很容易理解和记忆。比如，初中代数重点"分式的运算"，如果联系到小学学过的"分数运算"就能容易搞清楚彼此的联系。

9. 运用"方法"和"技巧"

在复习过程中，要注意总结用过的"方法"和"技巧"，主要体现在思维方法和分析解决问题的思路上，这种思路和方法有可能出现在课本中，也可能是老师的点拨。

10. 交叉复习方法

在复习阶段，可以找一些涉及不同部分知识的综合应用题，交替学习同一科目内的不同部分，通过比较分析，可以加深自己对知识的理解和应用能力。

11. 随时自测，时刻认清自己

自我测验既是一种复习方法，也是我们学习主动性的表现。在学习中养成随时对自己

进行自我检测的好习惯，会清楚地明白自己好在哪里，差在哪里，随时有针对性地进行重点复习，以达到事半功倍的效果。

综合以上 11 种高效复习方法，绘制思维导图如下：

第八节 解决生活和学习中遇到的困惑

目前，思维导图已经应用于生活的各个方面。在对于帮助自我分析，更深入地了解自己，包括自己的需求、欲望、中长期目标等方面具有很实际的意义。比如，你考虑报某个暑期补习班，确立自己下学期的学习目标，思维导图都可以在很大程度上帮助你理顺想法、明晰思路。

在自我分析方面，如何正确地了解和评估自己呢？

一般，对自我的认识包括对生理、心理、理性、社会自我等几个部分的认识。生理方面，主要是指对自己的相貌、身体、服饰打扮等方面的认识；心理方面，主要指对自我的性格、兴趣、气质、意志、能力等方面的优缺点的评估与判断；理性方面，主要是指通过社会教育和知识学习而形成的理性人格，如对自我的思维方式和方法、道德水平、情商等因素的

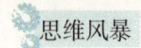

评价；社会自我认识，主要指对自己在社会上所扮演的角色，在社会中的责任、权利、义务、名誉，他人对自己的态度以及自己对他人的态度等方面的评价。

这些自我认识都可以在思维导图上表现出来。

画图之前，需要你拿出一张白纸来，在白纸中心画一个中央图像代表自己，然后由这个中心图像向四周发散，并根据生理、心理、理性、社会自我四个方面，联想与自己相关的所有属性，并将你想到的属性与中心连线，比如你可以参考的属性有：性格、爱好、长处、短处、理想、兴趣、家庭背景、交际范围、朋友网、长期或短期目标是什么、上大学最想做的事是什么、现在的苦恼是什么、自己最尊重的人，自己需要为父母做到什么等等的方面。

你在列出这些属性的同时，也可以给出该属性的具体表达，如性格后面标上"开朗"等等。

由于思维导图可以对你的内在自我作一个全面的综合反映，因此，当你获得了比较清晰的反映内在自我的外部形象后，你就不太可能作出一些有违自己本性和真实需求的决定，从而使你避免一些不快的结果发生。

为了避免一些自己不愿意看到的结果出现，最好的办法就是从绘制一幅能够帮助自我分析的"全景图"开始，在这幅图里要尽可能多地包括你的性格特点和其他特征。

我们在作自我分析方面，尽量选择一个比较舒服的环境，最好能对你的精神起到刺

激作用，这一点非常重要。目的是使你在作自我分析时达到无所顾忌，做到完整、深刻和实用。

在画图时，不必考虑图面的整洁度，可以快速地画出思维导图，能够让事实、思想和情绪毫无保留并自由地流动起来，如果过于整洁和仔细的话，容易抑制思维导图带给我们的无拘无束感。当然，选择好主要分支之后，你应该再绘制一张更大一些、更有艺术气息、更为成熟的思维导图。

最后作出最后的决定，并计划你的下一步行动。

总之，通过绘制自我分析的思维导图，可以帮助我们更清晰地知道生活和学习的重点在哪里，可以使我们获得更多对于自己的客观看法。通过思维导图可以更全面真实地反映个人情况，解决更多的实际问题，从而为下一步决定做好准备。

第九章

高分思维导图的细节

第一节　7招把注意力集中到位

对一个学生来说，没有注意，就没有学习。对于一个善于学习的人来说，注意力是影响学习效率的最重要因素之一，在学习过程中起着重要的作用。

在这里，有7招可以让你集中注意力：

1. 早睡早起，自我减压

正常休息，多利用白天学习，提高单位时间的学习效率，不要贪黑熬夜，累得头脑昏昏沉沉而一整天打不起精神。相信付出就有收获，让心情轻松、保持愉快，注意力就容易集中了。

2. 放松训练法

你可以舒适地坐在椅子上或躺在床上，向身体的各个部位传递休息的信息。让身体松弛起来，同时暗示它休息，然后，从右脚到躯干，再从左右手放松到躯干。这时，再从躯干到颈部、头部、脸部全部放松。只需短短的几分钟，你就能进入轻松、平和的状态。

3. 积极目标训练法

学会任何时候将自己的注意力集中起来，是一个高效学习者的重要品质。当你给自己设定一个提高自己注意力和专心能力的目标时，你就会发现，在非常短的时间内，集中注意力就会有很大的改观。

比如这一年我的目标是什么？这一学期甚至这一周我的目标是什么？我应该完成哪些学习任务？一旦目标明确了，学习的动力就足了，注意力就不易分散了。

4. 培养自己专心的素质

如果想让自己专心致志地学习，首先要有自信心，相信自己可以具备迅速提高注意力集中的能力，只要下定决心，不受干扰，排除干扰，我们就可以做到注意力的高度集中。

5. 感官同用法

训练注意力，同样需要调动多种运动器官来协同活动，在大脑皮层形成一个较强的兴奋中心。如耳听录音带，嘴里读单词，眼睛看课本，手在纸上写单词。这样，注意力自然就不分散了。

6. 排除干扰法

排除干扰法,包括外界的干扰和内心的干扰,有时,内心的干扰比外界环境的干扰更为严重,我们可以通过给内心提示和暗示来训练自己,比如告诉自己有很多大目标都没有实现,必须集中精力。

7. 难易适度法

这种训练方法要求我们,对于那些已能熟练解答的习题不要花太多时间去演算,可以找一些这方面经典性的题目练习。对于难度大的题目,先独立思考,再求助老师、同学或家长。对于不感兴趣难度又比较大的内容,自己首先订好计划,限定时间去学习,就不会松懈拖沓。如果攻克一个难题,就给自己一个奖赏,让成就感来激励自己,从而集中注意力。

以上7招集中注意力的方法,结合思维导图绘制如下:

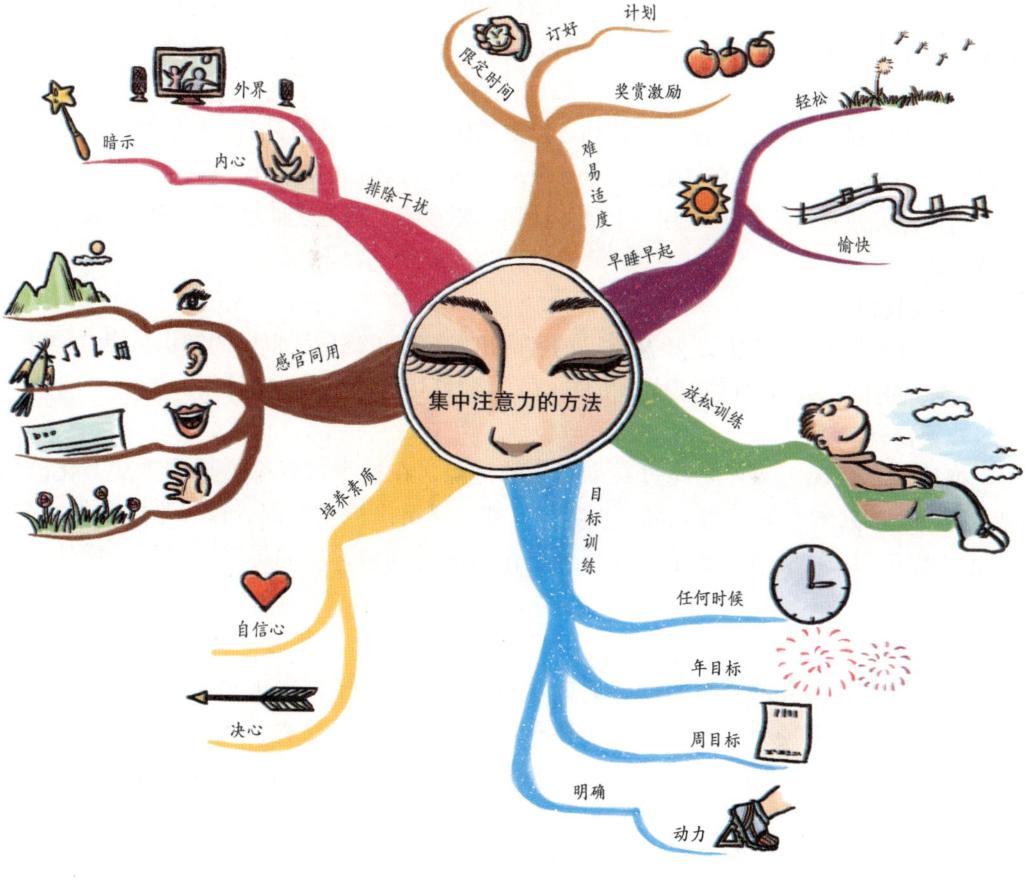

第二节　11步制订完美的学习计划

制订完美的学习计划,共有11步。

1. 拥有正确的学习目的

我们学习不是为了别人,而是为了自己,每个人的学习计划,也是为自己的学习目的服务的。拥有正确的学习目的，便可以推动我们主动积极地学习和克服困难。

2. 全面规划学习

很多人都认为，学习计划包括娱乐，甚至还应当有进行社会工作、为集体服务的计划；有保证充分睡眠的时间；有娱乐活动的时间；有课外阅读的时间等等。这样既能保证自己的全面发展，又能保持旺盛的精力，还能使学习生活丰富多彩、生动有趣。

3. 学习计划要从个人实际出发

具体说来，学习计划要切合个人实际情况，目标应合理。在每个学习阶段，能有多少确实可用的学习时间？常规学习时间可以安排多少？自由学习时间可以安排多少？

4. 要科学安排

即科学地安排常规学习与自由学习的时间。常规学习时间用来完成老师当天布置的必须完成的学习任务；自由学习时间用来查漏补缺、课外自学、课外活动，以扩大知识面，掌握学习的主动权。力争做到"时时有事做，事事有时做"。

5. 要长短结合

就是要做到长计划短安排。长计划可以使具体任务有明确的目的，短安排是为了使长计划的任务逐步实现。为了实现总的目标要求，在一段较长的时间里应当有个大致安排，每星期、每天做些什么，也应有一个具体计划。要在晚上睡觉之前就安排好第二天什么时间做什么。

6. 要符合实际

制订计划不要脱离实际，要从自己的实际出发，在正确估计自己的知识与能力、可供自己支配的时间、查清自己知识缺漏的基础上，制订切实可行的学习计划。

7. 要留有余地

把计划变成现实，还要经过一个努力的过程，在这个过程中会遇到千变万化的情况。所以，计划不要安排得太满、太紧、太死，要留出机动时间，目标不要定得太高，以免实现不了。如果情况变了，计划也要作相应的调整，比如提前、挪后、增加、删减等。

8. 要突出重点

学习时间和内容都是有限的，所以计划要有重点，做到保证重点、兼顾一般。所谓重点是指自己的弱科、弱项和知识体系中的重点内容，要集中时间、精力保证重点的落实。

9. 要经常检查

对于我们计划中安排的内容，时常检查一下是否都做了？任务是否都完成了？效果如何？没完成的原因又是什么？要经常对照检查，发现问题及时采取相应措施，或调整计划，或排除干扰计划的因素。

10. 科学地制订学习计划

做好学习计划，可以使学习有明确的目的性，以便合理地安排学习内容和时间，使学习有条不紊，变被动为主动。这不仅可以提高学习的效率，而且还可以使自己养成良好的学习习惯，使勤奋精神落到实处。我们只有按照学习计划坚持不懈地执行下去，才会取得

良好的学习效果。

11. 根据各科成绩，合理调整时间安排

一些人在学习过程中，不可避免地会出现个别科目拖后腿的现象，这时就需要在计划安排上有所侧重，在成绩差的科目上多花一些时间。最好是在不影响正常计划的前提下把机动时间用来查漏补缺，每天至少要解决一个问题。

第三节 7招强化抗挫折能力，实现高分

学习是一个不断遭遇挫折、克服困难的过程。为了实现自己的学习目标，取得高分，就需要我们增强自身的抗挫折能力。

具体说来，有以下7种办法：

1. 培养自己的抗挫折能力

古今中外历史上，所有为人类作出大贡献的伟人，都经历过无数次挫折，都有很强的抗挫折能力。每当我们遭遇挫折的时候，要学会换一种眼光去看待，学会锻炼自己的意志，让自己一次比一次坚强。

2. 把学习失利当作机遇

我们可以把学习和考试中遇到的失误和失利当成磨炼自己意志的机会，当成增长自己能力的机遇。

3. 时刻充满必胜的信心

一般情况下，当我们遭遇挫折时，情绪难免会失落，这时，你不妨放声高呼几声，比如："挫折你尽管来吧，我定能战胜你！"同时，面对挫折，不要退缩，要想方设法去寻求解决问题的新途径。

4. 发挥自己的积极主动性

无论是在生活或学习中，我们都应尽可能地减少对老师和父母的依赖，只要是自己能做的事情，就不请别人帮忙和代做。善于调动自己的积极主动性，我们才能主动锻炼自己，增长抗挫能力。

5. 养成锻炼身体的好习惯

健康的身体是取得好成绩的保证。身体的强弱对学习效果的好坏影响很大。一个身体健壮的人，比起身体羸弱的人，往往可以凭借充足的精力去克服学习上的困难。

平时，我们应该有锻炼身体的意识，每天坚持做一至两项自己喜欢的运动，长期坚持下去，自然能增强抵抗恶劣环境的能力。对学习中遭遇的挫折，也许就会不以为然了。

6. 平时主动给自己制造难题

日常学习中，可以根据学习进展，不时地给自己制造些难题，设计些困境，以发挥自己的能动性，挖掘自己的学习潜力，从而完善自己的知识结构。

7. 设法多读一些名人传记

名人传记是人类的精神养料。比如，我们熟知的罗曼·罗兰的《名人传》中，曾引用

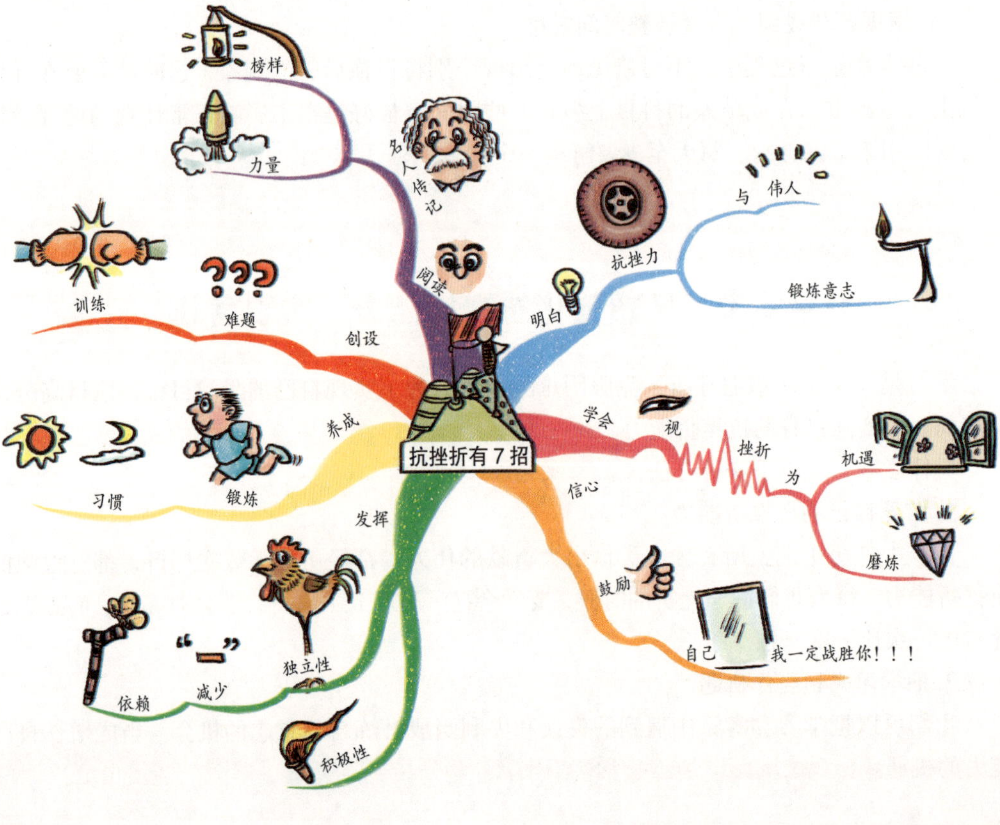

了贝多芬的名言："不幸的人啊！切勿过于怨叹，人类中最优秀的和你们同在。"假如你读过这本书，或许在你感到绝望的时候就会想到音乐巨人贝多芬，在迷茫的时候想到画家米开朗琪罗，在孤独的时候想到托尔斯泰。

阅读名人传记，就像是在和伟大的人对话，除了让我们了解到他们的人生经历之外，也能让我们对比自己，从而清楚地看到，原来自己面临的困难是多么的渺小，只要多一些毅力和耐心，任何困难都将不堪一击。

我们在不断阅读名人传记的过程中，就能感觉到人生就是不断战胜困难、战胜挫折的过程。

其实，像《史记》等历史著作就是很好的人物传记读本，如果是自传性的书，我们尽量选择那些年纪偏大的，对人生有所总结的人的作品，比如季羡林先生的作品就值得一读；如果是给别人写的传记，我们尽量读那些大家的作品，比如林语堂写的《苏东坡传》等。

以上7招可以增强自己抗挫折的能力，你是否掌握了呢？为了强化我们抗挫的意识，现以思维导图的形式绘制如上页图。

第四节　4种方法轻松管好你的时间

善于利用时间是善学者高效学习的保证。

在学习阶段，大部分的时间是在课堂和自习中度过的，能自由支配的时间很少，在这种情况下，更应学会利用和管好我们宝贵的时间。

下面即是一个管理时间的思维导图：

从图中我们可以看出，管理时间主要有4种方法：

1. 充分利用零碎的时间

生命是以时间为单位的，时间就是生命。学习是要用时间来完成的，浪费自己的时间等于慢性自杀。只有利用好自己身边的零散时间，才能不断地超越自我，实现学习上的飞跃。

善于利用零散时间的人，可用的时间就比别人多。除了"挤"时间，还要善于节省时间，比如一天当中，一定要办最重要的事情；用大部分时间去处理最难、影响最大的事，等等。"挤"时间与省时间的另一个方法是科学利用业余时间。

2. 找准适合自己的最佳学习时间点

一个人一天究竟在什么时间点学习效率最高，这个学习效率最高的点，就是我们要掌握的最佳学习时间点。在学习过程中，我们可以尽量根据个人的生理特点找出可以让学习效率最高的最佳学习时间点，这样才能有助于达到最佳的学习效果。

找准个人学习的最佳时间点，可以充分发挥时间的价值。

你可以根据自己的情况，制订一天的学习计划，比如，什么时间段背诵语文？什么时候想学英语？什么时候阅读最轻松？接下来又干什么，有条不紊。时间长了便自成一种用

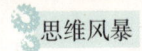

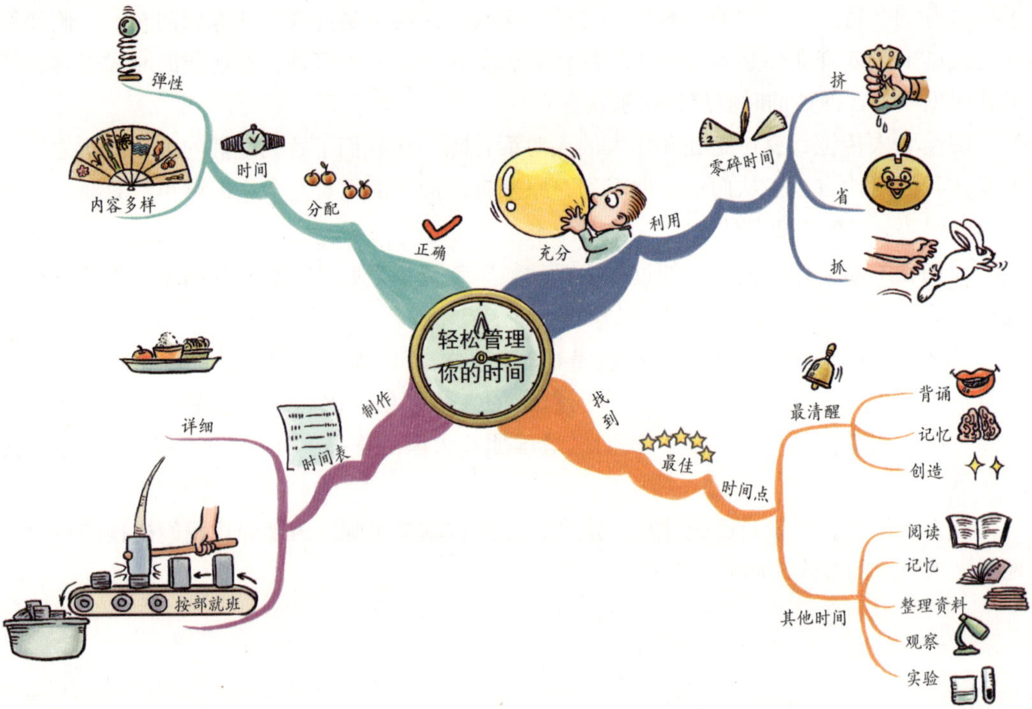

时节律。

找到适合自己学习的最佳时间点，在头脑最清醒的时间无疑可以用来背诵、记忆、创造；其他时间可用来阅读、浏览、整理资料、观察、实验。

这样合理地安排时间，将会提高你的学习效率。

3. 学会制作学习时间表

制作学习时间表能把你的时间划分得很具体，让你每天的时间井然有序。一个善于学习的人，既不会玩了一天什么也没有干，也不能碰到学习困难就退缩，而应该制定一个详细的时间表，按部就班地执行，那样才会收到事半功倍的效果。

4. 正确分配学习的时间

学习如同练武，一张一弛，也是学习之道。无论做什么事情，都要保持时间运筹上的弹性，这样才能有效率，才能持久。列宁在写给他妹妹伊里奇·乌里扬诺娃的信中说："我劝你正确分配学习的时间，使学习内容多样化。我很清楚地记得，写作之后改做体操，看完有分量的书之后改看小说是非常有益的。"

所以，你在上完理科课之后，可以利用课间休息的时间，掏出英语单词本，读几个单词，不是为了去记忆，而是给头脑换换气，或者掏出一本精彩的小说看一段，也是一种休息。

管理时间是一件很简单的事情，只要你管好了时间，你的学习成绩一定会有很大提高。

第五节　依靠发散性思维进行发散性的创造

发散思维法的特点是以一点为核心，以辐射状向外散射。在生产、生活中，我们可以利用这种思维法来进行发散性的创造。若以一个产品为核心，可以发掘它的各种不同的功能，开发出各种各样的新产品。如围绕电熨斗这个产品，开发出了透明蒸汽电熨斗、自动关熄熨斗、自动除垢熨斗、电脑装置熨斗，等等。这些产品满足了生活中不同人群的不同需求。

下面这个故事也是围绕产品开发产品的一个典型例子，从中我们可以体会到发散思维法的应用价值。

日本著名的松下电器公司于1956年与另一家电器公司进行合资，成立了新的电器公司，专门制造电风扇。当时，松下幸之助委任松下电器公司的西田千秋为总经理，自己则担任顾问。

与之合并的这家公司前身是专做电风扇的，后来又开发了民用排风扇。但即使如此，产品还是显得比较单一，西田千秋准备开发新的产品，试着探询松下的意见。松下对他说："只做风的生意就可以了。"当时松下的想法，是想让松下电器的附属公司尽可能专业化，以期有所突破。可是松下电器的电风扇制造已经做得相当卓越，完全有实力开发新的领域。但是，松下给西田的却是否定的回答。

然而，聪明的西田并未因松下这样的回答而灰心丧气。他的思维极其灵活而机敏，他紧盯住松下问道："只要是与风有关的任何产品都可以做吗？"

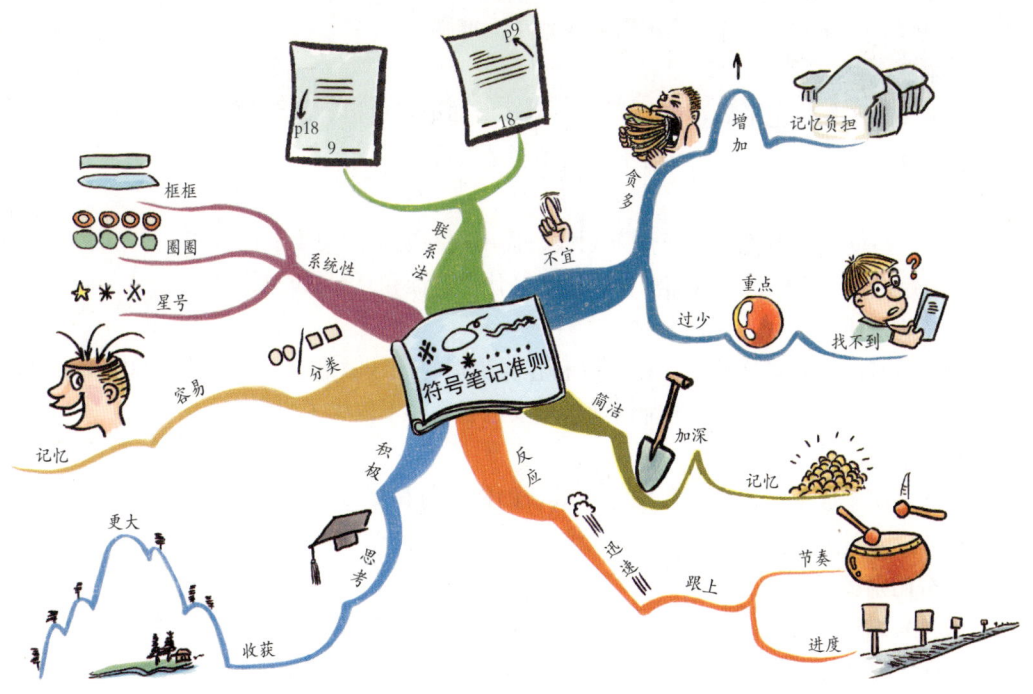

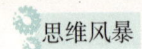

松下并未仔细品味此话的真正意思，但西田所问的与自己的指示很吻合，所以他毫不犹豫地回答说："当然可以了。"

5年之后，松下又到这家工厂视察，看到厂里正在生产暖风机，便问西田："这是电风扇吗？"

西田说："不是，但是它和风有关。电风扇是冷风，这个是暖风，你说过要我们做风的生意，难道不是吗？"

后来，西田千秋一手操办的松下精工的"风家族"，已经非常丰富了。除了电风扇、排风扇、暖风机、鼓风机之外，还有果园和茶圃的防霜用换气扇、培养香菇用的调温换气扇、家禽养殖业的棚舍调温系统等。

松下的一句"只做风的生意就可以了"被西田千秋用发散思维发挥到了极致，围绕风开发出了许许多多适合不同市场的优质产品，为松下公司创造了一个又一个的辉煌。这也体现了发散思维的神奇魅力。

依靠发散性的思维进行发散性的创造，也为我们提供了一种发明创造的新模式。思维发散的过程，同时也是创意发散的过程。围绕一个中心，将思维无限蔓延，最终即可产生多种创造成果，为生活和学习带来更大的便利。

第六节　做符号笔记的7大准则

做符号笔记是很多高效学习者的专长，做好符号笔记能够有效提高学习效率，获得高分。首先看一幅思维导图：

从图中可以看出，做符号笔记需要注意7大准则：

1. 不要贪多

如果一下子在笔记上做很多符号，一定会增加记忆负担，甚至影响思维，所以，应该少做些记号，但也不能少到复习时不知道哪些是重点。

2. 简洁明了

在一些虽间断但有意义的短语下划线，而不要在完整的句子下面画线，页边空白处的笔记要简短扼要，这样，可以加深你的记忆，让你背诵和复习的时候更得心应手。

3. 反应迅速

你必须明白，如果你不用一种快捷和容易辨别的记号做笔记，那么就很难跟上老师的讲课节奏，如果你因此而错过老师讲解的重要内容就得不偿失了。

4. 积极思考

虽然在课本或笔记上做记号能够有效帮助你学习和复习，但你也应该积极开动脑筋，注重思考。否则，收获不大。

5. 分门别类

做符号笔记的过程中，针对有些事实和概念应该区别对待，把它们分门别类，这样，经过整理过的笔记要比随便编排的事实和概念清晰，也容易记忆。

第二篇 思维导图：21世纪风靡全球的革命性思维工具

6. 注意系统性

如果使用的符号过多，可以考虑把画在字句下的单线或双线，重点项目旁的框框、圈圈、星号等作个注释，避免混淆。

7. 前后联系法

在做符号笔记的过程中，也许你会发现第18页的说法与第9页的说法有直接的联系，你就可以画一个方向朝上的箭头，旁边写上"P9"。同样，在第9页，同一观点旁边画一个方向朝下的箭头，写上"P18"。在复习时，你就很容易把两者联系起来了。

第七节　培养观察力的5种方法

观察力对每一个人都很重要，我们的观察力可以在实践中进行锻炼。为了有效地进行观察，更好地锻炼观察力，首先请看一幅有关培养观察力的思维导图：

从思维导图中，我们可以看出培养观察力有5种主要方法：

1. 明确观察目的

每次观察活动，要定好明确的目的和指向，预先规定好观察任务，以保证观察得全面、细致、清晰、深刻。

对一个事物进行观察时,要明确观察什么,怎样观察,达到什么目的,做到有的放矢,这样才能把观察的注意力集中到事物的主要方面,以抓住其本质特征。目的性是观察力的最显著的特点,有目的才会对自己的观察提出方向。

2. 制订观察计划

观察前,抽出一定时间,对要观察的内容做出安排,制订周密的计划。这样才会有收获。这些观察计划,既可以写成书面的,也可以储存在头脑里。

3. 培养浓厚的观察兴趣

培养浓厚的观察兴趣是培养观察能力的重要前提条件。为了锻炼观察能力,必须培养个人广泛的兴趣,这样才能促使自己津津有味地进行多样观察。

4. 不让观察停于表面,要探寻本质

观察力是思维的触角,要培养我们的观察力,就要善于把观察的任务具体化,善于引导主动思考,学会从现象乃至隐蔽的细节中探索事物的本质。

5. 掌握良好的观察方法

很多人缺乏生活经验和独立、系统的观察能力,在观察事物时,往往抓不住事物的本质,或者看得粗心、笼统,甚至观察的顺序杂乱无章。

为此,有几种观察方法介绍如下:

(1)自然观察法。就是对大自然中所存在的东西进行观察。如在田野或植物园里观察植物的生长情况;在森林和动物园里观察动物的活动情况等。自然观察应注意选好观察点和观察对象,做好记录,并应进行多次原地或异地观察。

(2)只从一个角度、方面去看事物,无异于盲人摸象。应多尝试从另一个角度、另一个观念去看同一问题,打破了定式的思维,使我们能发现更多的问题,也就产生了更强的观察兴趣和能力。

(3)注意细节,观察别人没发现的问题,久而久之,也就形成了勤观察、认真观察、会观察的良好习惯。

(4)多动笔头,随时记录观察情况,有利于整理和保存观察结果,以便利用。

(5)在观察时,要边看边想,学会分清主次、本质与现象,观察力也就从中得到提高。

第三篇

跟全世界聪明人一起思考：
世界最顶级的 314 个思维游戏

第一章
语言力思维游戏

001 拼汉字
想象一下，5根横排的火柴和3根竖排的火柴能拼几个汉字？

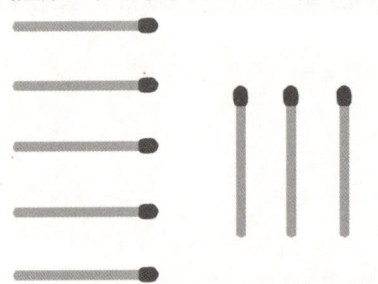

002 诗词填数
准确地填出下面诗词选句中的第一个字，你会发现它们是一组很有趣的数词。
1. ＿＿＿年好景君须记（苏轼）
2. ＿＿＿月巴陵日日风（陈与义）
3. ＿＿＿月残花落更开（王令）
4. ＿＿＿月清和雨乍晴（司马光）
5. ＿＿＿月榴花照眼明（朱熹）
6. ＿＿＿月天兵征腐恶（毛泽东）
7. ＿＿＿百里驱十五日（毛泽东）
8. ＿＿＿千里路云和月（岳飞）
9. ＿＿＿雏鸣凤乱啾啾（李颀）
10. ＿＿＿万里风鹏正举（李清照）
11. ＿＿＿亩庭中半是苔（刘禹锡）
12. ＿＿＿里莺啼绿映红（杜牧）
13. ＿＿＿紫千红总是春（朱熹）

003 纵横交错
横向
1. 国际足联的一个奖项，2004年被小罗纳尔多夺得。2. 我国一个大型电信运营商。3. 清末农民起义军建立的政权。4. 比喻事情极容易做。5.《碧血剑》中的一个人物。6. 形容极多。7. 教学上对物理、化学、数学、生物等学科的总称。8. 法国作家福楼拜的代表作。9. 由政府执行或托管的保险计划，用来向失业者、老人或残疾人提供经济援助。10. 我国一个著名的软件公司。11. 由社会承办的赡养老人的机构。12. 用于称他人的女儿，有尊贵之意。

纵向
一、"WTO"的中文意思。二、严格执行法律，一点不动摇。三、在其中引发并控制裂变材料链式反应的装置。四、对观看球赛有狂热爱好的人。五、古时对男子的尊称。六、皮皮的一篇以婚恋为题材的长篇小说。七、一个生物群落及其系统之中，各种对立因素相互制约而达到相对稳定。八、我国哲学、社会科学研究的最高学术机构和综合研究中心。九、联合国的永久性保护和平机构。

十、雅典奥运会女子万米冠军。十一、投资者协助具有专门科技知识而缺乏资金的人创业，并承担失败风险的资金。

问："是什么东西呢？"冯梦龙随口就造了一个谜："有面无口，有脚无手，又好吃肉，又好吃酒。"书童愣在那儿，猜不出应该去拿什么。你能帮帮这个书童吗？

006 成语十字格

请在下图的空格里填上适当的字，使其横竖读起来都是成语。

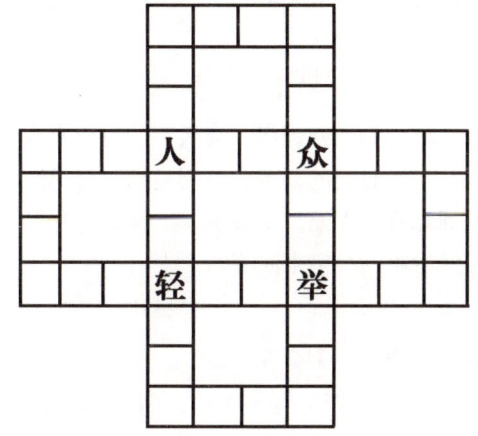

004 三国演义

有个秀才正翻看《三国演义》时，厨师进来对他说："老爷，不瞒你说，《三国演义》是我天天必读之书。就拿今天来说吧，我炒菜缺了四样作料，全在这书里面，所以我来看看！"秀才听了半信半疑，他只知道《三国演义》里写的是曹操、刘备和孙权，还没听说过写有做菜用的作料呢。厨师说："有，老爷你听着——刘备求计问孔明，徐庶无事进曹营，赵云难勒白龙马，孙权上阵乱点兵。"秀才想了想便猜了出来。那么，你能猜出厨师缺哪4样作料吗？

005 疑惑的小书童

明朝有一个著名的文学家，叫冯梦龙。有一年夏天，冯梦龙起床后，发现后院的桃花盛开了，正在这时，有一位姓李的朋友来拜会。冯梦龙便开玩笑说："桃李杏春风一家，既然您来了，我们就到后院去，一面喝酒，一面赏看您本家吧！"他们来到后院，冯梦龙忽然想起忘了一样东西，就对书童说："你快去拿一件东西，送到后院来！"书童

007 一笔变新字

汉字结构有趣又奇怪，一笔之差就有不同含义。你能将下面图形中的字填上一笔变成另一个字吗？

008 一台彩电

桌子上放着一台彩电。A说："以这台彩电为道具，谁能连做两个简单的动作，打两个成语？"大家都在静静地思索。忽然，B走上前来，将彩电开关打开，屏幕上出现了画面，有了声音。没过几秒钟，B又把电视开关关了。B的这两个动作并没有引起人们的注意。谁料，A竟说B猜中了谜底。你知道这是哪两个成语吗？

009 几家欢喜几家愁

项羽和刘邦当年争夺天下的时候水火不容，三国时期的刘备和关羽是结义兄弟，如果刘邦听了大笑，刘备听了大哭，这是为什么？请用一个字来回答。

010 成语接龙

下面的成语，前一个成语的最后一个字，是它后面那个成语的第一个字，这在修辞上叫"顶真"。请在它们之间的空白处填上一个字，使每组成语连接起来。

今是昨（　）同小（　）望不可（　）
以其人之道，还治其人之（　）体力（　）
若无（　）在人（　）所欲（　）富不（　）
至义（　）心竭（　）不胜（　）重道（　）
走高（　）沙走（　）破天（　）天动（　）
（　）利人（　）睦相（　）心积虑
　　醉生梦（　）去活（　）去自（　）花
似（　）树临（　）调雨（　）手牵（　）
肠小（　）听途（　）长道（　）兵相（　）
二连（　）言两（　）重心（　）驱直（　）
不敷（　）其不（　）气风（　）扬光（　）
材小（　）兵如（　）采飞（　）眉吐（　）
象万（　）军万（　）到成（　）败垂（　）
千上（　）古长（　）红皂（　）日作（　）
寐以（　）同存（　）想天（　）天辟地

011 象棋成语

下图是一个象棋棋盘，请你在每格空白棋子上填入一个适当的字，使横竖相邻的4个棋子能够组成一个成语。

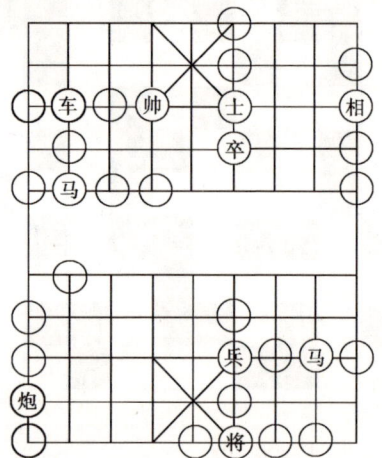

012 组合猜字

如图数字方格，每个数字都代表一个文字，两格相加，又可以合成一个字，你能依照下面的暗示猜出此文字来吗？

① 1加2等于日落的意思。
② 2加3等于日出的意思。
③ 3加4等于欺侮的意思。
④ 4加5等于瞄准出击的意思。
⑤ 2加6等于光亮的意思。
⑥ 6加7等于丰满的意思。

013 串门

一天，王秀才到朋友家去串门。一进门，

他双拳一抱，随即念了一首字谜诗："寺字门前一头牛，二人抬个哑木头，未曾进门先开口，闺宫女子紧盖头。"朋友稍一思忖，就领会了其中的意思，便也以诗相答："言对青山不是青，二人土上在谈心，三人骑头无角牛，草木丛中站一人。"王秀才一听，朋友所说的与自己说的完全吻合。双方哈哈大笑起来。请你猜一猜，这两首字谜诗的谜底是什么？

014 乌龟信

一位目不识丁的农妇惦记在外做工的丈夫，于是托人捎去一封信。她的丈夫拆开一看，一页全都画着排列整齐的乌龟，最后却是一只竖着的大乌龟。丈夫立刻明白了，收拾起铺盖卷儿，回家去了。

你能从信中看出它的意思来吗？

015 长联句读

请你给下面一副长联加上标点：

五百里滇池奔来眼底披襟岸帻喜茫茫空阔无边看东骧神骏西翥灵仪北走蜿蜒南翔缟素高人韵士何妨选胜登临趁蟹屿螺洲梳裹就风鬟雾鬓更苹天苇地点缀些翠羽丹霞莫辜负四围香稻万顷晴沙九夏芙蓉三春杨柳

数千年往事注到心头把酒凌虚叹滚滚英雄谁在想汉习楼船唐标铁柱宋挥玉斧元跨革囊伟烈丰功费尽移山心力尽珠帘画栋卷不及暮雨朝云便断碣残碑都付与苍烟落照只赢得几许疏钟半江渔火两行秋雁一枕清霜

016 成语与算式

下图两盏数字灯，用适当的数字巧填空。使它直行为成语，横行为数学等式。

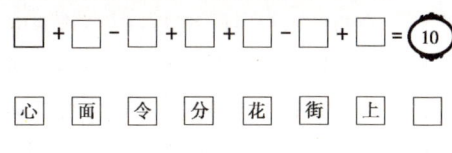

017 一封怪信

某人被公派驻外地，半年后他突然接到农村不识字的妻子寄来的一封信。打开一看，上面并没有字，只有一连串象形文字似的图画。丈夫接到此信，知道妻子一定有事要告诉他，但又不解其意，急得像热锅上的蚂蚁一样。最后他只得把信带在身上，一有空就仔细研究，终于找到了答案。比如 A 表示他（圈）和他的已怀孕的妻子（同心圆圈），那么下面的 5 个图又表示什么呢？

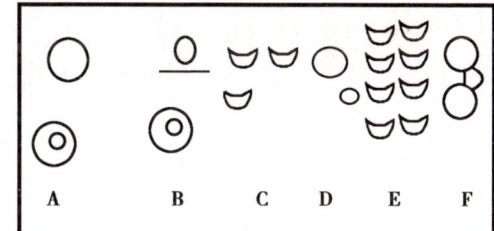

018 秀才贵姓

从前，一大户人家的老太太过六十大寿，八方宾朋济济一堂。一位秀才进京赶考，路过这里，想求一口饭吃。老太太热情地款待了他。席间，老太太问秀才："贵人尊姓大名？"秀才回答："今天不是老太太的生日宴吗？巧得很，我的姓氏与生日宴很有缘。如果把生日宴三个字作为谜面，打一字，谜底即是。"你知道这位秀才姓什么吗？

019 成语加减

将下面的成语运用加减法使其完整。

1. 成语加法

（　）龙戏珠＋（　）鸣惊人＝（　）令五申
（　）敲碎打＋（　）来二去＝（　）事无成
（　）生有幸＋（　）呼百应＝（　）海升平
（　）步之才＋（　）举成名＝（　）面威风

2. 成语减法

（　）全十美－（　）发千钧＝（　）霄云外
（　）方呼应－（　）网打尽＝（　）零八落
（　）亲不认－（　）无所知＝（　）花八门
（　）管齐下－（　）孔之见＝（　）落千丈

020 "山东"唐诗

山				东			
	山				东		
		山				东	
			山				东
			山			东	
			山		东		
			山				东

021 诗词影片名

有些电影片名是从古诗词中择取的。请你为下面诗词填出电影片名。

（1）何当共剪西窗烛，却话＿＿＿时。
　　　　　　——李商隐《夜雨寄北》
（2）山重水复疑无路，＿＿＿又一村。
　　　　　　——陆游《游山西村》
（3）无可奈何花落去，似曾相识＿＿＿。
　　　　　　——晏殊《浣溪沙》
（4）三十功名尘与土，＿＿＿＿＿＿。
　　　　　　——岳飞《满江红》
（5）问君能有几多愁？恰似＿＿＿。
　　　　　　——李煜《虞美人》
（6）＿＿＿其修远兮，吾将上下而求索
　　　　　　——屈原《离骚》
（7）＿＿＿＿＿＿，处处闻啼鸟。
　　　　　　——孟浩然《春晓》
（8）当时明月在，曾照＿＿＿＿。
　　　　　　——晏几道《临江仙》
（9）＿＿＿＿路，孤舟几月程。
　　　　　　——贾岛《送耿处士》
（10）岂有豪情似旧时，＿＿＿两由之。
　　　　　　——鲁迅《悼杨铨》

022 趣味课程表

下图是张课程表，请在空格填上字，使其成为成语，但不能重复。

1			生	物		
2			化	学		
3			美			术
4			外	语		
5			科	学		
6			哲	学		
7			数	学		
8			物	理		

9			心	理		
10			天	文		
11			音	乐		
12			地	理		
13			生	物		
14			农			科
15			政	治		
16			体			育
17			经	济		
18			法			律
19			语	文		
20	历			史		

023 断肠谜

相传朱淑贞曾以断肠之情巧制《断肠谜》一则，字里行间充满着一片怨恨决绝之情，此谜制得确是巧妙："下楼来金钱卜落，问苍天人在何方；恨王孙一直去了，詈冤家言去难留；悔当初吾错失口，有上交无下交；皂白何须问，分开不用刀；从今莫把仇人靠，千里相思一撇消。"

谜面由10个句子组合，每句各打一字，你知道是什么吗？

024 屏开雀选

在图中的空白圆圈内填入一个适当的汉字，使其与左右的字都能组成一个新的字。

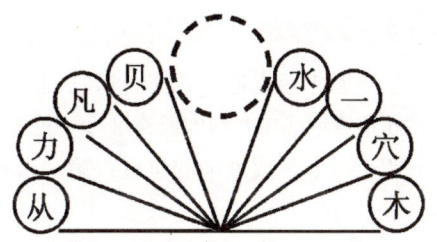

025 环形情诗

电视剧《鹊桥仙》中，苏小妹给新郎秦少游出了3道考题，全部答出方能入洞房。其中有一道题要求将环形的14个字断分成4句七言诗，每句首尾几个字可重叠。你能把苏小妹的诗准确地读出来吗？

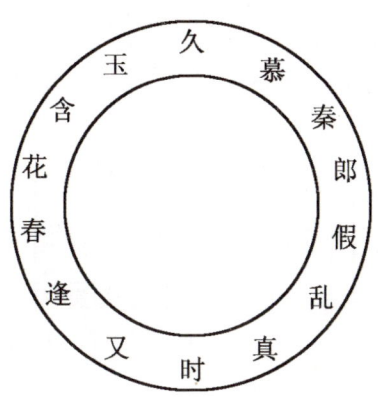

026 组字透诗意

下面有禾、青、九、十等4个字，请你在中间的空白格内填上一个字，使它分别与这4个字拼成另外4个字，而且使拼成的字又符合下边诗句的寓意。

禾稳扬花菊开月，青天无云不飞雪。
九九艳阳东升起，十足干劲迎晨曦。

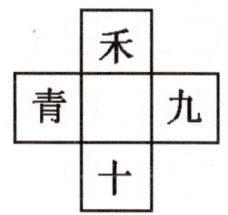

027 几读连环诗

下面是一首连环诗，请你发挥你的想象力，说说能读出几种读法来吗？

028 文静的姑娘

一位精明的老板为了招揽生意，将一件一寸高的玉雕仕女摆在陈列台上，旁边附有说明："本店愿以谜会友。用这一寸人作谜面，打一字，猜中者，此玉雕仕女便是赠品。"这一招真灵，店内天天顾客盈门。只是一连几天没有谁能猜中。这一天，老板正拿着"一寸人"向顾客夸耀时，一位文静的姑娘从老板手中抢过玉雕，转身便走。保安人员正要前去阻拦，老板说话了："她猜中了。"

你知道这个谜底是个什么字吗？

029 孪生成语

把下图中的方框填满，组成像双胞胎一样的成语。

□波□	□波□
□夫□	□夫□
□年□	□年□
□可□	□可□
□事□	□事□
□为□	□为□
□不□	□不□
□则□	□则□
□高□	□高□
□者□	□者□

030 水果汉字

以下5个盘子中，放着香蕉、梨和苹果。这3种水果分别代表一个汉字。请问代表什么汉字时，每个盘子中的水果都能组成一个新字？

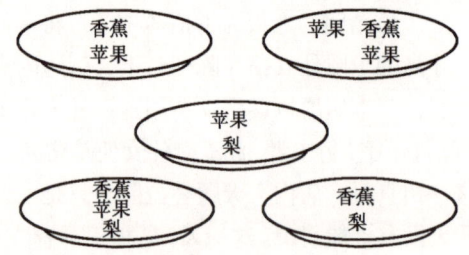

031 字画藏唐诗

下面每一幅图片都是由一句唐诗组成的，分别写出来。

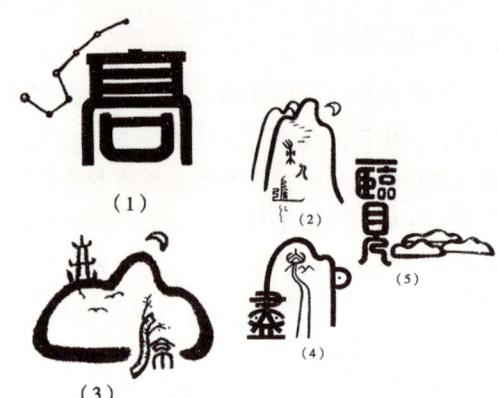

032 数字藏成语

3.5；2+3；333和555；9寸+1寸=1尺；1256789；12345609。上述数字或数式均暗示了一个成语，你知道是什么吗？

033 心连心

请在圈中填上适当的字，使它们组成相关的6条成语（3个圈内已有3个"心"字，要求"心"字在成语中的位置：第一个到第四个至少有一个）。

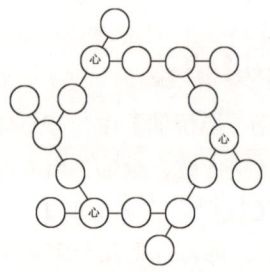

034 人名变成语

下列表格中有14个人名，要求在人名前后的空格里填上适当的字，使之成为成语。

①		关	羽		⑧		马	忠	
②		张	飞		⑨		张	松	
③		马	超		⑩		乐	进	
④		黄	忠		⑪		李	通	
⑤		赵	云		⑫		黄	盖	
⑥		孔	明		⑬		孙	权	
⑦		马	良		⑭		丁	奉	

035 "5"字中的成语

请你把不、开、百、以、花、为、然、争、齐、道、岸、家、锣、放、貌、鸣 16 个字，填在下面的"5"字形格子里，使横竖读起来都是成语。

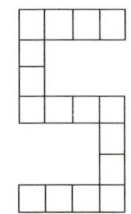

036 回文成语

在图中填上适当的字，使每则回文组成 8 条成语，要求前句中的最后一字是下句中的第一个字。

037 剪读唐诗

将图形中唐朝贯休的《春野作五首》剪为 4 块形状、面积相同的部分，拼组成诗，该怎么做？

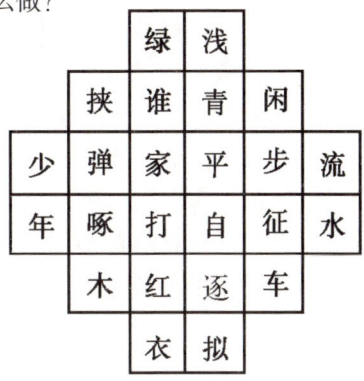

038 省市组唐诗

图中包含有 4 市 16 省的名称，将空格填充完整，使之成为通顺的唐诗，并将唐诗作者之名答出。

039 钟表成语

图中每个钟面上指针所指示时间都能构成一个成语。请你猜一猜，这是 3 个什么成语？

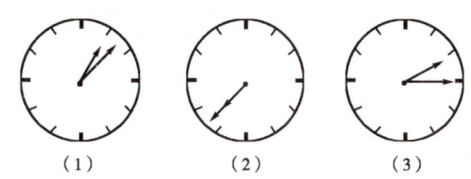

040 迷宫成语

下图是一座成语迷宫，其中有 10 条成

语首尾相接。请从成语的首字开始，用一条不重复的线把它们串起来。

天	经	天	冲	飞	一	鸣	惊
人	地	义	走	沙	鬼	神	人
不	义	达	石	破	天	共	灾
容	辞	不	道	乐	惊	怒	苦
久	治	长	安	贫	天	心	良
安	国	天	久	地	动	用	天
居	乐	手	勤	工	以	致	涯
事	业	精	于	俭	学	海	无

041 成语之最

根据图片中的文字提示，快速写出这一系列的"最"相对应的成语。

最长的一天	最尖的针
最难做的饭	最重的话
最宽的视野	最大的差别
最高的人	最快的速度
最大的容量	最怪的动物
最大的变化	最宝贵的话
最大的手术	

042 巧拼省名

用23根火柴摆成下面的图案。请你移动其中的4根，将其变成两个汉字，并使它们连起来是中国的一个省名。动动脑筋，怎样移才能成功呢？

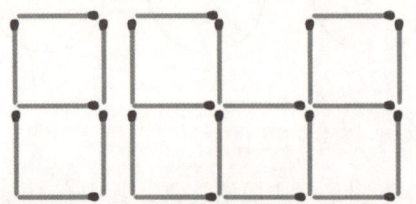

043 藏头成语

在下面的空格里填上适当的字，使每一竖行组成一个四字成语。填上的字就是谜面，请你猜一地名。

经	衣	碑	落	衣	积	月	感	言	源
地	无	立	归	使	月	如	交	巧	节
义	缝	传	根	者	累	梭	集	语	流

044 地名填字

横向

1.有"孔雀之乡"、"天然动物园"等美称的云南一地名。2.西亚阿拉伯联合酋长国的首都。3.巴勒斯坦约旦河西岸一城市名。4.有"宫殿之岛"、"花环之岛"等美称的一岛国，首都马累。5.德国南部有"宝石之都"之称的一城市名。6.《倚天屠龙记》中明教教主张无忌出生的地方。7.南欧三大半岛之一，也叫意大利半岛。8.非洲国家尼日尔的首都和最大城市。9.有"沙漠之国"之称的非洲国家，首都的黎波里。10.中国的"五岳"中的西岳。11.有"加勒比的苏黎世"之称的加勒比地区国家，首都拿骚。12.世界国土面积第二大国家，首都渥太华。13.位于俄罗斯东欧平原南部的一河流。14.世界最长的河流。

纵向

一、有"锡和橡胶王国"之称的东南亚国家，首都吉隆坡。二、有"雪城"之称的美国的行政首都。三、河南省一地名，是中国新兴的煤炭工业基地之一。四、广西壮族自治区的首府。五、伊拉克纳杰夫省的省会。六、伊拉克的首都。七、欧洲第二大岛，岛国首都雷克雅未克。八、有"无雨城"之称的秘鲁首都。九、亚洲三大半岛之一，也是世界最大的半岛。十、北美洲河流，流域内有世界著名的尼亚加拉瀑布。十一、有"丁香和剑麻之国"之称的东非国家，首都达累斯萨拉姆。十二、意大利著名古城，物理学家伽利略的故乡。十三、皖鄂边界一山名，是当年刘邓大军的根据地。

045 棋盘成语

看棋盘，猜两条成语。

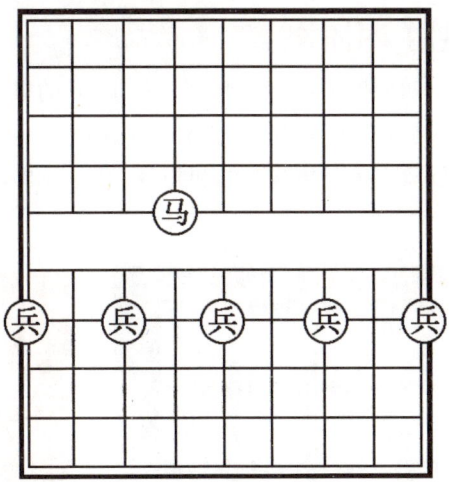

046 虎字成语

请你填一填。

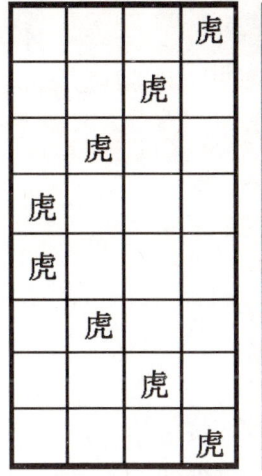
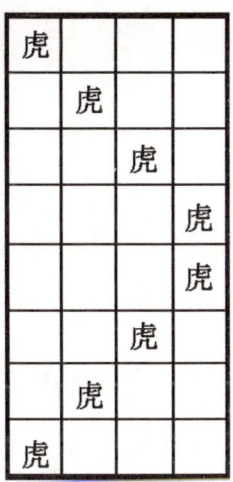

047 给我C！给我D！

这道纵横字谜里的所有单词都以C开头，以D结尾，但是其他的字母却不见了。根据提示把它们填入相应的空格中。

横向
4 厨房柜台上的小橱柜
5 ____角（Cape）是马萨诸塞州一个度假胜地
8 同时弹奏的三个或更多音符
9 懦弱的人
11 奶油圈里面填充有
12 印第安人所在的俄亥俄州城市

纵向
1 他射出的箭可能会让你坠入爱河
2 天空中的白色物体
3 这是一种什么类型的字谜
5 你生日时信箱里收到的
6 一端是插头的电线
7 关于三个巫婆的电视节目
10 胶性绷带的品牌

第二章

计算力思维游戏

001 九宫图

将编号从 1~9 的棋子按一定的方式填入下图中的 9 个小格中,使得每一行、每一列以及每条对角线上的和都分别相等。

002 数字填空(1)

仔细算一算,空着的小正方形中应该填上哪些数字?

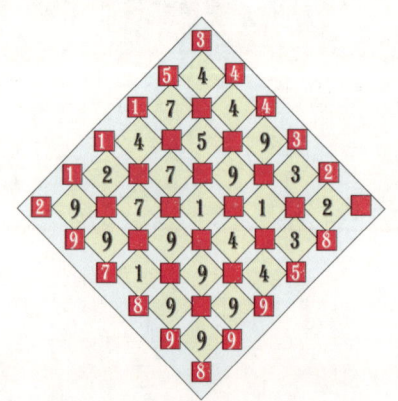

003 数字填空(2)

图中标注问号的地方应该填上一个什么数字?

2	4	2
16	12	48
8	12	?

004 四阶魔方

四阶魔方:将这些编号从 1~16 的棋子填入游戏纸板的 16 个方格内,使得每一行、列以及 2 条对角线上的和相等,且和(即魔数)为 34。

005 杜勒幻方

杜勒著名的蚀刻画《忧郁》（图1所示）包含了1个四阶的魔方，关于这个魔方还有一系列的书。它只是许多四阶魔方中的1个，但是因为它比魔方定义所要求的更加"魔幻"，所以它经常被叫作恶魔魔方。这幅蚀刻画创作的年份——1514，显示在魔方底行中心的2个方块中。

除了魔方基本定义中的几组数字模式（每行、每列以及每条对角线上的和相等）之外，你还能在这个恶魔魔方当中找出几组不同的模式，使其魔数为34？

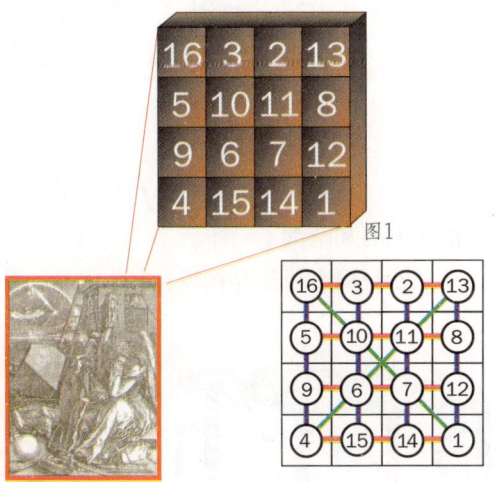

图1

006 排列法

已知图形是1个被对角线分成2个三角形的正方形，这2个三角形分别为黑色和白色，而且这个正方形可以通过旋转得到4种不同的图案，如下图所示。现在把3个这样的正方形排成1行，请问一共有多少排列方法？

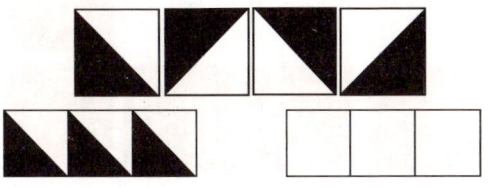

007 完成等式

将数字1~9放进数字路线中，使各等式成立。

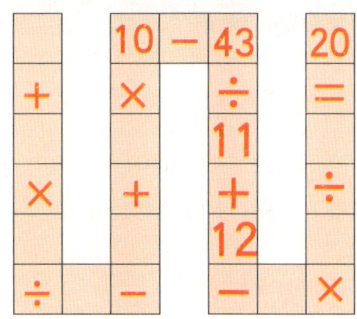

008 数字迷题

仔细算一算，哪些数字可以完成这道谜题？

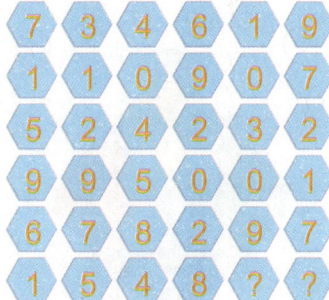

009 保龄球

保龄球队一共有6个队员，队长需要从这6个人中选出4个人来打比赛，并且还要决定他们4个人的出场顺序。

请问有多少种排列方法？

010 按顺序排列的西瓜

7个大西瓜的重量（以整千克计算）是依次递增的，平均重量是7千克。最重的西瓜有多少千克？

011 下落的砖

要掉在砌砖工头上的砖有多重？假设它的重量是1千克再加上半块砖的重量。

012 贝克魔方

你能将数字1~13填入下面图中的灰色圆圈中，使得每组围绕彩色方块的6个圆圈之和相等吗？

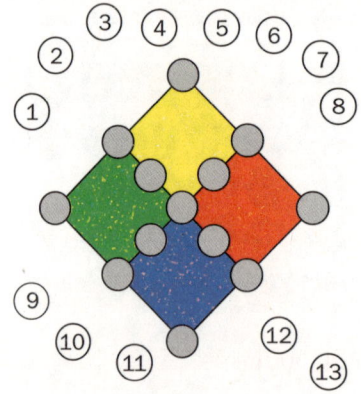

013 六阶魔方

用数字1~36填入缺失数字的方格中，使得每行、每列及每条对角线上的6个数之和分别都等于111。

28		3		35	
	18		24		1
7		12		22	
	13		19		29
5		15		25	
	33		6		9

014 八阶魔方

本杰明·富兰克林的八阶魔方诞生于1750年，包含了从1~64的所有数字，并以每行、每列的和为260的方式进行排列。

你能填出缺失的数字吗？

52		4		20		36	
14	3	62	51	46	35	30	19
53		5		21		37	
11	6	59	54	43	38	27	22
55		7		23		39	
9	8	57	56	41	40	25	24
50		2		18		34	
16	1	64	49	48	33	32	17

015 三阶反魔方

在三阶反魔方中，每行、每列以及每条对角线上的和全都不一样。

三阶反魔方可能存在吗？

016 符号与数字

如果叶子的值是6，你能计算出其他符号的值吗？

017 多米诺骨牌墙

有人在砌一堵墙。你能替他完成这项工作，把剩下的7张多米诺骨牌插入相应的位置吗？但是要记住，每行中要包括6组不同的点数，而且这些点数相加的和要与每行右侧的数值相等；每列也要包括3组不同的点数，且这些点数相加的和也要与底部的数值相等。

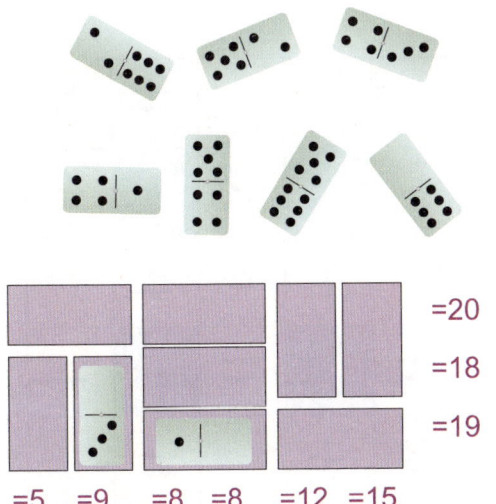

018 博彩游戏

在一种博彩游戏中，买彩票者需要在1~54这些数字中间选出6个数字，这6个数字的顺序不重要。

请问有多少种选择？

019 五星数字谜题

在这道谜题中，你必须运用从1~12的数字，每个圆圈中只能放入1个数字，而且所有的数字都要用上。将数字全部安放正确，使得各行4个数字的总和都等于26。

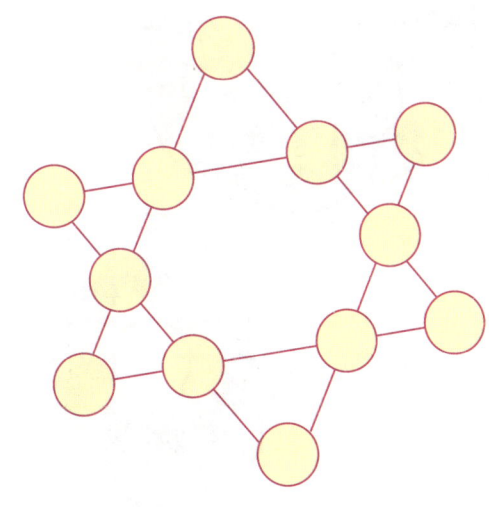

020 送货

传送带和滚轴上的货物需要运到20个单位距离的地方。如果每个滚轴的周长为0.8个单位长度,那么它们需要转多少圈才能将货物运到指定的地点?

022 魔轮(2)

这个魔方所适用的规则跟21题一样,但现在你要操控3个魔轮。你可以旋转魔轮,颜色不一定要匹配。祝你好运!

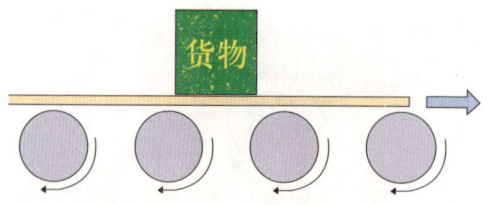

021 魔轮(1)

这里有一个经典魔方的新变体。

谜题的目标是将两个魔轮以同心圆的方式咬合,使得任何一条直径上的数字和都相等。

复制这两个魔轮,并将内魔轮放在外魔轮上面;然后上下翻动带数字的半圆纸片,直到找到正确答案为止。

你也可以尝试用心算的方法解决。

023 完成等式

在空格中填入正确的数字,使所有上下、左右方向的运算等式均成立。

024 合力

这4个力是作用在同一个点上的（蓝点）。力的大小以千克为单位。

你可以算出它们合力的大小吗？

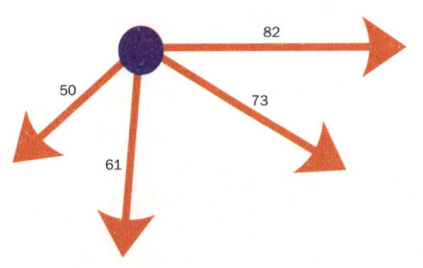

025 魔数蜂巢（1）

将数字1~8填入下图的圆圈内，使游戏板上任何一处相邻的数字都不是连续的。你能做到吗？

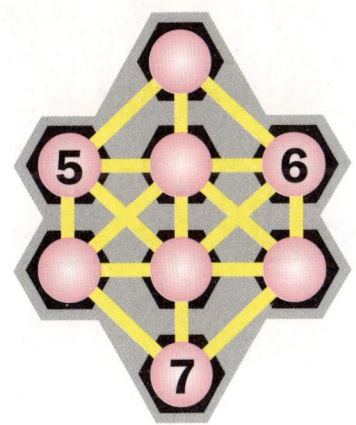

026 魔数蜂巢（2）

将数字1~9填入下图的圆圈里，使得与某一个六边形相邻的所有六边形上的数字之和为该六边形上的数字的一个倍数。你能做到吗？

027 五角星魔方

你能将数字1~12（除去7和11）填入五角星上的10个圆圈上，并使任何一条直线上的数字之和等于24吗？

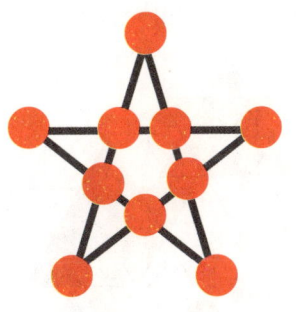

028 六角星魔方

你能将数字1~12填入六角星的圆圈中，使得任何一条直线上的数字之和为26吗？

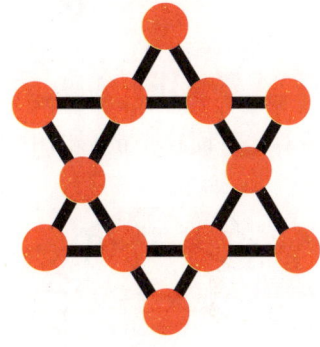

029 七角星魔方

你能将数字1~14填入右图的七角星圆圈内，使得每条直线上数字之和为30吗？

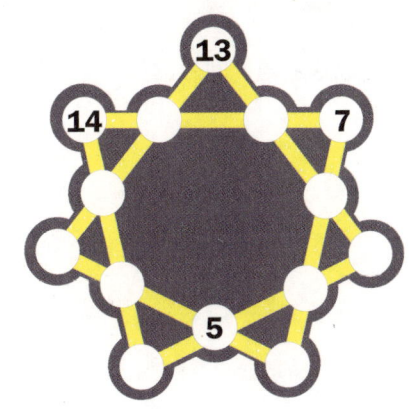

030 六角魔方

你能否将数字 1~12 填入多边形的 12 个三角形中，使得多边形中的 6 行（由 5 个三角形组成的三角形组）中，每行（每组）的和均为 33？

031 完成链形图

算一算，下面这个链形图中缺少什么数字？

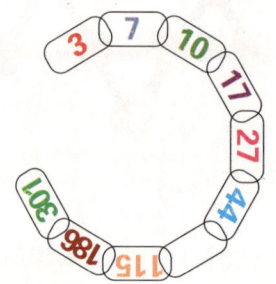

032 代数

要完成这道题，问号的位置应该换成什么数字？

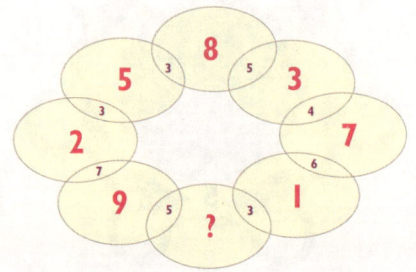

033 路径

从顶部的数字 2 出发，得出一个算式，使算式最后的得数仍然是 2，不可以连续经过同一排的两个数字或运算符号，也不可以两次经过同一条路线。

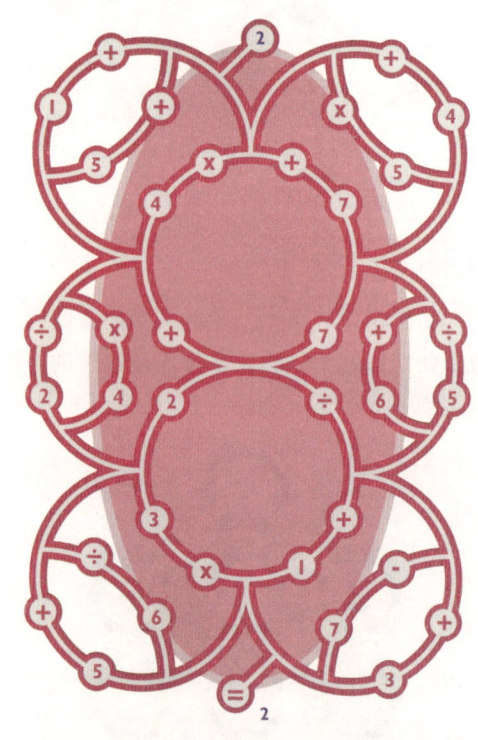

034 完成谜题

算一算，在问号处填上什么数字可以完成这道题？

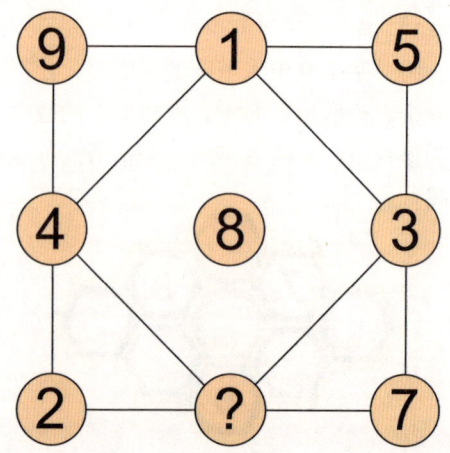

035 墨迹

哎呀!墨迹遮盖了一些数字。此题中,从1~9每个数字各使用了一次。你能重新写出这个加法算式吗?

036 房顶上的数

你能找出房顶处所缺的数值为多少吗?门窗上的那些数字只能使用1次,并且不能颠倒。

037 迷宫算式

从左上方的数字7出发,穿过迷宫并得出一个算式,使算式最后的得数仍然是7。不可以连续经过同一排的2个数字或运算符号,也不可以两次经过同一条路线。

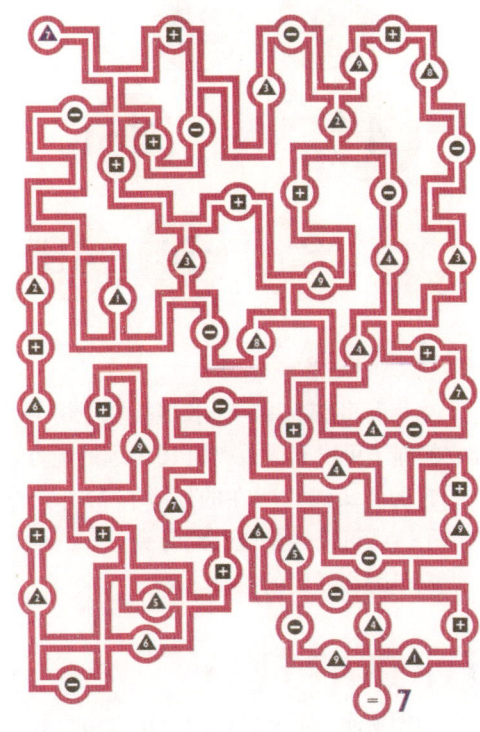

038 数字完形(1)

你能算出缺失的数字吗?

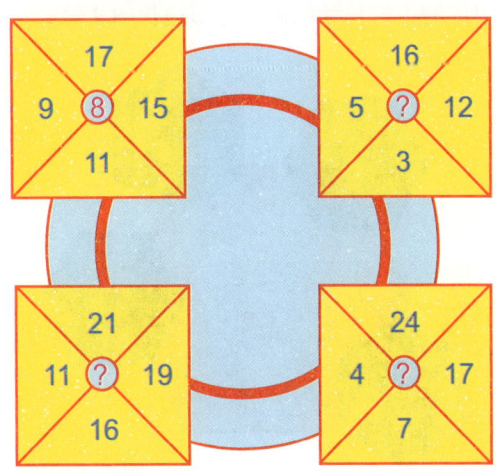

039 数字完形（2）

你能算出问号处应是什么数字吗？

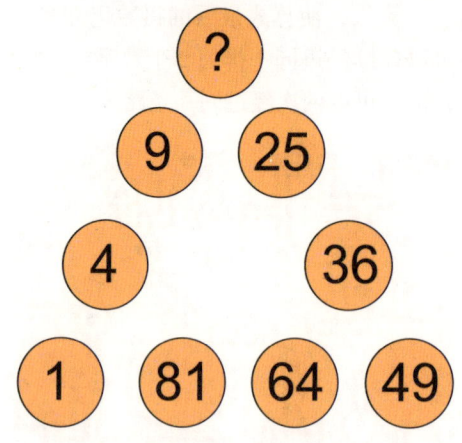

040 小狗菲多

小狗菲多被人用一条长绳拴在了树上。拴它的绳子可以到达距离树 10 米远的地方。

它的骨头离它所在的地方有 22 米。当它饿了，就可以轻松地吃到骨头。

它是怎么做到的？

041 剩余面积

如图所示，4 个绿色的小正六边形和红色的大正六边形部分重叠。

问：除去重叠的部分，4 个绿色六边形和红色六边形哪个剩余面积更大？红色正六边形的边长是绿色正六边形边长的 2 倍。

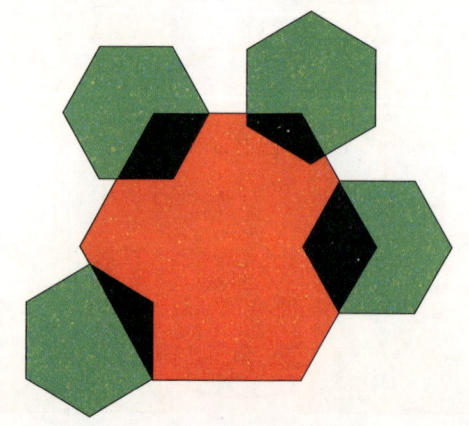

042 数字难题

要完成这道题，问号处应该填上什么数字？

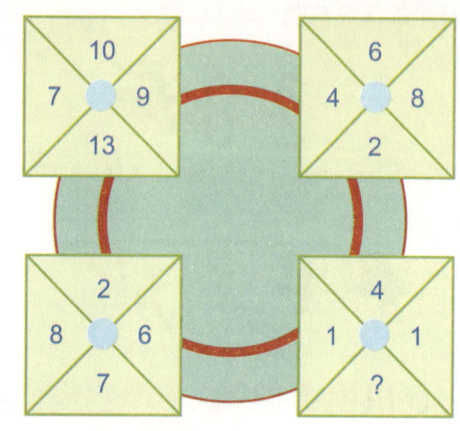

043 数字圆盘

第 3 个圆中缺少什么数字，你能算出来吗？

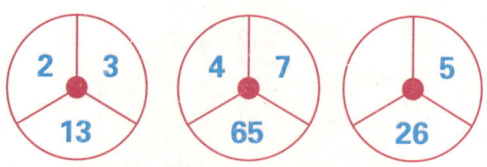

044 四边形面积

如图所示，用 1 根橡皮筋在下边的小钉板上围出 1 个红色的四边形，假设图中每一个小正方形的边长为 1 个单位，你能算出这个红色的四边形的面积吗？

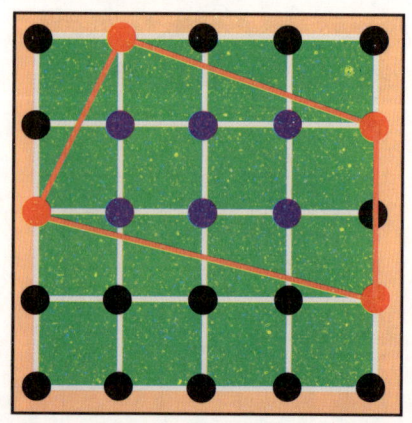

045 总值

浅绿、绿色和紫色圆圈各代表不同的数值。最后那排的总值为多少?

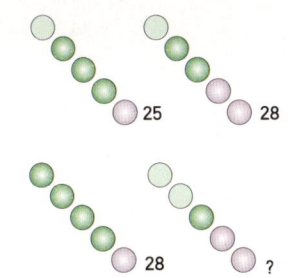

046 求面积

如图所示,假设每个小正方形的边长为1个单位,你能够算出下边4个图形的面积吗?

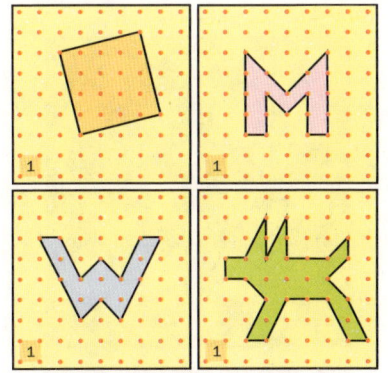

047 正方形边长(1)

可以放入7个等边三角形(边长为1个单位长度)的最小正方形的边长是多少?

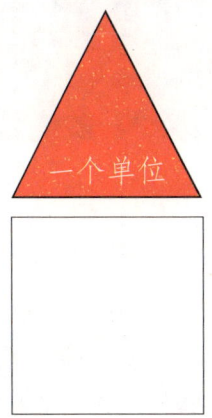

048 正方形边长(2)

可以放入8个等边三角形(边长为1个单位长度)的最小正方形的边长是多少?

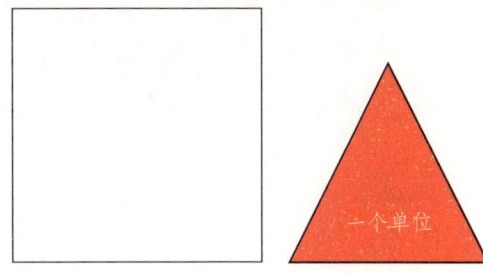

049 金字塔上的问号

金字塔每一格中的数字都是下面两格中的数字之和。用哪一个数字来替换问号呢?

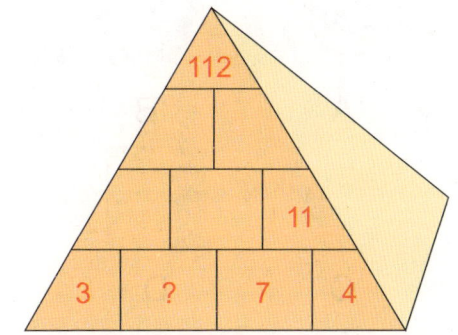

050 面积比值

已知图中的两块黄色区域面积相等,请问其他两块区域的面积比值是多少?

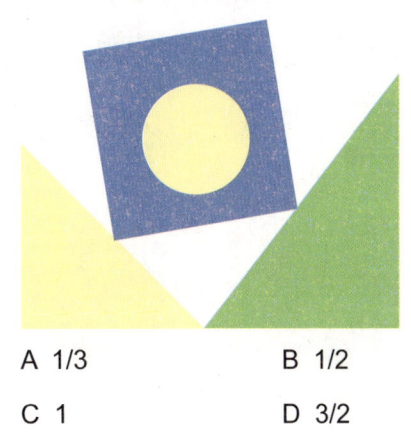

A 1/3　　　　　　B 1/2
C 1　　　　　　　D 3/2

第三章
判断力思维游戏

001 不同的图形（1）
哪个图形和其他选项不一样？

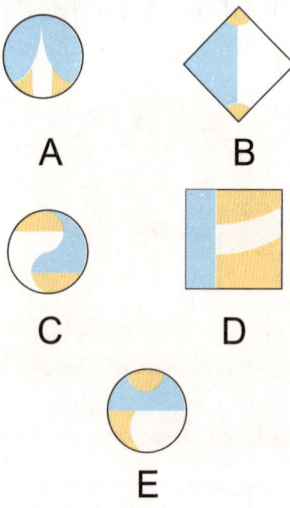

002 不同的图形（2）
仔细看一看，哪个图与其他的不同？

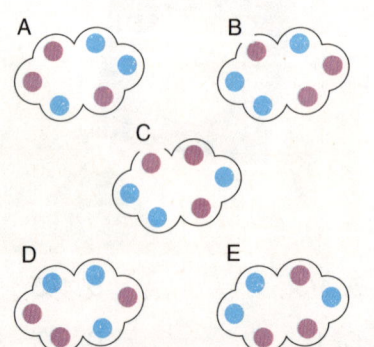

003 构成图案
请问最少需要几种图形才能构成下面2种图案？

004 缺失的字母
猜一猜，哪个字母可以完成这道谜题？

005 星星

上面哪一颗星星应该放在问号处？

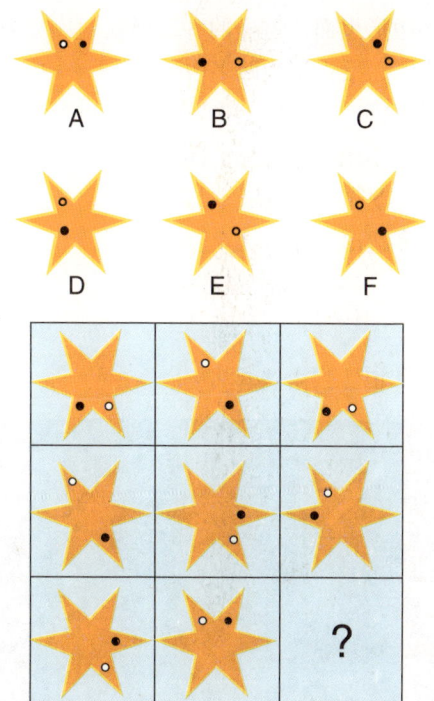

008 关系判断

你能解答这个难题吗？A 和 B 的关系相当于 C 和哪一个图形的关系？

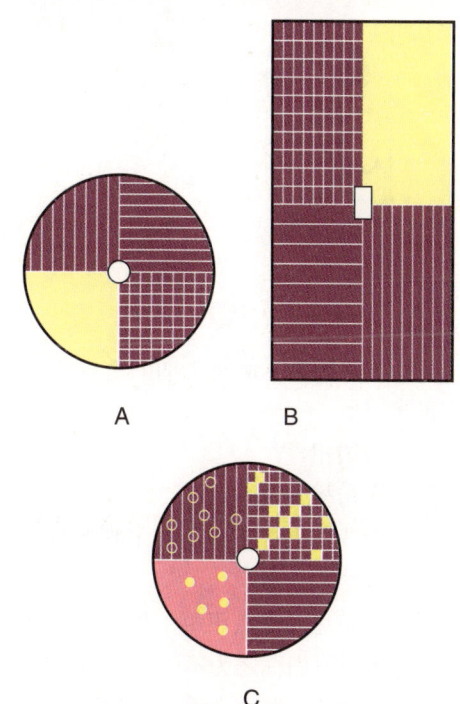

006 拿掉谁

想一想，应该拿掉哪一个数字下面这组数列才能成立？

1.2.3.6.7.8.14.15.30

007 对应

哪个选项和图中 D1 相对应？

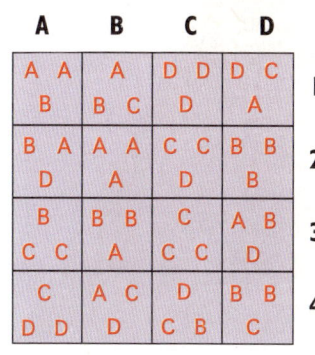

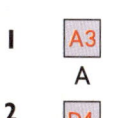

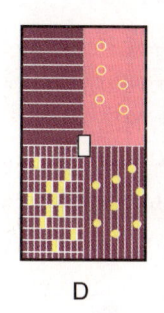
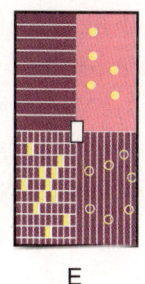
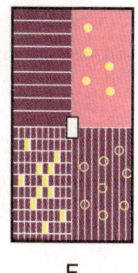

D　　　　E　　　　F

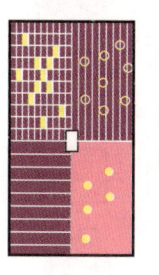
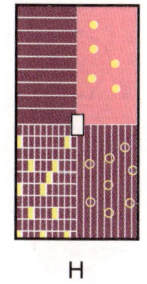
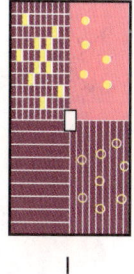

G　　　　H　　　　I

009 图形复位

哪一个图形可以放入问号处？

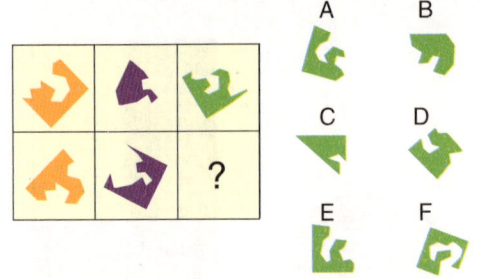

010 多边形与线段

某个多边形如果满足下面的条件我们就叫它正多边形：

1. 各条边相等；
2. 各个角相等。

圆一般我们也将其看作有无数条边的正多边形。

最后1条边的终点跟第1条边的起点不重合的多边形我们称之为不闭合多边形；

最后1条边的终点跟第1条边的起点重合的多边形我们称之为闭合多边形；

任两条边都不相交的多边形我们称之为简单多边形，简单多边形把平面分成两个部分，多边形里面的部分和外面的部分；

多边形的边存在相交情况的多边形我们称之为复杂多边形，复杂多边形把平面分为两个以上的部分；

复合多边形是由几个简单多边形叠加所形成的多边形；

多边形内任意两点的连线所成的线段都在多边形里面，这样的多边形我们称之为凸多边形；反之则为凹多边形。

请问：上面12幅图中哪些是正多边形，哪些是不闭合多边形、闭合多边形、简单多边形、复杂多边形、复合多边形、凸多边形和凹多边形？

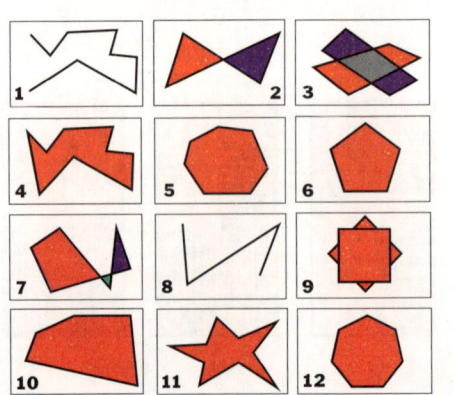

011 共线

哪根线与白线共线？

012 三角形中的点

三角形中的红点在三角形垂线的中点吗？

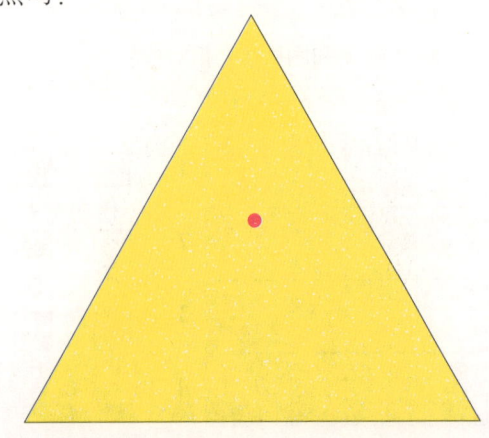

013 星形盾徽

在日本，这种星形物称为"门"，经常用于诸如家族盾徽之类的物品上。乍一看，你可能会说要8张正方形纸张才能做成这种"门"，但是也许有点多。到底需要几张正方形纸呢？

014 拆弹专家

时钟在滴答作响，你必须在它爆炸之前拆除炸弹的引信，可以把它的线剪成两部分，即从底部的蓝线到顶部的绿线，穿过中间错综复杂的红色线网，剪尽可能少的次数。你可以剪断这些线，但是不要剪到中间的连接结点（黄色的圆点）。快点，炸弹马上要爆炸了！

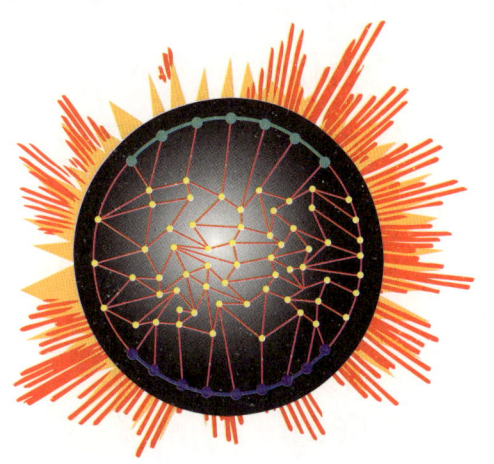

015 圆心

下图中，6个红色的圆点中哪一个是大圆的圆心？

016 "蜈蚣"

如下图，这条"蜈蚣"中间所有横线都等长吗？

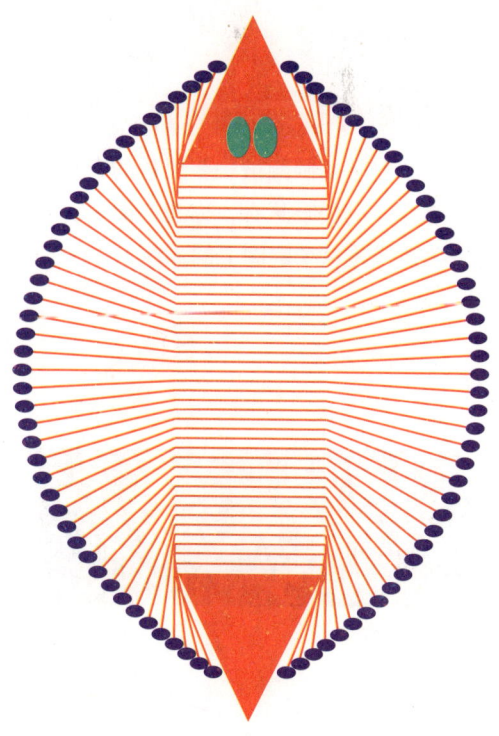

017 六边形的图案

如图所示，在圆上取6个相互之间等距离的点，这6个点用不同的连线方式可以画出不同的星形。

请问：你能找出下图众多星星中与众不同的那一个吗？

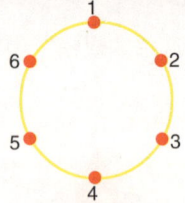

018 圆圈上的弧线

一个完整的圆圈被一张黑色的卡片遮住了一部分，只用眼睛看，你能不能告诉我们哪一条弧线是这个圆圈上的弧线？

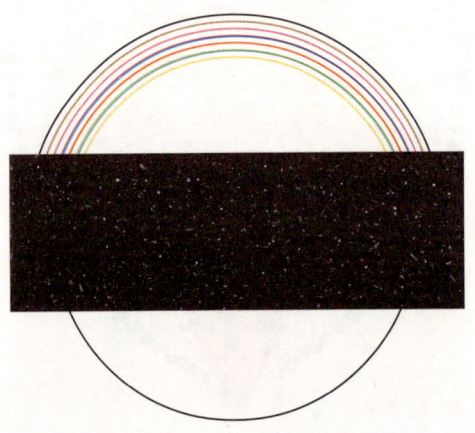

019 麦比乌斯圈（1）

如下图，红色的线是平分麦比乌斯圈的线，沿着这条线剪开，会得到什么结果？

一张纸条首尾相粘形成1个纸圈

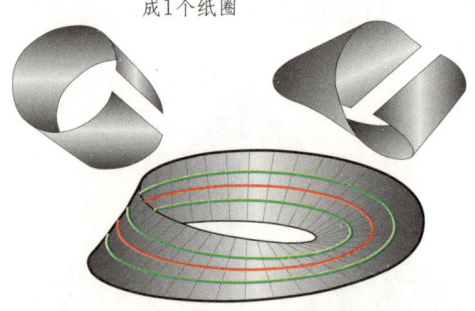

将纸条的一端旋转180°之后再首尾相粘，就形成了1个麦比乌斯圈

020 麦比乌斯圈（2）

下图中这两条绿色的线将麦比乌斯圈分成3等份，沿着这两条线剪开，会得到什么结果？

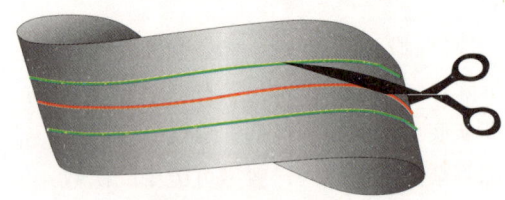

021 错误的等式

这6个等式中，哪一个是不正确的？

A	2943	=	9
B	2376	=	9
C	7381	=	6
D	4911	=	6
E	7194	=	3
F	5601	=	3

022 拼图板

在下面的图案中,有唯一的一对图案可以拼成这个白色图案的红色版本,是哪两个图案呢?

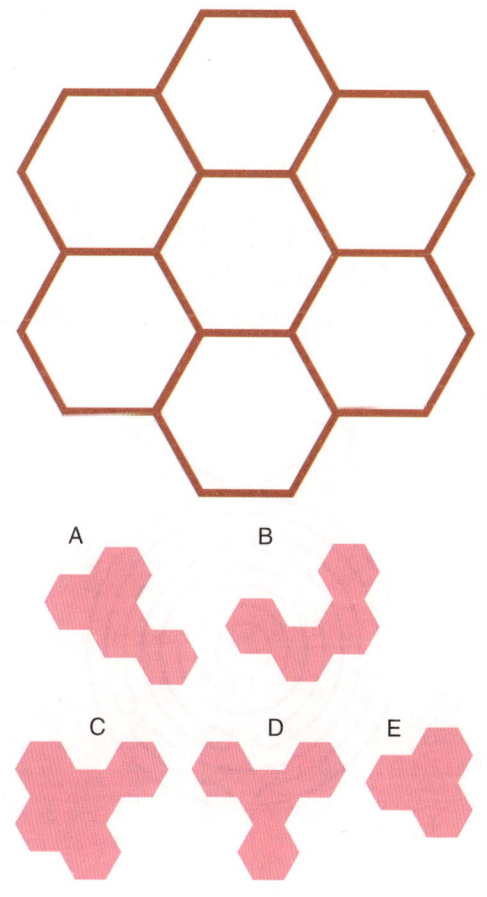

023 六边形游戏

六边形游戏是最有趣的拓扑学游戏之一,一般来说,这个游戏的棋盘是由11×11的六边形所组成的(其他规格的棋盘也可以)。

一个玩家用红色的棋子,另一个玩家用绿色的棋子——如果是在一张纸上玩这个游戏,玩家可以用铅笔在格子上分别标注O或X。

玩家轮流在空白的格子处放上棋子(或者标注O或X)。

最终玩家必须用自己颜色的棋子把棋盘两边的颜色连起来,先做到者胜出。4个顶点的棋盘格子既可以属于红方也可以属于绿方。

这个游戏不可能出现平局,每一盘都一定会出现胜负。

在2×2的棋盘上,先下的玩家很容易赢

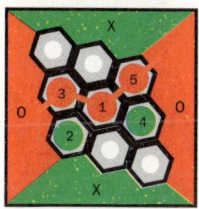

在3×3的棋盘上,先下的玩家如果第1步走在棋盘的中心就很容易赢

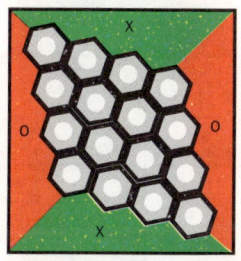

问:在4×4的棋盘上,先下的玩家至少需要几步才能赢?

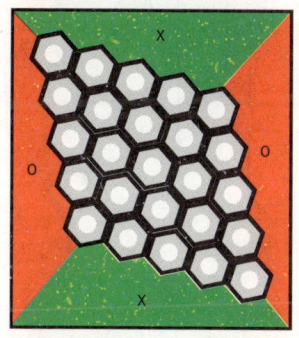

问:在5×5的棋盘上,先下的玩家怎样才能赢?

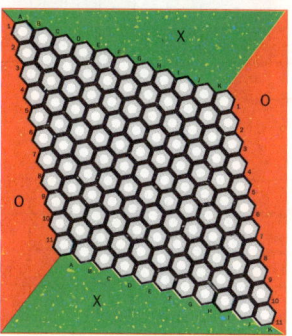

二人游戏的标准棋盘

024 不合规律

以下哪一幅图不符合排列规律?

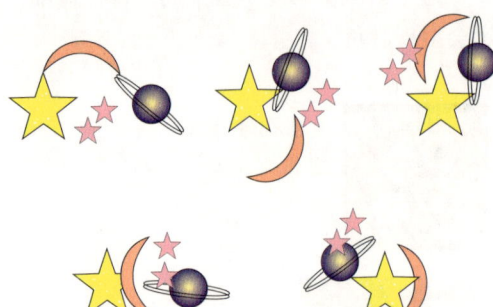

025 正确的图形（1）

A，B，C，D，E，F选项中，哪一个适合放在问号处?

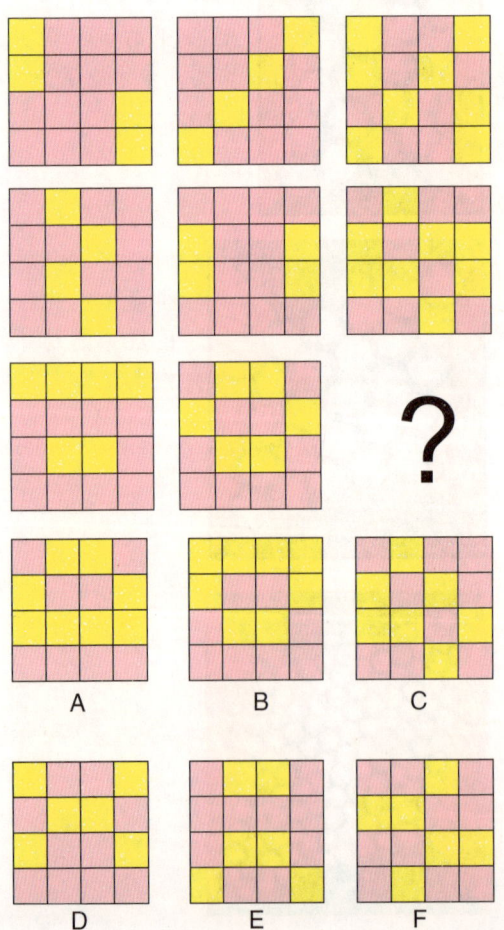

026 正确的图形（2）

问号处的图形应是A，B，C，D，E中的哪一个?

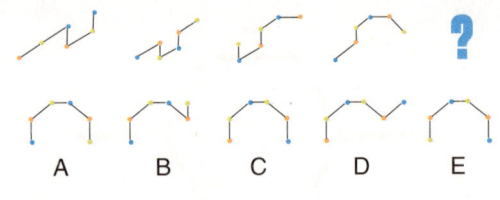

027 绳子和管道

一条管道坐落于一段奇特的绳圈的中央。假设从开放的两端拉动这条绳子，那么这条绳子究竟是会和管道彻底分离，还是会和管道连在一起呢?

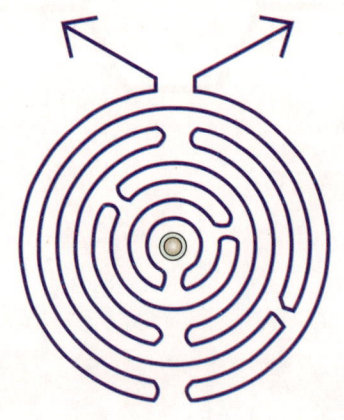

028 贪吃蛇

这些饥饿的蛇正在互相吞食着对方。由于它们采用了这种怪异的进餐方式，它们所组成的圆环正在逐渐缩小。如果它们仍旧继续吞食对方的话，最后这个由蛇构成的圆环会出现什么情况呢?

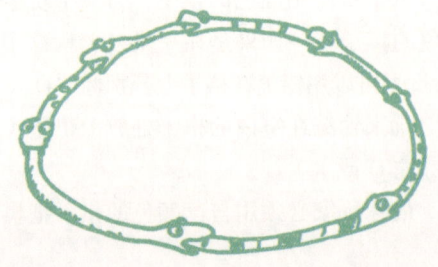

029 最大周长

从A，B，C，D中找出周长最长的那个图形。

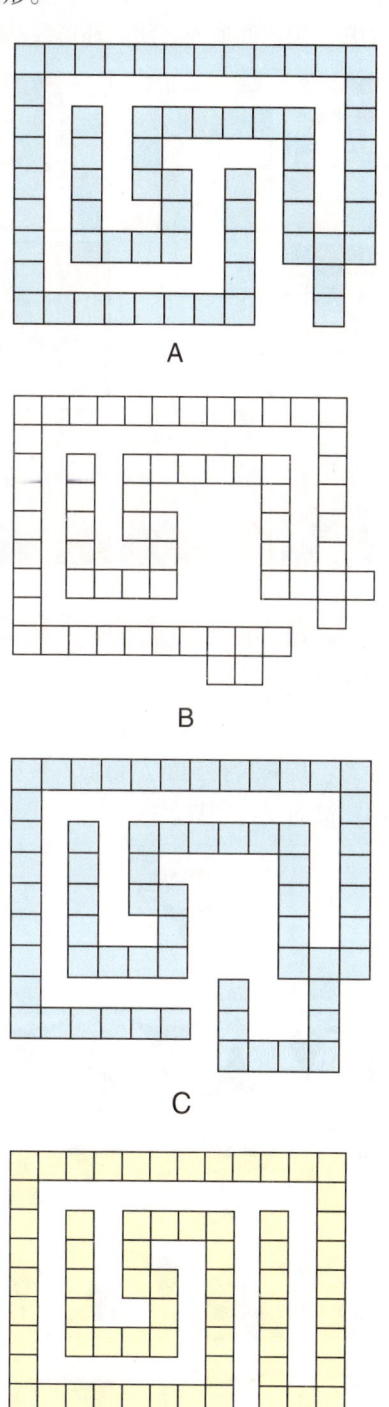

030 金鱼

你从鱼缸的上面向下看，所看到的金鱼位置和金鱼在鱼缸里的实际位置是一致的吗？

031 判断角度

图A：不用尺子测量来判断，这些角中，哪个角是最大的？哪个是最小的？

图B：所有的角都一样大吗？

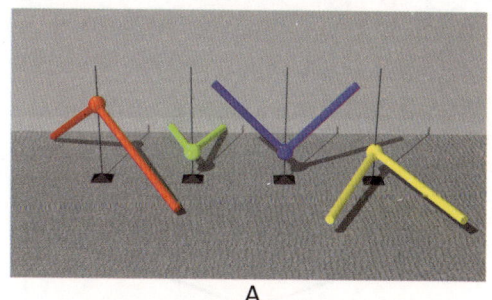

A

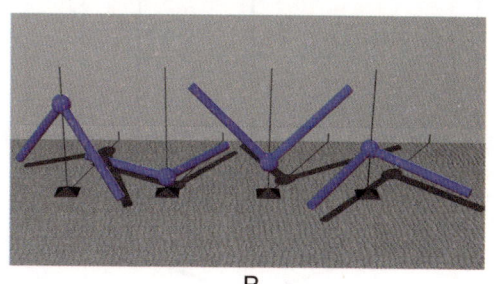

B

032 幽灵

后面那个幽灵和前面的那个幽灵相比哪个大?

033 垂直

细看立方体侧面的那3条线,哪条线是与竖线垂直的,哪条线是斜着的?

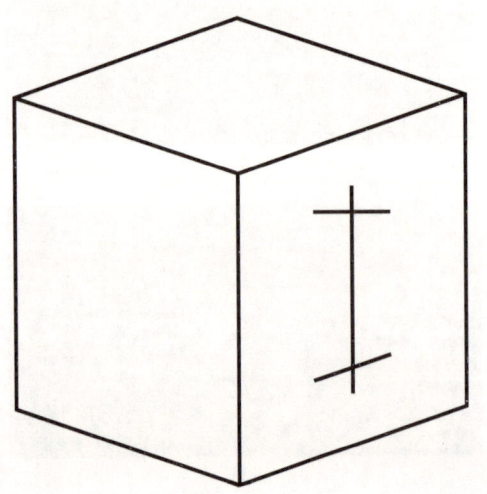

034 封闭的环形线路

这8个方块的每条边都包含6种颜色。你能分辨出方块经过旋转后(不改变它们的位置),哪种颜色能形成封闭的环形线路吗?

035 麦克马洪的彩色三角形

用4种颜色给等边三角形的3个边缘上色,你可能得到24个不同颜色的三角形吗?

注意:旋转后得到的三角形不被算作是不同的;镜面反射则算。

036 永远找不到

底部5张编号的卡片哪一张永远不可能在大正方形中找到?

037 奶牛喝什么

你可以和你的朋友试试。方法如下:让你的朋友不断大声重复地说"白色",至少10次。然后你突然问:"奶牛喝什么?"看看他回答的是什么。

038 彩色词

看到下面的彩色词了吧!不要读出这些词,而是说出它们的颜色,越快越好。开始吧!

红色　　绿色

蓝色　　橘红色

黑色　　蓝色

黄色　　灰色

红色　　粉红色

039 哪个人最矮

这是1890年法国一则关于茶叶的广告。图中哪个人最矮?在测量之前,请大胆猜一猜。

第四章

推理力思维游戏

001 数列对应

如果数列1对应数列2，那么数列3对应的是哪一个？

| 1 | 7 | 9 | 8 | 2 | 0 | 6 |

1

| 9 | 6 | 0 | 2 | 1 | 7 | 8 |

2

| 9 | 8 | 2 | 6 | 0 | 1 | 7 |

3

A | 1 | 8 | 7 | 0 | 9 | 6 | 2 |
B | 0 | 2 | 1 | 8 | 7 | 9 | 6 |
C | 7 | 2 | 1 | 6 | 0 | 9 | 8 |
D | 6 | 8 | 7 | 1 | 9 | 2 | 0 |

002 分蛋糕

要求把这个顶上和四周都有糖霜装饰的蛋糕分成5块体积相等，并且有等量糖霜的小蛋糕。

如果蛋糕上没有糖霜或装饰，这个问题就可以用简单的4条平行线解决，但是现在问题有点麻烦，因为那样做将会使2块蛋糕上有较多的糖霜。

003 沿铰链转动的双层魔方

沿着铰链翻动标有数字的方片会覆盖某些数字并翻出其他数字：每个方片背面的数字是和正面一样的，而在每个方片下面（即第2层魔方）的数字则是该方片原始数字的2倍。

如果要得到一个使得所有水平方向的行、垂直方向的列以及2条对角线上的和分别都等于总魔数的魔方，需要翻动多少方片和哪些方片？

004 杂技演员

36个杂技演员（其中21个穿蓝色衣服，15个穿红色衣服）组成了如图所示的金字塔形。这一表演需要极大的平衡力、极高的注意力，以及之前仔细精准的计划。按照一种迷信的说法，这个金字塔的组成必须包含以下几个条件：

1. 最下面的一排必须是4个穿蓝色衣服的演员和4个穿红色衣服的演员。
2. 穿蓝色衣服的演员必须要站在1个穿蓝色衣服的演员和1个穿红色衣服的演员上。

3. 穿红色衣服的演员必须要站在2个穿红色衣服的演员或者2个穿蓝色衣服的演员上。你能将他们正确地排列吗？

005 猫鼠游戏

下边的游戏界面上放了3只猫和2只老鼠，每只猫都看不见老鼠，同样老鼠也都看不见猫（猫和老鼠都只能看见横向、纵向和斜向直线上的物体）。

现在要求再放1只猫和2只老鼠在该游戏界面上，并且使上面的条件仍然成立，你可以做到吗？不能改变游戏界面上原有的猫和老鼠的位置。

006 箭头的方向

从格栅的左上角开始，每个箭头都是按照一定的逻辑顺序排列的。那么，空格处的箭头应朝哪个方向，同时，这个排列顺序是什么？

007 发现规律

下列图形是按照一定规律排列的，按照这一规律，接下来应该填入方框中的是A，B，C，D中的哪一项？

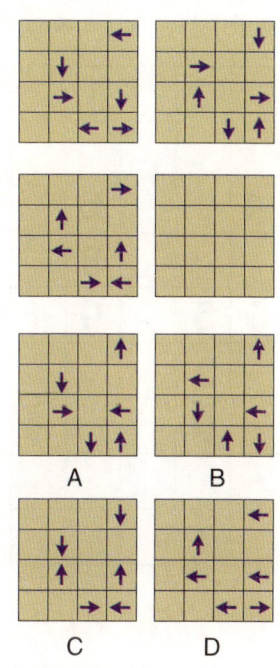

008 正确的选项

根据已给出的数列，请推测问号处应填A，B，C，D，E，F哪一项？

009 数独

这是流行于日本的一种游戏——数独。它的规则比较简单：从1~9这些数字中选择1个，放入每个空格中，使每一横排、纵列和3×3的格子中都包含了1~9这些数字。

	8			1				
6							2	7
	3	4		6				
					8			1
	2	6	5		9	4	3	
3		2						
			9			3	5	
4	9							6
			1			8		

011 字母九宫格（2）

在下面的每个格子里填上字母S，P，A，R，K，L，I，N和G，使得每一横行、每一竖行，以及每个3×3的小方框中这9个字母分别出现一次。

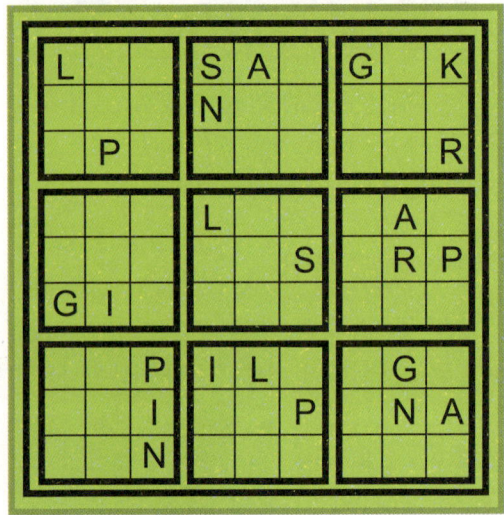

010 字母九宫格（1）

在下面的每个格子里填上字母S，P，A，R，K，L，I，N和G，使得每一横行、每一竖行，以及每个3×3的小方框中这9个字母分别出现一次。

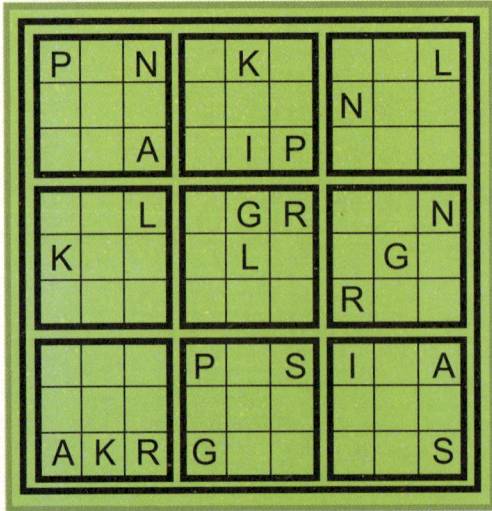

012 字母九宫格（3）

在下面的每个格子里填上字母S，P，A，R，K，L，I，N和G，使得每一横行、每一竖行，以及每个3×3的小方框中这9个字母分别出现一次。

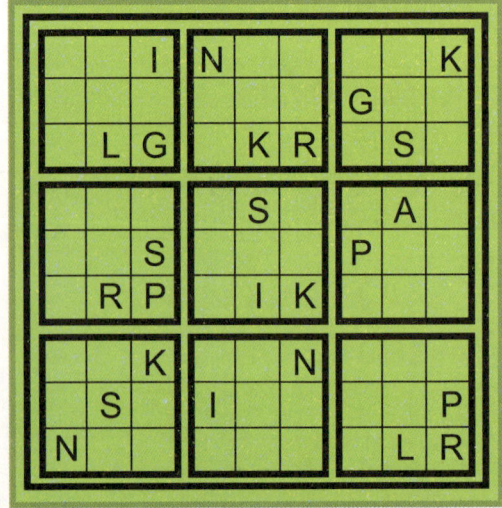

013 折叠

A可以折叠出B，C，D，E，F，G选项中的哪一个？

014 扑克牌（1）

猜一猜，哪张扑克牌可以替换问号完成这道题？

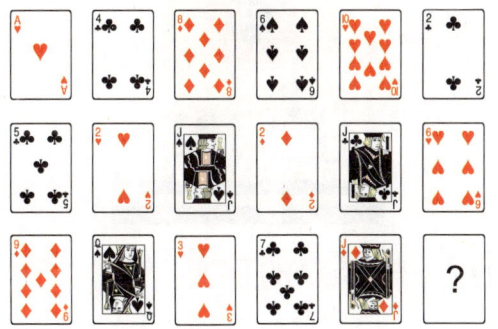

015 扑克牌（2）

想一想，哪张扑克牌替代问号后可以完成这道难题？

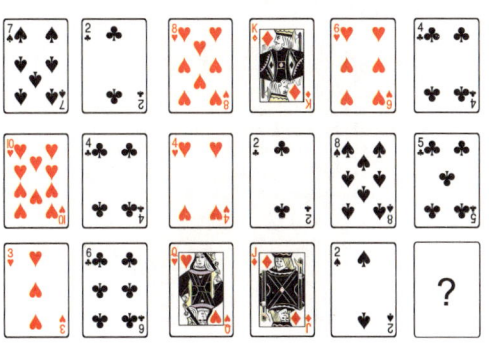

016 逻辑图框

以下图框是按照一定的逻辑排列的，你能找出问号部分应该使用的数字吗？

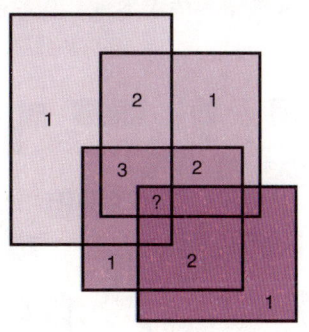

017 逻辑数值

问号处的逻辑数值是多少？

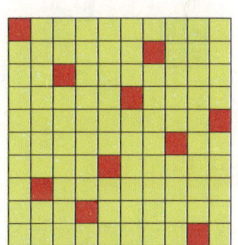

0324924831

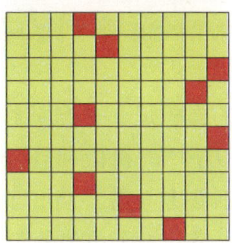

3591300652

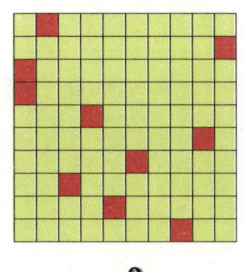

018 组合瓷砖

如果按照正确顺序排列,以下瓷砖可以组成1个方形,横向第1排的数字等同于纵向第1列的数字,依次类推。你能成功地组合吗?

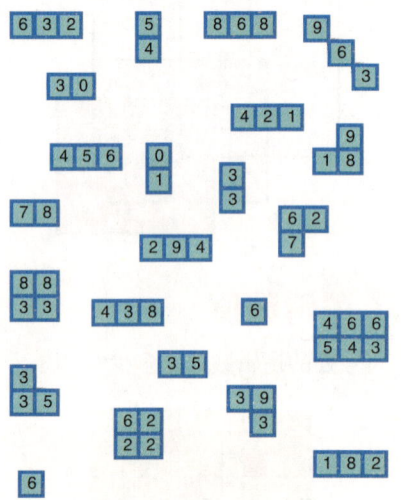

019 帕斯卡定理

下图是液压机的一个模型,从中我们可以清楚地看到它的机械利益(一台机器产生的输出力和应用的投入力之间的比率)。这个液压机有两个汽缸,每个汽缸有一个活塞。

这个模型中:

小活塞的面积是3平方厘米;大活塞的面积是21平方厘米;机械利益为 $21 \div 3 = 7$。

请问小活塞上面需要加上多少力,才能将大活塞向上举起1个单位的距离?

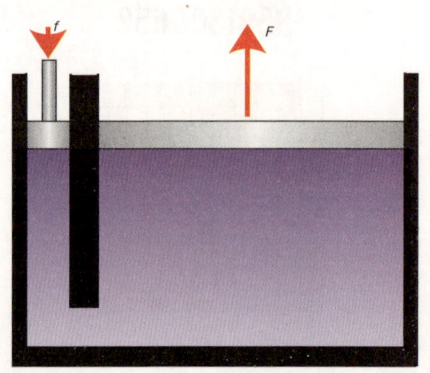

020 画符号

请在空格中画出正确的符号。

021 链条平衡

如图所示,天平右端的盘里装了一条链子,这条链子绕过一个滑轮被固定在天平左端的盘子上。

如果现在把天平左端翘起的空盘往下压,会出现什么情况?

022 柜子里的秘密

我的电脑桌旁边的一面墙上有一些小的木柜子,平时可以放一些小东西,我就把自己的收藏分别放在这些柜子里。放的时候我按照了英文字母的排列顺序,如下图所示,这个顺序能够提示我记住密码。

你能猜出我的密码是什么吗?

023 连续八边形

哪一个八边形可以继续这个序列?

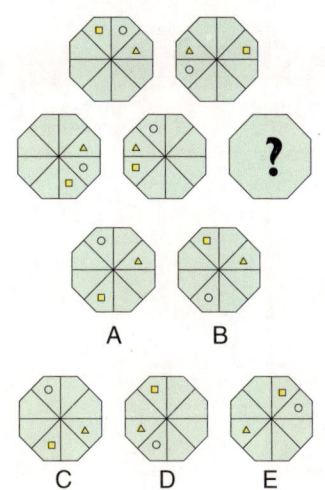

024 洪水警告

根据安装在漂浮物上的这组齿轮,你能推断出洪水警告正确吗?

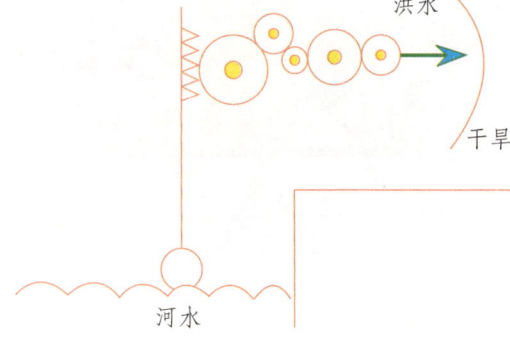

025 字母游戏

下图中标注问号的地方应该填上什么字母?

026 下一幅

如图所示,各个图形是按一定顺序排列的,按照这一顺序,接下来的一幅图应该是A,B,C,D,E中的哪一个?

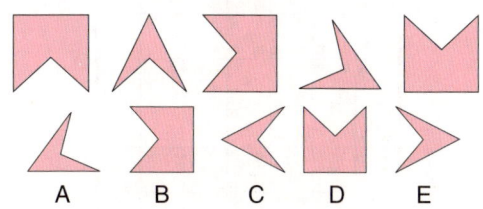

027 对号入座

仔细观察一下,问号的地方应该填入哪个图形?

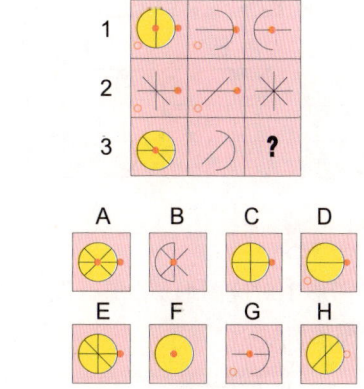

028 取代

选项中的哪个正方形可以取代空着的正方形?

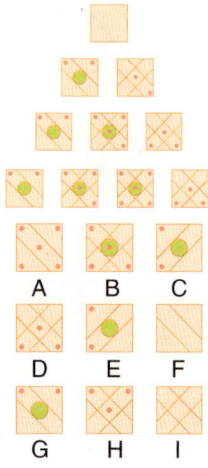

029 归位

6个选项中哪一个可以完成这个问题?

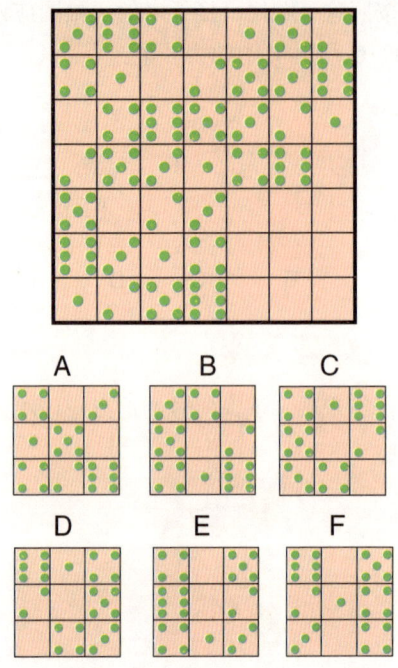

030 彼此对应

如果图形1对应图形2,那么图形3对应哪一个图形?

031 填充空格

请在空格中画出适当的图形。

032 选择箭头

图中空白处应该填入哪个箭头?

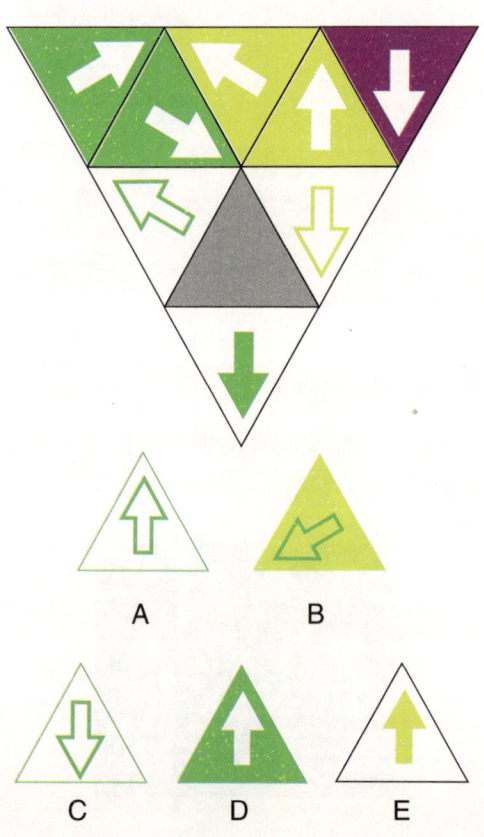

033 树形序列

你能完成这个序列吗?

034 下一个

如何让这个序列进行下去?

035 铅笔游戏

你能找出这个排列方式中所利用的逻辑关系吗?如果你能够找得出,利用同样的逻辑关系确定出问号处应该是哪个字母。

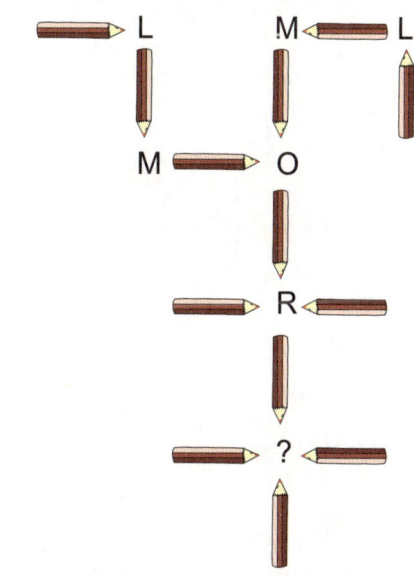

036 外环上的数

找出逻辑关系并填充缺少的数字。

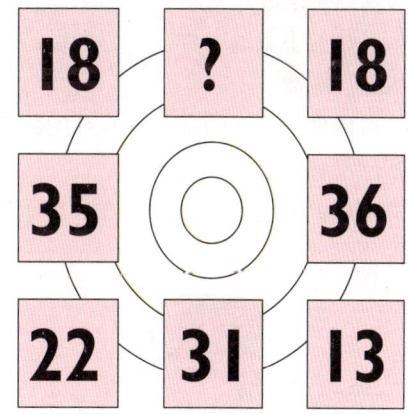

037 恰当的数字(1)

猜猜看,问号处应该填上什么数字?

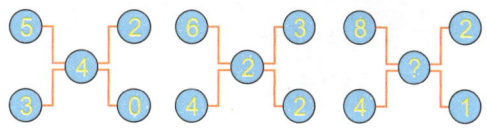

038 恰当的数字（2）

在下图中标注问号的地方填上恰当的数字。

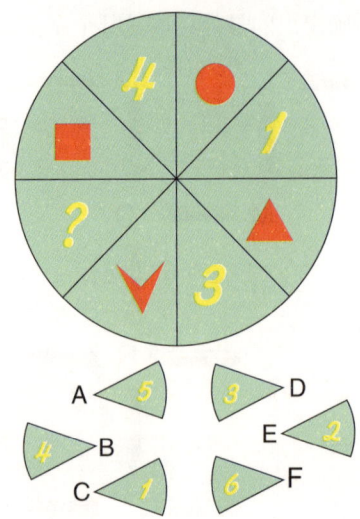

039 密码

一位男士在银行新开了一个账户，他需要为这个账户设定一组密码。按照银行的规定，密码一共有5位，前3位由字母组成，后2位由数字组成：

问：按照下面的条件，密码的设定分别有多少种可能性？

1. 可以使用所有的字母和所有的数字。
2. 字母和数字都不能重复。
3. 密码的开头字母必须是T，其他条件同条件2。

040 逻辑数字

你知道问号处应填上什么数字吗？

1. 4 → 13　　2. 6 → 2
    7 → 22　　　　13 → 16
    1 → 4　　　　17 → 24
    9 → ?　　　　8 → ?

3. 8 → 23　　4. 6 → 10
    3 → 13　　　　5 → 8
    11 → 29　　　 17 → 32
    2 → ?　　　　12 → ?

5. 18 → 15　　6. 31 → 12
    20 → 16　　　　15 → 4
    8 → 9　　　　　13 → 3
    14 → ?　　　　41 → ?

7. 10 → 12　　8. 9 → 85
    19 → 30　　　　6 → 40
    23 → 38　　　　13 → 173
    14 → ?　　　　4 → ?

9. 361 → 22　　10. 21 → 436
    121 → 14　　　　 15 → 220
    81 → 12　　　　　8 → 59
    25 → ?　　　　　3 → ?

11. 5 → 65　　12. 15 → 16
     2 → 50　　　　 34 → 92
     14 → 110　　　 13 → 8
     8 → ?　　　　　20 → ?

13. 5 → 38　　14. 7 → 15
     12 → 80　　　　16 → 51
     23 → 146　　　 4 → 3
     9 → ?　　　　　21 → ?

15. 36 → 12　　16. 145 → 26
     56 → 17　　　　 60 → 9
     12 → 6　　　　　225 → 42
     40 → ?　　　　　110 → ?

17. 25 → 72　　18. 8 → 99
     31 → 108　　　　11 → 126
     16 → 18　　　　 26 → 261
     19 → ?　　　　　15 → ?

19. 8 → 100　　20. 29 → 5
     13 → 225　　　　260 → 16
     31 → 1089　　　 13 → 3
     17 → ?　　　　　40 → ?

041 恰当的符号

在下图中标注问号的地方填上恰当的选项。

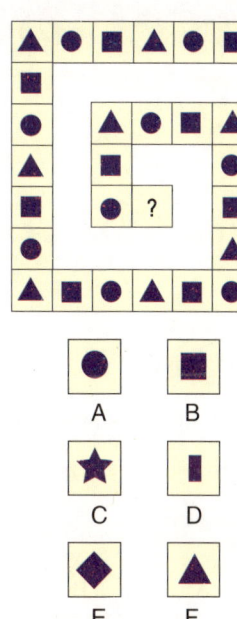

042 解开难题

你能解开这道题吗？

043 最后的正方形

下面 5 个正方形中的数字，都是按一定规律放进去的，你能找出这一规律并说出最后一个正方形中问号处应填的数字吗？

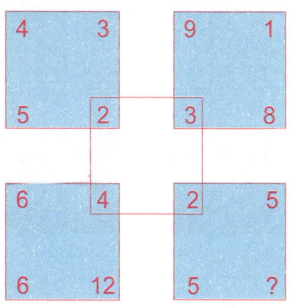

044 数字盘

你能找出最后那个数字盘中问号部分应当填入的数字吗？

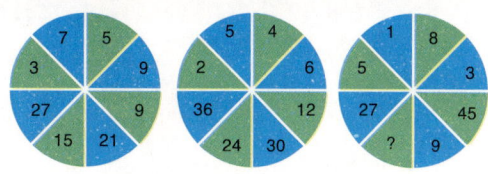

045 图形推理

你能找出最后那个三角形中问号部分应当填入的图形吗？

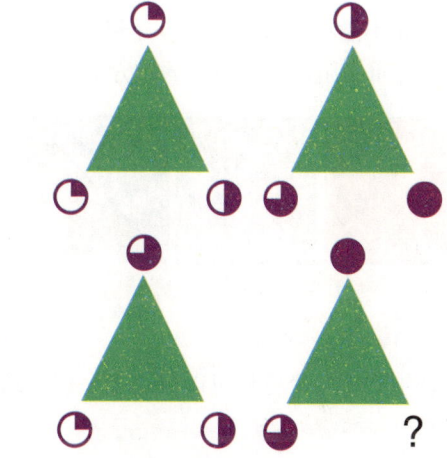

046 缺少的数字

让我们看看这道题，最后那个正方形中缺少什么呢？

第五章
分析力思维游戏

001 更大的正方形

你能不能将这3个正方形分割成最少的图形碎片重新组成1个更大的正方形?

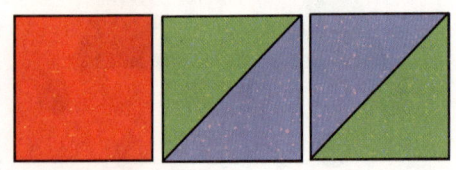

002 符号继续

选项中哪一个符号可以将这个序列继续下去?

003 对应

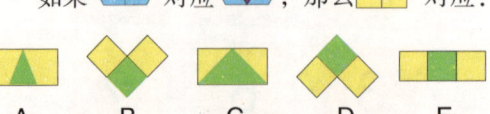

004 另类图形

下面哪幅图和其他各幅都不同?

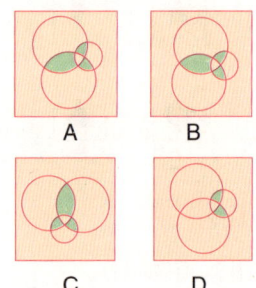

005 完成序列图

想一想,选项中哪个图形可以完成这组序列图?

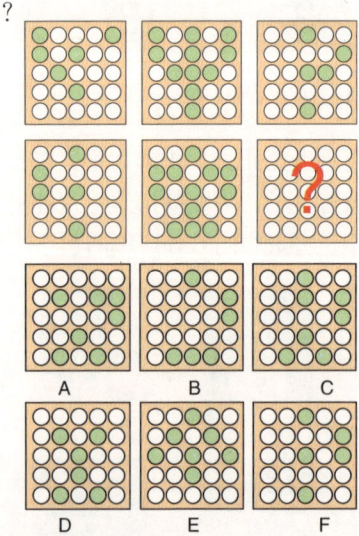

006 男孩女孩

5个人排成1行，5个人中有男孩也有女孩，但是男孩和女孩各自的人数不确定，问有多少种排列方法可以使每个女孩旁边至少有1个女孩？

007 色子家族

色子家族正在举行宴会，并且把它们祖先的照片挂在了墙上。来参加宴会的色子中，有位是这个家族的客人，你能把他找出来吗？

008 数字狭条

你能不能把这个图案分成85条由4个不同数字组成的狭条，使得每个狭条上的魔数都等于34？

用数字1~16组成和为34的四数组合共有86种。下边的网格图中只出现了85条。你能把缺失的那条找出来吗？

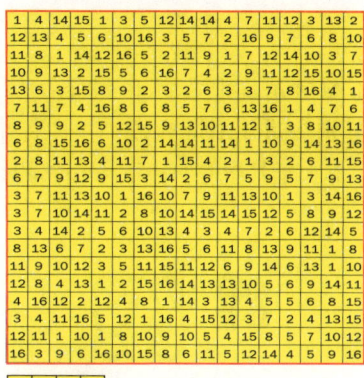

009 移动的数字

从左上角的圆圈开始顺时针移动，求出标注问号的圆圈里应该填上的数字。

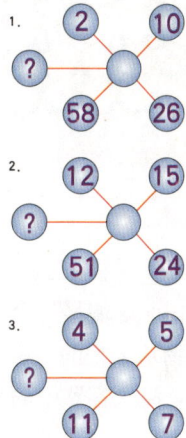

010 合适的长方形

问号所在位置应该填入选项中的哪个长方形？

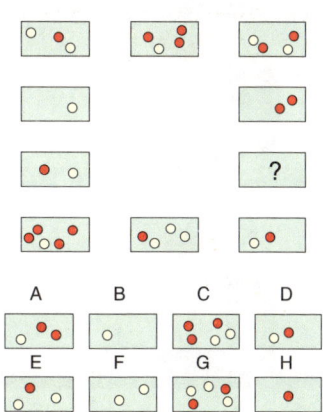

011 数字板游戏

如图所示，把数字 1~4、1~9、1~16、1~25 分别放进 4 个游戏板中，使每个圆中的数字都大于其右侧与正下方相邻的数字，你能做到吗？

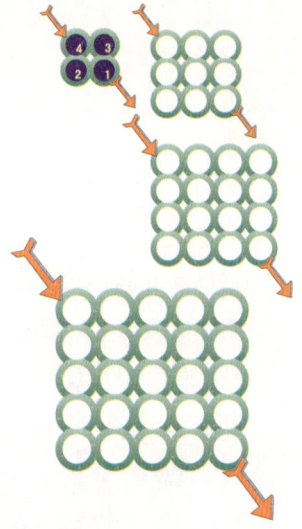

012 液体天平

上图：天平是平衡的。天平左端是一个装满水的容器，而右端是一个重物。

下图：重物从天平的右端被移到左端，而且该重物完全浸入容器中的水里面。

很明显现在左端要比右端重。

请问：为了继续保持天平的平衡，现在天平的右端应该放上多重的物体？

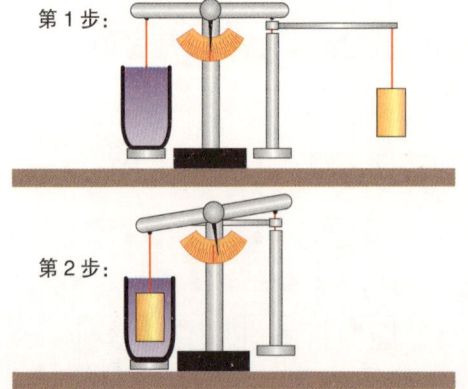

013 精确的底片

如下图所示，左边红色方框里有 3 对图案，其中的每对图案中，右边的图案是左边图案的底片，也就是说每对的 2 个图案应该是相互反色的。

现在把蓝色方框里 A，B，C 图案中的某个覆盖在红色方框每对图案中右边的图案上，就能够使红色方框里的图案满足上面的条件，即每对的 2 个图案相互反色。

问应该是 A，B，C 中的哪一个？

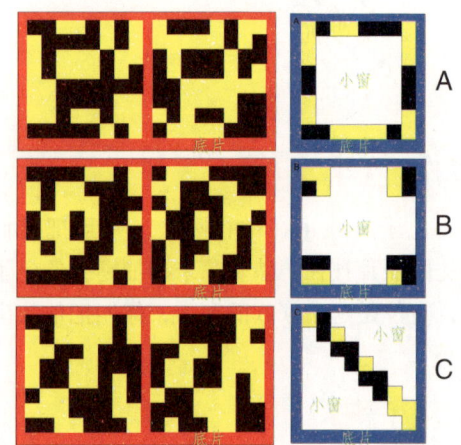

014 阿基米德的镜子

伟大的希腊数学家阿基米德富于想象力地将镜子用于许多创造发明中。根据古代著作，他最杰出的功绩就是在公元前 214 年罗马舰队围攻西西里岛城市叙拉古时，他用镜子将太阳光集中反射到罗马船只上并使其着火。

我们可能永远都无法得知阿基米德是否成功地用镜子保卫叙拉古免受侵略。但是，他有可能办到这件事吗？

015 篱笆周长

老园丁林肯去世的时候,留给每个孙子19个玫瑰花丛。这些孙子,Agnes(A)、Billy(B)、Catriona(C)和Derek(D)彼此憎恨,因此准备如图所示在各自的玫瑰丛外围上篱笆。那么,谁的篱笆周长将是最长的呢?

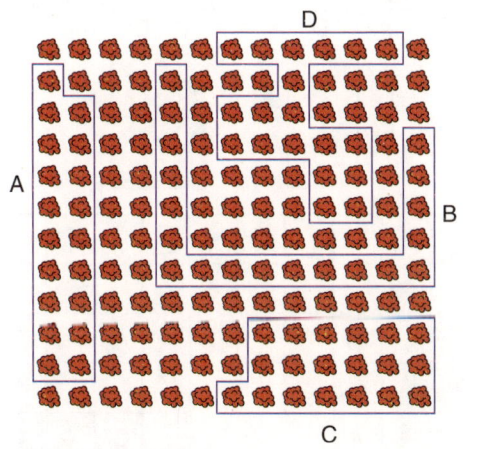

016 排列规律

A,B,C,D中哪一项符合这些图形的排列规律?

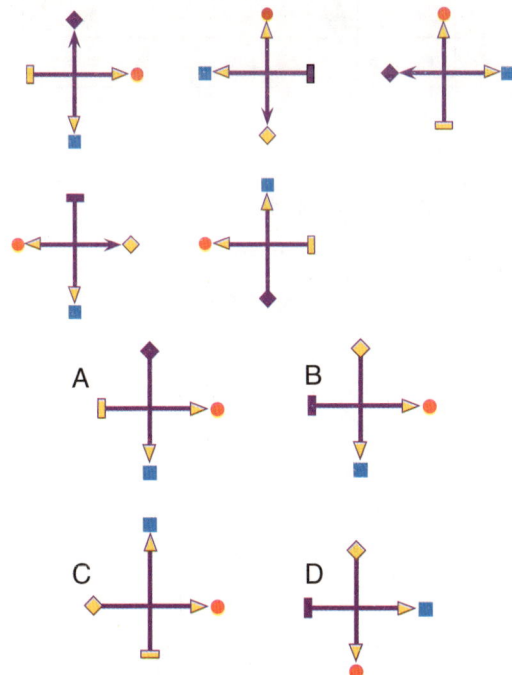

017 落水的铅球

如图所示,水池的边上有一个铅球,这个铅球有可能直接掉到水池里,也有可能掉到水池中的汽船里。

问掉到水池里和掉到汽船里哪一种情况下水池的水面会上升得更高一些?

018 升旗与降旗

如果最下面的齿轮按逆时针方向旋转,那么最上方的旗子是会上升还是会下降呢?

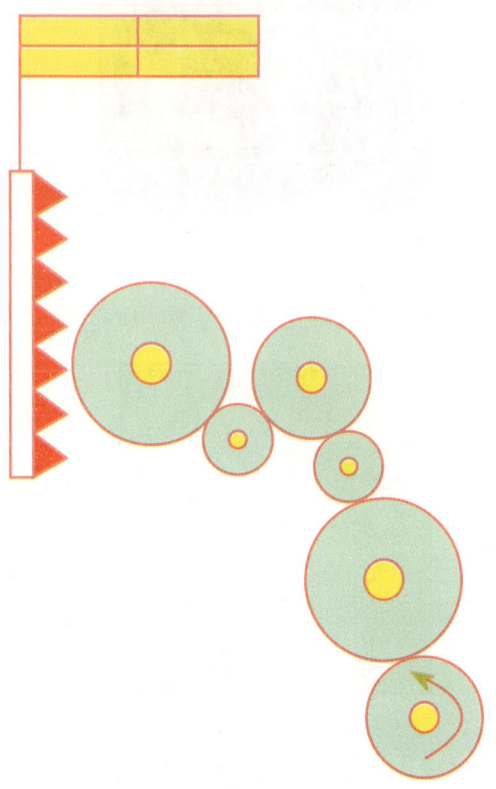

019 不一样的时间

找出和其他不同的一项？

020 火柴光

想象这3个房间的墙上（包括地板和房顶）都铺满了镜子。房间里一片漆黑。

某个人在最上面的房间里划了一根火柴。那么，右边房间里抽烟斗的人能看到火柴燃烧的映像吗？

021 猜图

猜猜看，缺掉的图形是哪一块呢？

022 填图补白

哪一个选项可以放在空白处？

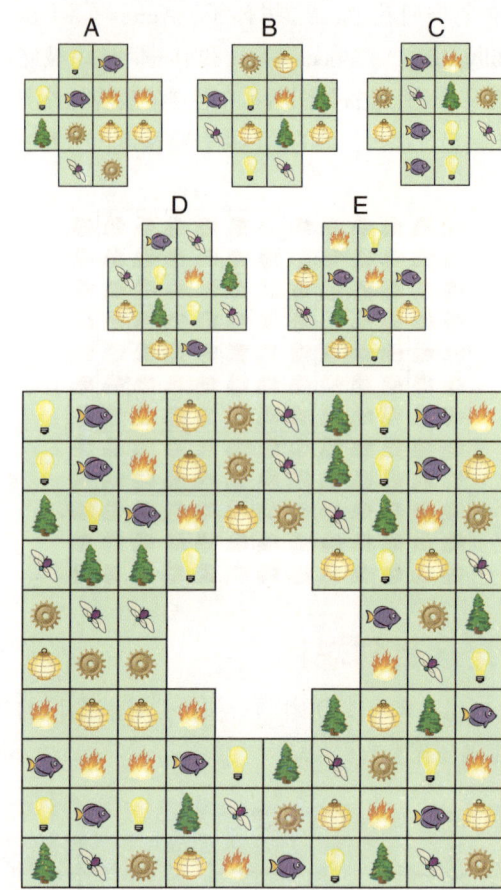

023 地板

下图中缺少的那块地板应该是哪种样子？

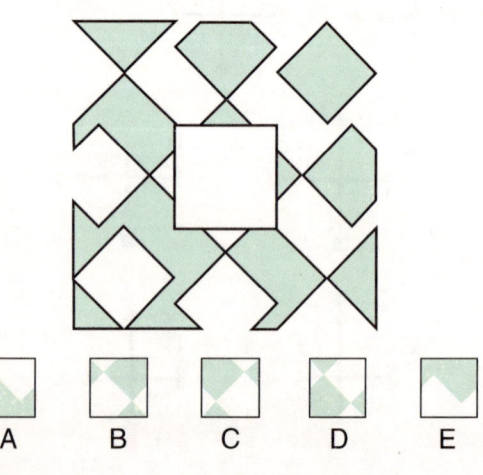

024 蛋卷冰激凌

现在有1个3层的蛋卷冰激凌，这3层的口味分别是草莓、香草和柠檬。请问你拿到这个冰激凌从上到下的口味排列正好是你最喜欢的顺序的概率是多少？

025 传音管

图中的两个小孩之间离得很远，而且他们中间还隔着一堵厚厚的墙。他们试着通过两根长长的管子来通话，如图所示。请问在哪种情况下他们能够通过管子听到对方讲话？

026 图形转换

这两个图形是拓扑等价的吗？

也就是说，假想这两个图形是用橡皮做成的，你可以任意地弯曲或拉伸，但是不能够将曲面撕裂或割破，那么可以将左边的图形变成右边的图形吗？这个问题看起来似乎不可能，但是事实上是可以做到的。

那么应该怎样变呢？

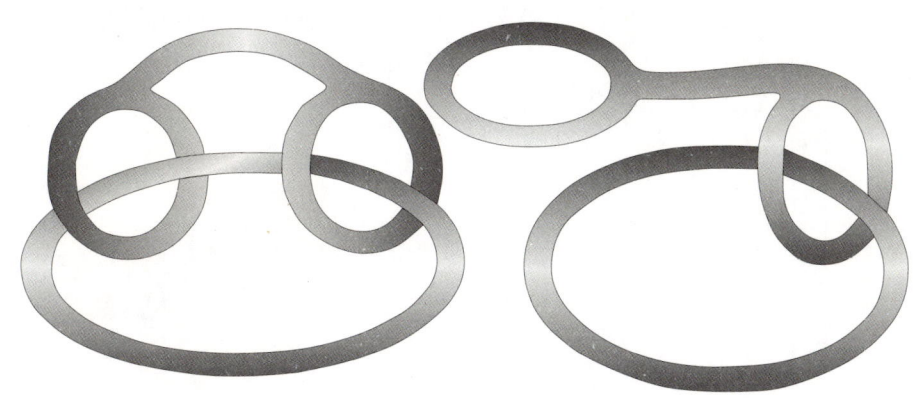

027 对角线问题

在 10×14 长方形中，对角线穿过了几个小正方形？

你可以概括这个问题，并且总结出对于任何长方形都成立的规则吗？

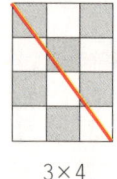

3×4

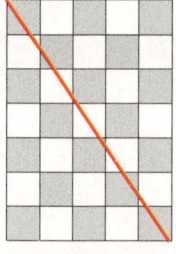

5×7

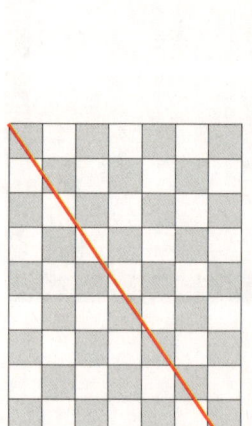

6×9

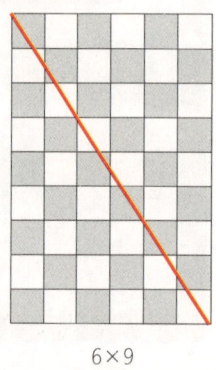

7×10

10×14

028 保持平衡

根据规律，找出可以使第3个天平保持平衡的图形。

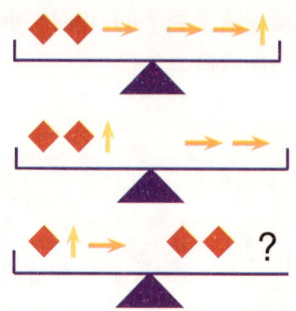

029 圣诞节风铃

这个风铃重144克（假设绳子和棒子的重量为0）。

你能计算出每个装饰物的重量吗？

030 半径与面积

如图所示，在大圆里按照一定的规律划分不同的小圆。

问：橘色的圆与黄色的圆的面积之间有什么关系？同样，其他颜色的圆与它外面的圆的面积之间有什么关系？

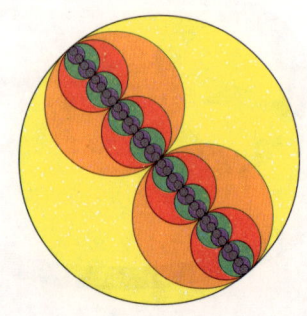

031 双色珠子串

有红色和蓝色 2 种颜色的珠子,每种珠子各 10 颗。将这些珠子排成一串,这一串的第 1 颗珠子是红色的。

现在我们把这一串中连续的几颗珠子称为 1 个"连珠"。连珠的长度取决于它所包含的珠子的颗数。

含 2 颗珠子的连珠我们称为"二连珠"。问可能有多少种二连珠?

含 3 颗珠子的连珠我们称为"三连珠"。问可能出现多少种三连珠?

含 4 颗珠子的连珠我们称为"四连珠";含 5 颗珠子的就是"五连珠",依此类推。也就是说,含 n 颗珠子的连珠我们称为"n 连珠"。

如果要求一串珠子全部由二连珠组成,且整串珠子中不能出现 2 个一模一样的二连珠,问这串珠子最长为多少?

如果要求一串珠子全部由三连珠组成,且整串珠子中不能出现 2 个一模一样的三连珠,问这串珠子最长为多少?

032 发射炮弹

如果这 3 门大炮在同一时间开火。最上方的大炮沿着地平线在同一高度平行发射,左下方的大炮与地平线成 45°角发射,右下方的大炮与地平线成 90°角发射。

哪一个炮弹最先接触到地面?剩下的将以什么顺序降落?

033 最近距离

我有 10 个朋友住在同一条街上,如图所示。现在我想在这条街上找出某个地点,使这一点到 10 个朋友家的距离最近。请问这个点应该在哪里呢?

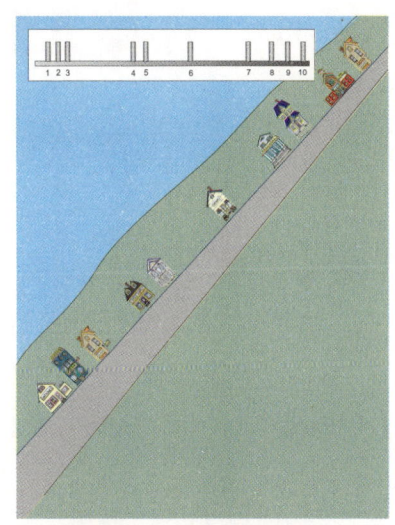

034 左撇子,右撇子

一个班级里的学生有左撇子、右撇子,还有既不是左撇子也不是右撇子的学生。在这道题目里,我们把那些既不是左撇子也不是右撇子的学生看作既是左撇子又是右撇子。

班上 1/7 的左撇子同时也是右撇子,而 1/9 的右撇子同时也是左撇子。

问班上是不是有一半以上的人都是右撇子?

第六章
观察力思维游戏

001 中心方块
中心小方块是不是比周围的区域暗？

002 灰色条纹
左右两个灰色竖条纹的灰度一样吗？

003 "十"字
图中各颜色方块中对角线上较亮的"十"字与它们所在的正方形亮度相同吗？

004 倾斜的棋盘
棋盘中每个小棋子的亮度相同吗？

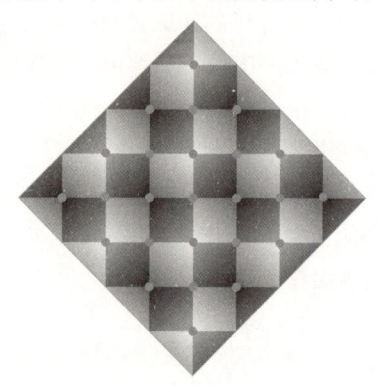

005 双菱形
图中两个菱形的亮度相同吗？

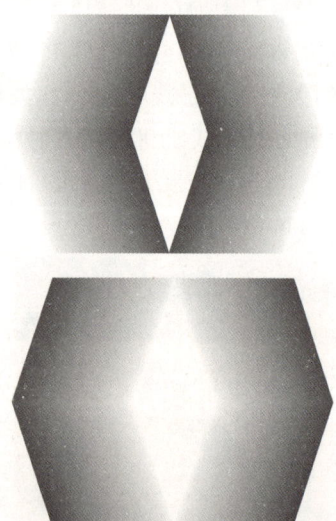

006 圆圈

看到圆圈了吗？这些圆圈是不是比背景亮一些？

007 赫尔曼栅格

看到交叉处的灰点了吗？仔细看它并不存在。你能解释这个原因吗？

008 改进的栅格

观察图片，把目光集中在一个点上，其周边的点都是白色的，而距该点较远的那些点就闪烁成淡紫色。当眼睛扫过图片时，淡紫色的点也会移动。观察的距离越远，淡紫色的点也越多。你能看到吗？

009 彩色闪烁栅格

扫视图片，连结点看起来在闪烁，而且闪烁点的位置会随着眼球的运动而改变。你能看到吗？

010 闪烁的点

在这幅闪烁栅格的变化中,当转动眼球观察图片时,会有什么变化?如果你注视圆心,又会有什么变化呢?

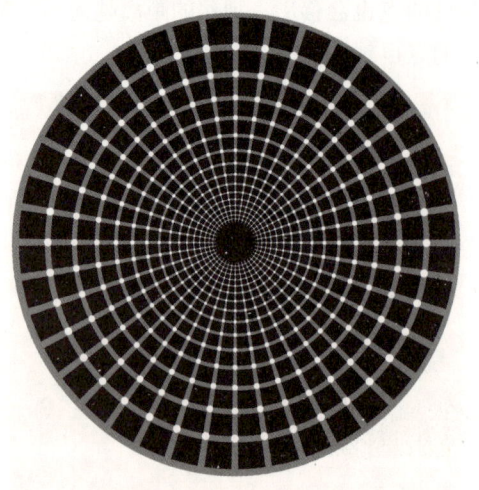

011 闪烁的栅格

转动眼球,联结处会闪烁,闪烁的位置也不断改变。如果凝视任何交叉点,那个点就不再闪烁。你能解释这个原因吗?

012 神奇的圆圈

扫视图片,每个圆圈中会出现小黑点。你能看到吗?

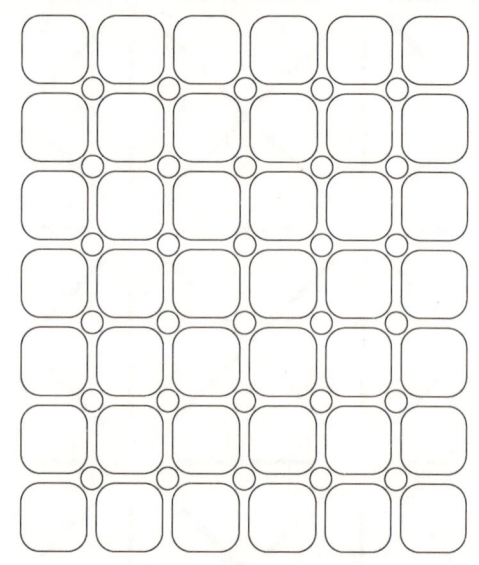

013 闪烁发光

这些圆圈看起来在闪烁吗?

014 蓝点

上下两图中的蓝点是一样的吗?

016 线条

这些竖线条是直的还是弯曲的?

015 小圆圈

环顾这张图片,小圆圈看起来好像忽明忽暗。你能感觉到吗?

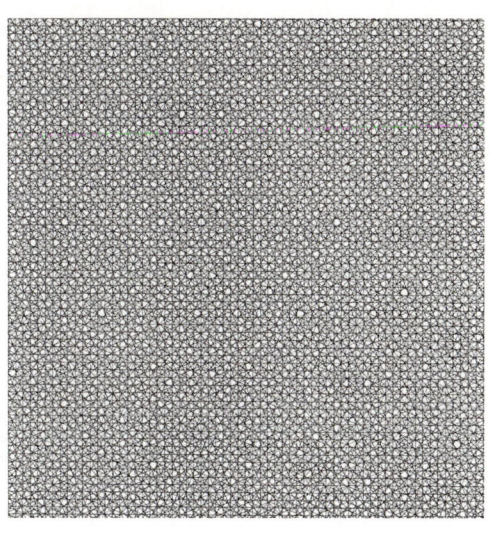

017 螺旋

这是一个螺旋还是一个个的同心圆?

018 线条组成的圆

图中由一系列线条组成的圆是同心圆还是弯曲的圆呢?

019 图像

这幅图像竖直和水平的边缘是扭曲的还是直的?

020 小方块

图中每排或每列的小方块是呈直线排列还是弯曲排列?

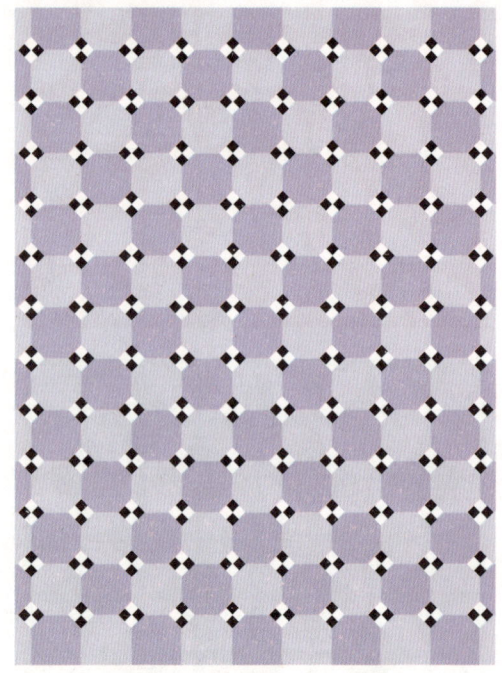

021 线

图中的水平线是倾斜的还是彼此平行的?

022 红线

两个圆形区域中间的红线是倾斜的吗?

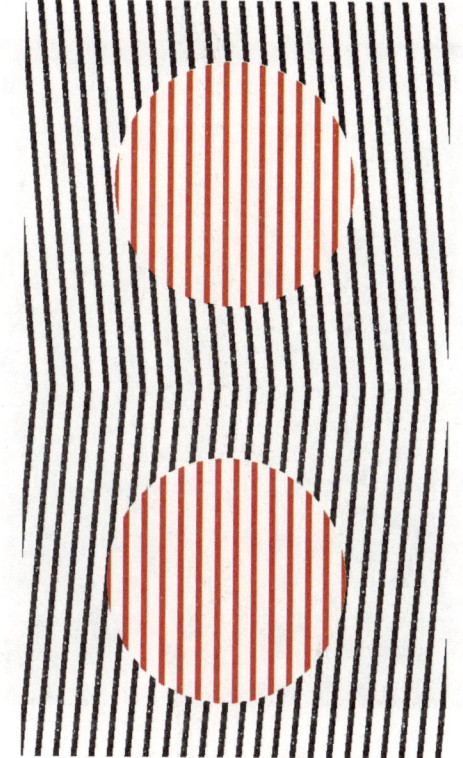

023 面孔

你应该一眼就能看到高脚杯,那么,你能看到两个人的轮廓吗?

024 单词

这个图形中有 Figure 和 Ground 两个单词,你看出来了吗?

025 鱼

凝视这幅图中的鱼,它们向哪个方向游呢?

026 萨拉与内德

你能找到一张女人的脸和一个萨克斯演奏家吗？萨拉是一个女人的名字，内德是吹萨克斯的男人。

027 猫和老鼠

在图中，你能看到老鼠吗？

028 圣乔治大战恶龙

你能发现圣乔治的肖像和他与恶龙大战的场景吗？

029 坟墓前的拿破仑

你能找到站在自己坟墓前的拿破仑吗？

030 紫罗兰

你能找到藏在紫罗兰中间的拿破仑、他的妻子和儿子的轮廓吗?

032 彩色线条

哪根线与白线共线?

033 高帽

帽子的高度是不是比宽度长?

031 虚幻

你能看到骷髅头吗?

034 红色方块

两条对角线上的红色方块的颜色一样吗?

第七章
想象力思维游戏

001 分割空间

假设1个四面体的4个顶点都在1个球体的内部（顶点不接触球体的边）。

这个球体被沿着四面体4个面的平面分割成了几部分？是哪几部分呢？

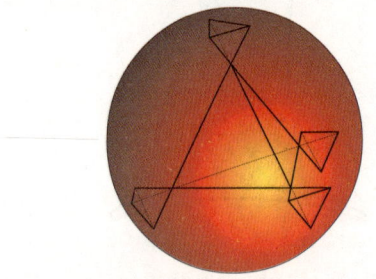

002 转角镜（1）

一个男孩分别从一面平面镜和两面以90°角相接的镜子中观察自己。

男孩的脸在两种镜子中所成的像是一样的吗？

003 转角镜（2）

男孩看左边的凸面镜发现自己是上下颠倒的。然后将镜子翻转90°，即右边的凸面镜。这时候男孩看到的自己是什么样子的呢？

004 六边形游戏

如下图所示，请你把游戏板外面的16个六边形放入游戏板中，使游戏板内的黑色粗线连成1个封闭的图形。各个六边形都不能旋转；更具有挑战性的是，16个六边形中每两个相邻的六边形颜色都不能相同。

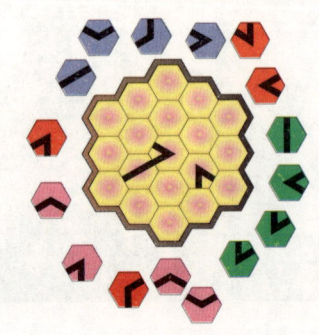

005 完美六边形

如果将直线部分连接起来的话,能形成1个完美的六边形吗?

007 补全多边形

如图所示,多边形缺少了一角。从A,B,C,D,E中找出正确的答案把它补充完整。

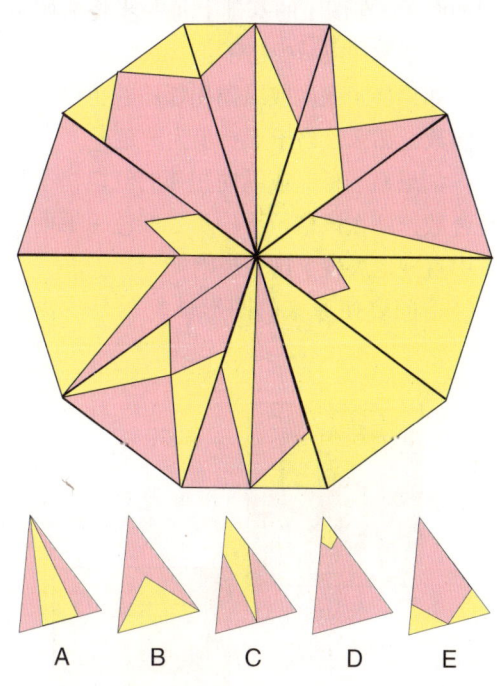

006 不可能的剖面

即使你无法看到这个不规则立体图形的全貌,你也依然能够在心中精确地勾画出它的外观。如果从不同的方向进行观察,A,B,C,D这几个剖面哪一个是不可能出现的呢?

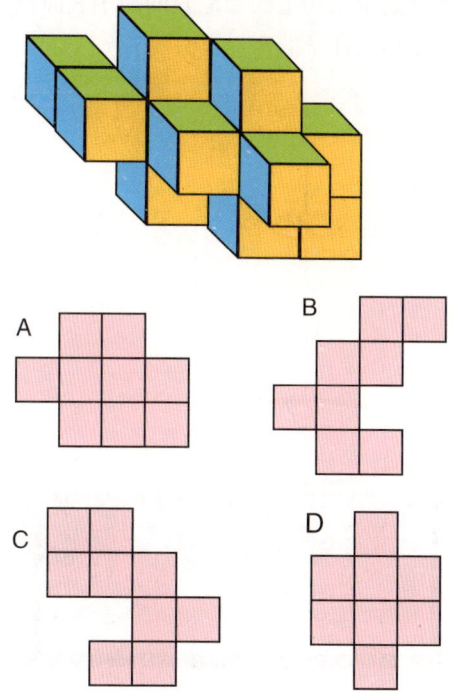

008 立方体魔方

你有16个黄色、16个红色、16个蓝色和16个紫色的数字。你能将它们放进4×4×4的立方体内,使得任何一行或列上的4个小立方块中都不存在2个或2个以上相同颜色的数字吗?

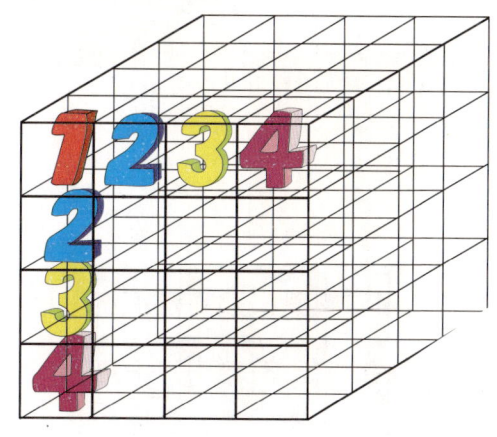

009 细胞自动机

爱德华·富兰克林的细胞自动机是最早的自动复制的机器之一。被复制的图案的原型如图 1。在图 1 的基础上每一步将按照下面的规则添加或减少格子：

如果格子横向或纵向相邻的红色格子数是偶数，那么该格子下一步为黄色；

如果格子横向或纵向相邻的红色格子数是奇数，那么该格子下一步是红色（下面的图中直观地展现了这一规则）。

请问要使原来的图形被复制至少需要几步？

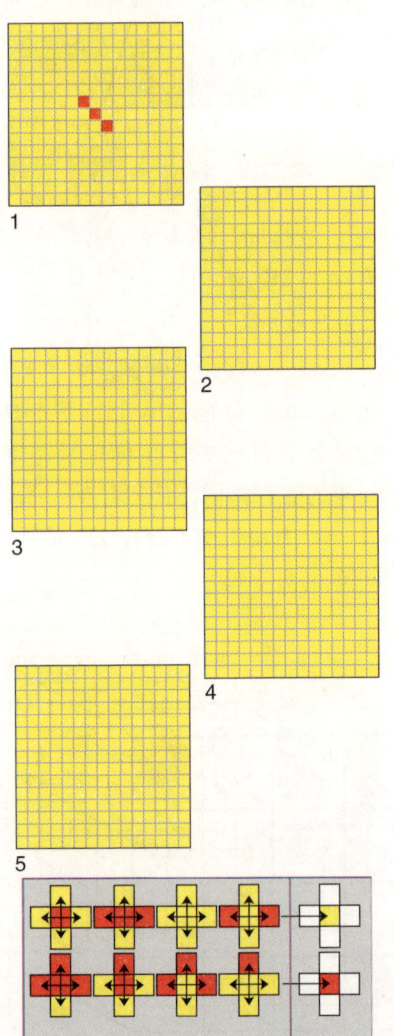

010 重力降落

如果你从北极打一个洞一直通到南极，然后让一个很重的球从这个洞里落下去，会发生什么（忽视摩擦力和空气阻力）？

011 肥皂环

如图所示，一根垂直的铁丝上绑了两个相互平行的铁丝环。

请问：如果将这个结构放进肥皂水中，附着在这个结构上的肥皂膜的最小表面积的表面是什么样子的？

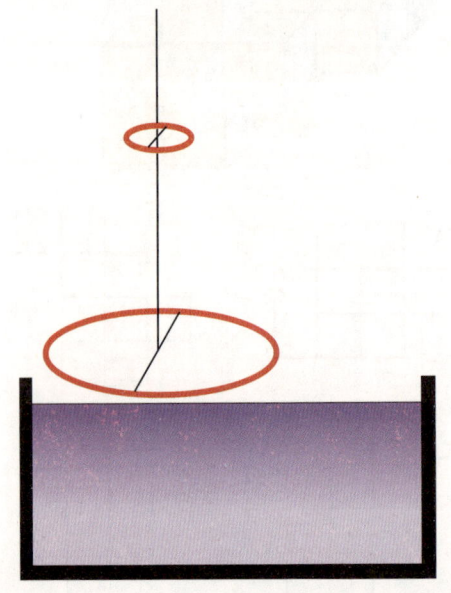

012 迷路的企鹅

不横过这些道路,你能让企鹅都回到它们自己的家吗?

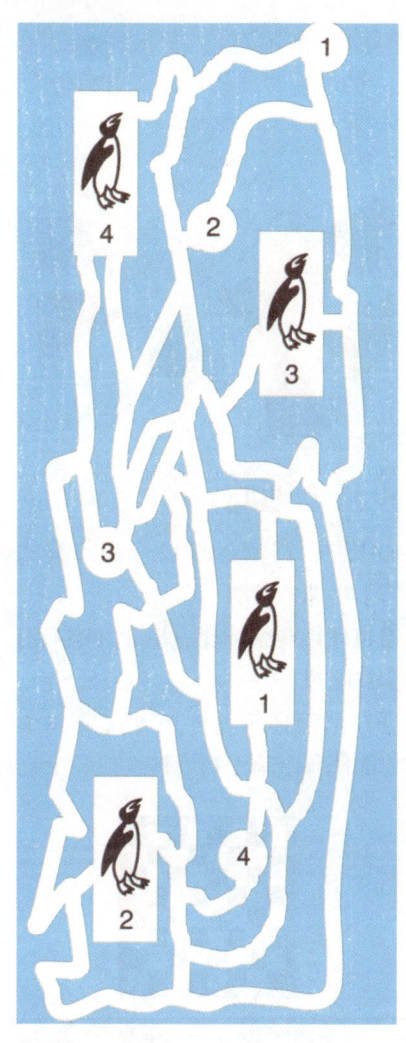

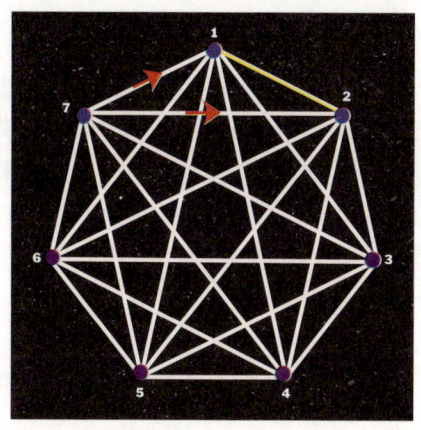

图就成了完全有向图。

我们这个题目就是要你根据下面的条件把上面这个图形变成一个完全有向图:给每条线段都加上一个箭头,使对于每两个顶点,都有另外一个顶点与这两点连线的箭头是分别指向这两个点的。例如上图中,对于点1和点2,从点7到点1和点2的线段箭头就是分别指向这两个点的。

根据上面的条件你能够把其余的线段都加上箭头吗?

014 皮带传送

在皮带传送作业机上皮带被安在3个圆柱形的滚轴上,工作时由最顶上的滚轴带动工作,如图所示。

请问这个皮带是个简单的圆环,或是麦比乌斯圈,或者其他什么形状?

013 有向图形

如果给一个图形的每一条线段都加上一个箭头,即给每条线段加上一个方向,那么这个图形就成为了一个有向图形。

而一个完全图是这样的一个图,即该图里的每两个顶点之间都有连线。(右上图即是一个有7个顶点的完全图)。而给一个完全图的每条线段都加上一个方向,那么这个

015 镜像射线（1）

假设你有一面平面镜，将镜子置于其中一条标有数字的线条上面，并放到原始模型上。每一次操作你都会得到由原始模型未被遮盖的部分和镜面反射产生的镜像组成的对称模型，镜子起着对称轴的作用。

下图8个模型就是由7条对称线按这一方法得到的。

你能辨别出制造每个模型的线条分别是什么吗？

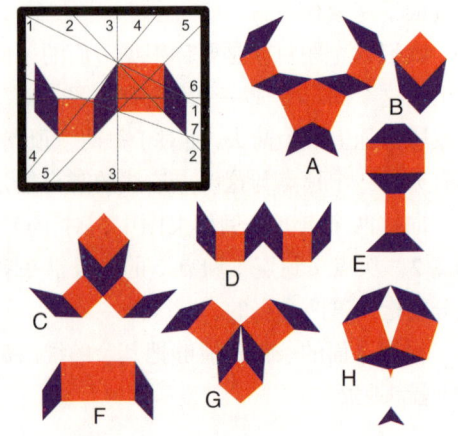

016 镜像射线（2）

题目要求同上题，但这里给出的10个模型是由5条对称线得到的。

你能辨别出制造每个模型的线条吗？

017 八色金属片

把下面这8个不同颜色的纸片复印，然后剪下来，拼接在一起，不能出现重叠现象。

018 骑士通吃

如下图，棋盘上的12个骑士有的会被其他骑士吃掉，有的不会。

通过仔细观察你能看出，其中只有4个骑士会被吃掉。

现在请问你棋盘上至少需要多少个骑士，才能使每个骑士都会被其他骑士吃掉？

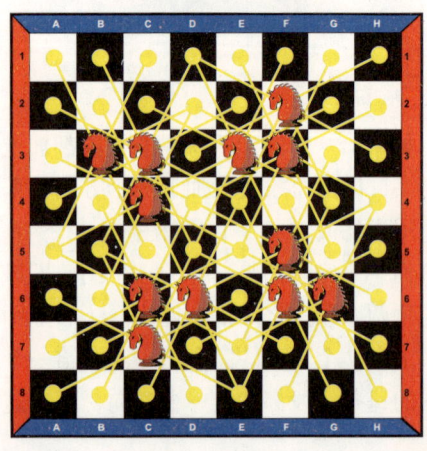

019 彩色多米诺（1）

从28块多米诺骨牌中选出18块，创造1个六阶拉丁方。

要求在每一水平的行上和每一垂直的列上都有6种不同的颜色（图中一共给出7种颜色）。

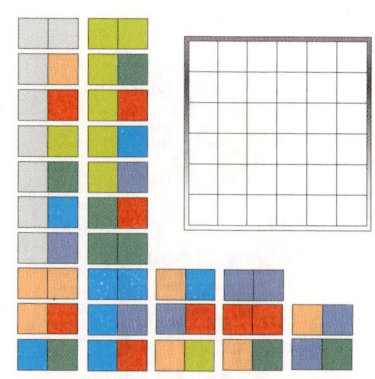

021 彩色多米诺环

你能用魔方中的28种颜色的骨牌制造出1个彩色多米诺环吗？必须要遵循传统多米诺骨牌的规则，也就是说，任意两个骨牌相邻的一端颜色必须相同！

020 彩色多米诺（2）

将28块彩色多米诺骨牌放入8×7的游戏板中，要求是以4个相同颜色的方块为一排填充。图1提供了1种解法（有多种完全不同的解法）。你能在这个解法当中嵌入多米诺骨牌的轮廓吗（即找出其骨牌原型）？

你能否在游戏板上给出另一种解法？

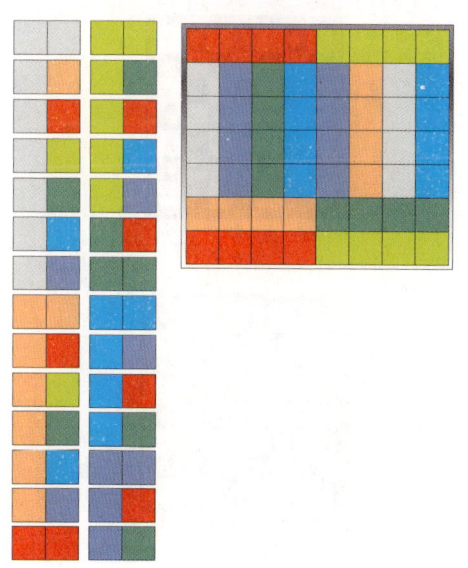

022 彩色积木

现在有15个长条积木，共8种颜色。

在8×8的游戏板上重新排列这15个积木，使得没有任何一行或列有颜色重复出现。该怎么做？

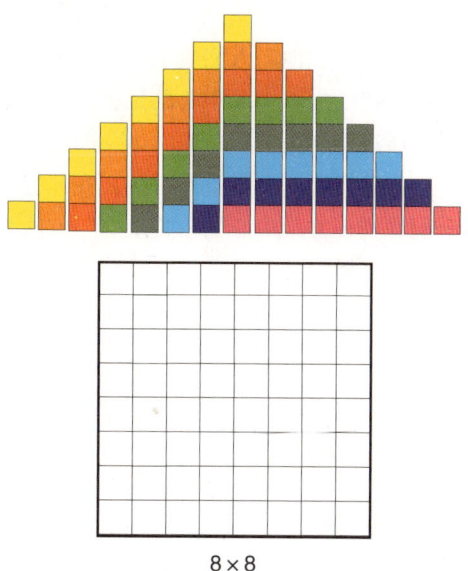

8×8

023 埃及绳

古埃及的土地勘测员用一条长度为12个单位的绳子构造出了面积为6个单位并有1个直角的三角形，这条绳子被结点分成12个相等的部分。

你可以用这样的绳子做出面积为4个单位的多边形吗？可以把绳子拉开，形成1个有直边的多边形吗？图示已经给出一种解法。你能找到其他的吗？

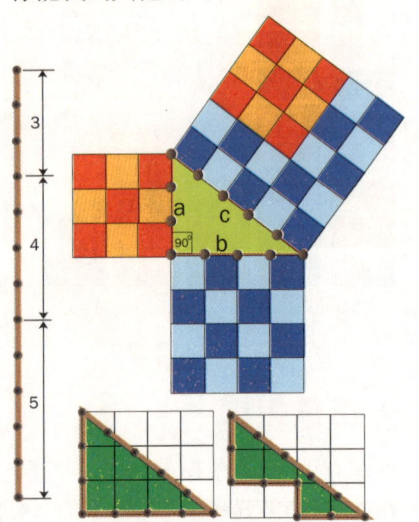

024 将洞移到中心

谜题大师约翰·P.库比克为了对自己的能力加以证明，他向人们展示了一张正方形的纸板，在纸板上偏离中心的位置上有一个洞。"通过将这张纸板剪成两半，而且只有两半，并且将这两部分重新拼接，我就能把这个洞移到正方形中心的位置上。"你能想出他是怎么做的吗？

025 不相交的骑士巡游路线

在这些棋盘上1个骑士最多能够移动几步？其中移动的路线相互之间不能相交。

题1
3×3棋盘

题2
4×4棋盘

题3
5×5棋盘

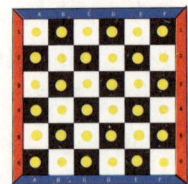

题4
6×6棋盘

题5
7×7棋盘

题6
8×8棋盘

026 相交的骑士巡游

在这些棋盘上你能够找到多少个完整的骑士巡游路线（即骑士进入每个棋盘格1次并且只有1次）？其中移动的路线相互之间可以相交。

题1
3×3棋盘

题2
4×4棋盘

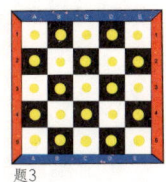

题3
5×5棋盘

题4
6×6棋盘

题5
7×7棋盘

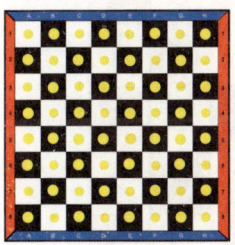

题6
8×8棋盘

028 蛋糕片

一个蛋糕被切成18片，而且每一片被分成6块（如图所示）。

将蛋糕片重新编排，使得在这个蛋糕里没有任何一块相同颜色的蛋糕片有接触。该怎么做？

029 轮子

下图所示的这组轮子通过驱动带连在一起。如果左上角的轮子顺时针方向旋转，那么所有的轮子都能自由转动吗？你知道其中的原理吗？

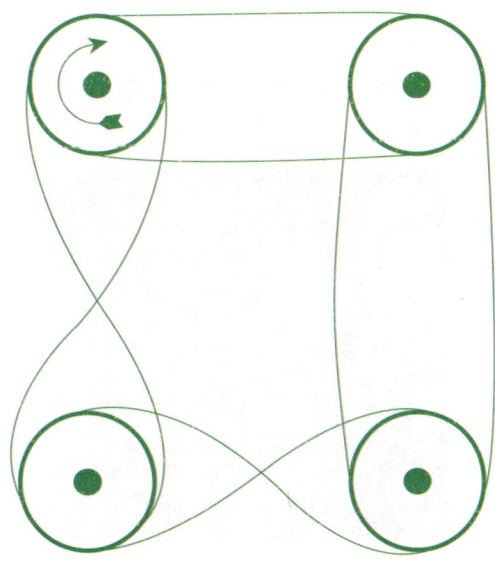

027 折叠纸片

将这幅图复印或者临摹下来，沿着虚线折叠，要求数字按正确顺序排列（即1，2，3，4，5，6，7，8），一个压着一个，"1"排最前，"8"排最后。数字朝上、朝下或在纸的下面都可以。

第八章
创造力思维游戏

001 清理仓库

试试这个日本清理仓库的游戏。在这个游戏中，作为一个仓管员，你要把所有的"板条箱"都从出口转移出去。

规则如下：
1. 可以横向或纵向推动1个板条箱；2. 不可以同时推动2个板条箱；3. 不可以往回拉动板条箱。

003 3个小正方形网格

你能否将下面的格子图划分成8组，每组由3个小正方形组成，并且每组中3个数字的和相等？

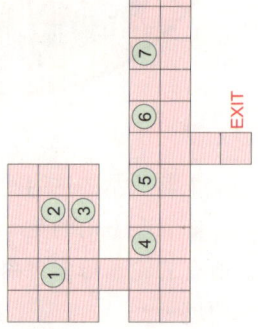

002 割据

画3条直线将方框分成6个部分，要求每部分都含有每种符号各2个。

004 十字架

用直线连接这些小球中的12个，形成1个完美的十字架，要求有5个小球在十字架里面，8个在外面。

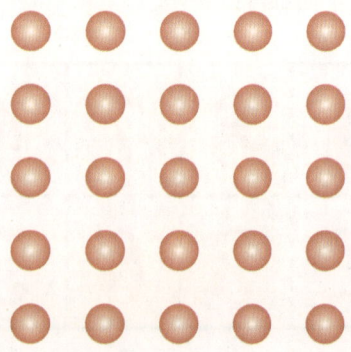

005 七巧板

我们熟知的最古老的分割问题是七巧板。经典的七巧板是世界上最美妙的难题之一。

把中间方框里的彩色七巧板图片复制并剪下来,你能拼出外框的所有图吗?

当你解决了这里给出的问题,请试着自己发明一些图样。

006 七巧板数字

用七巧板拼出图中所示的数字,速度越快越好。

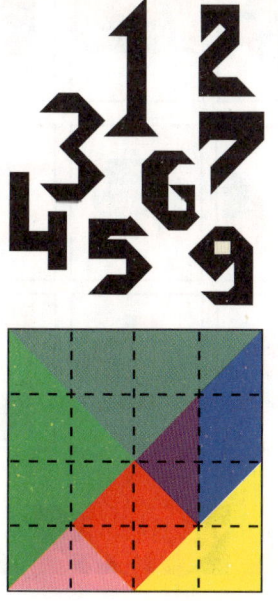

007 多边形七巧板

中国两个数学家王甫和熊川证明了用七巧板图片只能拼出13个不同的凸多边形:1个三角形、6个四边形、2个五边形,还有4个六边形。

这13个凸多边形的轮廓在下面已经给出了。

正方形已经拼好,你能用七巧板图片拼出另外12个图形吗?

008 象形七巧板图形

下面的所有图形都是用七巧板拼起来的。你可以解决这些难题吗?

009 三角形七巧板

把 1 个正三角形分割成 6 个三角形，它们的角度分别是 30°，60°，90°。我们就得到 1 组图形，它们可以被拼成大量的图形（如图所示）。

你可以拼出其他 3 个图形吗？

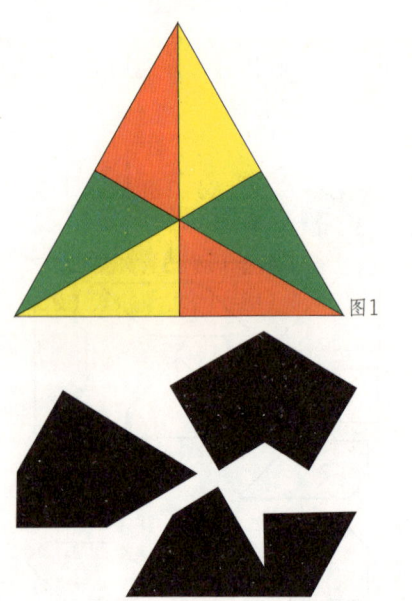

图1

011 圆形七巧板

用 10 片圆形七巧板图片拼出右边的剪影。每个图片都可以翻转使用。

你还可以拼出哪些图形？

012 镜面七巧板

这 12 张卡片上描绘的都是本页底部 4 个形状中的 2 个的镜像。

你能找出每张卡片中镜子所处的位置吗？以及该卡片上的 2 个形状分别是什么样的吗？

010 心形七巧板

用 9 片心形七巧板图片拼出这两个黑色剪影。完成题目后，试着继续发明一些图形和题目。

013 大小梯形

你能把这个梯形剪成更小的形状相同的4个梯形吗?

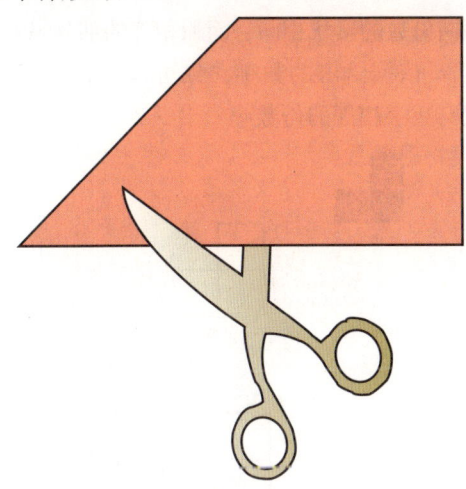

014 组合六角星

你能用这6个三角形拼出1个六角星吗（类似旋转的风车）？

015 闭合多边形

请用6条线画1个闭合的多边形，使多边形的每一条边都跟另一条边相交（交点不是顶点）。下图是1种解法，你还能找到另外的解法吗？

016 分割正方形

迪克·赫斯提出了这个问题：你可以用几种方法把1个正方形分割成6个相似的等腰直角三角形？

他找到了27种不同的答案，其中的一些已经列在上面了。你还能找到其他的吗？

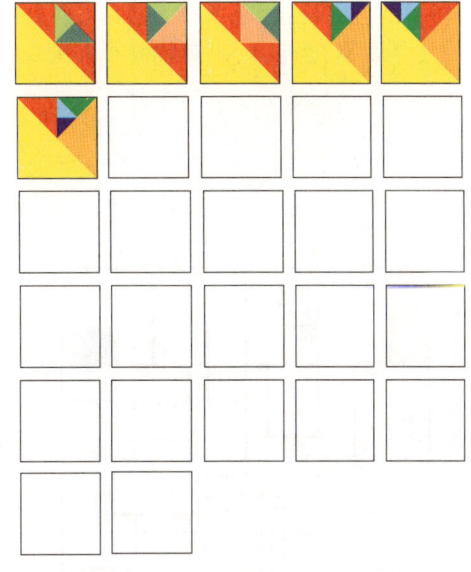

017 给3个盒子称重

你有3个形状相同、重量不同的盒子。用一架天平称它们的重量，你需要称几次就可以把它们由轻到重排列？

018 图案上色

现在要给这两个图形分别上色,问至少需要几种颜色才能使相邻的两个图形颜色不同?

这里的图形相邻指两个图形必须有 1 条公共边,而不能只有 1 个公共点。

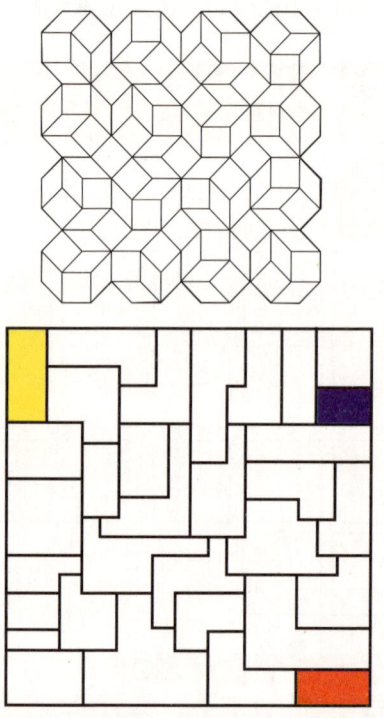

019 4点连出正方形

通过将 4 个点进行连接,在下边的图形中你总共能制造出多少个正方形呢?(注意:正方形的角必须位于点上。)

020 分割L形

1990年福瑞斯·高波尔提出了这个问题:由 3 个小正方形组成的 L 形结构可以被分成不同份数的形状相同、面积相等的部分吗?

依据给出的数字,你可以将它平均分成与数字相等的份数吗?

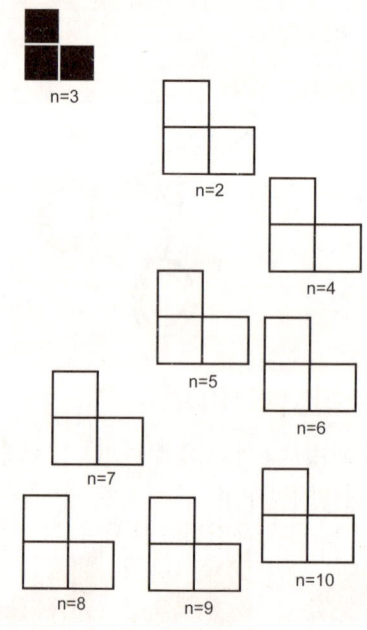

021 把正方形四等分

有 37 种不同的方法可以把 1 个 6×6 的正方形分成 4 个全等的部分(旋转和镜像不可以看作是新方法)。你能把它们都找出来吗?

022 覆盖正方形

下面所示的 36 个图形占据了 324 个单位的正方形，也就是个 18×18 正方形的面积，即我们的游戏板。

你可以用这 36 个图形把正方形覆盖起来吗？

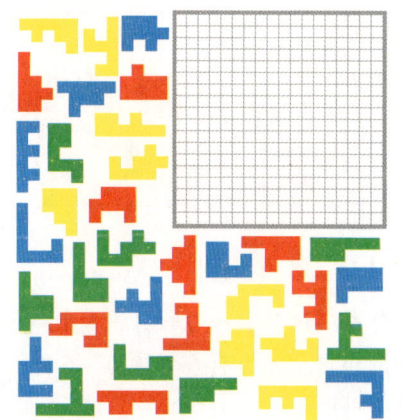

023 去电影院

现在让我们抛开那些谜题休息一下，看场电影吧。下面的地图显示的是从你家（H 点）到电影院（M 点）的各种路线。如果你只能向北、东或东北方向行进，那么从你家到电影院有多少种可能的路线呢？

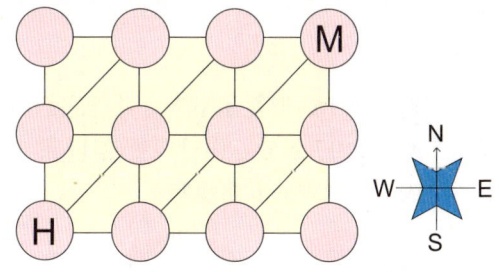

024 守卫

汤米·莱德斯给谜题国的国王帕泽尔佩特出了一道著名的"伦敦塔"问题。图中的 A，B，C，D，E 分别代表伦敦塔的 5 名守卫。每当日落的时候，A，B，C，D 各守卫都会迅即走出 A，B，C，D 出口，鸣枪示意，唯有 E 会从起始点走到 F 位置。问题是如何给这 5 名守卫找到 5 条路线，让他们行走时均不经过其他人所走的路线。图中已标出 A，B，C，D，E 各守卫的位置以及他们需要通过的 4 道门的位置。汤米说，当你知道怎么走之后，这道题其实很简单。

汤米的第 2 个问题比第 1 个更好。

每到午夜，1 名守卫就会从图中的 W 入口处进入塔内，然后迈着庄严的行军步伐走遍所有的 64 个房间，最后走到图中的黄色格子处。由于有长期的经验，守卫们都知道如何在尽可能少拐弯的情况下走完所有的房间，并且不重复经过任何房间。你能找到这条路线吗？

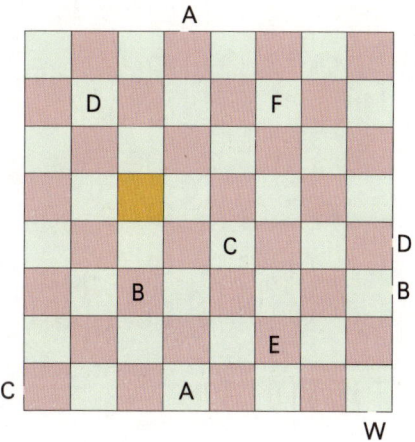

025 填涂图案

用 3 种不同的颜色填涂这个图案，规则是任意两个相邻区域的颜色不可以相同。

026 建造桥梁

这是风靡日本的游戏之一——建造桥梁。在这个游戏中,每个含有数字的圆圈代表一个小岛。你需要用纵向或横向的桥梁连接每个小岛,形成一条连接所有小岛的通道。桥的数量必须和岛内的数字相等。在两座小岛之间,可能会有两座桥梁连接,但这些桥梁不能横穿小岛或者与其他的桥相交。

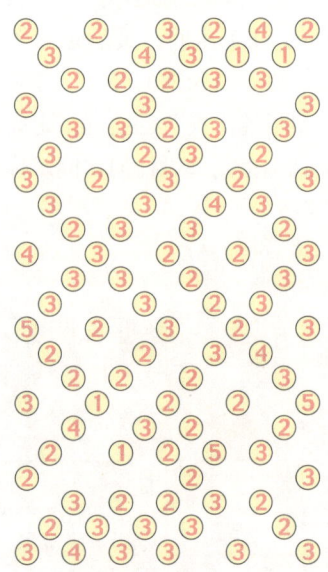

027 增加正方形

下图中的 3 个正方形分别被分割成 4、6、8 个较小的正方形,一共 18 个。

你能加 4 条直线,使分割所得的正方形达到 27 个吗?

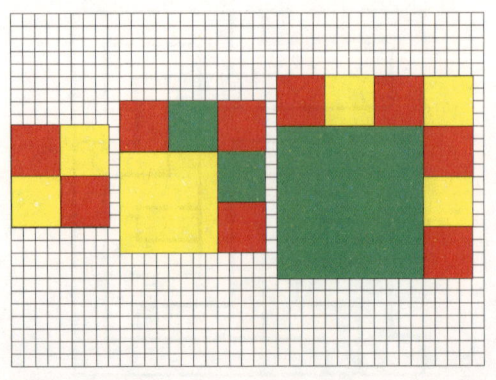

028 直线分符号

画 3 条直线将下图分成 6 个部分,每部分都包含 6 个符号——每种符号各 2 个。

029 六彩星星

你能用这 7 个六边形组成 1 个图形,使该图形包含 1 个具有 6 个顶点、6 种颜色的六角星吗?

030 重组五角星

把这 4 个十边形复制下来,并把它们剪成如图所示的 17 部分。你可以把这 17 部分重新拼成 1 个规则的五角星吗?

031 棋盘与多米诺骨牌

多米诺谜题中有一组经典题是用标准多米诺骨牌（1×2 的长方形）覆盖国际象棋棋盘。

图中 3 个棋盘上各抽走 2 个方块（图中黑色处），留下的空缺无法用标准多米诺骨牌填充。

你能找出这 3 个棋盘中哪一个能用 31 块多米诺骨牌覆盖完吗？

033 重组4个五角星

把这个大五角星复制下来，并把它分割成如图所示的 12 部分。

你可以把这 12 部分重新拼成 4 个小五角星吗？

034 重组七边形

把下面 2 个相同的七角星复制下来并剪成如图所示的 20 个部分。你可以把这 20 个部分重新拼成 1 个大的七边形吗？

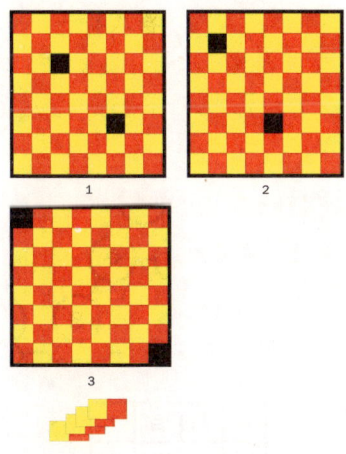

032 重组等边三角形

把这些被分割的六边形的图形碎片复制并剪下来。

你可以用这些碎片拼成 1 个等边三角形吗？

035 星形难题

把这 3 个小的十二角星形复制并剪成 24 个部分。

你可以把它们重新组合拼成 1 个大的十二角星形吗？

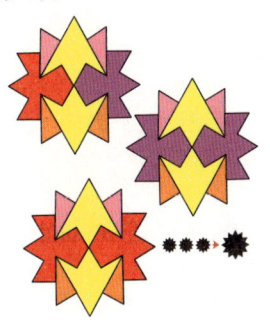

答案

第一章 语言力思维游戏

001 拼汉字

4个。如图：

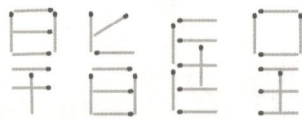

002 诗词填数

一、二、三、四、五、六、七、八、九、十、百、千、万。

003 纵横交错

横向：
1. 世界足球先生
2. 联通
3. 太平天国
4. 易如反掌
5. 安小慧
6. 堆积如山
7. 理科
8. 包法利夫人
9. 社会保险
10. 金山
11. 养老院
12. 千金

纵向：
一、世界贸易组织
二、执法如山
三、核反应堆
四、球迷
五、夫子
六、比如女人
七、生态平衡
八、社科院
九、联合国安全理事会
十、邢慧娜
十一、风险基金

004 三国演义

缺算（蒜）、少言（盐）、无缰（姜）、短将（酱）。

005 疑惑的小书童

原来冯梦龙要的是酒桌。

006 成语十字格

如图：

		自	高	自	大			
		欺		庭				
		欺		广				
先	声	夺	人	多	势	众	口	铄	金
发		微		擎		刚			
制		言		易		怒			
人	微	权	轻	而	易	举	世	瞩	目
		重		国				
		缓		上				
		急	转	直	下			

007 一笔变新字

1. 刁—习 2. 凡—风 3. 尤—龙 4. 勿—匆 5. 立—产 6. 车—轧 7. 开—卉 8. 叶—吐 9. 史—吏 10. 主—庄 11. 禾—杀 12. 灭—灰 13. 头—买 14. 玉—压 15. 去—丢 16. 舌—乱 17. 亚—严 18. 西—酉 19. 利—刹 20. 烂—烊

008 一台彩电

有声有色、不露声色

009 几家欢喜几家愁

翠

010 成语接龙

今是昨（非）同小（可）望不可（即）以其人之道，还治其人之（身）体力（行）若无（事）在人（为）所欲（为）富不（仁）至义（尽）心竭（力）不胜（任）重道（远）走高（飞）沙走（石）破天（惊）天动（地）利人（和）睦相（处）心积虑

醉生梦（死）去活（来）去自（如）花似（玉）树临（风）调雨（顺）手牵（羊）肠小（道）听途（说）长道（短）兵相（接）二连（三）言两（语）重心（长）驱直（入）不敷（出）其不（意）气风（发）扬光（大）材小（用）兵如（神）采飞（扬）眉吐（气）象万（千）军万（马）到成（功）败垂（成）千上（万）古长（青）红皂（白）日作（梦）寐以（求）同存（异）想天（开）天辟地

011 象棋成语

丢车保帅、车水马龙、一马当先、身先士卒、自相矛盾、如法炮制、调兵遣将、行将就木、兵荒马乱。

012 组合猜字

如图：

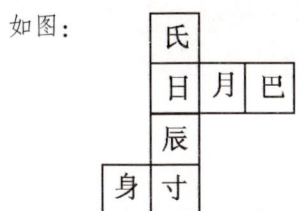

013 串门

王秀才字谜诗的谜底是："特来问安。"
朋友答字谜诗的谜底是："请坐奉茶。"

014 乌龟信

这是谐音"龟"（归）字。归、归……速归（竖龟）。

015 长联句读

五百里滇池，奔来眼底，披襟岸帻，喜茫茫，空阔无边！看：东骧神骏，西翥灵仪，北走蜿蜒，南翔缟素，高人韵士，何妨选胜登临，趁蟹屿螺洲，梳裹就风鬟雾鬓，更苹天苇地，点缀些翠羽丹霞，莫辜负四围香稻，万顷晴沙，九夏芙蓉，三春杨柳。

数千年往事，注到心头，把酒凌虚，叹滚滚，英雄谁在！想：汉习楼船，唐标铁柱，宋挥玉斧，元跨革囊，伟烈丰功，费尽移山心力，尽珠帘画栋，卷不及暮雨朝云，便断碣残碑，都付于苍烟落照，只赢得几许疏种，半江渔火，两行秋雁，一枕清霜。

016 成语与算式

略。

017 一封怪信

B. 表示他们分离了。C. 三个月亮表示他们分离4个月了。D. 表示孩子已出生了。E. 8个月亮表示希望丈夫8个月后回来。F. 表示全家团聚。

018 秀才贵姓

安（谜面的意思是：生了一个"日"是宴字。宴字去掉"日"是"安"）。

019 成语加减

1.（2）龙戏珠＋（1）鸣惊人＝（3）令五申（0）敲碎打＋（1）来二去＝（1）事无成（3）生有幸＋（1）呼百应＝（4）海升平（7）步之才＋（1）举成名＝（8）面威风

2.（10）全十美－（1）发千钧＝（9）霄云外（8）方呼应－（1）网打尽＝（7）零八落（6）亲不认－（1）无所知＝（5）花八门（2）管齐下－（1）孔之见＝（1）落千丈

020 "山东"唐诗

山光物态弄春晖 张旭《山行留客》
荆山已去华山来 韩愈《次潼关先寄张十二阁老使君》
峨眉山下水如油 薛涛《乡思》
两岸青山相对出 李白《望天门山》
若非群玉山头见 李白《清平调词三首》

姑苏城外寒山寺 张继《枫桥夜泊》
轻舟已过万重山 李白《早发白帝城》
东风不与周郎便 杜牧《赤壁》
滚东滚西一万家 杜甫《夔州歌》
碧水东流至此回 李白《望天门山》
澶漫山东一百州 杜甫《承闻河北诸道节度入朝欢喜口号》
平明日出东南地 李益《度破讷沙二首》
坑灰未冷山东乱 章碣《焚书坑》
射雕今欲过山东 吴融《金桥感事》

021 诗词影片名

（1）巴山夜雨；（2）柳暗花明；（3）燕归来；（4）八千里路云和月；（5）一江春水向东流；（6）路漫漫；（7）春眠不觉晓；（8）彩云归；（9）万水千山；（10）花开花落。

022 趣味课程表

1.痛不欲生、物尽其用 2.出神入化、学而不厌 3.十全十美、不学无术 4.九霄云外、语无伦次 5.照本宣科、学以致用 6.既明且哲、学富五车 7.胸中有数、学贯中西 8.风云人物、理屈词穷 9.万众一心、理直气壮 10.烽火连天、文章盖世 11.弦外之音、乐不思蜀 12.顶天立地、理所当然 13.妙趣横生、物美价廉 14.贫下中农、开科取士 15.精兵简政、治病救人 16.不识大体、封山育林 17.一本正经、济济一堂 18.奉公守法、严于律己 19.甜言蜜语、文经武略 20.历历在目、史无前例

023 断肠谜

一二三四五六七八九十。

024 屏开雀选

如图：

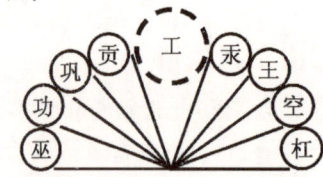

025 环形情诗

久慕秦郎假乱真，假乱真时又逢春；时又逢春花含玉，春花含玉久慕秦。

026 组字透诗意

填日字，拼成"香、晴、旭、早"四字。

027 儿读连环诗

一共有5种读法：
（1）秋月曲如钩，
如钩上画楼。
画楼帘半卷，
半卷一痕秋。
（2）月曲如钩，
钩上画楼。
楼帘半卷，
卷一痕秋。
（3）月，
曲如钩，
上画楼。
上画楼，
帘半卷。
帘半卷，
一痕秋。
（4）秋，
月曲如钩上画楼。
帘半卷，一痕秋。
（5）秋痕一卷半帘楼，
卷半帘楼画上钩。
楼画上钩如曲月——秋。

028 文静的姑娘

夺。

029 孪生成语

如图：

一波未平，	一波又起
一夫当关，	万夫莫开
十年树木，	百年树人
只可意会，	不可言传
成事不足，	败事有余
宁为玉碎，	不为瓦全
机不可失，	时不再来
有则改之，	无则加勉
道高一尺，	魔高一丈
言者无罪，	闻者足戒

030 水果汉字

香蕉（立）、苹果（日）、梨（十）

031 字画藏唐诗

（1）北斗七星高；（2）山月随人归；（3）月出惊山鸟；（4）白日依山尽；（5）一览众山小。

032 数字藏成语

3.5（不三不四）；2+3（接二连三）；333 和 555（三五成群）；9寸+1寸=1尺（得寸进尺）；1256789（丢三拉四）；12345609（七零八落）。

033 心连心

如图：

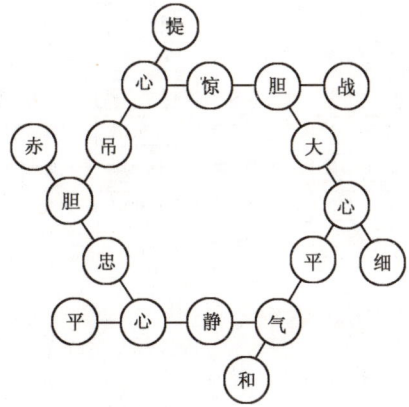

034 人名变成语

1. 生死攸关、羽扇纶巾
2. 剑拔弩张、飞黄腾达
3. 千军万马、超凡脱俗
4. 飞苍走黄、忠言逆耳
5. 完璧归赵、云开见日
6. 千疮百孔、明察暗访
7. 招兵买马、良师益友
8. 单枪匹马、忠心赤胆
9. 改弦更张、松柏之茂
10. 及时行乐、进贤任能
11. 投桃报李、通风报信
12. 信口雌黄、盖世无双
13. 不肖子孙、权倾天下
14. 目不识丁、奉公守法

035 "5" 字中的成语

如图：

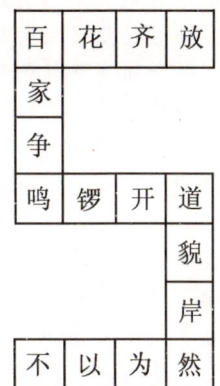

036 回文成语

大快人心、心口如一、一马当先、先声夺人、人才辈出、出其不意、意气风发、发扬光大

037 剪读唐诗

如图：

闲步浅青平绿，流水征车自逐。谁家挟弹少年，拟打红衣啄木。

038 省市组唐诗

置水写银河 崔国辅《七夕》

戎马关山北 杜甫《登岳阳楼》

未是渡河时 陈子良《七夕看新妇隔巷停车》

君问终南山 王维《答裴迪辋口过雨忆终南山》

脉脉广川流 上官仪《入朝洛堤步月》

渭水东流去 岑参《西过渭州见渭水思秦川》
三江潮水急 崔颢《长干曲四首》
村西日已斜 孟浩然《寻菊花潭主人》
山中一夜雨 王维《送梓州李使君》
西园引上才 李白药《赋得魏都》
山中无历日 太上隐者《答人》
东西任老身 司空曙《逢江客向南中故人因以诗寄》
影灭彩云断 李白《凤凰曲》
江南季春天 严维《状江南》
身征辽海边 贾岛《寄远》
寒歌宁戚牛 李白《秋浦歌十七首》
园林过新节 韦应物《寒食后北楼作》
先人辟疆园 皇甫冉《题卢十一所居》
自古黄金贵 陆龟蒙《黄金二首》
不敢向松州 薛涛《罚赴边有怀上韦令公二首》
湖里鸳鸯鸟 崔国辅《湖南曲》
北风吹白云 苏颋《汾上惊秋》
五湖风浪涌 崔颢《长干曲》
湖南送君去 崔国辅《湖南曲》
不畏浙江风 姚合《送薛二十三郎中赴婺州》
牢落江湖意 白居易《庾楼新岁》
还见南台月 贾岛《上谷送客游江湖》
茅屋深湾里 杜荀鹤《钓叟》
鱼戏莲叶南 陆龟蒙《江南曲》
犹能扼帝京 皮日休《古函关》
夜战桑乾北 许浑《塞下》
关门限二京 李隆基《潼关口号》
渺渺望天涯 钱起《江行》
家住孟津河 王维《杂诗三首》
皆言四海同 李峤《中秋月二首》
宿雨川原霁 司空图《即事九首》
水上秋日鲜 王建《汽水曲》
四海无闲田 李绅《悯农》
江水千万层 孟郊《寒江吟》
苏武节旄尽 杨衡《边思》

039 钟表成语

（1）一时半刻；（2）七上八下；（3）三长二短。

040 迷宫成语

如图：

041 成语之最

如图：

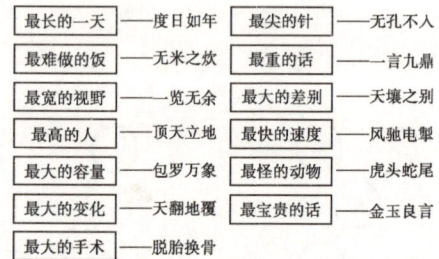

042 巧拼省名

如图：

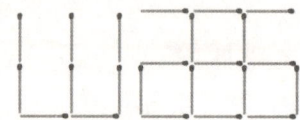

043 藏头成语

天天树叶绿，日日百花开。地名：长春。

044 地名填字

横向：1.西双版纳 2.阿布扎比 3.杰宁 4.马尔代夫 5.奥伯斯坦 6.冰火岛 7.亚平宁半岛 8.尼亚美 9.利比亚 10.华山 11.巴哈马 12.加拿大 13.顿河 14.尼罗河

纵向：一、马来西亚 二、华盛顿 三、平顶山 四、南宁 五、纳杰夫 六、巴格达 七、冰岛 八、利马 九、阿拉伯半岛 十、尼亚加拉河 十一、坦桑尼亚 十二、比萨 十三、大别山

045 棋盘成语

一马当先、按兵不动。

046 虎字成语

生龙活虎　　虎头蛇尾
龙潭虎穴　　为虎作伥
骑虎难下　　狼吞虎咽
虎视眈眈　　降龙伏虎
虎背熊腰　　三人成虎
养虎遗患　　龙行虎步
龙吟虎啸　　调虎离山
九牛二虎　　虎口余生

047 给我C！给我D！

如图所示

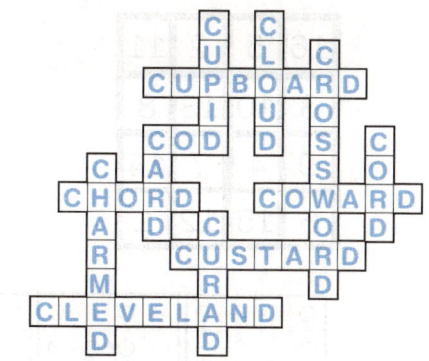

第二章　计算力思维游戏

001 九宫图

九宫图中的9个数字相加之和为45。

因为方块中的3行（或列）都分别包括数字1~9当中的1个，将这9个数字相加之和除以3便得到"魔数"——15。

总的来说，任何n阶魔方的"魔数"都可以很容易用这个公式求出：

和为15的三数组合有8种可能性：

9+5+1　　9+4+2　　8+6+1
8+5+2　　8+4+3　　7+6+2
7+5+3　　6+5+4

方块中心的数字必须出现在这些可能组合中的4组。5是唯一在4组三数组合中都出现的。因此它必然是中心数字。

002 数字填空（1）

只出现于2个三数组合中。因此它必须处在边上的中心，这样我们就得到完整的一行：9+5+1。

3和7也是只出现在2个三数组合中。剩余的4个数字只能有一种填法——这就证明了魔方的独特性（当然，旋转和镜像的情况不算）。

将小正方形上下2个数字相乘，再将正方形左右2个数字相乘，然后用较大的值减去较小的值，其结果就是该正方形内的值。

答案如下图所示：

003 数字填空（2）

24。每一横行中：左边的数字 × 中间的数字 ÷ 4 = 右边的数字。（2×4）÷4=2；（16×12）÷4=48；（8×12）÷4=24。

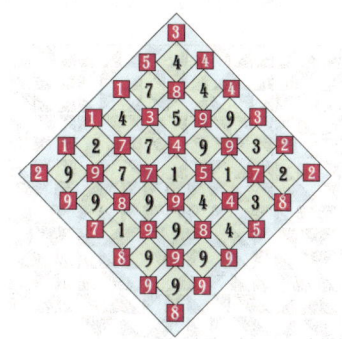

004 四阶魔方

有880种解法。我们在此举一例。

16	5	2	11
3	10	13	8
9	4	7	14
6	15	12	1

005 杜勒幻方

下面的示意图阐明了挑选出魔数为34的几组可能性。以第1行的5幅图表为例：①每行和每列之和为34；②每个2×2的方块中数字之和为34；③每个风筝形图案上的4个数字和为34；④3×3的正方形4个角之和为34；⑤4个不同的长方形的4个角之和为34。

看看你能否推出其他示意图的原理。

006 排列法

一共有64种排列方法，如图所示。

007 完成等式

7	10	−	43	20
+	×		÷	=
3	9		11	6
×	+		+	÷
2	1		12	8
÷	5	−	− 4	×

008 数字谜题

8，1。如果你把每行数字都当作是3个独立的两位数，中间的这个两位数等于左右两边两位数的平均值。

009 保龄球

可能的排列顺序应该是6×5×4×3=360种。

010 按顺序排列的西瓜

？？？ 7 ？？？
1 3 5 7 9 11 13
最重的西瓜是13千克。

011 下落的砖

这个问题把你难住了吗？许多人认为答案是1.5千克，实际上应该是2千克。

012 贝克魔方

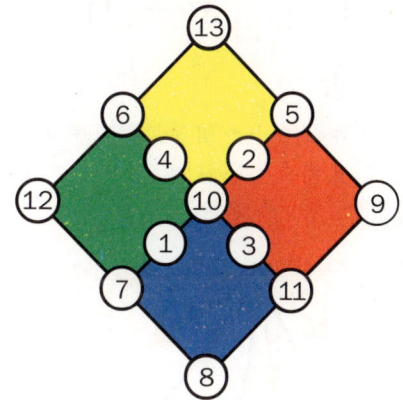

013 六阶魔方

28	4	3	31	35	10
36	18	21	24	11	1
7	23	12	17	22	30
8	13	26	19	16	29
5	20	15	14	25	32
27	33	34	6	2	9

014 八阶魔方

就像杜勒的恶魔魔方一样，八阶魔方具有许多"神秘"的特性，而且超出魔方定义的一般要求。

比如说每行、每列的一半相加之和等于魔数的一半，等等。

52	61	4	13	20	29	36	45
14	3	62	51	46	35	30	19
53	60	5	12	21	28	37	44
11	6	59	54	43	38	27	22
55	58	7	10	23	26	39	42
9	8	57	56	41	40	25	24
50	63	2	15	18	31	34	47
16	1	64	49	48	33	32	17

015 三阶反魔方

三阶反魔方存在，而且可以有其他答案。

016 符号与数字

017 多米诺骨牌墙

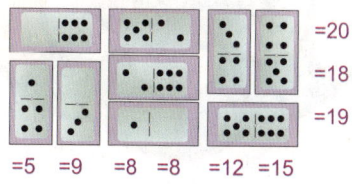

018 博彩游戏

$$C_n^k = \frac{n!}{k!(n-k)!} = \frac{54!}{6!(54-6)!} =$$

$$\frac{54 \times 53 \times 52 \times \cdots \times 3 \times 2 \times 1}{(6 \times 5 \times 4 \times 3 \times 2 \times 1) \times (48 \times 47 \times 46 \times \cdots 3 \times 2 \times 1)} = 25827165$$

019 五星数字谜题

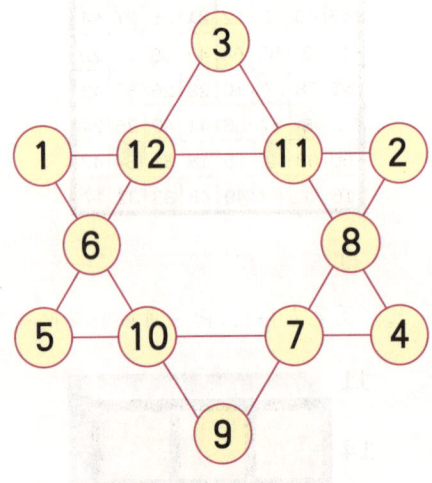

020 送货

总共要转12圈半。滚轴每走1个单位的距离，传送带就前进两个单位的距离，而滚轴走1个单位的距离要转5/4圈。

021 魔轮（1）

022 魔轮（2）

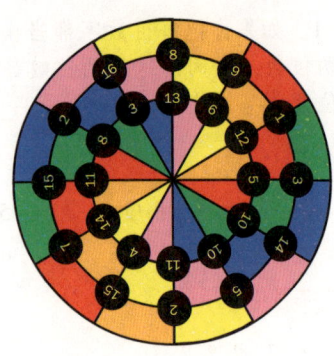

023 完成等式

4	+	2	=	6
−		×		+
1	+	4	=	5
=		=		=
3	+	8	=	11

024 合力

可以把每2个力相加，按顺序算出它们的合力，直到得到最后的作用力，或者把它们按照下面所示加起来。

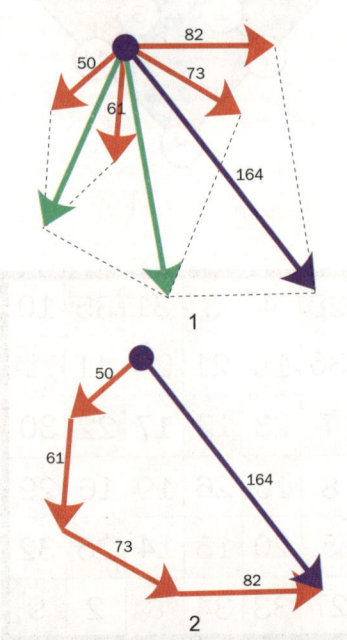

025 魔数蜂巢（1）

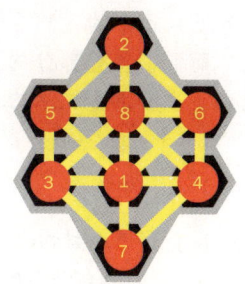

026 魔数蜂巢（2）

027 五角星魔方

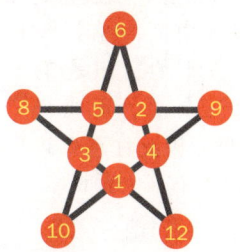

028 六角星魔方

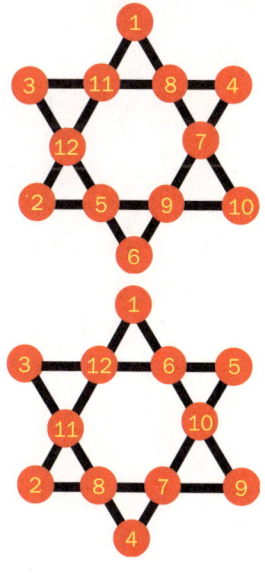

029 七角星魔方

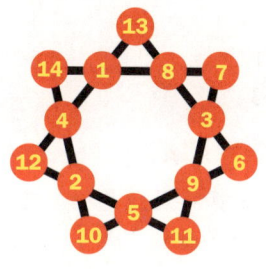

030 六角魔方

这个问题可不简单。一共有12！（12 阶乘 = $1×2×3×\cdots×11×12$ = 479001600）种方法将数字1~12填入六角形上的三角形中。这里给出其中一种解法：

031 完成链形图

71。把前2个数字加起来，就得到第3个数字，在链形图中依次进行。

032 代数

4。把相邻2个椭圆中间的2个数字相减，所得结果放在2个椭圆交叉的位置上。

033 路径

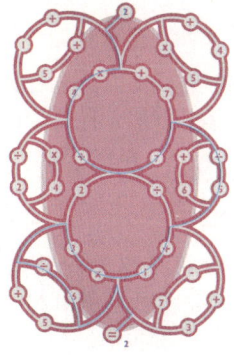

034 完成谜题

6。无论是纵向计算还是横向计算，这些数字相加都等于15。

035 墨迹

```
  289
+ 764
-----
 1053
```

036 房顶上的数

175。计算的规则是：（左窗户处的数值＋右窗户处的数值）×门上的数值。

037 迷宫算式

038 数字完形（1）

A＝4，B＝14，C＝20。

中间的数字是上下数字的总和与左右数字总和的差的2倍。

039 数字完形（2）

16。从三角形左下角进行计算，围绕这个三角形按顺时针方向行进，这些数字分别是1，2，3，4，5，6，7，8，9的平方数。

040 小狗菲多

菲多被拴在一棵直径超过2米的粗壮的树上，所以菲多可以绕着树转一个直径为22米的圆，如图所示。

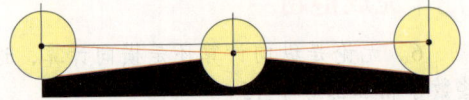

041 剩余面积

4个绿色正六边形的面积等于红色正六边形的面积，而它们重叠部分的面积是相等的，因此减去了重叠部分之后的面积还是相等的。

042 数字难题

4。把每个正方形中对应位置的数字相加，左边部分数字的和等于20，上面的和等于22，右边部分的和等于24，下面部分的和等于26。

043 数字圆盘

1。在每个圆中，先把上面两格中的数字平方，所得结果相加，就是最下面的数字。

044 四边形面积

7.5个单位面积。

可以把这个红色四边形的面积分成3个直角三角形和中间的3个小正方形。中间的3个小正方形的面积是3个单位面积，而3个直角三角形的面积分别是1.5，1，2个单位面积，因此红色四边形的总面积是3＋1.5＋1＋2＝7.5个单位面积。

045 总值

25。绿色圆圈的值是5，浅绿色圆圈的值是2，紫色圆圈的值是8。

046 求面积

4个图形的面积分别是17，9，10，16个单位面积。

当我们要计算一个小钉板上的闭合多边形的面积时，我们所要做的就是数出这个多边形内（不包括多边形的边线）的钉子数（N），和多边形的边线上的钉子数（B），多边形的面积就等于：N＋B/2－1。

你可以用本题中的例子来验证一下这个公式。

047 正方形边长（1）

可以放入7个等边三角形的最小正方形的边长为2个单位。

048 正方形边长（2）

可以放入8个等边三角形的最小正方形的边长为2.098个单位。

049 金字塔上的问号

设丢失的数字为X，然后一层层填满空格，那么顶部的数字就是3X+28。我们知道这个数字等于112，因而3X=112-28=84，所以 X=28。

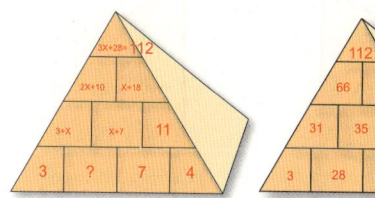
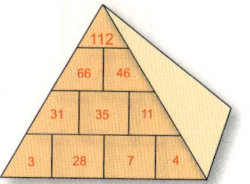

050 面积比值

D。中间的白色三角形有1个角是直角，根据毕达哥拉斯定理，2个直角边的平方之和等于斜边的平方，所以黄色和绿色区域的面积之和等于蓝色区域的面积（包括黄色的圆）。如果去掉和黄色三角形面积相等的圆，蓝色区域的面积就等于绿色区域的面积。

第三章 判断力思维游戏

001 不同的图形（1）

E。所有图形都可以分为4个部分。在前4个图形中，都是1个部分可以接触到其他3个部分，另外2个部分只可以接触其他2个部分。而在第5个图形中，有1个部分可以接触到另外3个部分，2个部分可以接触到另外2个部分，最后1个部分只能接触到其中1个部分。

002 不同的图形（2）

C。图形排列顺序相同，排列方向与其他的图相反。

003 构成图案

尽管看上去似乎至少需要2种图形，而事实上只要1种就够了。比如在第1幅图中，你把黄色部分看作背景，那么其余的部分就全部是由上图所示的紫色图形构成的。

004 缺失的字母

U。从左边开始，沿着这条曲线向右进行，这些字母按照字母表顺序排列，每次前移1位、2位、3位，然后是4位，以此顺序重复进行。

005 星星

E。从左上角的方框开始，按照逆时针方向以螺旋形向中心移动。白色圆圈在两个相对应的尖角之间交替，同时，黑色圆圈按逆时针方向每次移动1步。

006 拿掉谁

8。这组数列的偶数位遵循这样的公式，把前面的数字乘以2，然后再加1，就等于后面的数字，以此类推。

007 对应

E

008 关系判断

F

009 图形复位

A。下面每个方框中的图形与其上面的图形加在一起可以形成1个正方形。

010 多边形与线段

正多边形：6，12。

不闭合多边形：1，8。

闭合多边形：2，3，4，5，6，7，9，10，11，12。

简单多边形：4，5，6，10，11，12。

复杂多边形：2，3，7，9。

复合多边形：3，9。

凸多边形：5，6，10，12。

凹多边形：1，2，3，4，7，8，9，11。

011 共线

黄线与白线共线。

012 三角形中的点

看起来红点位于三角形垂线的上半部分，其实它恰好位于三角形垂线的正中间。这是倒T字错觉的一种变化。在倒T字错觉中，竖直线看起来比等长的水平线长。

013 星形盾徽

只需2张。

014 拆弹专家

祝贺你！你既然还活着来核对答案，说明你一定是按照图示那样剪了8次。

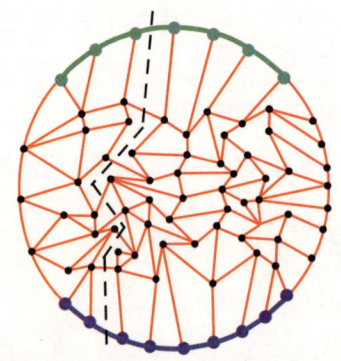

015 圆心

从左数第4个点是该大圆的圆心。

016 "蜈蚣"

所有这些横线都是等长的。

017 六边形的图案

只有这个图形是单独的，其他星形都是成对出现的。

018 圆圈上的弧线

红色的圆弧。

019 麦比乌斯圈（1）

得到的图形长度是原来麦比乌斯圈的2倍，且包含2个螺旋。

这个图形有2条边界线相互缠绕，但是并不相连。

020 麦比乌斯圈（2）

得到的图形是两个绕在一起的环：其中一个是跟原来的麦比乌斯圈等长的另一个麦比乌斯圈；另外一个是长度为原来的2倍，且包含两个螺旋的环。

021 错误的等式

C。将数字相加，直到得到1个个位数字。比如，A=9（2+9+4+3=18，1+8=9）。

022 拼图板

B和E。

023 六边形游戏

如图所示，在4×4的棋盘上如果先下的一方按照1D、2C、3B、4A的顺序走步，那么只需7步他就赢了。

在5×5的棋盘上先下的人如果想赢，第1步应该把棋子下在棋盘的中心。

在大一些的棋盘上，情况变得越来越复杂；在 11×11 的棋盘上，棋子的走法就更多了。

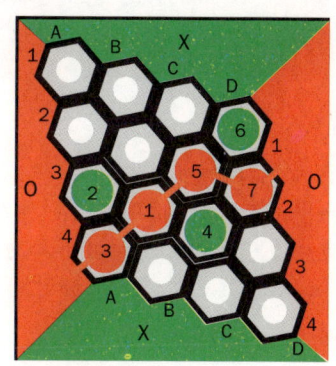

024 不合规律

D。黄色星星上的一角被遮住了。

025 正确的图形（1）

B。在每行中，把左边和中间两个图形相叠加，就得到右边表格中的图形。

026 正确的图形（2）

A。颜色依次向前移动 1，2，3，4（第 4 步和第 1 步一样）。颜色的移动只和它先前的位置有关，和"小虫子"的运动无关。每一次都有一小段从左边末端消失，右边顶端出现新的一小段，新出现的这一小段每次都在原先基础上沿顺时针方向转动 45°。

027 绳子和管道

绳子将与管道脱离。

028 贪吃蛇

这些蛇会逐渐相互填满对方的肚子，而且不会再继续吞食任何东西。因此这个圆环也就会停止缩小。

029 最大周长

D。哪个图形中彼此接触的面最少，那它的周长就最长。

030 金鱼

从鱼身反射出的光线，由水进入空气时，在水面发生了折射，而折射角大于入射角，折射光线进入人眼，人眼逆着折射光线的方向看去，觉得这些光线好像是从它们的反向延长线的交点鱼像发出来，鱼像是鱼的虚像，鱼像的位置比实际的鱼的位置要高。

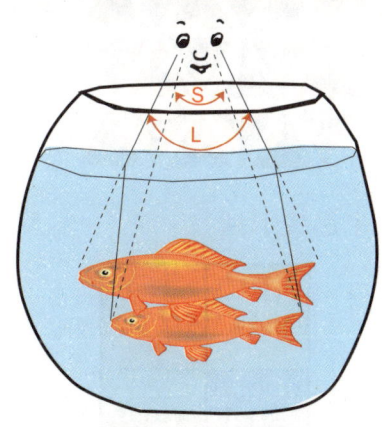

031 判断角度

在图 A 中，红色的角最大，而绿色的角最小。

在图 B 中，各角都是一样大的。

032 幽灵

是一样大的。

033 垂直

下面的线与竖线垂直，上面的线是斜着的。

034 封闭的环形线路

如图所示，黄色能形成一条封闭的环形线路。

035 麦克马洪的彩色三角形

036 永远找不到

1

037 奶牛喝什么

人们总是习惯将"奶牛"、"白色"、"喝"与"牛奶"而不是"水"联系在一起。通过让人不断重复白色，你强化了这种联系。

038 彩色词

当词和它的颜色不一致的时候，许多人的速度会慢下来。当你试图说出一种颜色时，你通常也会看一下词。这两种不同的信息来源冲突了，从而延长了你的反应时间。

039 哪个人最矮

3个人一样高。

第四章　推理力思维游戏

001 数列对应

B。

002 分蛋糕

你所要做的是把周长分成相等的5份（或"n"份，这个"n"是你所要得到的蛋糕块数）。

然后从中心按照一般切法把蛋糕切开。

诺曼·尼尔森和佛瑞斯特·菲舍在1973年提供了证明，证明如下：

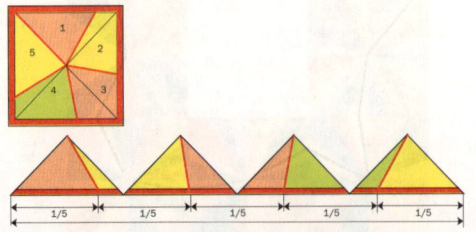

003 沿铰链转动的双层魔方

4个方片需要按以下顺序沿着铰链翻动：
①方片7向上；
②方片9向下；
③方片8向下；
④方片5向左；
然后我们就得到了著名的魔数为34的杜勒幻方。

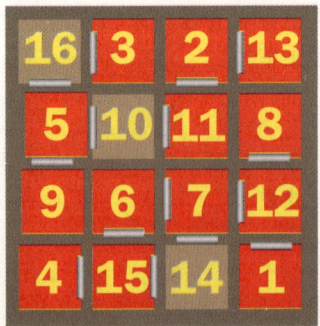

004 杂技演员

如图所示，有 2 种排列方法。

005 猫鼠游戏

不可能做到。

006 箭头的方向

空格中的箭头应该朝西。排列的顺序是：西、南、东、北、北。在第 1 列，此顺序由上而下排列；第 2 列，由下而上排列；第 3 列，再次由上而下排列，往后依此类推。

007 发现规律

B。每个小方框里的箭头每次逆时针旋转 $90°$。

008 正确的选项

C。数字排列的规则是：每行第 1 个和第 2 个数字之积构成该行最后 2 个数字；第 3 个和第 4 个数字之积构成该行第 6 个和第 7 个数字；第 6 个和第 7 个数字构成的两位数与第 8 个和第 9 个数字构成的两位数的差等于该行第 5 个数字。

009 数独

2	8	9	7	5	1	6	4	3
6	5	1	4	9	3	8	2	7
7	3	4	8	2	6	1	9	5
9	4	5	6	3	8	2	7	1
1	2	6	5	7	9	4	3	8
3	7	8	2	1	4	5	6	9
8	1	9	3	6	5	7	4	2
4	9	2	3	8	5	7	1	6
5	6	3	1	4	7	9	8	2

010 字母九宫格（1）

011 字母九宫格（2）

012 字母九宫格（3）

013 折叠

E。

014 扑克牌（1）

黑桃 3。把图形垂直分成两半，在每半部分中，以蛇形和梯子形进行，以左上角的牌为起点向右移动，然后下移 1 行向左移动，最后移到右边。左半部分牌的数值以 3 和 4 为单位交替增加，右半部分牌的数值以 4 和

5为单位交替增加。下面让我们再来计算花色吧,仍然以蛇形和梯子形进行,从整个图形的左上角开始向下移动,然后右移1格从下向上进行,依此类推。这些牌的花色按这样的顺序排列,从红桃开始,然后是梅花、方片和黑桃。

015 扑克牌(2)

梅花9。把红色扑克牌看成是正数,把黑色扑克牌看成是负数。在图中每列扑克牌中,最下面一张牌等于上面两张牌数值的和。每列牌的花色交替重复。

016 逻辑图框

4。不同数字代表叠加在一起的四边形的个数。

017 逻辑数值

1009315742。表格第1行红色方格前面的黄色方格个数对应数列的第1个数,第2行红色方格后面的黄色方格个数对应数列的第2个数;第3行要计算红色方格前面黄色方格的数量;第4行则要计算红色方格后面黄色方格的数量,往后依此类推。

018 组合瓷砖

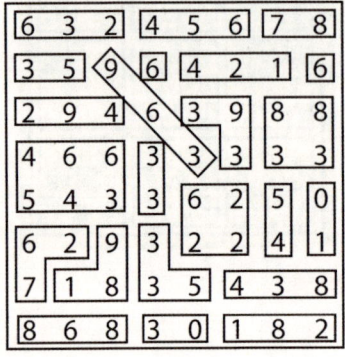

019 帕斯卡定理

我们必须记住的是水压所产生的巨大力量是以距离为代价的。

因此,大活塞每活动1个单位距离,那么小活塞应该要活动7个单位距离。

加在小汽缸上的压力应该是7个单位,那么这个压力能够举起的重量应该是49,也就是7倍。

020 画符号

从左向右横向进行,把前2个图形叠加在一起,就可以得到第3个图形。

021 链条平衡

链条会开始向空盘的这一端滑动,直到左端的"臂"要比右端更长。

022 柜子里的秘密

密码是CREATIVITY。

023 连续八边形

B。正方形按照顺时针方向每步移动2个部分,圆圈按照逆时针方向每步移动3个部分,同时,三角形在2个相对应的部分交替移动。

024 洪水警告

不正确,随着水平面上升,指示标指向"干旱"。

025 字母游戏

字母B。字母按照字母表的顺序排列,但中间跳过了1个字母。顺序是从左上角方框开始往下,然后从第2列的底部往上,再从第3列的顶部往下,最后从第4列的底部往上。

026 下一幅

A。大图形每次顺时针旋转90°,小图形每次顺时针旋转120°。

027 对号入座

B。第1排和第2排叠加得到第3排，相同的图形叠加不显示。

028 取代

F。每一个模块包含的都是它下面两个图形中共同出现过的图案。

029 归位

D。每个多米诺骨牌数字（包括空白）在每行、每列中出现1次。

030 彼此对应

C。

031 填充空格

横向进行，把左右两边的图形添加在一起，就可以得到中间的图形。缺失部分如图所示。

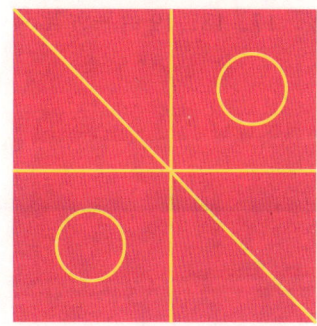

032 选择箭头

A。横行决定箭头的特征：空白，有边缘。左斜线方向决定了箭头的指示方向。右斜线方向决定了箭头的颜色。

033 树形序列

48。这6个数字都可以用于飞镖记分。60（20的3倍），57（19的3倍），54（18的3倍），51（17的3倍），50（靶心）及48（16的3倍）。

034 下一个

1535。这是一个24小时钟表显示的时间，每步向前走75分钟。

035 铅笔游戏

V。这种排列是根据字母表中字母的顺序而排定的。"拐弯之处"的字母是由指向字母的铅笔数引出的。

看一下字母L（哪个都可以）。字母L前进到了字母M。但是，字母M却并没有前进到字母N，这是因为有两支指向O的铅笔，于是字母M就跳了2步，前进到字母O。运用同样的原理，字母O前进了3步到了字母R，字母R则前进了4步到了字母V。

036 外环上的数

40。将每行、每列拐角的正方格里的数字加在一起，并将答案放在按顺时针方向旋转的下一个中间的正方格里。

037 恰当的数字（1）

4。在每个图形中，左边2个数字的和除以右边2个数字的和，就得到中间的数字。

038 恰当的数字（2）

B。顺时针读，数字等于前一个图形的边数。

039 密码

1.每个字母有26种可能，每个数字有10种可能，那么密码的可能性有：
P=26×6×26×10×10
=263×102=1757600 种
2.P=26×25×24×10
×9=1 404 000 种
3.P=1×25×24
×10×9=54000 种

040 逻辑数字

1. 28　(×3)+1
2. 6　(-5)×2
3. 11　(×2)+7
4. 22　(×2)-2
5. 13　(÷2)+6
6. 17　(-7)÷2
7. 20　(-4)×2
8. 20　原数的平方 +4

9. 8　将原数开方 +3
10. 4　原数的平方 -5
11. 80　(+8)×5
12. 36　(-11)×4
13. 62　(×6)+8
14. 71　(×4)-13
15. 13　(÷4)+3
16. 19　(÷5)-3
17. 36　(-13)×6
18. 162　(+3)×9
19. 361　+2，再平方
20. 6　-4，再开方

041 恰当的符号

F。

042 解开难题

4。将第 1 条斜线上的 3 个数字每个都加 5，得到的结果为第 2 条斜线上对应的数字，再将第 2 条斜线上的数字每个都减 4，即得到第 3 条斜线上的数字。

043 最后的正方形

2。在每个正方形中，外面三个角上的数字之和除以中间角上的数字，所得结果都是 6。

044 数字盘

72。将数字盘上半部分中的数字乘以一个特定的数，得到的积放入对应的下半部分的位置。第 1 个数字盘中乘以的特定数字为 3，第 2 个为 6，第 3 个为 9。

045 图形推理

1 个全满的圆。观察三角形顶角，从前 1 个到后 1 个，刚好增加 1/4 份。同样道理，比较各个三角形的下角，从前 1 个到后 1 个，也是刚好增加 1/4 份，全满后又重新开始。

046 缺少的数字

1。把每排数字当成 1 个三位数，从上到下分别是 17，18，19 的平方数。

第五章　分析力思维游戏

001 更大的正方形

002 符号继续

A。前 5 个符号是数字 1~5 颠倒后的映像。符号 A 是数字 6 颠倒后的映像。

003 对应

D。先将第 1 个图形分为两等份，然后在中间插入一个同样大小的图形，最后再将它倒置。

004 另类图形

D。其他图形都有 3 个阴影部分，D 中只有 2 个。

005 完成序列图

A。按行计算，如果你把左右两边的图形添加在一起，就得到中间的图形。

006 男孩女孩

007 色子家族

E。其他色子都可以用上方的那张图纸折出来。

008 数字狭条

缺失的是：4 7 8 15

009 移动的数字

下列答案中 n 指前一个数：
1. 122　（n+3）×2
2. 132　（n-7）×3
3. 19　　2n-3

010 合适的长方形

E。每行每列长方形都包含 6 个红点和 5 个黄点。

011 数字板游戏

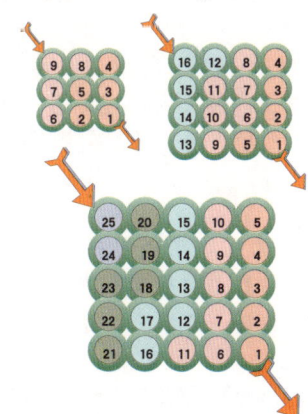

012 液体天平

浸在水里的物体的浮力等于它所排出的水的重量。

你可能想说结果应该是在天平右端原来的重物基础上再加上与左端容器里重物承受的浮力相等的重量，然而真的是这么简单吗？

根据牛顿定律，作用力与反作用力相等。那么容器里的水对重物的浮力就等于重物对水的反作用力。

因此，天平右端的重量减少时，天平左端的重量相应增加。

所以要达到平衡，天平右端需要加上 2W 的重量，W 等于重物在左端容器里排出的水的重量。

013 精确的底片

将 B 覆盖在红色方框中每对图案右边的图案上能够使这 3 对图案都正好相互反色。

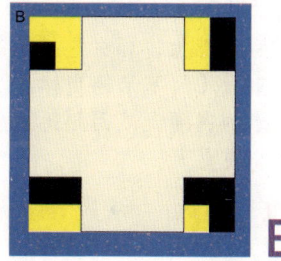

014 阿基米德的镜子

尽管许多科学家和历史学家都对这个故事着迷，但是他们都判定这是个不可能实现的功绩。不过有几个科学家曾试图证明阿基米德的确能使罗马船舰突然冒出火苗。这些科学家的假设是，阿基米德用的肯定不是巨型镜子，而是用非常多的小反射物制造出一面大镜子，这些小反射物可能是磨得非常光亮的金属片（也许是叙拉古战士的盾牌）。

阿基米德所做的是不是仅仅让他的士兵们举着盾牌排成一行，将太阳光聚焦到罗马船只上呢？

1747 年法国物理学家布丰做了一个实验。他用 168 面普通的长方形平面镜成功地将 330 英尺（约 100 米）以外的木头点燃。似乎阿基米德也能做到这一点，因为罗马船队在叙拉古港湾里距离岸边肯定不会超过大约 65 英尺（约 20 米）。

1973 年一位希腊工程师重复了一个与之类似的实验。他用 70 面镜子将太阳光聚集到离岸 260 英尺（约 80 米）的一艘划艇上。镜子准确瞄准目标后的几秒钟内，这艘划艇开始燃烧。为了使这个实验成功，这些镜子的镜面必须是有点凹的，而阿基米德很有可能用的就是这种镜子。

015 篱笆周长

B。Billy 那块地的篱笆最长。

016 排列规律

D。图形交替旋转 180° 或 90°。圆圈和正方形交换位置，菱形和矩形交换颜色。

017 落水的铅球

如果球直接掉进水池里，它排出的水量等于它本身的体积。

如果球落到船上，那么它排除的水量等于它自身的重量（阿基米德定律）。由于铅球的密度比水的密度大，因此落到船上所排出的水的体积要更大。

018 升旗与降旗

旗子会上升。

019 不一样的时间

B。其他时刻都可在数字表的表面上显示出来。

020 火柴光

可以，抽烟斗的人能看到经过镜墙反射出来的火柴光。

021 猜图

C。从左上角的方块开始沿第 1 行进行，再沿第 2 行回来，依此类推，图形按照黄圆、紫圆、三角的顺序循环排列。

022 填图补白

C。从左上角开始，按照顺时针方向以螺旋形向中心进行。7 个不同的符号每次按照相同的顺序重复。

023 地板

B。

在每行中，交叉点向下移动。在每列中，交叉点向右移动。

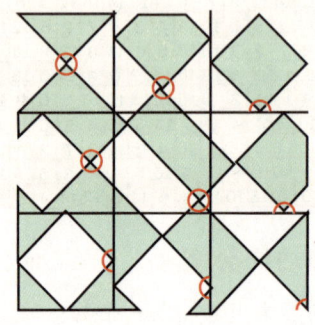

024 蛋卷冰激凌

一共有 3 种颜色需要排序，那么就是 3 的阶乘，也就是一共有 6 种排序方法，因此冰激凌的口味正好是你最喜欢的顺序的概率应该是 1/6。

025 传音管

声音的传播跟光一样，也遵循反射定律。

当两根管子跟墙所成的角度分别相等时，两个孩子能够听到对方讲话。声波反射到墙面上，然后再通过墙反射到管子上。

026 图形转换

拓扑学的基本观点包括很多我们在儿童时代就非常熟悉的概念：内侧和外侧、右边和左边、连接、打结、相连和不相连。

很多拓扑学问题都是建立在拓扑变形的基础上的，也就是说改变图形的表面，但是不能使表面断开。如果两个图形能够通过拓扑变形得到对方，我们就说这两个图形是拓扑等价的。例如，球体和立方体是拓扑等价的；同样，数字8和字母B也是拓扑等价的，因为它们中间都有两个圈。拓扑学的基本问题就是把拓扑等价的图形归在一起。

027 对角线问题

在 10×14 长方形中对角线穿过了 23 个小正方形。

关于被对角线穿过的正方形的个数，我们是否可以总结出这样一个公式：被对角线穿过的正方形的个数等于长方形两个边上小正方形的个数和减去1？

这个公式适用于所有的长方形吗？

试一下 6×9 这个长方形。

我们得到 9 + 6 − 1=14，但是对角线穿过的正方形的个数只有 12 个。显然，我们的公式也不适用于对角线穿过正方形的角的情况。

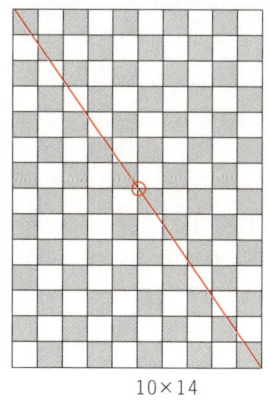 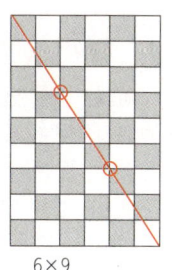

10×14   6×9

028 保持平衡

放入1个四边形。4个四边形=3个向右箭头=6个向上箭头。

029 圣诞节风铃

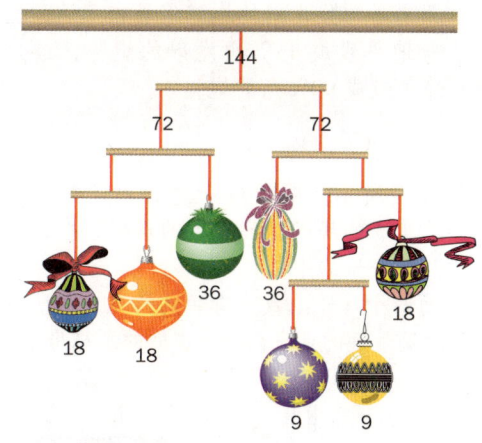

030 半径与面积

橘色的圆的半径是黄色圆半径的一半，那么根据圆的面积公式，橘色的圆的面积应该是黄色的圆的 1/4；而图中一共有 2 个橘色的圆，那么 2 个橘色的圆的面积应该是黄色的圆的面积的一半。其他的圆可以同理得到。

假设黄色的圆的面积为 1 个单位面积，那么其他颜色的圆的面积为：

橘色的圆为 1/2 个单位面积；

红色的圆为 1/4 个单位面积；

绿色的圆为 1/8 个单位面积；

蓝色的圆为 1/16 个单位面积；

黑色的圆为 1/32 个单位面积。

031 双色珠子串

二连珠可能有 4 种：红－红；红－蓝；蓝－蓝；蓝－红。

没有重复的二连珠的珠子串最长含 5 颗珠子：

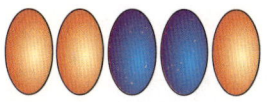

三连珠可能有 8 种；没有重复的三连珠的珠子串最长含 10 颗珠子：

032 发射炮弹

沿着地平线发射的炮弹将最先落地，然后是与地平线成45°角发射的炮弹，最后是与地平线成90°角的炮弹。

033 最近距离

如图所示，对于房子总数为偶数的情况，到所有的房子距离最近的点应该在最中间的两栋房子的中心。

而对于房子总数为奇数的情况，到所有房子距离最近的点应该是最中间的那栋房子。

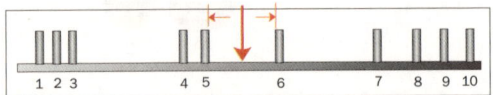

034 左撇子，右撇子

N是既是左撇子同时也是右撇子的学生数。

7N的人是左撇子，9N的人是右撇子。那么N+6N+8N=15N即全班的学生数。而右撇子在学生总数中所占的比例是9N/15N，即3/5，超过班上一半的人数。

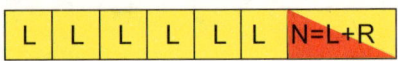

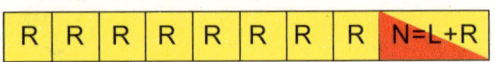

第六章 观察力思维游戏

001 中心方块

中心的小方块和周围的灰度值是一样的。在背景上画黑线纹样，会使背景感觉偏黑。同样的颜色，画上白色纹样，感觉就偏白。因此中心小方块（黑色线条之间）看起来比周围方块（白色线条之间）要暗。事实上，整幅图的灰度值是一样的。你可以盖住黑线和白线交界处的线条来检查。

002 灰色条纹

两个灰色竖条纹的灰度是一样的。由于局部同时对比，产生了令人惊讶的效果——被白色环境包围的灰色条纹看起来要比被黑色环境包围的灰色条纹亮。

003 "十"字

较亮的对角区域与它们所在的正方形具有相同的亮度。也就是说，如果用光度计测量同心条纹，你会发现任一条纹上的所有点反射的光是一样多的，当然也包括沿着对角线的、看起来比较亮的点。

004 倾斜的棋盘

每个小棋子都具有相同的亮度。

005 双菱形

两个菱形具有相同的亮度。

006 圆圈

圆圈和背景的亮度是一样的。一系列射线从一个客观上并不存在的圆圈发散出来，造成一种强烈的亮度对比，因而感觉这些圆圈比背景亮。

007 赫尔曼栅格

在赫尔曼栅格中，交叉处的四边都是亮的，而白条只有两侧是亮的，所以注视交叉处的视网膜区域比注视白条的区域受到了更多的侧抑制，这样交叉处显得比其他区域暗一些，在交叉处就能看到灰点。

008 改进的栅格

在这个改进的赫尔曼栅格中，交叉点是白色而不是黄色，这又产生了一种色彩效果，证明了颜色对比机理。

009 彩色闪烁栅格

实验表明,"闪烁的栅格"在以下结构中才能产生:①具有彩色背景和灰色线条的栅格;②具有黑色背景和彩色线条的栅格;③网格和背景颜色互补的栅格。在这些结构中都会产生闪烁的彩色点。

010 闪烁的点

当转动眼球观察图片时,虚幻的黑点在白点中间产生或消失;注视圆心时,白点就会消失。美国视觉科学家迈克尔莱文和詹森麦卡纳尼于2002年发现了这个闪烁栅格的奇异变化。该感知效果仅在特定的环境中才能发生。它可能与"视觉消失"的某些形式有关,被称为"熄灭"。目前,还不清楚什么原因导致"消失"。

011 闪烁的栅格

在这个例子中,视觉系统对中心和背景的反应时间可能存在微小的差异。对中心的反应更快、持续时间更短,这引起了交叉点闪烁。环顾图片时,视觉系统对白色交叉点做出反应,发出强烈的白色信号,但是如果凝视任何交叉点,随即信号就会变弱,背景的侧抑制发生了,视觉系统感知到的就是交差点变暗了。

012 神奇的圆圈

日本视觉科学家和艺术家秋吉北冈于2002年创作了这个闪烁栅格错觉的变形。

013 闪烁发光

观察图片时,视觉系统好像在"开"与"关"之间竞争,表现为"明"与"暗"的闪烁。

014 蓝点

一样。这个闪烁栅格错觉掺杂了色彩同化机制。因而,上图中的点呈现出闪烁的红蓝色,而下图中的点则呈现出闪烁的绿蓝色。

015 小圆圈

在这幅图中,存在许多可能存在的圆。

当眼睛扫过这幅图,你的视觉系统不断寻求最佳效果,但另一方面又有新的效果不断产生。

016 线条

这些线条实际上是笔直而且平行的,然而给人的感觉是弯曲的。错觉是由大脑皮层的方向敏感性的简单细胞引起的,这种细胞对空间接近的斜线和单向斜线产生交互影响,造成了弯曲效果。

017 螺旋

你所看到的好像是个螺旋,但其实它是一系列完好的同心圆!这个螺旋由一系列具有圆心的、逐渐缩小的、相互交叠的弧线组成。这幅图形效果如此强烈,以至于会促使你沿着错误的方向追寻它的轨迹。

在这个例子中,每一个小圆的"缠绕感"通过大圆传递出去产生了螺旋效应。因此,只要产生扭曲的线条被转化为同心圆,螺旋效果就不存在了。

018 线条组成的圆

这是弗雷泽螺旋的一种变形,由一系列同心圆组成。

019 图像

图像的边缘都是直的。

020 小方块

这些小方块均呈直线排列。

021 线

这些水平线是彼此平行的。

022 红线

这些红线是竖直的而且互相平行。注视偏离垂直或水平方向的背景线段或栅条一定时间之后,再看一条垂直或水平线段或栅条时,就会觉得它向相反方向倾斜了。

023 面孔

如果将卡片颠倒过来,你就可以看到杯子两边各有一个侧面像。

024 单词

将图逆时针旋转90°，"Figure"外围较暗的边缘形成"Ground"。

025 鱼

它们有的向左游，有的向右游。

026 萨拉与内德

黑色的部分呈现的是吹萨克斯的男人，男子旁边的白色及部分黑色构成了女人的轮廓。

027 猫和老鼠

在猫的眼睛下面藏着只老鼠。

028 圣乔治大战恶龙

观察圣乔治的头发，你就能看到战争的场景。圣乔治是西方中世纪传说中的英雄，他杀死了代表邪恶的龙，解救了一个深受其害的小镇。有大量的油画和雕塑描绘了圣乔治杀掉恶龙的英雄事迹。

029 坟墓前的拿破仑

拿破仑就藏在两棵树之间。两棵树的内侧枝干勾勒出了站立的拿破仑。

030 紫罗兰

在左上侧的紫罗兰花下是拿破仑妻子的轮廓；右上边的大叶子下是拿破仑的轮廓；最下面一朵紫罗兰花上面是他们儿子的轮廓。

031 虚幻

你可以看到一位美丽的姑娘望着镜中自己年轻的面容，或者看到露齿而笑的骷髅头。女孩的头和镜中的头组成了头骨的两个眼睛，梳妆台上的饰品、化妆品和桌布组成了牙齿和下巴。

032 彩色线条

黄线与白线共线。

033 高帽

帽子的高度和宽度是一样的。

034 红色方块

颜色一样。黄色背景下衬托的红色看上去比蓝色背景下的红色亮一些，这就是色彩同化的效果。

第七章　想象力思维游戏

001 分割空间

15部分：四面体的4个顶点上有4部分；四面体的6条边上有6部分；四面体的4个面上有4部分；四面体本身。

这个数字是三维空间被4个平面分割时能得到的最大数字。

002 转角镜（1）

正常情况下，镜子将物体的镜像左右翻转。以正确角度接合的两面镜子则不会这样。

转角镜中右面的镜子显示的没有左右变化，男孩在镜子中看到的自己和日常生活中别人看到的他是一样的。

这种成像结果是由于左手反转以及前后反转同时作用。

003 转角镜（2）

男孩看到的自己是右边凸起的。

004 六边形游戏

005 完美六边形

线条如果连接，会形成一个完美的六边形。它们相连的点被三角形掩蔽。当线条在物体后面消失时，视觉系统会延伸线的长度。就如本例中的情况，每根线条的终点好像都在三角形的中心，这导致定线错误。

006 不可能的剖面

C。

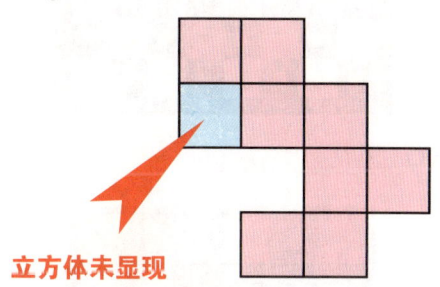

立方体未显现

007 补全多边形

E。多边形中对角的三角形图案相同。

008 立方体魔方

这里给出其中一种解决方法（还有很多可能性）。

009 细胞自动机

原来的图形被复制需要4步，如图所示。麻省理工学院的爱德华·富兰克林于1960年发明了这个系统。最初的图形经过一定的步数后会复制为原来图形的4倍、16倍、64倍。

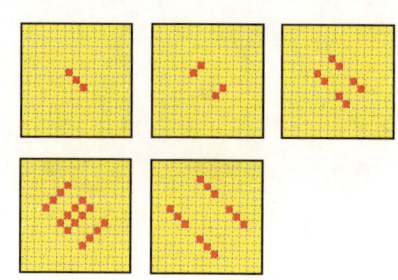

010 重力降落

假设没有摩擦力和空气阻力，这个球将以不断增加的速度一直下落直到到达地心。在那一点它将开始减速下落到另一边，然后停止，再无休止地重新下落。

011 肥皂环

如图所示，这个曲面被称为悬链曲面。

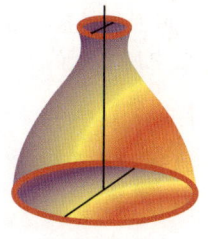

012 迷路的企鹅

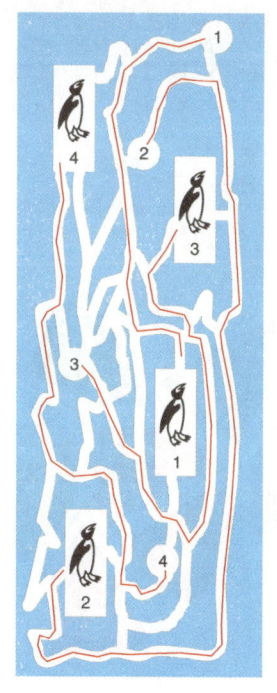

013 有向图形

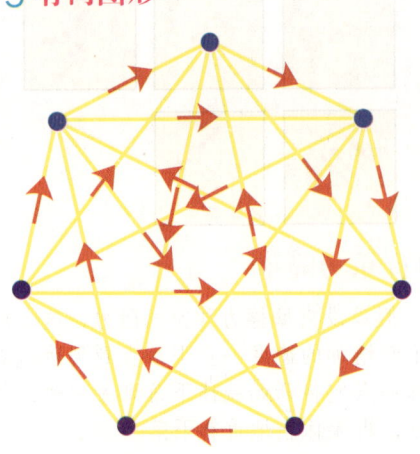

014 皮带传送

普通的圆环只能套在2个圆柱形的滚轴中间，而麦比乌斯圈能够套在3个滚轴中间，就如我们在该题中所看到的。

015 镜像射线（1）

A—1　　E—6
B—2　　F—3
C—5　　G—4
D—3　　H—7

016 镜像射线（2）

A—1　E—5　I—2
B—2　F—5　J—1
C—3　G—4
D—3　H—4

017 八色金属片

018 骑士通吃

如下图所示，至少需要14个骑士。

019 彩色多米诺（1）

020 彩色多米诺（2）

有两种可能的答案。

021 彩色多米诺环

022 彩色积木

解法之一如下图所示。

023 埃及绳

用埃及绳可以做出大量不同的面积为 4 个单位的多边形。

一些方法如图所示。

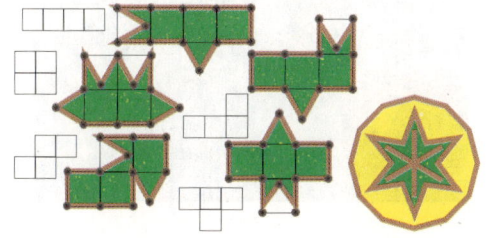

024 将洞移到中心

沿 L 形的方向剪下正方形的一部分，然后将其向对角翻转，令有洞的部分居于纸张中心。

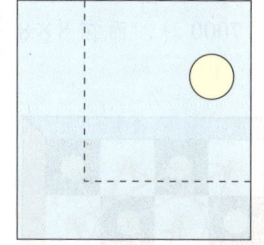 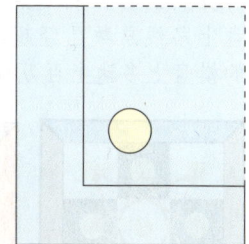

025 不相交的骑士巡游路线

题1
3×3棋盘,2步

题2
4×4棋盘,5步

题3
5×5棋盘,10步

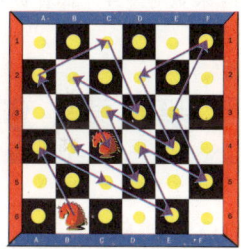

题4
6×6棋盘,17步

题5
7×7棋盘,24步

题6
8×8棋盘,35步

026 相交的骑士巡游

完整的骑士巡游在3×3和4×4的棋盘上都不可能实现。在5×5和6×6的棋盘上分别有128种和320种骑士巡游路线,其中有些是能够回到起点的巡游。在7×7的棋盘上路线总数已经超过7000种,而在8×8的棋盘上多达上百万种。

题1
3×3棋盘

题2
4×4棋盘

027 折叠纸片

转动纸张,空白面朝上,数字"2"在左上角。然后把右边向左折,这样数字"5"靠着数字"2"。现在,将下半部往上折,结果数字"4"靠着数字"5"。接下来将"4"和"5"向内折,位于数字"6"和"3"之间。最后,把数字"1"和"2"折到小数字堆上,到此一切结束。

028 蛋糕片

本题答案并不唯一,答案之一如图所示。

029 轮子

是的。左下角的轮子将按逆时针方向转动,而其他的轮子都将按顺时针方向旋转。

第八章 创造力思维游戏

001 清理仓库

这里以"3R4"表示"把3号板条箱往右推4格"。同理,"L"表示向左,"U"表示向上,"D"表示向下。

首先,1U1,然后4D1和L3。现在我们需要通过7U1、6U1和5D1来腾出一些空间。先4R4然后U4,4号板条箱就移出去了。用同样的方法移出3号、1号和2号板条箱。5D2,L3,R4,然后U4,5号就被推出去了。6号和7号也用同样的方法推出去。

002 割据

003 3个小正方形网格

事实上，由1~9当中的3个数字组成和为15的可能组合有8种。

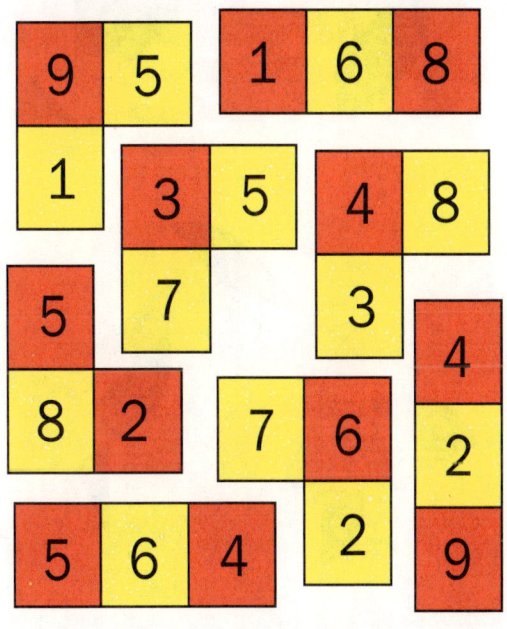

004 十字架

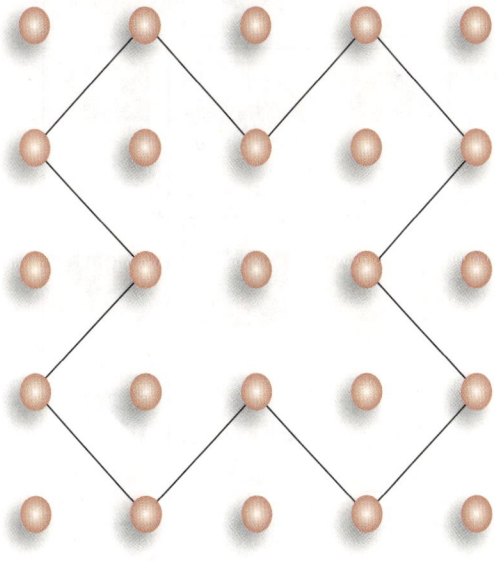

005 七巧板

006 七巧板数字

007 多边形七巧板

008 象形七巧板图形

009 三角形七女巧板

010 心形七巧板

011 圆形七巧板

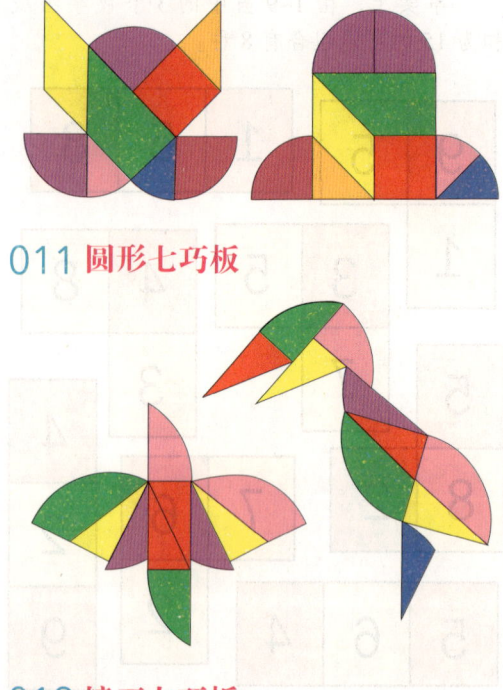

012 镜面七巧板

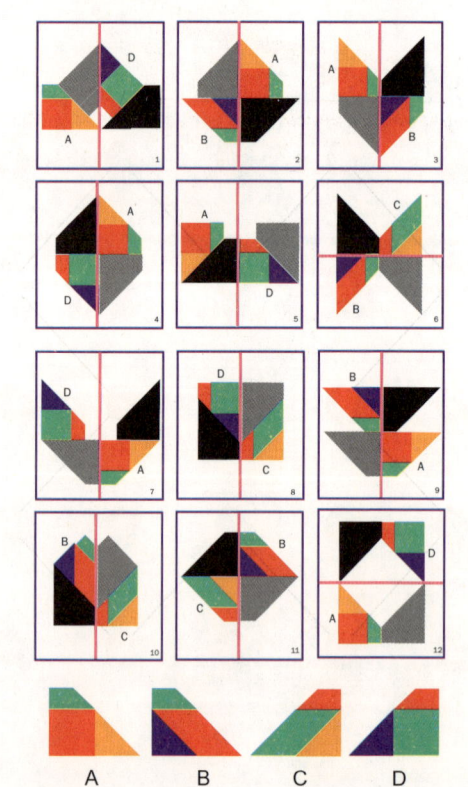

013 大小梯形

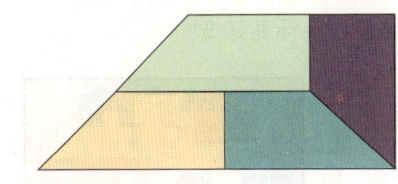

014 组合六角星

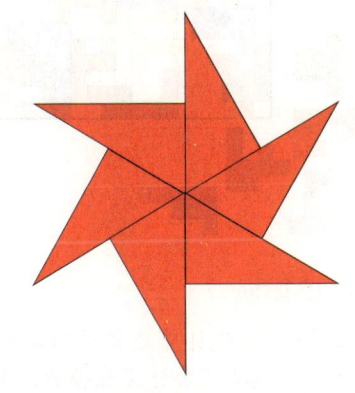

015 闭合多边形

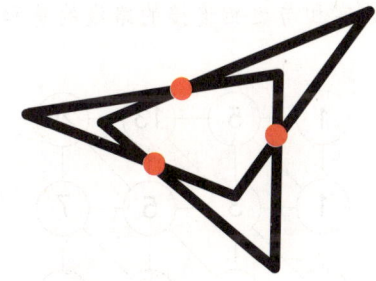

016 分割正方形

把 1 个正方形分割成 6 个相似的等腰直角三角形有 27 种方法：

017 给3个盒子称重

有 6 种方法排列这 3 个盒子。

称 1 次可以在 2 种可能性中决定 1 个，称 2 次可以在 4 种可能性中选择，称 3 次可以在 8 种可能性中选择……

一般来说，"n" 次称重将最多决定 2n 种可能性。

在我们的题目中：

称重 1 次：A>B

称重 2 次：A<C

结论：C>A>B，问题就解决了。

如果第 2 步称重时：A>C

那么就有两种可能性：A>B>C 或 A>C>B，所以我们需要第 3 次称重来比较 B 和 C。所以最多需要称 3 次。

018 图案上色

这两个图形都只需要用 3 种颜色上色，如下图所示。

019 4点连出正方形

总共11个正方形。

5个小正方形

4个中等的正方形

2个大正方形

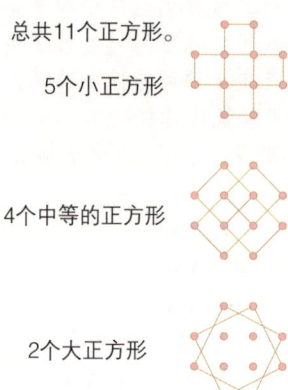

020 分割L形

显然L形结构可以被分割成任何3的倍数。对于n=4的答案是一个经典的难题，这时被分割成的部分是和原来一样的L形结构。这种图形被称作"两栖图形"，因为每个这种图形都可以被继续分割成4个部分。

对于n=2的答案是另外一种图形（同n = 8, 32, 128, 512, …的答案类似）。

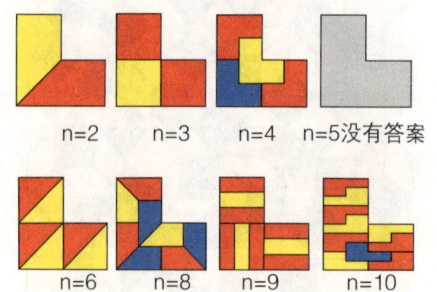

021 把正方形四等分

022 覆盖正方形

你可以做得更好吗？

023 去电影院

一边描画一边计算还得同时牢记所走的每一步——这肯定会让你疯掉的。要想选择简单的方法，那就只需要写下连接每一个圆圈的可能的路线。到达下一个圆圈的路线的数字和与之相连接的路线的总和是相等的。

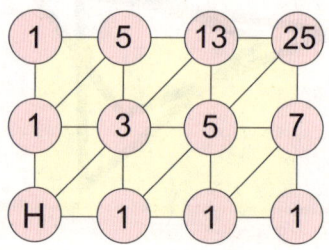

024 守卫

图1表明5名看守人的行进路线，图2则是伦敦塔看守人走遍所有房间的路线，他只要拐16次弯就够了。

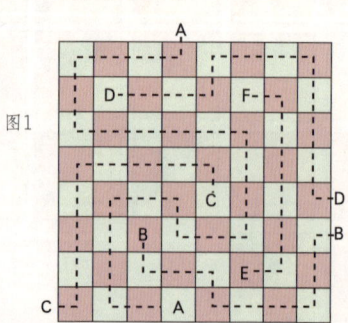

图1

025 填涂图案

这是答案之一：

026 建造桥梁

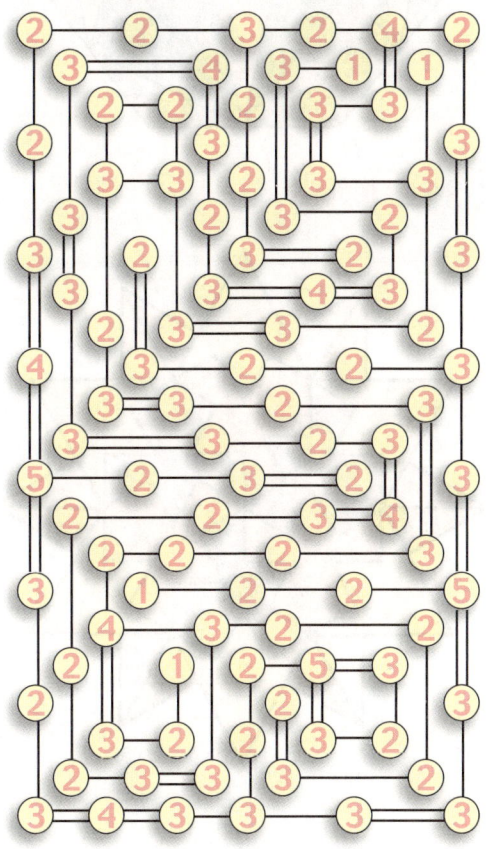

027 增加正方形

将正方形总数上升到27个的4条直线如下图中的蓝线条所示。

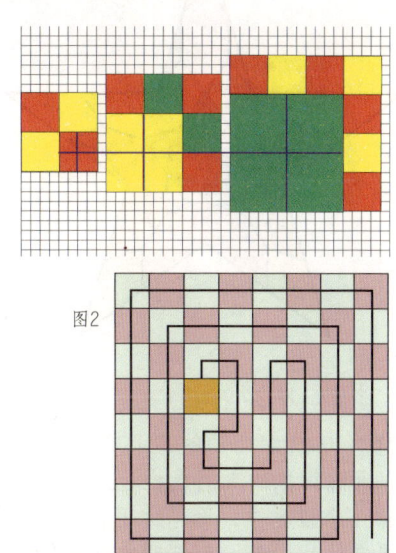

图2

028 直线分符号

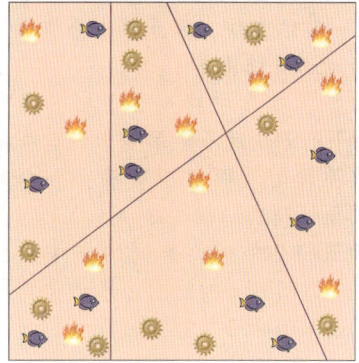

029 六彩星星

030 重组五角星

031 棋盘与多米诺骨牌

许多与棋盘有关的题目以及其他谜题都可以通过简单的奇偶数检验法解决。

第1个棋盘中，无论你用什么办法都不能覆盖空缺的棋盘，而证明方法很简单。除空缺块以外，棋盘上有32块黄色方块，但只有30块红色的。1块多米诺骨牌必须覆盖一红一黄的方块，因此第1个棋盘不能用31块多米诺骨牌覆盖。

如果从棋盘中移走2个相同颜色的方块，剩下的方块就不能用多米诺骨牌覆盖。

该原理的反面由斯隆基金会主席拉尔夫·戈莫里证明。

如果将2个颜色不同的方块从棋盘移出，剩下的部分必然能用多米诺骨牌覆盖。

因此只有第2个棋盘能全部用多米诺覆盖住。

032 重组等边三角形

033 重组4个五角星

034 重组七边形

035 星形难题

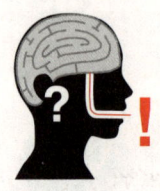